literatura española y latinoamericana 2

Del Romanticismo a la actualidad

José Manuel Cabrales
Guillermo Hernández

Primera edición, 2009
Quinta edición, 2015

Produce: SGEL – Educación
Avda. Valdelaparra, 29
28108 Alcobendas (MADRID)

© Guillermo Hernández García, José Manuel Cabrales Arteaga

© Sociedad General Española de Librería, S. A., 2009
Avda. Valdelaparra, 29, 28108 Alcobendas (MADRID)

Diseño de interiores: Verónica Sosa
Maquetación: Grafismo Autoedición, C. B.
Ilustraciones: Joaquín Marín
Fotografías: Archivo SGEL; Index Fototeca, S. L.; Firofoto, S. L.; Gettyimages y Cordón Press, S. L.
Cubierta: Thomas Hoermann

ISBN: 978-84-9778-498-6
Depósito legal: M-40844-2011
Impreso en España - Printed in Spain

Imprime: Gómez Aparicio Grupo Gráfico

Queda prohibida, salvo excepción prevista en la Ley, cualquier forma de reproducción, distribución, comunicación pública y transformación de esta obra sin contar con autorización de los titulares de la propiedad intelectual. La infracción de los derechos mencionados puede ser constitutiva de delito contra la propiedad intelectual (Art. 270 y ss. Código Penal). El Centro Español de Derechos Reprográficos (www.cedro.org) vela por el respeto de los citados derechos.

ADVERTENCIA

Todas las actividades contenidas en este libro deben realizarse en un cuaderno aparte. Los espacios incluidos en algunas actividades son meramente indicativos, y su finalidad, didáctica.

Presentación

Este manual ofrece una visión global de la historia de la literatura española y latinoamericana fundamentada de manera especial en la lectura e interpretación de los textos literarios, con el objetivo de favorecer y reforzar el uso y la práctica del idioma español.

Para ello, la teoría se enriquece con una amplia y cuidada selección de fragmentos con sentido completo; todos ellos acompañados de pautas para interpretar con éxito desde algunas de las mejores aportaciones de le lengua española a la literatura universal, hasta las producciones más recientes de las letras hispánicas.

Cada una de las unidades se distribuye en tres bloques de contenido:

Historia literaria. Se estudian los movimientos artísticos –características, autores y obras representativas– desde la Edad Media hasta la actualidad. La literatura en español se presenta en relación con las obras más significativas de la literatura europea y universal, especialmente en la sección «El lector universal».

Lecturas. Se trabajan en dos niveles: obras y fragmentos representativos de un movimiento artístico o de un autor, y lectura guiada de obras completas.

Comentario de texto. Se practica de manera sistemática el análisis de textos, teniendo en cuenta siempre el enfoque comunicativo de la obra literaria. Además, se proponen sencillos trabajos de investigación, en los que el alumnado tenga que consultar manuales, enciclopedias y, especialmente, hacer uso de las nuevas tecnologías de la información y la comunicación, como internet.

El libro se completa con un apéndice compuesto por cinco guías de lectura en cada volumen de algunas de las obras más sobresalientes de las literaturas hispánicas, y se acompaña de un CD que recoge una variada y original antología de textos representativos de los autores estudiados, con sus correspondientes ejercicios.

Volumen II

Volumen II

Si solo se mira bajo su lado militante, el Romanticismo, tantas veces mal definido, no es otra cosa que el liberalismo en Literatura. Esa es su definición real. En mayor o menor grado, todas las inteligencias despiertas comprenden ya esta realidad y, puesto que la obra está muy avanzada, pronto el liberalismo literario será tan popular como el liberalismo político. La libertad en el arte, la libertad en la sociedad; éste es el doble fin al que deben tender las inteligencias consecuentes y lógicas; ésta es la doble bandera que, salvo alguna excepción, cobija a toda esa juventud, tan fuerte y tan paciente, de hoy…

VÍCTOR HUGO, prólogo a *Hernani*

El siglo XIX (1): Romanticismo

1. El movimiento romántico
2. La mentalidad romántica
3. El Romanticismo en España: marco histórico y social
4. La literatura romántica en España
5. Los géneros literarios
6. La poesía romántica española
7. El teatro romántico
8. La novela romántica

- Lecturas
- El lector universal
- Comentario de texto

1. El movimiento romántico

El movimiento romántico preside la literatura española durante la **primera mitad del siglo XIX**, aunque en el resto de Europa su florecimiento fue más temprano. Conozcamos su presencia en algunos de los países europeos:

- **Alemania.** Los orígenes del Romanticismo se encuentran en Alemania, donde a fines del siglo XVIII un grupo de jóvenes escritores, bajo el lema de *Sturm und Drang* («Tempestad y empuje»), defendieron una literatura que mostrara los sentimientos exaltados, el amor al paisaje, el culto a la libertad y la vuelta a las viejas leyendas germánicas. Todo ello culmina en las primeras obras de **Johann Wolfgang Goethe** (1749-1832), entre las que destaca la novela titulada ***Las desventuras del joven Werther*** (1774), que obtuvo un éxito rotundo en toda Europa y contribuyó de forma decisiva a difundir los ideales románticos. Escrita en forma epistolar, narra el amor del joven Werther por Carlota, casada con un amigo de ambos.

- **Inglaterra.** Surgió también en Inglaterra un grupo de extraordinarios poetas, como John Keats y Percy B. Shelley; entre todos destaca la figura de **Lord Byron**, cuya vida fue una manifestación cabal del ideal romántico, tanto en su vertiente amorosa –inspirada en el personaje del seductor Don Juan– como en la defensa de la libertad, que le llevó a participar contra Turquía en la guerra por la Independencia de Grecia. En Escocia, el narrador **Walter Scott**, creador de la novela histórica con títulos como *Ivanhoe* o *Quintin Durward*, influyó en el resto de las literaturas europeas.

- **Francia.** La personalidad más representativa del Romanticismo francés fue **Víctor Hugo**, poeta, dramaturgo y novelista, autor del *Manifiesto romántico*, en el que apoya la libertad absoluta en el arte. El estreno en 1830 de su drama *Hernani* significó el triunfo definitivo del movimiento.

Conviene tener en cuenta que estamos ante el primer movimiento que desborda los límites de la cultura para influir en todo lo que rodea al ser humano: análisis de la historia, política, amor, religiosidad, vestido o costumbres. La visión más general del Romanticismo se sintetiza en la famosa frase de Víctor Hugo: «El Romanticismo equivale al liberalismo en Literatura». Como veremos, los distintos aspectos del movimiento tienen que ver con esa **constante exaltación de la libertad y de los valores subjetivos del individuo.**

«El caminante sobre el mar de nubes» (1818), conocido cuadro del pintor romántico alemán Caspar David Friedrich, recoge las convenciones de género tanto del Romanticismo como del paisaje. El pintor parecía sentirse atraído por la naturaleza en lugares aislados y maravillosos: al borde del mar o de lagos, en la cima de las montañas o en lo alto de cascadas.

2. La mentalidad romántica

Partiendo de esa búsqueda incesante de la libertad en todos los órdenes de la existencia, los escritores románticos frecuentan ciertos **temas principales:**

- Los **sentimientos** y la **subjetividad** del individuo pasan a primer plano, frente al culto a la norma y a la razón propio de los neoclásicos. A consecuencia de ello, se produce un enorme **auge de la poesía lírica** como vehículo idóneo para la expresión de la intimidad y la subjetividad del autor.

Espronceda resume el ideal de libertad romántica en el estribillo de la *Canción del pirata*:

> Que es mi barco mi tesoro,
> que es mi Dios la libertad;
> mi ley, la fuerza y el viento;
> mi única patria la mar.

- El **amor** es el otro gran tema romántico. Se concibe como una pasión devoradora, que conduce al enamorado a romper con las normas sociales. Por otro lado, la imposibilidad de alcanzar la plenitud amorosa o a la mujer ideal conducen al individuo a la desesperación e, incluso, al suicidio.
- La **insatisfacción** y la **rebeldía** ante el mundo llevan al escritor a actitudes revolucionarias en la vida, la política y la literatura. Hay un deseo consciente de contradecir las normas convencionales; de este modo, se cultiva lo fantástico e irracional, a la par que se exaltan personajes marginales o asociales: es el caso de los poemas de Espronceda al pirata o al mendigo.
- La **evasión** en el tiempo y en el espacio, originada por la insatisfacción y el desacuerdo con el mundo, caracteriza al personaje romántico. Esta evasión conduce a ciertos paraísos perdidos, entre los que destacan dos:
  - Se vuelve la mirada hacia la **Edad Media**, época en la que predominan los valores nobles y caballerescos, así como el ideal cristiano tradicional.
  - Se busca el exotismo de las viejas **civilizaciones orientales** (Turquía, Bagdad, Granada) o de los brumosos **países nórdicos y celtas**.
- El **paisaje** se convierte en símbolo de los extremados sentimientos del sujeto; de ahí la preferencia por **escenarios insólitos**, como ruinas o cementerios, o por la naturaleza indómita (tormentas, noches cerradas).
- El culto a la **libertad** y la atención a lo particular y subjetivo se manifiestan en el terreno político en el auge de los **nacionalismos**. Cada región ensalza sus costumbres; en España, resurgen las literaturas gallega y catalana.

3. El Romanticismo en España: marco histórico y social

En España el siglo XIX se inició con la invasión de las tropas napoleónicas, lo que dio lugar a la **Guerra de la Independencia** (1808-1814). Entre sus secuelas figura el exilio de buena parte de los intelectuales ilustrados, acusados de colaboración con el invasor francés. El conflicto trajo otras importantes consecuencias:

«Los Reyes Católicos y el tributo de los reyes árabes», de Antonio Rodríguez Velázquez (siglo XVIII).

- La promulgación en 1812 de una **Constitución**, por parte de las Cortes reunidas en Cádiz, que sentó las bases de la ideología liberal.
- La lucha por la **independencia** de la mayor parte de los territorios españoles en América culminaría con su separación de España y la creación de la mayoría de las modernas naciones hispanoamericanas. El imperio español quedó reducido a los territorios de Cuba, Puerto Rico y las islas Filipinas.
- El reinado de **Fernando VII**, que gobernó de forma absolutista, produjo de nuevo el exilio de buen número de escritores liberales, cuyo regreso en 1833, tras el fallecimiento del rey, marcó el inicio del Romanticismo en España.
- Al morir Fernando VII, subió al trono **Isabel II** y comenzaron las **guerras carlistas**. Al morir sin heredero varón, el rey abolió la ley Sálica –que impedía heredar el trono a las mujeres– en favor de su hija, la futura Isabel II. Fue entonces cuando el hermano de Fernando VII, el infante don Carlos María Isidro, reivindicó la ley Sálica; al no conseguir su restauración, sublevó a sus partidarios, los denominados carlistas.

4. La literatura romántica en España

Pese a todo, el Romanticismo llegó con retraso a España debido al exilio de los liberales y a la eficaz censura de prensa impuesta por el gobierno absolutista de Fernando VII. Fue el cónsul alemán en Cádiz, **Juan Nicolás Böhl de Faber** –padre de la escritora realista Fernán Caballero–, quien introdujo en España las **ideas de los románticos alemanes**, en especial la exaltación del teatro español del Siglo de Oro frente a las rígidas normas neoclásicas.

Con el regreso de los liberales tras la muerte de Fernando VII en 1833, se produce el triunfo del movimiento romántico en España. A partir de ahí, entre sus cultivadores se descubren dos **actitudes ideológicas** dentro de nuestras fronteras:

- **Romanticismo conservador.** De carácter **cristiano** y **patriótico**, pretende recuperar los valores cristianos, caballerescos y tradicionales de la Edad Media. Sus grandes figuras en Europa fueron el escritor francés Chateaubriand y el novelista escocés Walter Scott. En España sus representantes máximos son el **Duque de Rivas** (LECTURA 4) y **José Zorrilla** (LECTURA 5).

- **Romanticismo liberal.** Defiende las ideas de **progreso** y **revolución** frente al orden establecido, con la intención de crear una nueva escala de valores al margen del orden, la jerarquía y las convenciones sociales. Sus modelos europeos fueron el francés Víctor Hugo y el inglés Lord Byron. En nuestra lengua destacan **Mariano José de Larra** (LECTURA 6) y **José de Espronceda** (LECTURA 1).

En cuanto al **lenguaje literario**, los románticos buscan una completa renovación, que en el ámbito de la poesía se manifiesta en nuevos ritmos acentuales, polimetría, recuperación de viejas estrofas medievales como el romance o la balada, abundancia del tono exclamativo, interrogaciones retóricas, léxico rebuscado, brillantes descripciones y, en general, un estilo rotundo, sonoro, culto y grandilocuente.

España, país romántico

Durante el Romanticismo, se forja la imagen de España como país típicamente romántico. Son varias las razones:

- Costumbres exóticas como los toros.
- La rebeldía y exageración de nuestra literatura barroca.
- Don Quijote, prototipo de libertad y justicia.
- Abundancia de paisajes agrestes y ruinas evocadoras.

Los *Cuentos de la Alhambra* de Washington Irving y la *Carmen* de Merimée contribuyeron a difundir esta imagen tópica. Fíjate cómo presenta un ballet inglés su estreno *Alhambra* en 1897...

5. Los géneros literarios

Como ya ocurriera en el Barroco, durante el Romanticismo la **lírica** y el **teatro** vuelven a ser los géneros más cultivados. Observa sus modalidades principales en el cuadro siguiente:

LÍRICA	TEATRO	NOVELA	ENSAYO
• Temas amorosos y exaltación de la libertad: Espronceda. • **Leyendas y romances** de inspiración medieval: Duque de Rivas, *El moro expósito*; leyendas históricas de Zorrilla. • **Poesía intimista** de formas sencillas: Bécquer y Rosalía de Castro.	• **Drama romántico**: reacción contra las normas neoclásicas. • Tema principal: el amor imposible, que conduce a un final trágico. • Asuntos históricos o legendarios: *Don Álvaro o la fuerza del sino; Los amantes de Teruel; Don Juan Tenorio.*	• **Novela histórica o legendaria**: visión idealizada de la sociedad medieval, amores perseguidos, sentimientos nobles, finales desgraciados y tono elegíaco. • Cumbre de este subgénero narrativo: *El señor de Bembibre,* del leonés Enrique Gil y Carrasco.	• **Prosa costumbrista**: crítica de aspectos de la sociedad contemporánea a través de la observación de la realidad. • Mariano José de Larra: con sus *artículos de costumbres* se convirtió en el primer periodista moderno de las letras españolas.

6. La poesía romántica española

La lírica del Romanticismo no alcanzó en España la originalidad ni la fuerza de poetas ingleses o alemanes como Hölderlin, Novalis, Lord Byron o William Blake. Con todo, sí que cabe citar a algunos autores que disfrutaron de notable popularidad a lo largo del siglo. Pertenecen a **tres generaciones** distintas:

PRIMERA GENERACIÓN	APOGEO DEL ROMANTICISMO	ROMÁNTICOS REZAGADOS
• A la primera generación romántica, de carácter conservador, pertenecen los autores que introdujeron el ideal romántico en España al volver del exilio. • Destaca el **Duque de Rivas** (1791-1865), cuyos romances históricos –en los que recrea viejas leyendas medievales, como la de los *Siete Infantes de Lara*– se consideran el punto de arranque del Romanticismo español.	• Se identifica con la obra de José Zorrilla (1817-1893) y, sobre todo, de **José de Espronceda** (1808-1842), representante de la vertiente revolucionaria del movimiento, hasta el punto de ser considerado por algunos como el Byron español. • Zorrilla continúa la línea conservadora y tradicional de Rivas en una serie de leyendas que recrean historias misteriosas y heroicas. Alcanzaron gran popularidad: *Margarita la tornera* y *A buen juez, mejor testigo*.	• Las dos figuras más relevantes del Romanticismo español son el sevillano **Gustavo Adolfo Bécquer** (1836-1870) y la gallega **Rosalía de Castro** (1837-1885). Ambos escriben en la segunda mitad del siglo, cuando el movimiento romántico ya había desaparecido en Europa. • Los largos poemas histórico-narrativos y el estilo grandilocuente se ven sustituidos por una serie de breves composiciones en las que predomina el tono intimista y aflora a cada paso la subjetividad del poeta.

7. El teatro romántico

El **drama romántico** constituye la expresión más genuina del romanticismo literario, porque aúna la sonoridad del verso, la ambientación exótica, las pasiones arrebatadas, la escenografía espectacular, la acción trepidante y los personajes de fuerza cautivadora. Muchos de ellos prolongaron su éxito escénico al ser adaptados para la ópera.

En época romántica nacen los teatros como los conocemos hoy, con escenario, patio de butacas y palcos.

La **escenografía** –generalmente a base de fondos pintados– se basa en la estética romántica: cementerios, ruinas, castillos, bosques, así como efectos de música y luz. En la imagen, un grabado del XIX de la inauguración del Teatro de la Comedia de Madrid.

El rasgo principal del drama romántico es la ruptura con las reglas teatrales del Neoclasicismo, recuperando bastantes aspectos de la comedia nacional del Siglo de Oro:

- El tema central suele ser el **amor imposible** entre un héroe de oscuro pasado y una heroína –casi siempre de más alto nivel social– dispuesta a romper con las convenciones sociales por su pasión amorosa.
- **Ruptura de las tres unidades dramáticas,** mezcla de verso y prosa en la misma obra y combinación de elementos cómicos y trágicos.
- La acción tiene lugar en **lugares insólitos**, muy diferentes de los ilustrados: cementerios, ruinas, en medio de tempestades y tormentas. Abundan también ambientes populares, como ventas o tabernas.
- El destino adverso de los protagonistas genera un **final trágico**, con suicidios o muertes accidentales en medio de gran movimiento escénico.
- Se recurre a menudo al **inesperado descubrimiento de la identidad de un personaje** –padres o hijos o bien los orígenes desconocidos del protagonista– para aumentar la tensión dramática.
- **Personajes de poderosa individualidad,** entre los que destaca la figura del galán seductor, encarnado por *Don Juan Tenorio* de Zorrilla.
- La **escenografía** –generalmente a base de fondos pintados– buscaba impresionar con elementos propios de la estética romántica: cementerios, ruinas, castillos, bosques, así como efectos de música y luz.

Tres obras representativas

Todos estos rasgos aparecen en los tres títulos más famosos del drama romántico español: ***Don Álvaro o la fuerza del sino*, *Los amantes de Teruel*** y ***Don Juan Tenorio***. En sus argumentos se percibe la fuerza de sus pasiones y la fascinación que ejercieron entre el público:

DUQUE DE RIVAS, *Don Álvaro o la fuerza del sino* (1835)	JUAN EUGENIO HARTZENBUSCH, *Los amantes de Teruel* (1837)	JOSÉ ZORRILLA, *Don Juan Tenorio* (1844)
Ante la imposibilidad de sus amores, Álvaro y Leonor se disponen a huir juntos de Sevilla; les sorprende el padre de ella, que muere accidentalmente por un disparo del héroe. En Italia, el protagonista mata también de forma involuntaria a un hermano de Leonor, que lo buscaba para vengarse. De nuevo en España, ingresa en un convento; allí lo encuentra y desafía otro hermano de su amada quien, al morir, pide confesión a un solitario ermitaño, que resulta ser Leonor disfrazada. Al verla, el hermano agonizante la asesina, pensando que los enamorados estaban de acuerdo. Don Álvaro, desesperado ante tal cúmulo de desgracias, se arroja desde un precipicio.	En el drama se plantea una desgraciada historia amorosa entre un joven de familia humilde, Diego Marsilla, y la noble Isabel de Segura. El galán pide a su amada un plazo para enriquecerse y equilibrar así sus situaciones sociales. En su ausencia, ella se ve obligada a casarse con otro aristócrata, después de llevar largo tiempo sin noticias de Diego. Cuando por fin regresa victorioso y rico –tras haber estado retenido por la reina de Valencia, que se había enamorado de él– se entera del matrimonio, cree que Isabel no lo ama y muere de dolor, ocasionando también la muerte de ella.	En Sevilla se han reunido don Juan y don Luis Mejía para resolver la apuesta acerca de quién ha seducido a más mujeres. Al escuchar tantas fechorías, los padres de sus prometidas –ocultos entre los parroquianos– deciden anular las bodas; de este modo, la futura esposa del Tenorio, doña Inés, queda recluida en un convento. De allí la saca don Juan y le declara su amor, pero es sorprendido por el padre de ella, al que mata sin querer. Años después el protagonista regresa; en un panteón encuentra las estatuas de Inés y de su padre, al que invita a cenar esa noche con fanfarronería. Al final, don Juan se salva de la condenación por su arrepentimiento y las oraciones de doña Inés.

8. La novela romántica

Ya entrado el siglo XIX, el género narrativo inicia una segura recuperación en el marco del Romanticismo. Hay factores que explican esta vuelta al relato:

- A partir de 1830 se produce una **renovación de la industria editorial** española. Mejora la encuadernación, el papel y surge un notable grupo de ilustradores que convierten el libro en un bello espectáculo visual.
- El ansia de evasión romántica se corresponde con modalidades literarias que favorecen el **desarrollo de la imaginación**: leyendas, novelas y romances históricos.
- La traducción en España de los grandes novelistas del Romanticismo europeo –como Walter Scott *(Ivanhoe)* o Chateaubriand *(René, Atalá)*– determina la aparición de la **novela histórica** o legendaria, que se caracteriza por ofrecer una visión idealizada de la sociedad medieval, con amores contrariados, sentimientos nobles, finales desgraciados y tono elegíaco.

Entre 1834 y 1844 escriben novela histórica figuras emblemáticas de nuestro Romanticismo, como Espronceda *(Sancho Saldaña)* o Larra *(El doncel de don Enrique el Doliente)*; sin embargo, la cumbre de este subgénero narrativo llega con ***El señor de Bembibre***, del leonés Enrique Gil y Carrasco.

Más adelante, ya en pleno desarrollo del Realismo, la ficción histórico-romántica ofrece el fruto tardío de las *Leyendas* de Gustavo Adolfo Bécquer (LECTURA 2), en alguna de las cuales se encuentran las mejores páginas de la narrativa romántica española.

Nace el periodismo moderno

Con el espectacular desarrollo del periodismo a consecuencia de la invasión francesa (1808), proliferan los periódicos en España. Por entonces contaban con cuatro páginas:

- La publicidad se introducía en la cuarta.
- La parte inferior de la primera se dedicaba al *boletín* o *folletín* sobre arte o cultura.

Con el tiempo, en este espacio se acabaron publicando novelas (folletines), lo que favoreció el desarrollo de la narrativa durante el siglo XIX. La mayoría de los escritores de la época colaboraron en prensa.

1. José de Espronceda: *El estudiante de Salamanca*

José de Espronceda.

Vida

En la lírica de **José de Espronceda** (1808-1842) se descubren todos los rasgos de la poesía romántica, expresados con un dominio inigualable de los recursos métricos. También su vida estuvo plenamente integrada en el estilo romántico: desde los quince años conspiró contra el régimen de Fernando VII, por lo que fue condenado a cinco años de prisión. Vivió exiliado en Inglaterra, Bélgica, Portugal y Francia; además, participó en la revolución francesa de 1830 desde París. Al regresar a España, encontró a su amada Teresa Mancha casada, por lo que la raptó y huyó con ella, continuando unos amores turbulentos y escandalosos, hasta que ella lo abandonó. Finalmente murió en Madrid a los 34 años.

Obra

Sus comienzos poéticos se inspiran en el Neoclasicismo. Además de composiciones de claro contenido político, escribió una serie de poemas para homenajear a personajes marginados –el verdugo, el reo de muerte– entre los que destaca la celebérrima «Canción del pirata», que hasta no hace mucho aprendían de memoria los escolares españoles.

Sin embargo, lo mejor de su producción estriba en dos poemas largos: ***El Diablo Mundo*** (8 000 versos) ofrece una interpretación filosófica pesimista del universo y de la existencia humana; allí se incluye el impresionante «Canto a Teresa», homenaje del poeta a la amada muerta, con reminiscencias de la *Égloga I* de Garcilaso. Los caracteres románticos se acentúan en ***El estudiante de Salamanca***, historia de don Félix de Montemar, una especie de don Juan satánico que tendrá un trágico final.

Influido por la novela histórica romántica, Espronceda escribió también una larga narración titulada ***Sancho Saldaña o El castellano de Cuéllar***, ambientada en el siglo XIII en medio de los enfrentamientos entre los partidarios del rey Sancho el Bravo y los de los infantes de la Cerda. Al teatro histórico pertenece ***Blanca de Borbón***, inspirada en la esposa legítima del rey Pedro el Cruel, postergada por los amores del monarca con María de Padilla.

Estilo

Espronceda dominó por completo el **arte de versificar**, la **rima** y el **ritmo** del verso; al repasar sus poemas encontramos tal variedad de estrofas y combinaciones métricas que lo convierten en claro antecedente de las innovaciones modernistas; tendremos ocasión de comprobarlo en el texto que comentamos más adelante.

Los textos seleccionados pertenecen a ***El estudiante de Salamanca***:

El protagonista –don Félix de Montemar– seduce y luego abandona a doña Elvira, que no tarda en morir de amor. Luego mata en duelo al hermano de la joven (primer fragmento); ella se le aparece una noche y lo conduce a un lugar fantástico, desde donde el libertino contemplará su propio entierro; allí, desafiando a todo el mundo, se casa con el esqueleto de la joven, para acabar muriendo sin el perdón de Dios.

El primer texto nos presenta al protagonista, que acaba de matar a un hombre.

Segundo don Juan Tenorio,
alma fiera e insolente,
irreligioso y valiente,
altanero y reñidor:
Siempre el insulto en los ojos,
en los labios la ironía,
nada teme y todo fía
de su espada y su valor.
Corazón gastado, mofa
de la mujer que corteja,
y, hoy despreciándola, deja
la que ayer se le rindió.
Ni el porvenir temió nunca,
ni recuerda en lo pasado
la mujer que ha abandonado,
ni el dinero que perdió.
Ni vio el fantasma entre sueños
del que mató en desafío,
ni turbó jamás su brío
recelosa previsión.
Siempre en lances y en amores,
siempre en báquicas orgías,
mezcla en palabras impías
un chiste y una maldición.
En Salamanca famoso
por su vida y buen talante,
al atrevido estudiante
le señalan entre mil;
fuero le da su osadía,
le disculpa su riqueza,
su generosa nobleza,
su hermosura varonil.
Que su arrogancia y sus vicios,
caballeresca apostura,
agilidad y bravura
ninguno alcanza a igualar:
Que hasta en sus crímenes mismos,
en su impiedad y altiveza,
pone un sello de grandeza
don Félix de Montemar.

Montemar ha seducido y luego olvidado a Elvira, quien muere de amor perdonándolo. Más adelante mata en un duelo al hermano de la muchacha. En la cuarta parte encuentra dos cadáveres en la calle, uno de los cuales es el suyo propio; pero nada le importa con tal de seguir a una misteriosa dama embozada. Al levantarle el velo, descubre una horrible calavera; es el preámbulo de la escena que vamos a comentar.

El **cariádo**, lívido esqueleto,
los fríos, largos y asquerosos brazos,
le enreda en tanto en apretados brazos,
y ávido le acaricia en su ansiedad:
y con su boca cavernosa busca
la boca a Montemar, y a su mejilla
la árida, descarnada y amarilla
junta y refriega repugnante faz [...].

Jamás vencido el ánimo,
su cuerpo ya rendido,
sintió desfallecido
faltarle, Montemar;
y a par que más su espíritu
desmiente su miseria
la flaca, vil materia
comienza a desmayar.

Y siente un confuso,
loco devaneo,
languidez, mareo
y angustioso afán:
y sombras y luces,
la estancia que gira,
y espíritus mira
que vienen y van.
Y luego a lo lejos,
flébil en su oído,
eco dolorido
lánguido sonó,
cual la melodía
que el **aura** amorosa,
y el aura armoniosa
de noche formó.

Y siente luego
su pecho ahogado,
y desmayado,
turbios sus ojos,
sus graves párpados,
flojos caer:
la frente inclina
sobre su pecho,
y a su despecho,
siente sus brazos
lánguidos, débiles
desfallecer.

Y vio luego
una llama
que se inflama
y murió;
y perdido,
oyó el eco
de un gemido
que expiró.

Tal, dulce
suspira
la lira
que hirió
en blando
concierto
del viento
la voz,

leve,
breve,
son.

José de Espronceda,
El estudiante de Salamanca, Aguilar

cariádo: podrido; **flébil:** triste; **aura:** brisa

Actividades

1. En el primer texto se describe la personalidad de Montemar. Separa los términos que lo elogian de los que lo denigran. ¿Cuál es el balance? ¿Qué sentimientos te produce su figura?

2. El héroe romántico se caracteriza por su desprecio de las normas sociales. Así actúan el pirata, el verdugo, el mendigo y otros personajes de Espronceda. ¿Contra qué usos sociales atenta el personaje aquí descrito?

3. ¿Qué rasgos del Romanticismo descubres en estos versos?

4. Lee el último fragmento despacio y en voz alta. Te darás cuenta de que probablemente sea el poema de mayor complejidad métrica que hayas visto hasta ahora. Realiza el análisis métrico (medida de los versos y tipo de rima) de las tres primeras estrofas de la segunda parte. ¿Qué efectos produce el progresivo acortamiento de los versos? ¿Cómo lo interpretas desde el punto de vista del contenido?

5. Pese a ser un fragmento de un largo poema narrativo, abundan los recursos expresivos: aliteraciones, hipérbatos violentos, acumulación de adjetivos, epítetos, polisíndeton. Localízalos y explica su sentido.

2. Gustavo Adolfo Bécquer: *Rimas y leyendas*

Gustavo Adolfo Bécquer (1836-1870) está considerado como el **primer poeta moderno** de la literatura española; su legado ha sido reivindicado por figuras de la talla de Antonio Machado, Juan Ramón Jiménez o Luis Cernuda.

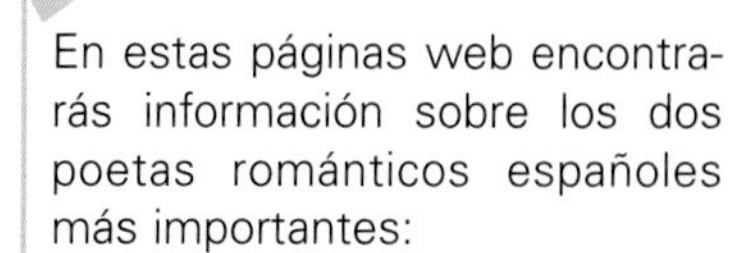

En estas páginas web encontrarás información sobre los dos poetas románticos españoles más importantes:

www.cervantesvirtual.com/bib_autor/becquer/ es una página con biografía y bibliografía sobre **Bécquer**, imágenes, obras completas digitalizadas y fonoteca.

www.cervantesvirtual.com/bib_autor/rosaliadecastro/, se recogen las obras completas de **Rosalía de Castro**, imágenes y estudios críticos sobre su figura y producción literaria.

http://

Vida

Nacido en Sevilla, Bécquer trató en su juventud de dedicarse a la pintura, como su padre y su hermano Valeriano. Instalado en Madrid vivió casi en la miseria mientras escribía artículos de prensa. A los 21 años contrajo tuberculosis, lo que lo obligó a pasar algunas temporadas en el monasterio de Veruela, a los pies del Moncayo; vivió luego varios amores desgraciados, hasta que logra estabilizarse como periodista y llega a ejercer incluso el cargo de censor de novelas, puesto que le proporcionó su amigo y protector González Bravo, ministro y jefe del partido moderado. La revolución de 1868, con el posterior derrocamiento de Isabel II, lo hizo volver al periodismo. Se casó con Casta Esteban, de la que se separaría a causa de la infidelidad de ella, para reconciliarse poco antes morir, a los 34 años.

Obra

La totalidad de su producción poética se agrupa bajo el título de ***Rimas***, conjunto de casi ochenta breves composiciones que pueden leerse como la descripción de un **proceso amoroso** que va de la felicidad inicial hasta la angustia que revelan los últimos textos.

Se ha establecido una **clasificación temática** de las rimas en cuatro series sucesivas: la **creación poética**; el **amor**; el **desengaño amoroso**; y la **angustia** y la **muerte**.

La importancia de las *Rimas* a menudo ha hecho olvidar que Bécquer fue también un extraordinario prosista, como lo prueban sus ***Leyendas***, entre las que sobresalen «El monte de las ánimas», «El rayo de luna» o «Maese Pérez el organista». Muy interesantes resultan las semblanzas y artículos recogidos en ***Cartas desde mi celda***, escritos en el monasterio soriano de Veruela.

Estilo

Lo que singulariza a Bécquer dentro de la poesía romántica y decimonónica es su capacidad para superar el estilo retórico, ampuloso y declamatorio de los primeros románticos, hasta alcanzar la **expresión sencilla, emotiva, sugerente** y **cercana al lector**, que lo ha convertido en maestro de los mejores poetas del siglo XX, como Antonio Machado, Juan Ramón Jiménez o Luis Cernuda.

A continuación, hemos seleccionado unos poemas que representan de forma equilibrada el rico contenido poético y sentimental presente en las *Rimas*.

«La familia de Bécquer», obra del hermano del poeta, Valeriano Bécquer.

VII

Del salón en el ángulo oscuro,
de su dueña tal vez olvidada,
silenciosa y cubierta de polvo,
veíase el arpa.

¡Cuánta nota dormía en sus cuerdas,
como el pájaro duerme en las ramas,
esperando la mano de nieve
que sabe arrancarlas!

¡Ay! pensé; ¡cuántas veces el genio
así duerme en el fondo del alma,
y una voz, como **Lázaro**, espera
que le diga: «Levántate y anda»!

X

Los invisibles átomos del aire
en derredor palpitan y se inflaman,
el cielo se deshace en rayos de oro,
la tierra se estremece alborozada.
Oigo flotando en olas de armonías
rumor de besos y batir de alas;
mis párpados se cierran... ¿Qué sucede?
¡Es el amor que pasa!

XI

–Yo soy ardiente, yo soy morena,
yo soy el símbolo de la pasión;
de ansia de goces mi alma está llena;
¿a mí me buscas? –No es a ti, no.

–Mi frente es pálida; mis trenzas, de oro;
puedo brindarte dichas sin fin;
yo de ternura guardo un tesoro;
¿a mí me llamas? –No, no es a ti.

–Yo soy un sueño, un imposible,
vano fantasma de niebla y luz;
soy incorpórea, soy intangible;
no puedo amarte. –¡Oh, ven; ven tú!

XVII

Hoy la tierra y los cielos me sonríen,
hoy llega al fondo de mi alma el sol,
hoy la he visto...la he visto y me ha mirado
¡hoy creo en Dios!

XXI

¿Qué es poesía?, dices mientras clavas
en mi pupila tu pupila azul.
¡Qué es poesía! ¿Y tú me lo preguntas?
Poesía... eres tú.

XXX

Asomaba a sus ojos una lágrima
y a mi labio una frase de perdón;
habló el orgullo y se enjugó su llanto
y la frase en mis labios expiró.

Yo voy por un camino, ella por otro;
pero al pensar en nuestro mutuo amor,
yo digo aún: «¿Por qué callé aquel día?»
Y ella dirá: «¿Por qué no lloré yo?»

XLI

Tú eras el huracán y yo la alta
torre que desafía su poder:
¡tenías que estrellarte o que abatirme!
¡No pudo ser!

Tú eras el océano y yo la enhiesta
roca que firme aguarda su vaivén:
¡tenías que romperte o que arrancarme!
¡No pudo ser!

Hermosa tú, yo altivo: acostumbrados
uno a arrollar, el otro a no ceder:
la senda estrecha, inevitable el choque...
¡No pudo ser!

XLII

Cuando me lo contaron sentí el frío
de una hoja de acero en las entrañas;
me apoyé contra el muro, y un instante
la conciencia perdí de donde estaba.

Cayó sobre mi espíritu la noche;
en ira y en piedad se anegó el alma...
¡Y entonces comprendí por qué se llora,
y entonces comprendí por qué se mata!

Pasó la nube de dolor... Con pena
logré balbucear unas palabras...
¿Quién me dio la noticia?... Un fiel amigo...
Me hacía un gran favor... Le di las gracias.

«Tempestad de nieve en el valle de Aosta», por J. M. V. Turner (1775-1851).

Lázaro: personaje del Evangelio resucitado por Jesucristo

LXVI

¿De dónde vengo?... El más horrible y áspero
de los senderos busca;
las huellas de unos pies ensangrentados
sobre la roca dura,
los despojos de un alma hecha jirones,
en las zarzas agudas,
te dirán el camino que conduce a mi cuna.
¿Adónde voy? El más sombrío y triste
de los páramos cruza,
valle de eternas nieves y de eternas
melancólicas brumas.
En donde esté una piedra solitaria
sin inscripción alguna,
donde habite el olvido,
allí estará mi tumba.

LXXVII

Dices que tienes corazón, y sólo
lo dices porque sientes sus latidos;
eso no es corazón... es una máquina
que al compás que se mueve hace rüido.

GUSTAVO ADOLFO BÉCQUER, *Rimas y leyendas*,
Magisterio Casals

Una leyenda sobre el amor romántico: *Los ojos verdes*

Las *Leyendas* forman una serie de 18 títulos en la que encontramos cuentos fantásticos, narraciones tradicionales e incluso poemas en prosa. El texto elegido pertenece al final de *Los ojos verdes*. Este es su **argumento**:

Persiguiendo un ciervo por las cuencas del Moncayo, don Fernando de Argensola se interna en el bosque que conduce a la fuente de los Álamos, contraviniendo la leyenda que pronostica horribles calamidades a quienes por allí se internen. Desde entonces, el caballero vive obsesionado por los fascinantes ojos verdes que lo miraron desde el fondo de un lago. Un día, por fin, se encuentra con la bellísima mujer que es su dueña.

Ella era hermosa, hermosa y pálida como una estatua de alabastro. Uno de sus rizos caía sobre sus hombros, deslizándose entre los pliegues del velo como un rayo de sol que atraviesa las nubes, y en el cerco de sus pestañas rubias brillaban sus pupilas como dos esmeraldas sujetas en una joya de oro.

Cuando el joven acabó de hablarle, sus labios se removieron como para pronunciar algunas palabras; pero sólo exhalaron un suspiro, un suspiro débil, doliente, como el de la ligera onda que empuja una brisa al morir entre los juncos.

–¡No me respondes! –exclamó Fernando al ver burlada su esperanza–. ¿Querrás que dé crédito a lo que de ti me han dicho? ¡Oh, no!... Háblame; yo quiero saber si me amas; yo quiero saber si puedo amarte, si eres una mujer...

–O un demonio... ¿Y si lo fuese?

El joven vaciló un instante; un sudor frío corrió por sus miembros; sus pupilas se dilataron al fijarse con más intensidad en las de aquella mujer, y fascinado por su brillo fosfórico, demente casi, exclamó en un arrebato de amor:

–Si lo fueses..., te amaría..., te amaría como te amo ahora, como es mi destino amarte, hasta más allá de esta vida, si hay algo más allá de ella.

–Fernando –dijo la hermosa entonces con una voz semejante a una música–, yo te amo más aún de lo que tú me amas; yo, que desciendo hasta un mortal siendo un espíritu puro. No soy una mujer como las que existen en la tierra: soy una mujer digna de ti, que eres superior a los demás hombres. Yo vivo en el fondo de estas aguas, incorpórea como ellas, fugaz y transparente: hablo con sus rumores y ondulo con sus pliegues. Yo no castigo al que osa turbar la fuente donde moro; antes le premio con mi amor, como a un mortal superior a las supersticiones del vulgo, como a un amante capaz de comprender mi cariño extraño y misterioso.

Mientras ella hablaba así, el joven, absorto en la contemplación de su fantástica hermosura, atraído como por una fuerza desconocida, se aproximaba más y más al borde de la roca. La mujer de los ojos verdes prosiguió así:

–¿Ves, ves el límpido fondo de ese lago? ¿Ves esas plantas de largas verdes hojas que se agitan en su fondo?... Ellas nos darán un lecho de esmeraldas y corales..., y yo..., yo te daré una felicidad sin nombre, esa felicidad que has soñado en tus horas de delirio y que no puede ofrecerte nadie. Ven; la niebla del lago flota sobre nuestras frentes como un pabellón de lino...; las ondas nos llaman con sus voces incomprensibles; el viento empieza entre los álamos sus himnos de amor; ven..., ven...

La noche comenzaba a extender sus sombras; la luna **rielaba** en la superficie del lago; la niebla se arremolinaba al soplo del aire, y los ojos verdes brillaban en la oscuridad como los **fuegos fatuos** que corren sobre el haz de las aguas infectas... «Ven, ven...». Estas palabras zumbaban en los oídos de Fernando como un conjuro. «Ven...», y la mujer misteriosa lo llamaba al borde del abismo donde estaba suspendida, y parecía ofrecerle un beso..., un beso...

Fernando dio un paso hacia ella..., otro..., y sintió unos brazos delgados y flexibles que se liaban a su cuello, y una sensación fría en sus labios ardorosos, un beso de nieve..., y vaciló..., y perdió pie, y cayó al agua con un rumor sordo y lúgubre.

Las aguas saltaron en chispas de luz y se cerraron sobre su cuerpo, y sus círculos de plata fueron ensanchándose, ensanchándose, hasta expirar en las orillas.

GUSTAVO ADOLFO BÉCQUER, *Rimas y leyendas*, Magisterio Casals

rielaba: brillar con luz trémula; **fuegos fatuos:** pequeñas llamas o luces a nivel del suelo

Actividades

1. Señala el tema de cada uno de los poemas. ¿En cuál de las cuatro series en que se dividen las *Rimas* podrían clasificarse?

2. Ya sabes que el poemario de Bécquer puede interpretarse como una historia de amor en verso con final desgraciado. Teniendo esto en cuenta, ¿qué situaciones o sentimientos consideras que están en el origen de los poemas que acabas de leer?

3. Pese a su brevedad y aparente sencillez, en estas rimas se aprecia la habilidad constructiva del autor. Señala los ejemplos de paralelismo que encuentres en las rimas XLI, XLII y LXVI y explica su sentido.

4. El ejemplo supremo de equilibrio constructivo se encuentra en el poema XLI. El permanente conflicto entre el poeta y la amada se marca mediante la oposición *tú / yo* asociada a constelaciones de términos contrapuestos: *huracán / torre*; *estrellarte / abatirme*, etc. Completa ahora tú la serie hasta el final.

5. Bécquer fue también un maestro en el uso del símbolo y de la metáfora. En la rima X el poeta asocia el júbilo del amor con fenómenos de la naturaleza; ¿cuáles son? Por el contrario, en la rima LXVI el pasado y el presente se identifican con elementos negativos. Analiza las palabras que producen este efecto.

6. Bécquer se vale de distintas fórmulas métricas, aunque predomine el mismo tipo de rima. ¿Cuál es?

7. Resume con tus propias palabras lo que ocurre en la leyenda de Bécquer.

8. Señala los rasgos románticos y, teniendo en cuenta el argumento, indica por qué este relato oscila entre el cuento fantástico y la leyenda tradicional.

9. La emoción de la escena se manifiesta en la adjetivación, que infunde al texto un carácter narrativo-descriptivo, y en el empleo reiterado de los puntos suspensivos. Explica el valor expresivo de estos recursos.

3. Rosalía de Castro

Rosalía de Castro (1837-1885) marca el punto de partida de la literatura gallega contemporánea. En su lengua vernácula aparecieron dos poemarios: ***Cantares gallegos*** (1863) y ***Follas novas*** (1880); en castellano, ***En las orillas del Sar*** (1884). El tema central de su lírica es la consideración de la vida como una situación de desamparo o infortunio. A partir de ahí, se entrelazan una serie de motivos:

- La **existencia** se ve como algo negativo; los sentimientos habituales en su lírica son, pues, el abatimiento, la tristeza, la melancolía y la soledad.
- La **muerte** vive en el interior de nosotros; constituye una presencia constante en los poemas de Rosalía.
- El **sentimiento regional** se manifiesta en una honda preocupación por la situación de Galicia: el atraso, la dependencia de Castilla, la tragedia de la emigración, la nostalgia del paisaje...

En cuanto al **estilo**, destaca el peculiar ritmo de sus versos, originales combinaciones estróficas, y el uso de determinadas palabras clave, que marcan el tono pesimista del poema.

Bien sabe Dios que siempre me arrancan tristes lágrimas
aquellos que nos dejan,
pero aún más me lastiman y me llenan de luto
los que a volver se niegan.
Para quienes no hay sitio en la hostigada tierra;
partid llenos de aliento en pos de otro horizonte,
pero... volved más tarde al viejo hogar que os llama.
Jamás del extranjero el pobre cuerpo inerte,
como en la propia tierra en la ajena descansa.
¡Partid, y Dios os guíe!..., pobres desheredados.

Las campanas

Yo las amo, yo las oigo
cual oigo el rumor del viento,
el murmurar de la fuente
o el balido del cordero.
Como los pájaros, ellas,
tan pronto asoma en los cielos
el primer rayo del alba,
le saludan con sus ecos.

Y en sus notas, que van repitiéndose
por los llanos y los cerros,
hay algo de candoroso,
de apacible y de halagüeño.
Si por siempre enmudecieran,
¡qué tristeza en el aire y el cielo!,
¡qué silencio en las iglesias!,
¡qué extrañeza entre los muertos!

ROSALÍA DE CASTRO, *Antología poética*, Planeta

Actividades

1. El tema de la muerte es una constante en la lírica de Rosalía. Explica cómo aparece en cada uno de estos poemas.

2. Observa que los dos textos poseen su peculiar sonoridad, que en cada caso guarda relación con el tema y el verso empleados. Elabora el esquema métrico de ambos poemas.

3. ¿Qué versos rompen la regularidad? ¿Encuentras alguna razón en el contenido que lo justifique?

4. ¿Qué elementos se asocian en el poema a la presencia y a la ausencia de las campanas?

5. Los dos poemas ofrecen un tono distinto: grave el uno, ligero y suavemente optimista el otro. ¿Cuál de los dos te gusta más? Justifica tu respuesta.

4. Duque de Rivas: *Don Álvaro o la fuerza del sino*

Ángel Saavedra (Córdoba,1791) perteneció a una familia aristocrática. Condenado a muerte en 1823 al restaurarse el absolutismo de Fernando VII, pasó diez años exiliado; a su regreso estrenó con gran éxito *Don Álvaro o la fuerza del sino* (1835) y combinó su actividad literaria con una fecunda trayectoria política de carácter conservador. Murió en Madrid en 1865. Además de la obra dramática que nos ocupa, el duque de Rivas fue uno de los grandes poetas de la vertiente romántica tradicional. En esta línea se inscriben los ***Romances históricos*** (1841), donde se recrean leyendas medievales, y ***El moro expósito*** (1834), largo poema épico inspirado en el viejo cantar de los Infantes de Lara.

Ya conoces el argumento de ***Don Álvaro o la fuerza del sino*** (1835); esta escena representa el momento en que el padre de ella muere accidentalmente por un disparo del protagonista, tras sorprender a los enamorados cuando se disponían a escapar juntos.

DON ÁLVARO
Destrozado
tengo yo el corazón... ¿Dónde está, dónde,]
vuestro amor, vuestro firme juramento?
Mal con vuestra palabra corresponde
tanta irresolución en tal momento.
Tan súbita mudanza...
No os conozco Leonor. ¿Llevose el viento
de mi delirio toda la esperanza?
Sí, he cegado en el punto
en que alboraba el más risueño día.
Me sacarán difunto
de aquí, cuando inmortal salir creía.
Hechicera engañosa,
¿la perspectiva hermosa
que falaz me ofreciste así deshaces?
¡Pérfida! ¿Te complaces
en levantarme al trono del Eterno
para después hundirme en el infierno?...
¡Sólo me resta ya...!

DOÑA LEONOR *(Echándose en sus brazos).*
No, no; te adoro.
¡Don Álvaro! ¡Mi bien!... Vamos, sí, vamos.

DON ÁLVARO
¡Oh, mi Leonor!...

CURRA
El tiempo no perdamos.

DON ÁLVARO
¡Mi encanto, mi tesoro!
(Doña Leonor, muy abatida, se apoya en el hombro de Don Álvaro, con muestras de desmayarse).
Mas ¿qué es esto? ¡Ay de mí! ¡Tu mano yerta!]
Me parece la mano de una muerta...
Frío está tu semblante
como la losa de un sepulcro helado [...].
La conmoción conozco que te agita,
inocente Leonor. Dios no permita
que por debilidad en tal momento
sigas mis pasos y mi esposa seas.
Renuncio a tu palabra y juramento;
hachas de muerte las nupciales teas
fueran para los dos... Si no me amas
como te amo yo a ti... Si arrepentida...

DOÑA LEONOR
Mi dulce esposo, con el alma y vida
es tuya tu Leonor; mi dicha fundo
en seguirte hasta el fin del ancho mundo.
Vamos; resuelta estoy, fijé mi suerte,
separarnos podrá sólo la muerte.
(Van hacia el balcón, cuando de repente se oye ruido, ladridos y abrir y cerrar de puertas).

DOÑA LEONOR
¡Dios mío! ¿Qué ruido es éste? ¡Don Álvaro!]

CURRA
Parece que han abierto las puertas del patio... y de la escalera...

DOÑA LEONOR
¿Se habrá puesto malo mi padre?...

CURRA
¡Qué! No, señora; el ruido viene de otra parte.]

DOÑA LEONOR
¿Habrá llegado alguno de mis hermanos?

DON ÁLVARO
Vamos, vamos, Leonor; no perdamos ni un instante.]

DOÑA LEONOR
¡Somos perdidos! Estamos descubiertos... Imposible es la fuga [...]

*

www.cervantesvirtual.com/bib_autor/duquederivas/ es una utilísima página con biografía y bibliografía sobre el **Duque de Rivas**, excelente galería de imágenes y obras completas digitalizadas.

http://

Escena VIII

Ábrese la puerta con estrépito, después de varios golpes en ella entra El Marqués, en bata y gorro, con un espadín desnudo en la mano, y detrás, dos criados mayores con luces.

El Marqués *(Furioso).*
¡Vil seductor! ¡Hija infame!

Doña Leonor *(Arrojándose a los pies de su padre).*
¡Padre, padre!

El Marqués
No soy tu padre... Aparta... Y tú, vil advenedizo...

Don Álvaro
Vuestra hija es inocente... Yo soy el culpado... Atravesadme el pecho. *(Hinca una rodilla).*

El Marqués
Tu actitud suplicante muestra lo bajo de tu condición.

Don Álvaro (Levantándose).
¡Señor Marqués!... ¡Señor marqués! [...]. ¡Señor marqués de Calatrava! Mas, ¡ah!, no; tenéis derecho para todo... Vuestra hija es inocente... Tan pura como el aliento de los ángeles que rodean el trono del Altísimo. La sospecha a que puede dar origen mi presencia aquí a tales horas concluya con mi muerte, salga envolviendo mi cadáver como si fuera mi mortaja... Sí, debo morir..., pero a vuestras manos. *(Pone una rodilla en tierra).* Espero resignado el golpe; no lo resistiré; ya me tenéis desarmado.

(Tira la pistola, que al dar en tierra se dispara y hiere al Marqués, que cae moribundo en los brazos de su hija y de los criados, dando un alarido).

El Marqués
Muerto soy... ¡Ay de mí!

Don Álvaro
¡Dios mío! ¡Arma funesta! ¡Noche terrible!

Doña Leonor
¡Padre, padre!

El Marqués
Aparta, sacadme de aquí..., donde muera sin que esta vil me contamine con tal nombre.

Doña Leonor
¡Padre!...

El Marqués
¡Yo te maldigo!

Duque de Rivas,
Don Álvaro o la fuerza del sino, Alhambra

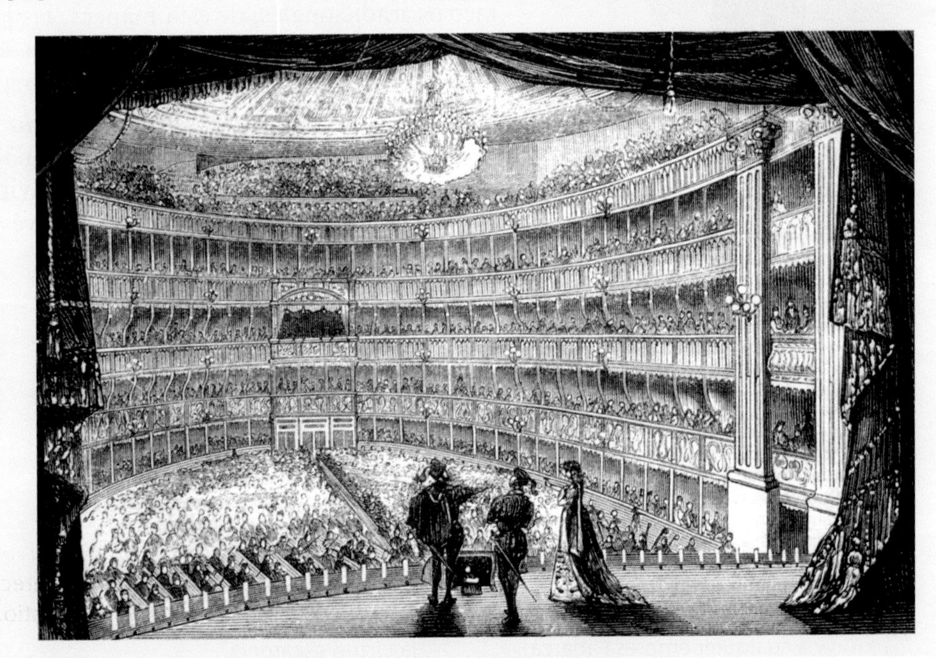

Actividades

1. Resume el contenido de las escenas que acabas de leer. ¿Qué elementos propios del drama romántico hay en ellas?
2. La ruptura de las normas clásicas se lleva aquí al extremo, al mezclarse incluso el verso y la prosa. Lee el fragmento con detenimiento en voz alta; a continuación, explica qué tipo de expresión te parece más apta para esta situación dramática.
3. El personaje de don Álvaro presenta diferencias evidentes con sus predecesores, como el burlador de Tirso de Molina o don Félix de Montemar, el satánico galán de Espronceda. Señala los rasgos que ponen de manifiesto aquí la nobleza de su carácter.
4. El sino o azar –en este caso adverso– marca el desarrollo de la acción desde el comienzo de la obra. Explica su presencia en estos fragmentos.

5. José Zorrilla: *Don Juan Tenorio*

Vida y personalidad

Con el tiempo el drama romántico acentúa su carácter histórico nacional, alcanzando su culminación con la figura del vallisoletano José Zorrilla (1817-1893), máximo exponente del **Romanticismo conservador**, español y cristiano. Se dio a conocer muy joven en Madrid, al leer unos versos en el entierro de Larra. Viajó por Europa, residió largo tiempo en París, desempeñó algunos cargos en México bajo la protección del emperador Maximiliano y se convirtió en un escritor verdaderamente popular: obtuvo ingresos por sus recitales y llegó a ser coronado como poeta en 1889.

Obra dramática

La producción dramática de Zorrilla llenó los escenarios madrileños entre 1840 y 1850. Su técnica teatral se apoya en dos pilares esenciales:

- Conocimiento y perfecta asimilación de los **modelos clásicos españoles del Siglo de Oro.**
- Extraordinaria habilidad en el **manejo de la versificación**, en particular los metros tradicionales; de esta manera, las largas tiradas de versos que abundan en sus obras, el léxico colorista y la sonoridad de sus metáforas hacen que el espectador se sienta transportado al siglo XVII.

Entre sus títulos destaca ***Don Juan Tenorio*** (1844) –cuyo argumento ha sido ya resumido anteriormente–, una muy personal recreación del mito del seductor acuñado por Tirso de Molina, que se convirtió en la obra más popular del Romanticismo español. Conoceremos a través de estos textos a los principales personajes: don Juan y doña Inés.

[Don Juan se presenta a sí mismo al contar sus fechorías en la hostería.]

DON JUAN
[...] Nápoles, rico vergel
de amor, de placer emporio,
vio mi segundo cartel:
«Aquí está don Juan Tenorio,
y no hay hombre para él.
Desde la princesa altiva
a la que pesca en ruin barca,
no hay hembra a quien no suscriba,
y a cualquier empresa abarca
si en oro o valor estriba.
Búsquenle los reñidores;
cérquenle los jugadores;
quien se precie que le ataje;
y a ver si hay quien le aventaje
en juego, en lid o en amores».
Esto escribí; y en medio año
que mi presencia gozó
Nápoles, no hay lance extraño,
no hay escándalo ni engaño
en que no me hallara yo.
Por donde quiera que fui
la razón atropellé,
la virtud escarnecí,
a la justicia burlé
y a las mujeres vendí.
Yo a las cabañas bajé,
yo a los palacios subí,
yo los claustros escalé,
y en todas parte dejé
memoria amarga de mí.
Ni reconocí sagrado,
ni hubo ocasión ni lugar
por mi audacia respetado;
ni en distinguir me he parado
al clérigo del seglar.
A quien quise provoqué,
con quien quiso me batí,
y nunca consideré
que pudo matarme a mí
aquél a quien yo maté.

[La presentación de doña Inés corre a cargo Brígida, su criada.]

BRÍGIDA
¡Bah! Pobre garza enjaulada,
dentro la jaula nacida,
¿qué sabe ella si hay más vida
ni más aire en que volar?
Si no vio nunca sus plumas
del sol a los resplandores,
¿qué sabe de los colores
de que se puede ufanar?
No cuenta la pobrecita
diecisiete primaveras,
y aún virgen a las primeras
impresiones del amor,
nunca concibió la dicha
fuera de su pobre estancia,
tratada desde la infancia
con cauteloso rigor.
Y tantos años monótonos
de soledad y convento,
tenían su pensamiento
ceñido a punto tan ruin,
a tan reducido espacio,
y a círculo tan mezquino,
que era el claustro su destino
y el altar era su fin [...].

DON JUAN
¿Y está hermosa?

BRÍGIDA
¡Oh! Como un ángel.

DON JUAN
¿Y le has dicho...?

BRÍGIDA
Figuraos
si habré metido mal caos
en su cabeza, don Juan.
Le hablé del amor, del mundo,
de la corte y los placeres,
de cuanto con las mujeres
erais pródigo y galán [...].
En fin, mis dulces palabras,
al posarse en sus oídos,
sus deseos mal dormidos
arrastraron de sí en pos;
y allá dentro de su pecho
han inflamado una llama,
de tal fuerza, que ya os ama
y no piensa más que en vos.

DON JUAN
Tan incentiva pintura
los sentidos me enajenan,
y el alma ardiente me llena
de su insensata pasión.
Empezó por una apuesta,
siguió por un devaneo,
engendró luego un deseo,
y hoy me quema el corazón.
Poco es el centro de un claustro;
¡al mismo infierno bajara,
y a estocadas la arrancara
de los brazos de Satán!
¡Oh! Hermosa flor, cuyo cáliz
al rocío aún no se ha abierto,
a transplantarte va al huerto
de sus amores don Juan.

[Don Juan acaba raptando a doña Inés y tiene lugar una de las escenas más famosas de la obra: ambos se declaran mutuamente su amor.]

DON JUAN
¡Cálmate pues, vida mía!
Reposa aquí; y un momento
olvida de tu convento
la triste cárcel sombría.
¡Ah! ¿No es cierto, ángel de amor,
que en esta apartada orilla
más pura la luna brilla
y se respira mejor?
Esta aura que vaga llena
de los sencillos olores
de las campesinas flores
que brota esa orilla amena;
esa agua limpia y serena
que atraviesa sin temor
la barca del pescador
que espera cantando el día,
¿no es cierto, paloma mía,
que están respirando amor?
Esa armonía que el viento
recoge entre esos millares
de floridos olivares,
que agita con manso aliento;
ese dulcísimo acento
con que trina el ruiseñor
de sus copas morador
llamando al cercano día,
¿no es verdad, gacela mía,
que están respirando amor? [...].

DOÑA INÉS
Callad, por Dios, ¡Oh don Juan!,
que no podré resistir
mucho tiempo sin morir
tan nunca sentido afán.
¡Ah! Callad por compasión,
que oyéndoos me parece
que mi cerebro enloquece
y se arde mi corazón.
¡Ah! Me habéis dado a beber
un filtro infernal sin duda,
que a rendiros os ayuda
la virtud de la mujer.
Tal vez poseéis, don Juan,
un misterioso amuleto
que a vos me atrae en secreto
como irresistible imán.
Tal vez Satán puso en vos
su vista fascinadora,
su palabra seductora,
y el amor que negó a Dios.
¿Y qué he de hacer, ¡ay de mí!,
sino caer en vuestros brazos,
si el corazón en pedazos
me vais robando de aquí?
No, don Juan, en poder mío
resistirse no está ya:
yo voy a ti como va
sorbido al mar ese río.
Tu presencia me enajena,
tus palabras me alucinan,
y tus ojos me fascinan,
y tu aliento me envenena.
¡Don Juan! ¡Don Juan! Yo lo imploro
de tu hidalga compasión:
o arráncame el corazón,
o ámame, porque te adoro.

JOSÉ ZORRILLA: *Don Juan Tenorio*, Cátedra

Actividades

1. ¿Cómo están caracterizados los personajes de don Juan y de doña Inés? ¿Qué rasgos románticos poseen?

2. ¿La intervención de Brígida es por el bien de su ama o ayuda a don Juan por interés? Quizá te recuerde otras lecturas, como *La Celestina*, de Fernando de Rojas, y *La dama boba*, de Lope de Vega. Comenta las analogías y las diferencias que encuentres entre los tres textos, tanto en la forma como en el contenido.

3. Al igual que el don Juan de Tirso, éste de Zorrilla destaca por su capacidad de seducir mediante el lenguaje. Explica las bellísimas imágenes con las que se refiere aquí don Juan a doña Inés.

4. En el diálogo amoroso aparecen adjetivos como *infernal*, *misterioso*, *irresistible*, *fascinadora*, *seductora*, ¿qué relación tiene con los rasgos del Romanticismo?

5. Se entiende por «ripio» la palabra prosaica o superflua usada en un verso por necesidades de medida o de rima. La facilidad versificadora de Zorrilla le llevaba en ocasiones a caer en este defecto. ¿Encuentras algún ripio en el texto? Explica por qué lo consideras como tal.

6. El personaje de don Juan ha dado lugar a que se llame *donjuanismo* a ciertas aptitudes del hombre. ¿Crees que tiene vigencia en la actualidad este tipo de comportamientos? Justifica la respuesta.

6. Mariano José de Larra

Vida

Mariano José de Larra (1809-1837), con su corta, intensa y apasionada vida, constituye un típico ejemplo de escritor romántico: hijo de un médico afrancesado, cursó sus primeros estudios en Burdeos. Esta formación francesa, además de su temperamento exquisito y liberal, lo llevaron a chocar con algunas de las costumbres más arraigadas en España: pereza de los funcionarios, campechanía de los subalternos, ordinariez en banquetes y cumpleaños, ignorancia de los cómicos.

Se casó a los veinte años; el fracaso matrimonial –del que se hará eco en el artículo *Casarse pronto y mal*– lo llevó a una intensa relación amorosa con Dolores Armiño; al anunciarle ella su voluntad de trasladarse con su marido destinado a Filipinas, decidió poner fin a su vida pegándose un tiro ante el espejo.

Obra

Cultivó la poesía, el teatro y la novela, pero sobre todo fue quien fijó el modelo del **artículo periodístico** breve y crítico en el ámbito de la lengua española. Como poeta se inició en la estética neoclásica. En su vertiente teatral, hay que recordar el drama histórico ***Macías***, en recuerdo de los trágicos amores de un famoso trovador gallego medieval. Este mismo personaje aparece en su única novela histórica, ***El doncel de don Enrique el Doliente***.

Como periodista –valiéndose de los pseudónimos de «**Fígaro**» o «El pobrecito hablador»– Larra escribió artículos de crítica literaria o teatral y comentó la vida política del momento desde su óptica liberal.

Los artículos: estilo y estructura

El **estilo** de Larra resulta inconfundible: sencillo, claro, directo, gráfico y expresivo. Se busca siempre la palabra exacta y el lenguaje depurado; de ahí sus frecuentes ataques contra la desfiguración de la sintaxis, los galicismos, los arcaísmos innecesarios o la fonética incorrecta.

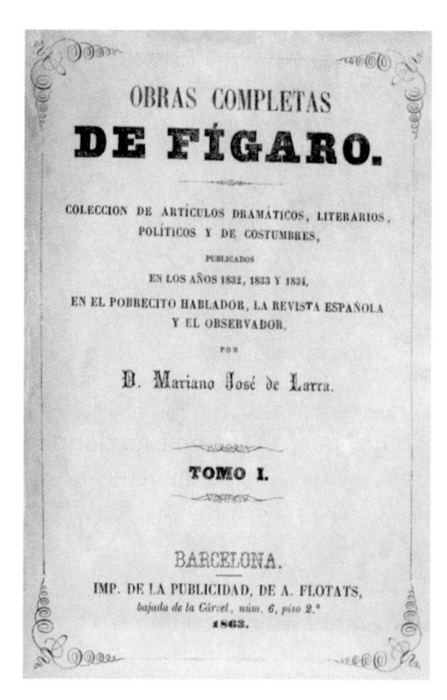

OBRAS COMPLETAS

DE FÍGARO.

COLECCION DE ARTÍCULOS DRAMÁTICOS, LITERARIOS, POLÍTICOS Y DE COSTUMBRES,

PUBLICADOS

EN LOS AÑOS 1832, 1833 Y 1834,

EN EL POBRECITO HABLADOR, LA REVISTA ESPAÑOLA Y EL OBSERVADOR,

POR

D. Mariano José de Larra.

TOMO I.

BARCELONA.

IMP. DE LA PUBLICIDAD, DE A. FLOTATS,

bajada de la Cárcel, núm. 6, piso 2.°

1863.

Pero la verdadera originalidad de su estilo radica en la **ironía**, más o menos mordaz, pero siempre repleta de ingenio, en los diálogos humorísticos y en la extraordinaria capacidad de observación de pequeños detalles reveladores de la manera de ser de los personajes. Veamos un ejemplo: «Que somos nobles, lo que equivale a decir que desde la más remota antigüedad nuestros abuelos no han trabajado para comer» («Casarse pronto y mal»).

En cuanto a la **estructura**, sus artículos de costumbres se presentan en primera persona: el propio Larra es protagonista o espectador de los hechos. A menudo se vale de un doble –amigo o sobrino– para contrastar opiniones o ejemplificar conductas erróneas. Cada artículo suele ofrecer **tres partes:**

- **Presentación:** se anuncia el tema que se va a tratar con la opinión del autor.
- **Desarrollo:** narración de una pequeña anécdota o aventura que sirve de ejemplo.
- **Conclusión:** de nuevo Larra comenta lo sucedido y expone un juicio personal.

*

www.cervantesvirtual.com/bib_autor/larra es una magnífica página con biografía y bibliografía sobre Larra, excelente galería de imágenes, obras completas digitalizadas y fonoteca. En www.irox.de/larra/ encontrarás más de 70 artículos, sus dos obras de teatro, poemas y novela.

http://

El siguiente fragmento pertenece a ***Vuelva usted mañana*** y trata de los avatares que le ocurren a un amigo francés que vino a España a realizar un sencillo trámite administrativo.

Un extranjero de éstos fue el que se presentó en mi casa, provisto de competentes cartas de recomendación para mi persona. Asuntos intrincados de familia, reclamaciones futuras, y aun proyectos vastos concebidos en París de invertir aquí sus cuantiosos caudales en tal cual especulación industrial o mercantil, eran los motivos que a nuestra patria le conducían.

Acostumbrado a la actividad en que viven nuestros vecinos, me aseguró formalmente que pensaba permanecer aquí muy poco tiempo, sobre todo si no encontraba pronto objeto seguro en que invertir su capital. [...]

–Mirad –le dije–, monsieur Sans-délai –que así se llamaba–; vos venís decidido a pasar quince días, y a solventar en ellos vuestros asuntos.

–Ciertamente –me contestó–. Quince días, y es mucho. Mañana por la mañana buscamos un genealogista para mis asuntos de familia; por la tarde revuelve sus libros, busca mis ascendientes, y por la noche ya sé quién soy [...].

Amaneció el día siguiente, y salimos entrambos a buscar un genealogista, lo cual sólo se pudo hacer preguntando de amigo en amigo y de conocido en conocido; encontrámosle por fin, y el buen señor, aturdido de ver nuestra precipitación, declaró francamente que necesitaba tomarse algún tiempo; ínstasele, y por mucho favor nos dijo definitivamente que nos diéramos una vuelta por allí dentro de unos días. Sonreídme y marchémonos. Pasaron tres días: fuimos.

–Vuelva usted mañana –nos respondió la criada–, porque el señor no se ha levantado todavía.

–Vuelva usted mañana –nos dijo al siguiente día–, porque el amo acaba de salir.

–Vuelva usted mañana –nos respondió el otro–, porque el amo está durmiendo la siesta.

–Vuelva usted mañana –nos respondió el lunes siguiente–, porque hoy ha ido a los toros.

–¿Qué día, a qué hora se ve a un español?

Vímosle por fin, y "Vuelva usted mañana –nos dijo–, porque se me ha olvidado. Vuelva usted mañana, porque no está en limpio".

A los quince días ya estuvo; pero mi amigo le había pedido una noticia del apellido Díez, y él había entendido Díaz, y la noticia no servía. Esperando nuevas pruebas, nada dije a mi amigo, desesperado ya de dar jamás con sus abuelos.

Es claro que faltando este principio no tuvieron lugar las reclamaciones.

Para las proposiciones que acerca de varios establecimientos y empresas utilísimas pensaba hacer, había sido preciso buscar un traductor; por los mismos pasos que el genealogista nos hizo pasar el traductor; de mañana en mañana nos llevó hasta el fin del mes. Averiguamos que necesitaba dinero diariamente para comer, con la mayor urgencia; sin embargo, nunca encontraba momento oportuno para trabajar. El escribiente hizo después otro tanto con las copias, sobre llenarlas de mentiras, porque un escribiente que sepa escribir no le hay en este país.

No paró aquí; un sastre tardó veinte días en hacerle un frac, que le había mandado llevarle en veinticuatro horas; el zapatero le obligó con su tardanza a comprar botas hechas; la planchadora necesitó quince días para plancharle una camisola; y el sombrerero a quien le había enviado su sombrero a variar el ala, le tuvo dos días con la cabeza al aire y sin salir de casa.

Sus conocidos y amigos no le asistían a una sola cita, ni avisaban cuando faltaban, ni respondían a sus esquelas. ¡Qué formalidad y qué exactitud!

–¿Qué os parece de esta tierra, monsieur Sans-délai? –le dije al llegar a estas pruebas.

–Me parece que son hombres singulares...

–Pues así son todos. No comerán por no llevar la comida a la boca. [...]

MARIANO JOSÉ DE LARRA, *Artículos*, Magisterio Casals

Actividades

1. Recoge por escrito el tema del artículo. ¿Qué defecto nacional aparece aquí censurado por Larra?

2. Dentro de la estructura que presentan los artículos de este autor, ¿en qué lugar colocarías este fragmento?

3. En este texto se pueden distinguir algunas partes. Señálalas y justifica su función en el desarrollo de la anécdota.

4. El estilo de Larra se caracteriza por la claridad, la sencillez y la elegancia. Observa aquí la ironía: descúbrela y explica su sentido.

5. Larra censura la pereza de los españoles, algo que se ha convertido desde entonces en una especie de tópico nacional. ¿Crees que la situación ha cambiado después de tantos años? Contesta por extenso, aportando experiencias propias o ajenas.

Universalidad y regionalismo en el Romanticismo

En el escritor romántico se aúnan el cosmopolitismo –manifestado en el afán de viajar para conocer otras tierras y culturas– con el regionalismo, que vuelve la vista a las tradiciones regionales. En la imagen, «Goethe visitando el Coliseo de Roma», de Jacob Philipp Hackert (1737-1807).

Durante el Romanticismo aparece, por primera vez, el concepto de **literatura universal**, que otorga la misma importancia cultural a todas las lenguas, incluso las minoritarias. En España esto fomenta el desarrollo de la literatura regional y hace surgir el *Rexurdimento* gallego y la *Renaixença* catalana.

Goethe: *Las desventuras del joven Werther*

El alemán **Johann Wolfgang von Goethe** (1749-1832) está considerado uno de los grandes genios de la literatura universal. Cultivó con maestría todos los géneros literarios, pero se interesó igualmente por el arte, las ciencias y la filosofía. En su producción literaria, además de *Werther* destacan *Wilhelm Meister*, modelo de lo que luego se llamará «novela de aprendizaje», el poema en hexámetros *Herman y Dorotea* y, sobre todo, el monumental drama ***Fausto***, culminación del tradicional tema del sabio que vende su alma al diablo a cambio de la eterna juventud.

Con ***Las desventuras del joven Werther*** (1774) obtuvo un éxito rotundo en toda Europa, contribuyendo de forma decisiva a difundir los ideales románticos. Se trata de un relato epistolar, formado por las cartas que el protagonista dirige a un amigo contándole su apasionado enamoramiento de la joven Carlota, prometida de Alberto. La ilusión inicial va dando paso a la desesperación al acercarse el compromiso de la joven, para terminar con el suicidio del protagonista. Un itinerario sentimental analizado con un lenguaje retórico y afectado en el que están presentes todos los elementos de la imaginería romántica:

30 de agosto

¡Infeliz! ¿No eres un loco? ¿No te engañas a ti mismo? ¿Adónde vas a esta tumultuosa pasión sin fin? No tengo otra aspiración más que ella; mi imaginación no ve otra figura más que la suya, y todo el mundo a mi alrededor lo veo solamente en relación con ella. Y esto me procura entonces horas tan felices... ¡hasta que me tengo que volver a separar de ella! ¡Ay, Guillermo! ¡Adónde me empuja mi corazón! Cuando llevo sentado a su lado dos o tres horas, y me he apacentado en su figura, en sus ademanes, en la expresión celestial de sus palabras, cada vez con mis sentidos más en tensión, mis ojos se ensombrecen, apenas oigo, y siento como si un malhechor me estrangulara; luego, mi corazón, con latidos locos trata de dar respiro a los sentidos oprimidos, y no hace sino aumentar su confusión... ¡Guillermo, muchas veces no sé si estoy en este mundo! Y –si a veces la melancolía no prevalece, y Carlota me concede el consuelo misericordioso de desahogar con llanto mi aflicción entre sus manos– luego tengo que marcharme, tengo que salir, y doy largas vueltas por el campo: mi alegría es trepar por una abrupta montaña, abrirme camino por un bosque impenetrable, a través de setos que me hacen daño, y de espinas que me desgarran. Entonces me siento algo mejor: ¡un poco mejor! Y cuando me tiendo a veces por el camino, fatigado y sediento, y se eleva sobre mí la luna llena, o me siento en el bosque solitario sobre un árbol desmochado, para procurar algún alivio a mis pies llagados, entonces me adormezco en la penumbra con una calma desfallecida. ¡Oh, Guillermo!, el vivir solitario en una celda, el vestir áspero pelo y llevar cilicio serían delicias por las que anhela mi alma. ¡Adiós! A esta desdicha no le veo otro final que la tumba.

GOETHE, *Las desventuras del joven Werther*, Cátedra

Nicomedes-Pastor Díaz (Vivero, Lugo, 1811-Madrid, 1863)

El poema «A Alborada», el único escrito en su lengua materna, inicia el ***Rexurdimento*** de la literatura gallega en el siglo XIX. «Mi inspiración» es uno de los poemas más representativos del romanticismo regionalista.

Mi inspiración

Quise admirar del mundo la hermosura,
Y hallé do quiera el mal.
De amor ardía,
Y nunca a mi benévola ternura
Otro pecho se unía.
Solo y desconsolado,
Cantar quise a la tierra mi abandono,
Mas ¿dó tienen los hombres voz ni tono
Para un desventurado?...
Al destino acusé, y acusé al cielo
Porque este corazón dado me habían;
Y de mi queja, y de mi triste anhelo
Los cielos se reían.
¿Dó acudir?... ¡Ay!... Demente
Visitaba las rocas y las olas
Por gozarme en su horror, llorar a solas
Y gemir libremente [...].

NICOMEDES-PASTOR, *Antología poética*, Planeta

Buenaventura Carlos Aribau (Barcelona 1798-1862)

Fue uno de los primeros escritores en lengua catalana; su oda «A la patria», escrita en Madrid en un momento de nostalgia, inaugura la denominada ***Renaixença*** de la literatura catalana.

A la patria

Adiós, alcores, para siempre más adiós,
oh sierras desiguales que allí, en mi patria,
de las nubes y del cielo desde lejos os distinguía,
por el reposo eterno, por el color más azul.
Adiós a ti, viejo Montseny que desde tu alto palacio,
como centinela alerta cubierto de niebla y nieve,
vigilas por un hueco la tumba del Judío,
y en medio del inmenso mar la mallorquina nave.

Tu soberbia frente conocía yo entonces;
cual pudiese conocer la de mis padres;
también conocía el rumor de tus torrentes,
cual la voz de mi madre o el llanto de mis hijos.
Mas, arrancado luego por hados perseguidores
no conozco ya, ni oigo, como en ocasiones mejores;
así del árbol transplantado a tierras lejanas,
su sabor pierden los frutos y las flores su aroma [...].

BUENAVENTURA CARLOS ARIBAU, *Antología poética*, Planeta

Nicolás Estévanez (Las Palmas, 1838; La Laguna, 1914)

Por influencia romántica, surge en La Laguna (Tenerife) un movimiento poético denominado **Escuela Regional**, que canta la historia y geografía de las Islas Afortunadas. Destacan José Tabares, Antonio Zerolo y Nicolás Estévanez. A este último pertenece el fragmento del poema «Canarias».

Canarias

Mi espíritu es isleño
como las patrias rocas,
y vivirá cual ellas
hasta que el mar inunde aquellas costas.
La patria es una fuente,
la patria es una roca,
la patria es una cumbre,
la patria es una senda y una choza.
La patria es un espíritu,
la patria es la memoria,
la patria es una cuna,
la patria es una ermita y una fosa.
Mi espíritu es isleño
como las patrias rocas,
donde la mar se estrella
en espumas rompiéndose y en notas.
Mi patria es una isla,
mi patria es una roca,
mi espíritu es isleño
como los riscos donde vi la aurora.

NICOLÁS ESTÉVANEZ

1. Señala las actitudes románticas que descubras en el texto de Goethe; en particular, la presencia de la naturaleza.

2. Explica a tu manera el concepto de patria que se expone en el poema «Canarias».

3. Señala qué aspectos románticos se resaltan en cada uno de los poemas.

IV

No digáis que agotado su tesoro,
de asuntos falta, enmudeció la lira;
podrá no haber poetas; pero siempre
habrá poesía.

Mientras las ondas de la luz al beso
palpiten encendidas,
mientras el sol las desgarradas nubes
vista, de fuego y oro,
mientras el aire en su regazo lleve
perfumes y armonías,
mientras haya en el mundo primavera,
¡habrá poesía!

Mientras la humana ciencia no descubra
las fuentes de la vida,
y en el mar o en el cielo haya un abismo
que el cálculo resista,
mientras la humanidad siempre avanzando
no sepa a dó camina,
mientras haya un misterio para el hombre,
¡habrá poesía!

Mientras se sienta que se ríe el alma,
sin que los labios rían;
mientras se llore, sin que el llanto acuda
a nublar la pupila;
mientras el corazón y la cabeza
batallando prosigan,
mientras haya esperanzas y recuerdos,
¡habrá poesía!

Mientras haya unos ojos que reflejen
los ojos que los miran,
mientras responda el labio suspirando
al labio que suspira,
mientras sentirse puedan en un beso
dos almas confundidas,
mientras exista una mujer hermosa,
¡habrá poesía!

GUSTAVO ADOLFO BÉCQUER,
Rimas y leyendas, Magisterio Casals

Localización

La producción poética de Bécquer, agrupada bajo el título genérico de *Rimas*, sigue la estela del *Cancionero* de Petrarca, en el sentido de que se trata de un libro orgánico, en el que podemos encontrar una reflexión en torno al sentimiento amoroso –y su relación con la creación poética– desde la emoción inicial hasta el final desgraciado. La rima IV pertenece a la primera parte.

- ¿Recuerdas cuál era el factor común de las composiciones agrupadas en el primer núcleo de las *Rimas*? ¿Cómo encaja este poema allí?

Temas e ideas

En estos versos aparece una de las ideas clave de la poética becqueriana: la existencia independiente de la poesía, concebida como una fuerza universal e intemporal, que existe con independencia de los poetas. Bécquer fue uno de los primeros líricos españoles preocupado por explicar su concepción del fenómeno poético:

Hay una poesía magnífica y sonora; una poesía hija de la meditación y el arte, que se engalana con todas las pompas de la lengua [...]. Hay otra natural, breve, seca, que brota del alma como una chispa eléctrica que hiere el sentimiento con una palabra y huye, y desnuda de artificio, desembarazada dentro de una forma libre, despierta... las mil ideas que duermen en el océano sin fondo de la fantasía.

- ¿En cuál de los dos tipos de poesía aquí descritos cabe situar la obra de Bécquer?
- Resume el contenido del poema y señala qué analogías encuentras con la definición de la poesía que acabas de leer.

Organización y composición

Otro de los rasgos que acercarán a Bécquer a los poetas modernistas es la variedad métrica de sus textos, que exploran diversas combinaciones de versos y rimas.

- Describe los tres tipos de versos que se suceden en el poema. Analiza la rima.

Una rigurosa arquitectura compositiva preside la organización de esta rima. Tenemos una estrofa introductoria que enuncia el tema desarrollado en las cuatro estrofas siguientes, donde se produce un acercamiento gradual a la esencia de la poesía, que es el amor. Antes, el autor repasa otros elementos generadores del fenómeno o inspiración poética: el primero sería la naturaleza en primavera.

- Señala y comenta los otros dos.

Lenguaje y estilo

Paralelismo y contraste sirven a Bécquer para subrayar, desde el punto de vista sintáctico, su mensaje poético. Observa aquí la presencia de un estribillo que –mediante la reiteración de futuro imperfecto de indicativo– asegura la inmortalidad de la poesía (vv. 4, 12, 20, 28 y 36).

La afirmación *habrá poesía* actúa como oración principal, de la que dependen una larga serie de subordinadas de carácter temporal.

- Identifícalas y subraya los elementos que se repiten anafóricamente.

Al final del penúltimo verso de cada estrofa se encuentra la palabra clave o símbolo de la respectiva realidad poética. La primera es la primavera.

- Señala las otras, y explica su sentido en el contexto del poema.

En cuanto a las imágenes, buscan sugerir armonía y unión mediante la humanización de la naturaleza: «el aire lleva en su regazo perfumes y armonías».

- Localiza y explica otros ejemplos.

Valoración e interpretación

Hemos analizado lo que en el siglo XX se denominará un *manifiesto poético*.

- ¿Qué opinión te merece la concepción de la poesía que nos ofrece Bécquer? A continuación, trata de expresar tu propia concepción de la poesía.

Taller de creación

La sencillez y hondura poética de Bécquer ha inspirado bellos poemas. Así, Luis Cernuda escribió «Donde habite el olvido», partiendo de la rima LXVII y Juan Ramón Jiménez en el «Viaje definitivo» recuerda la rima LXI.

- Localizad ambos poemas y comprobad las semejanzas y diferencias entre ellos.

Tú también puedes intentar construir breves poemas siguiendo las estructuras sencillas de la poesía de Bécquer y de Rosalía. Lee con atención:

Por una mirada, un mundo;
por una sonrisa, un cielo;
por un beso..., ¡yo no sé
qué te diera por un beso!

BÉCQUER

¿Qué pasa a mi alrededor?
¿Qué me pasa que no sé?
Tengo miedo de una cosa
que vive y que no se ve.
Tengo miedo a la venganza traidora
que viene, y que nunca de donde yo sé.

ROSALÍA DE CASTRO

- Piensa, por ejemplo, en la emoción de coger de la mano a un ser querido, el dolor ante su desdén; ahora escribe un poema siguiendo las estructuras anterior.

El autor, o su delegado y vicario, el narrador, se da de alta en la novela desde la primera línea, haciendo sentir su presencia. El punto de vista escogido para narrar los sucesos no es el del habitante de Marte, sino un lugar cercano a los actores de la comedia. El narrador es un sujeto bien informado cuya relación con los personajes se establece en forma muy concreta: se presenta como cronista y en algún momento como partícipe. La fusión del novelista con la materia novelada borra adrede las barreras entre vida y novela…

RICARDO GULLÓN, *Técnicas de Galdós*

El siglo XIX (2): Realismo

1. El Realismo

A partir de 1850 comienzan a utilizarse en Francia los términos ***realismo*** y ***realista*** para referirse a una corriente pictórica y a una escuela literaria que buscan la representación exacta de la realidad mediante una **observación minuciosa**, precisa y objetiva. De este modo, siguiendo ese desplazamiento pendular que caracteriza la evolución de las artes y de las letras, el Romanticismo se vio sustituido por el Realismo, movimiento literario caracterizado por un extraordinario desarrollo del **género narrativo** en toda Europa y América.

A diferencia del romántico, que proyectaba su visión subjetiva del mundo, el escritor realista observa lo que le rodea con fidelidad de notario, para tratar de plasmarlo en sus obras de la manera más fiel y exacta posible. De este modo **Stendhal** –maestro de la narrativa realista francesa– define la **novela** como un espejo paseado a lo largo del camino, capaz de reflejar cuanto ocurre ante él, sin reparar en la clase social de los protagonistas ni en la moralidad de sus acciones.

No obstante, en el extraordinario auge de la novela realista concurren una serie de factores político-sociales y culturales:

- **Político-sociales.** El Realismo coincide con el ascenso social de la **burguesía**, cuyo sentido práctico y afán de precisión se proyectarán en el género narrativo, distanciándose del idealismo y fantasía románticas. Así pues, la novela constituirá tanto un reflejo como una forma de entretenimiento para esta clase social. Durante la segunda mitad del siglo XIX se produce también una **creciente industrialización**; de este modo, confluye en las ciudades una abundante mano de obra que dará lugar a una nueva clase social: el **proletariado.**
- **Culturales.** Tiene lugar un gran **desarrollo de las ciencias experimentales** y surgen tres grandes corrientes de pensamiento de carácter materialista:
  - En el ámbito de la Filosofía se impone el **Positivismo** –concebido por el francés **Augusto Comte**–, que sólo otorga validez científica a los datos comprobables por la experiencia; así, la Sociología alcanzó la categoría de ciencia, al tiempo que se orientó la mirada del escritor hacia el análisis del entorno social.
  - La **teoría evolucionista** del británico **Charles Darwin** explica el desarrollo de la humanidad y el resto de los seres vivos como un proceso de selección natural, a través del cual solo las especies más fuertes y que han sabido adaptarse a su medio lograron sobrevivir.
  - **El marxismo,** doctrina del pensador alemán **Carlos Marx,** explica la historia de la humanidad desde un punto de vista exclusivamente económico, como el fruto de las diferentes condiciones de explotación laboral y de lucha por la supervivencia que ha sufrido la clase trabajadora a lo largo de la historia.

«Los comedores de patatas»

El pintor holandés Van Gogh (1853-1890) cultivó una temática y composición realistas en «Los comedores de patatas». El propio artista dijo de esta obra: «He querido aplicarme escrupulosamente a dar la idea de que esta gente que bajo la lámpara come patatas con las manos, metiéndolas en el plato, también ha trabajado la tierra, y que mi cuadro exalta el trabajo manual y la alimentación que ellos se han ganado tan honradamente».

2. El Realismo en España: historia y sociedad

La segunda mitad del siglo XIX fue un periodo de grandes **contrastes políticos**, en el que se manifiestan ya casi todos los conflictos del siglo XX.

Marco histórico

Destacaron dos acontecimientos principales: la revolución de 1868 y la Restauración monárquica:

Tercera Guerra Carlista (1872-1876). La Cruz Roja conduce hacia Pamplona, a través de los montes navarros, a los heridos en batalla. Grabado de la época.

- **Revolución del 68.** Conocida como «La Gloriosa», puso fin al accidentado reinado de Isabel II para dar paso a un periodo llamado «sexenio revolucionario», durante el cual conviene recordar los hechos siguientes:
  - Promulgación de la **Constitución de 1869**, la más progresista del siglo, al reconocer el sufragio universal masculino, la libertad religiosa, la libertad de expresión y asociación, además de otros derechos individuales y colectivos.
  - Subida al trono de Amadeo de Saboya, rey de España entre 1870 y 1873. Tras la renuncia del monarca, se proclamó la **Primera República** española, que se extiende desde 1873 a 1875.
  - **Conflictos armados** de larga duración: en 1868 se inició una insurrección armada en **Cuba**, y en 1896 en Filipinas; tras humillantes derrotas, España renuncia a ambos territorios y a Puerto Rico: es el **desastre del 98**. En 1872 dio comienzo la **Tercera Guerra Carlista**, que duró cuatro años.
- **Restauración monárquica.** A finales de 1874, se restauró la monarquía en la persona de Alfonso XII, hijo de Isabel II y bisabuelo del actual rey de España. Se inició entonces un largo periodo de estabilidad gubernamental, basado en la alternancia pacífica en el poder de los partidos conservador y liberal, que impedían otras alternativas políticas mediante la manipulación de los resultados electorales; para ello contaban con la figura del **cacique**, personaje importante que en las provincias o localidades pequeñas y medianas controlaba u orientaba el voto de los electores a cambio de diversos favores.

A lo largo del último tercio de siglo, se produjeron transformaciones significativas en la **sociedad española**:

- La **clase obrera** –cada vez más numerosa en zonas de fuerte crecimiento como Bilbao y Barcelona– se configuró como organización política con la formación del Partido Socialista en 1879; dos años más tarde fue legalizado el movimiento anarquista. Poco después se fundaba el sindicato de la Unión General de Trabajadores (UGT).
- La **clase dirigente**, integrada por banqueros, grandes empresarios y terratenientes, favoreció el desarrollo económico de España, pero también utilizó en su beneficio el sistema político de la Restauración.
- Se consolidó en las ciudades una **burguesía** de ideología y capacidad económica variada, receptora principal de la novela realista.

Contexto cultural

Desde el punto de vista cultural, hay que destacar tres aspectos:

- El auge del **género periodístico.** Además de su función informativa y de propaganda ideológica, desde los años cuarenta los periódicos dedican un espacio a publicar **novelas por entregas**, lo que contribuirá al formidable éxito de la narrativa realista.

- **Debate ideológico.** Surge un destacado grupo de intelectuales krausistas (el nombre procede de Krause, filósofo alemán), entre los que destacó Francisco Giner de los Ríos, fundador en 1876 de la **Institución Libre de Enseñanza**, proyecto educativo renovador que durante sesenta años ejercería un notable influjo en la cultura española. En sus escritos, los krausistas defienden la reforma de la sociedad mediante la educación de la persona desde la infancia al margen de los dogmatismos religiosos, potenciando los valores éticos y el conocimiento a través de la experiencia.

- **El Regeneracionismo.** Como consecuencia de la pérdida de las últimas colonias en 1898, surge ya, al filo del cambio de siglo, un movimiento ideológico que reacciona contra el sistema político de la Restauración y plantea un debate sobre las responsabilidades de gobernantes y militares al tiempo que defiende la **regeneración de la vida pública**. Sus principales representantes fueron Ángel Ganivet y Joaquín Costa.

Bases fundacionales de la Institución Libre de Enseñanza (1876)

«Esta institución es completamente ajena a todo espíritu o interés de comunión religiosa, escuela filosófica o partido político; proclamando tan solo el principio de la libertad e inviolabilidad de la ciencia y de consiguiente independencia a su indagación y exposición respecto de cualquiera otra autoridad que la de la propia conciencia del profesor».

3. La literatura realista en España

Para comprender la literatura realista en España es necesario considerar dos cuestiones: el desarrollo del cuadro de costumbres y las consecuencias para la narrativa de la revolución del 68.

- **Cuadro de costumbres.** El itinerario que lleva de la novela romántica a la realista pasa por el cuadro de costumbres, manifestación específica de lo que se ha dado en llamar ***costumbrismo***. Los escritores costumbristas parten del deseo romántico de reivindicar las **peculiaridades locales** y los **tipos populares**. Aparecen así dos modos de observación de la realidad:
  - **Costumbrismo pintoresco o testimonial.** Describe con detalle, gracejo e ingenuidad el modo de vida de diversos pueblos o comunidades en trance de desaparición a causa del progreso. Es el caso de Madrid en las *Escenas matritenses* de **Mesonero Romanos** (LECTURA 1) o de Andalucía en las *Escenas andaluzas* de **Estébanez Calderón**.
  - **Costumbrismo crítico.** Se fija en una costumbre o uso social para someterlo a una crítica irónica y mordaz. El representante principal fue **Larra** con sus artículos de costumbres.

- **Influencia de la revolución del 68.** Como viene siendo habitual en la historia de nuestras letras, la presencia del Realismo en España se vio afectada por las peculiares circunstancias históricas y culturales. Una de las más significativas es de índole política: la narrativa realista española surge en un contexto marcado por la revolución de 1868, que provocó la renuncia al trono de Isabel II. El efímero reinado de Amadeo de Saboya, la Primera República, la restauración borbónica y la aparición de los primeros movimientos obreros generan un clima de **confrontación ideológica** que encontrará en la literatura uno de sus campos de batalla fundamentales.

La novela por entregas, llamada *folletín*, constituye un subgénero caracterizado por la simplicidad psicológica y el argumento dramático y sentimental, con recurrencia a temas amorosos, pero también al misterio y a lo escabroso.

«A la huelga» (1891), del pintor realista inglés sir Hubert von Herkomer, famoso por sus pinturas de contenido social.

Se produce así una verdadera polarización entre los narradores, que escriben con apasionamiento lo que se llama **novela de tesis**, con dos orientaciones muy claras:

- Pedro Antonio de Alarcón, el jesuita Luis Coloma o José María de Pereda –en la **vertiente conservadora**– defienden en sus libros la tradición católica española, la educación religiosa y la monarquía absoluta.
- La **mentalidad progresista** o liberal está representada por Benito Pérez Galdós, Leopoldo Alas «Clarín» (LECTURA 4) y Vicente Blasco Ibáñez (LECTURA 6), partidarios de la educación laica, la libertad de culto, la monarquía parlamentaria o, incluso, la República.

Al margen de la novela de tesis se mantuvieron narradores tan relevantes como Juan Valera (LECTURA 2) o Emilia Pardo Bazán (LECTURA 5).

4. El Naturalismo

El Naturalismo surgió en Francia de la mano del novelista **Émile Zola**, que trata de aplicar a la novela procedimientos de la ciencia experimental. He aquí algunos de ellos:

- El escritor **observa** minuciosamente y luego **describe**, con la imparcialidad del científico, los diversos comportamientos humanos.
- La conducta de los personajes aparece condicionada por tres factores: el medio social y geográfico en el que se desenvuelven, la herencia biológica y el momento histórico. Es lo que se conoce como ***determinismo***.
- El narrador no sólo no retrocede, sino que se recrea ante los **aspectos más crudos y sombríos** de la realidad. Abundan los personajes neuróticos, alcohólicos, tarados o viciosos. El erotismo irrumpe con fuerza en la literatura.
- Como intención última se aprecia entre los naturalistas un deseo de **crítica social**; para ello presentan con detalle y objetividad una serie de «casos» o documentos humanos que sirvan para corregir las injusticias sociales. Este propósito anima las novelas de Zola y de unos cuantos escritores naturalistas españoles menores, como López Bago o Alejandro Sawa.

Así justifica Zola la aplicación a la novela del método experimental propuesto por Claude Bernard para la medicina:

> Puesto que la medicina, que era un arte, se está convirtiendo en una ciencia, ¿por qué la literatura no ha de convertirse también en una ciencia gracias al método experimental? [...]. El novelista desaparece, guarda para sí sus emociones, expone simplemente las cosas que ha visto [...]. La intervención apasionada o enternecida del escritor empequeñece la novela, velando la nitidez de las líneas, introduciendo un elemento extraño en los hechos, que destruye su valor científico.

El Naturalismo en España

En España el Naturalismo ocasionó un amplio debate, al que **Emilia Pardo Bazán** dedicó un polémico ensayo: ***La cuestión palpitante***. Con todo, puede decirse que los novelistas no se sintieron demasiado seducidos por un movimiento literario que limitaba en gran medida la libertad creadora del escritor. Sin embargo, se aprecian **rasgos naturalistas** en el determinismo que preside la trayectoria de ciertos personajes (*Fortunata y Jacinta,* de Galdós), marcados por pasiones violentas, o en la precisión casi morbosa de algunas descripciones.

5. Los géneros literarios

La **narrativa** será el género más cultivado; no obstante, el **ensayo** se utilizará como el medio más adecuado para exponer los grandes problemas nacionales. El **teatro** aporta a la literatura española el primer premio Nobel: José de Echegaray.

LÍRICA	TEATRO	NARRATIVA	ENSAYO
• No hay lírica propiamente realista, pero Bécquer y Rosalía de Castro coincidieron en el tiempo con los escritores realistas. • Poesía moral y prosaica: Campoamor. • Clasicismo retórico: Núñez de Arce.	• Alta comedia: Manuel Tamayo y Baus. • Drama neorromántico: José de Echegaray. • Género chico: Ricardo de la Vega.	• Costumbrismo: Fernán Caballero. • Novela realista y naturalista: Alarcón, Pereda, Valera, Galdós, Pardo Bazán, Clarín, Blasco Ibáñez. • La narración breve se aleja de la tradición popular, para ser cultivada por los narradores cultos: Alarcón, Clarín o Emilia Pardo Bazán.	• Krausismo: Giner de los Ríos. • Investigación literaria e histórica: Menéndez Pelayo. • Regeneracionismo: Joaquín Costa.

6. La poesía realista

Conviene advertir que esta denominación engloba diversas tendencias poéticas que se desarrollan a lo largo del último tercio del siglo XIX, evidenciando algunos rasgos cercanos al espíritu del Realismo narrativo –en pleno apogeo durante aquellos años– y al positivismo filosófico. Hay que destacar a cuatro autores:

- **Ramón de Campoamor** (1817-1901) llegó a ser considerado por sus contemporáneos como un genio de la poesía, aunque haya caído hoy en un olvido igualmente exagerado. Es el representante de una lírica de intención fundamentalmente didáctica de estructura narrativa y expresión sencilla que constituyó un formidable éxito editorial.
- **Gaspar Núñez de Arce** (1832-1903) cultivó una poesía de corte político-social con lenguaje declamatorio y solemne.
- El extremeño **José María Gabriel y Galán** (1870-1905) y el murciano **Vicente Medina** (1866-1937) fueron los principales representantes de una poesía regional, sencilla y cercana a los planteamientos del costumbrismo rural.

7. El teatro de costumbres contemporáneas

En la segunda mitad del XIX se desarrolla un teatro de ambientación contemporánea, hoy prácticamente olvidado. Conviene, no obstante, reseñar algunas tendencias:

- La **alta comedia** –heredera del teatro de Moratín– pretendía exponer modelos de comportamiento a la burguesía acomodada.
- El **drama social** o ideológico cuestionaba algunos de los valores aceptados por la sociedad de la Restauración desde un punto de vista progresista y laico.
- Referencia especial merece **José de Echegaray** (1832-1916), ya que fue el dramaturgo más famoso de su época y el primer español en obtener el **Premio Nobel de Literatura.** Su obra oscila entre el intento de recuperar el drama histórico en verso y el artificioso tratamiento de conflictos morales o sociales de la alta burguesía: celos, adulterios, lances de honor, suicidios...
- En el último tercio de siglo se populariza lo que se conocerá como **género chico** –origen de la zarzuela– que combina música, diálogos hablados y diálogos cantados. Se trata de obras sencillas, de carácter realista, ambientación popular y lenguaje castizo.

La verbena de la Paloma

Es una de las obras más populares del género chico y se estrenó en 1894. La menor duración de estas obras (menos de una hora, un solo acto) abarataba el coste de las localidades y llenaba los teatros. Las recaudaciones aumentaron espectacularmente, así como la producción de estas obras. Respecto a la música, es muy pegadiza, compuesta para servir al texto.

8. La novela realista

Benito Pérez Galdós (LECTURA 3), el más fecundo y representativo de los novelistas españoles del Realismo, define con estas palabras la novela de su tiempo en su discurso de ingreso en la Real Academia Española:

> Imagen de la vida es la novela, y el arte de componerla estriba en reproducir los caracteres humanos, las pasiones, las debilidades, lo grande y lo pequeño, las almas y las fisonomías, todo lo espiritual y lo físico que nos constituye y nos rodea, y el lenguaje, que es la marca de la raza, y las viviendas, que son el signo de la familia, y la vestidura, que diseña los últimos trazos externos de la personalidad.

Técnica narrativa

- El relato aparece contado a menudo por un **narrador omnisciente**, que conoce con detalle el presente, el pasado y es capaz, incluso, de anticipar el futuro de los personajes. Saca a la luz los pensamientos más íntimos de sus criaturas y no duda en dirigirse al lector para comentar sus comportamientos. Este fragmento de *Torquemada en la hoguera*, de Galdós, constituye un buen ejemplo de cómo cuenta las historias un narrador omnisciente:

> Mis amigos conocen ya, por lo que de él se me antojó referirles, a D. Francisco Torquemada, a quien algunos historiadores inéditos de estos tiempos llaman *Torquemada el Peor*. ¡Ay de mis buenos lectores si conocen al implacable **fogonero** de vidas y haciendas por tratos de otra clase, no tan sin malicia, no tan desinteresados como estas inocentes relaciones entre narrador y lector! Porque si han tenido algo que ver con él en cosa de más cuenta; si le han ido a pedir socorro en las pataletas de la agonía pecuniaria, más les valiera encomendarse a Dios y dejarse morir. Es Torquemada el habilitado de aquel infierno en que fenecen desnudos y fritos los deudores; hombres de más necesidades que posibles; empleados con más hijos que sueldo; otros ávidos de la nómina tras larga cesantía; militares trasladados de residencia, con familión y suegra por añadidura [...].
>
> GALDÓS, *Torquemada en la hoguera*, Aguilar
>
> **fogonero:** encargado de echar carbón a la máquina del tren

Vetusta, el escenario de la más famosa obra de Clarín, *La Regenta*, es en realidad la ciudad de Oviedo.

- Se emplea con frecuencia el **estilo indirecto libre**, mediante el cual se reproducen los pensamientos o sensaciones de los personajes dentro del discurso del narrador, evitando los verbos de lengua *(dijo, pensó, sintió)* y los enlaces subordinantes. De esta manera, el lector puede asomarse al interior del protagonista novelesco y seguir el curso de sus reflexiones; puedes comprobarlo en este conocidísimo fragmento al comienzo de *La Regenta*, de Clarín.

> Don Fermín contemplaba la ciudad. Era una presa que le disputaban, pero que acabaría de devorar él solo. ¡Qué! ¿También aquel mezquino imperio habían de arrancarle? No, era suyo. Lo había ganado en buena lid. ¿Para qué eran necios? También al Magistral se le subía la altura a la cabeza; también él veía a los vetustenses como escarabajos; sus viviendas viejas y negruzcas, aplastadas, las creían los vanidosos ciudadanos palacios y eran madrigueras, cuevas, montones de tierra, labor de topo... ¿Qué habían hecho los dueños de aquellos palacios viejos y arruinados de la Encimada que él tenía allí a sus pies? ¿Qué habían hecho? Heredar. ¿Y él? ¿Qué había hecho él? Conquistar.

- Como consecuencia de lo anterior, se produce una profundización en el **carácter de los personajes**, que alcanza la categoría de verdadero estudio psicológico en las novelas de Dostoievski, Tolstoi, Stendhal o, en España, *La Regenta* de Clarín y *La de Bringas* de Galdós.
- El escritor refleja con detalle el ambiente en el que se desarrolla la acción. Abundan las **minuciosas descripciones** de calles, pueblos, costumbres, casas, habitaciones o, incluso, del vestuario y aspecto físico de los personajes.

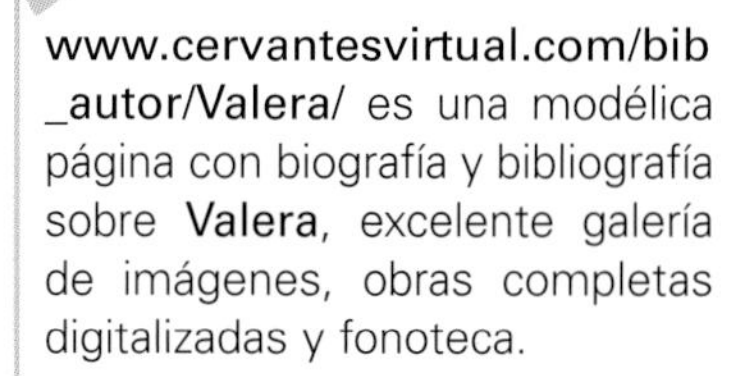

www.cervantesvirtual.com/bib_autor/Valera/ es una modélica página con biografía y bibliografía sobre **Valera**, excelente galería de imágenes, obras completas digitalizadas y fonoteca.

www.cervantesvirtual.com/bib_autor/Pardo_Bazan/ es una magnifica página con biografía y bibliografía sobre **Pardo Bazán**, excelente galería de imágenes, obras completas digitalizadas y fonoteca. Podrá disfrutar de sus numerosísimos cuentos.

http://

Temas

- El **amor** es un componente fundamental, aunque a menudo aparece en el marco de una relación problemática. Surgen de este modo los problemas conyugales, la insatisfacción matrimonial y el **adulterio**, presente en las más famosas novelas realistas.
- La **religión** aparece de forma constante en la novela a partir de 1868, a través de la oposición clericalismo/anticlericalismo. Frente a los sacerdotes que asesoran y protegen a los protagonistas (*El escándalo*, de Alarcón; *Sotileza,* de Pereda), aparecen clérigos sometidos a la invencible tentación del amor humano (*La Regenta*, de Clarín; *Tormento*, de Galdós).
- La **política** constituye un tema importante en las novelas de tesis. Se manifiesta a través de la crítica al liberalismo, al caciquismo, al sufragio universal, a la ideología conservadora o a la precariedad de los funcionarios (*Gloria*, de Galdós; *De tal palo, tal astilla*, de Pereda).
- La **ciudad** y el **campo** enfrentados –según la ideología del autor– como representación de las mejores virtudes y los peores vicios. En ocasiones, esta oposición se manifiesta desde el punto de vista narrativo a través de la peripecia del joven de provincias que acude a la capital (París, Madrid) a probar fortuna, como ocurría en *Las ilusiones perdidas,* de Balzac (o en *Pedro Sánchez*, de Pereda, y *El Doctor Centeno*, de Galdós).
- Por lo general, los novelistas exploran las peculiaridades de su **realidad regional**, al situar allí la acción novelesca. Es el caso de Alarcón y Valera en Andalucía; Pereda en Cantabria; Galdós en las calles de Madrid; Emilia Pardo Bazán en la campiña gallega, Clarín en Oviedo y pueblos de alrededor, o Vicente Blasco Ibáñez en la huerta valenciana.

«La Cruz de Mayo», obra de Joaquín Turina y Areal (1847-1903), pintor que refleja en su obra las costumbres y peculiaridades de Andalucía, al unísono con los escritores realistas.

Lengua literaria

El detallismo descriptivo se traduce en una enorme riqueza léxica, con abundancia de términos castizos y tradicionales. Otros recursos habituales son:

- Atención a las **variedades regionales de la lengua española**, a partir de los lugares en los que se sitúa el relato.
- Presencia de expresiones de la **lengua oral**, tecnicismos **científicos** y **jurídicos** o **extranjerismos** (con intención paródica).
- Eliminación del estilo grandilocuente y retórico de los románticos, sustituido por el **tono enunciativo** y un **lenguaje sencillo.**

9. La literatura latinoamericana del siglo XIX

La larga pervivencia del barroco en el siglo XVII explica la evolución estilística de las letras latinoamericanas durante el siglo XIX: en la primera mitad predomina el neoclasicismo y las ideas ilustradas, que ayudaron a desarrollar la ideología nacional y liberal que llevó a la independencia de España. En la segunda mitad se desarrolla un romanticismo que, si bien incorpora rasgos costumbristas y descripciones realistas, se caracteriza sobre todo por su rebeldía ante los regímenes autoritarios de las nuevas naciones o las desigualdades sociales o de razas.

La prosa

La prosa de ficción inicia su recorrido con un escritor mexicano considerado el primer novelista de Hispanoamérica: se trata del mexicano José Joaquín Fernández de Lizardi (1776-1827). Periodista y poeta satírico, llegó a ser encarcelado por exponer abiertamente sus ideas. Escribió cuatro novelas que reflejan la nueva concepción del mundo de los criollos de clase media, desprovistos de casi todos los privilegios y enfrentados al estamento colonizador. La más conocida es *El Periquillo Sarniento* (1816), primera novela escrita en la América hispana. Se trata de la narración que de su vida efectúa el pícaro Pedro Sarniento desde su lecho de muerte para que sus errores sirvan de aviso a sus hijos; Lizardi visita a la mujer del protagonista, a la que logra convencer para que estas desgraciadas experiencias no queden en el olvido y lleguen al mayor número posible de lectores.

Con posterioridad, la prosa latinoamericana se manifiesta en torno a tres ciclos principales:

- **Civilización y barbarie.** El título procede del libro de Sarmiento, al que dedicamos una de las lecturas, y engloba a una serie de obras cuyo tema es la protesta contra el gobierno dictatorial de Juan Manuel Rosas en Argentina entre 1835 y 1852, al que se considera máximo exponente de la crueldad y la barbarie. Además del ya citado, figuran aquí dos relatos muy significativos:
  - *El matadero*, de Esteban Echeverría (1805-1851), quien como poeta fue el introductor del Romanticismo en Argentina tras la publicación del poema *Elvira o la novia del Plata* en 1832. (Ver Lecturas)
  - *Amalia* (1851), de José Mármol, es una larga historia de amor, enmarcada en el sombrío panorama de la dictadura de Rosas. Los dos protagonistas –que conspiraban contra el régimen– son descubiertos y perseguidos a lo largo de la trama hasta caer en una trampa, para acabar ejecutados a manos de los partidarios del dictador. Destaca la denuncia de las atrocidades cometidas por la policía política, conocida con el nombre de «La Mazorca».

- **Novela sentimental.** Esta modalidad narrativa típicamente romántica ofrece en Hispanoamérica rasgos singulares: se centra en amores imposibles por diferencias de raza o clase social; la heroína –que suele dar nombre al relato– representa a una nación contrariada por factores externos; la relación acaba en tragedia con la muerte de uno de los enamorados, y se aprecia una fuerte presencia del sentimiento religioso católico, así como de los elementos más tradicionalistas del romanticismo europeo. Destacan los títulos *Cumandá*, del ecuatoriano Juan León Mera; *Cecilia Valdés*, del cubano Cirilo Villaverde y, en especial, *María*, del colombiano Jorge Isaacs. (Ver Lecturas)

- **Novela histórica.** Se manifiesta sobre todo en una serie de relatos centrados en la lucha de los indios contra los conquistadores españoles, como *Guatimocín* (1846), de la cubana Gertrudis Gómez de Avellaneda. Sin embargo el más inte-

La publicación en 1832 del poema *Elvira o La novia del Plata*, de Esteban Echeverría, marca oficiosamente el inicio del Romanticismo en Hispanoamérica. Estos versos del canto II sirven para presentar a la protagonista:

> La aureola celestial de virgen pura,
> el juvenil frescor y la hermosura
> los encantos de Elvira realzaban,
> dando a su amable rostro un poderío,
> que encadenaba luego el albedrío
> de cuantos la miraban.
> Sus ojos inocencia respiraban,
> y de su pecho solo se exhalaban
> inocentes suspiros,
> hijos del puro y celestial contento,
> que de las dulces ansias vive exento
> del amor y sus tiros.

resante de los autores que se ocuparon del pasado histórico fue el peruano Ricardo Palma (1833-1919), creador de la **tradición**, género nuevo a mitad de camino entre el costumbrismo, la leyenda histórica y el cuento popular. La mayor parte de ella fue ambientada en la época virreinal. (Ver Lecturas)

El libertador Simón Bolívar (1783-1830).

La poesía

Tras la independencia, los escritores americanos se ven en la obligación de erigirse en guías espirituales de las jóvenes naciones, hasta el momento vinculadas a la tradición cultural impuesta por los españoles. Predomina pues la poesía moralizadora y declamatoria, de gran utilidad para afianzar las nuevas entidades nacionales. Con todo, los poetas se vinculan también a los dos grandes movimientos vigentes en la Europa de la época:

- **Neoclasicismo.** Muchos de los protagonistas de la independencia de las repúblicas americanas se formaron en los ideales ilustrados y neoclásicos del siglo XVIII. Tres poetas representan en América la estética del Neoclasicismo:
  - **Andrés Bello** (1781-1865). Nació en Venezuela, aunque desarrolló en Chile casi toda su amplísima labor intelectual, crítica y erudita, entre la que destaca una gramática de la lengua española de influencia decisiva hasta el presente. Compuso poemas de inspiración clásica: *Alocución a la Poesía* (1823) y *Silva a la agricultura de la zona tórrida* (1826), en la que, tras una exaltada descripción de la naturaleza americana, recrea el viejo tópico del menosprecio de corte y alabanza de aldea, recomendando la sencillez de la vida campesina. (Ver Lecturas)
  - **José Joaquín Olmedo** (1780-1847). Nació en Guayaquil, perteneciente entonces al Perú. Su obra cumbre es *La victoria de Junín. Canto a Bolívar* (1825), típico poema heroico y laudatorio. Se compone de 67 silvas que celebran aquella importante batalla para la independencia americana en la línea de los maestros del género, como Horacio, Virgilio o el neoclásico español Manuel José Quintana.
  - **José María de Heredia** (1803-1839). Vino al mundo en la isla de Cuba, pero pasó la mayor parte de su vida en el exilio. Aún vinculado al Neoclasicismo, algunos de sus poemas anticipan la mentalidad romántica, al cantar a la naturaleza libre y tumultuosa; es el caso de *Al océano* o *Niágara*, donde habla del conocido tópico de la fugacidad de la vida y el «ubi sunt». (Ver Lecturas)
- **Romanticismo.** La evasión en el tiempo y en el espacio que caracteriza al Romanticismo favorece en América la visión exótica e idealizada del indígena: es lo que se denomina corriente *indianista*, frente a la *indigenista*, desarrollada más adelante y pendiente más bien de los problemas del indio contemporáneo. Dos figuras destacan en el panorama de la lírica romántica hispanoamericana:
  - **José Zorrilla San Martín** (1855-1931). Originario de Uruguay, ha pasado a la posteridad con su dilatado poema narrativo *Tabaré* (1886), en el que se cuenta la extinción de los indios charrúas, tribu uruguaya que desapareció en los años posteriores a la conquista.
  - **José Hernández** (1834-1886). Se inscribe dentro del romanticismo de exaltación nacionalista, una de cuyas modalidades es la literatura gauchesca, concebida en homenaje al gaucho, vaquero legendario y trashumante de la Pampa. Su obra maestra es *Martín Fierro*, considerado el poema nacional de la República Argentina.

1. El cuadro de costumbres

Ramón Mesonero Romanos (1803-1882) fue uno de los prosistas más populares de estos años, además de cronista del acontecer madrileño a lo largo de buena parte del siglo XIX. Casi todas su obras –*Escenas matritenses*, *Panorama matritense*– tienen como objetivo la fijación en el papel de tipos y costumbres de su época o que corrían el riesgo de desaparecer. He aquí un texto de sus *Escenas matritenses*, publicadas en los periódicos entre 1832 y 1836.

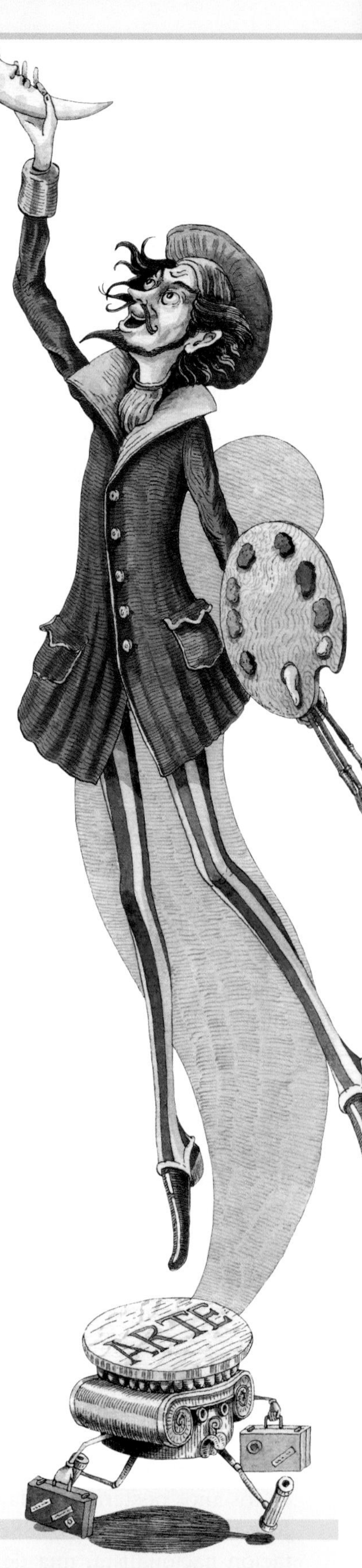

Los artistas

La palabra *Artista* es el tirano del siglo actual. En lo antiguo había pintores, escultores, arquitectos, comediantes y aficionados. Hoy sólo hay Artistas; y en esta calificación entran indiferentemente desde el pincel de **Apeles** hasta el puchero en cinto; desde el cincel de **Fidias**, hasta las alcarrazas de Andújar; desde el compás de **Vitrubio**, hasta el cuezo del albañil.

El que enciende las candilejas en el teatro, *Artista*; el motilón que echa tinta en los moldes, Artista también; el que inventó las cerillas fosfóricas *distinguido Artista*; el que toca la gaita o el que vende aleluyas, *Artistas populares*; el herrador de mi calle, *Artista veterinario*; el barbero de la esquina, *Artista didascálico*; el que saluda a **Esquivel** o quita el tiempo a **Villaamil**, *Artista de entusiasmo*; el que lee el *Laberinto* o el semanario, los socios del Liceo o del Instituto, los que asisten a los toros o al teatro, los que forman corro alrededor de la murga, *Artistas de afición*; el perro que baila, el caballo que caracolea, el asno que entona su romanza... *Artistas, Artistas de escuela.*

Entre tanto, como todo el mundo es artista, los artistas no tienen qué comer, o se comen unos u otros. El clero y la nobleza que antes les sostenían, están ahora muy ocupados en buscar dónde sostenerse. La grandeza metálica de los **Fúcares** modernos está por las artes de movimiento; protegen la *polka* y la tauromaquia, las diligencias y los barcos de vapor. En sus flamantes salones no quiere estatuas, sino buenas mozas; sus libros son el *Libro mayor* y el *Libro diario*; sus conciertos el ruido del aurífero metal. [...]

El artista entre tanto, desdeñado por la fortuna, camina a la inmortalidad por la vía del hospital; y se sube a una buhardilla con pretexto de buscar luces; allí se encierra mano a mano con su independencia, y se declara hombre superior y genio elevado: descuida los atavíos de su persona por hacer frente a las preocupaciones vulgares; y ostentando su excentricidad y porte exótico o inverosímil, se deja crecer indiscretamente barbas y melenas, únicos bienes raíces de que puede disponer. Desdeña la crítica periodística por incompetente; la autoridad del maestro por añeja; los consejos de los inteligentes por parciales y enemigos; y con una filosofía estoica, responde a la adversidad con el sarcasmo, a la fortuna con el más altivo desdén.

MESONERO ROMANOS, *Escenas matritenses*, Aguilar

Apeles, Fidias, Vitrubio: pintor, escultor y arquitecto famosos en la Antigüedad; **Esquivel, Villaamil:** personajes famosos en el Madrid de entonces; **Fúcares:** banqueros que prestaban dinero a Carlos V

Actividades

1. Señala las partes del texto y el contenido de cada una de ellas. Define en dos líneas el comportamiento social y el tipo humano aquí recogidos por Mesonero.

2. Localiza y comenta tres pasajes donde se manifieste la ironía. ¿Recuerdas algún personaje actual que usurpe el título de artista? Pon algunos ejemplos.

2. Juan Valera: *Pepita Jiménez*

Vida

Juan Valera (Córdoba, 1826-1905) fue el de mayor edad entre los escritores de la generación realista, además del más culto y cosmopolita, en parte debido a su condición de diplomático de carrera con destino en importantes capitales de Europa y América. Su postura profundamente liberal lo mantuvo al margen de los conflictos ideológicos tan presentes en la narrativa del siglo XIX.

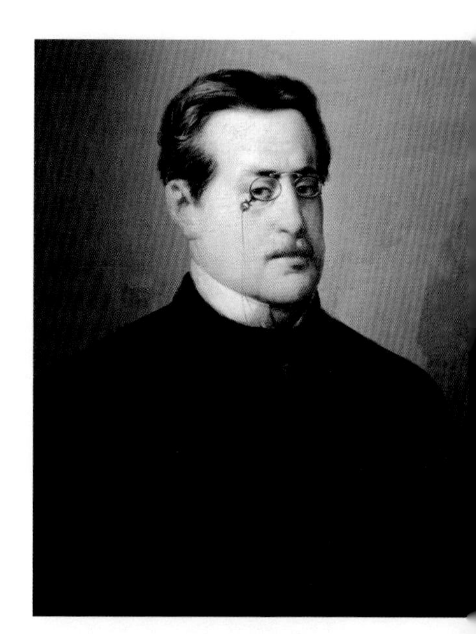

Obra

Valera pretende en sus novelas ofrecer una imagen ideal y coherente del ser humano. En cuanto al **estilo**, se preocupó por conseguir un lenguaje elegante, equilibrado y finamente irónico, a través del que pudiera reflejar su talante liberal, así como una actitud escéptica y distanciada con respecto a los personajes. Destaca su inteligente aproximación a la psicología femenina en novelas como ***Juanita la Larga***, donde plantea la relación amorosa entre una joven y un caballero mayor. En ***Doña Luz***, una dama despierta el interés de un virtuoso sacerdote y en ***Pepita Jiménez*** (1874) –su obra más conocida– describe con extraordinaria elegancia y sensibilidad el enamoramiento que el seminarista Luis de Vargas siente por la atractiva viuda que da título a la novela. He aquí la carta en la que el seminarista revela, por fin, su ardiente pasión amorosa.

Dudas de conciencia

Me recomienda V. que piense en la muerte; no en la de esta mujer, sino en la mía. Me recomienda V. que piense en lo inestable, en lo inseguro de nuestra existencia, y en lo que hay más allá. Pero esta consideración y esta meditación ni me atemorizan ni me arredran. ¿Cómo he de temer la muerte cuando deseo morir? El amor y la muerte son hermanos. Un sentimiento de abnegación se alza de las profundidades de mi ser, y me llama a sí, y me dice que todo mi ser debe darse y perderse por el objeto amado [...].

Lo que es aún eficaz en mí contra el amor, no es el temor, sino el amor mismo. Sobre este amor determinado, que ya veo con evidencia que Pepita me inspira, se levanta en mi espíritu el amor divino en consurrección poderosa [...].

Mi alma, abrasada de amor, pugna por criar alas, y tender el vuelo, y subir a esa hoguera, y consumir allí cuanto hay en ella de impuro.

Mi vida, desde hace algunos días, es una lucha constante. No sé cómo el mal que padezco no me sale a la cara. Apenas me alimento, apenas duermo. Si el sueño cierra mis párpados, suelo despertar azorado, como si me hallase peleando en una batalla de ángeles rebeldes y de ángeles buenos. En esta batalla de la luz contra las tinieblas yo combato por la luz; pero tal vez imagino que me paso al enemigo, que soy un desertor infame; y oigo la voz del **águila de Patmos** que dice: «y los hombres prefirieron las tinieblas a la luz», y entonces me lleno de terror y me juzgo perdido.

No me queda más recurso que huir. Si en lo que falta para terminar el mes mi padre no me da su venia y no viene conmigo, me escapo como un ladrón; me fugo sin decir nada.

JUAN VALERA, *Pepita Jiménez*, Taurus

águila de Patmos: San Juan Evangelista

Actividades

1. Resume el conflicto interior del joven seminarista.
2. En el primer párrafo aparece un recurso expresivo de larga tradición en la literatura española al describir el sentimiento amoroso. Se encuentra en poemas de San Juan de la Cruz, Santa Teresa, Lope de Vega y otros. Anota su nombre y explica su sentido.
3. Sitúa en dos columnas las oposiciones léxicas y conceptuales sobre el amor que aparecen en la carta.

3. Benito Pérez Galdós: *La de Bringas*

Vida

Benito Pérez Galdós (Las Palmas, 1843-Madrid, 1920) representa la culminación de la narrativa española realista, tanto por la calidad de sus creaciones como por la amplitud de su obra literaria, compuesta por casi un centenar de novelas y veinte obras de teatro.

Desde los 19 años vivió en Madrid, donde inició estudios de Derecho, pero muy pronto se orientó hacia el periodismo como paso previo a su carrera literaria. En 1867 viajó a París; allí conoció a Balzac, máximo representante del Realismo francés, de quien adoptará unos cuantos procedimientos narrativos.

No tardó en dedicarse plenamente a la literatura, aunque participó en la política de su tiempo. Los últimos años de su vida pasó serias dificultades económicas, pese a ser considerado una gloria de las letras españolas.

Obra

- **Novelas de tesis** o **prerrealistas**, en las que defiende Galdós que la intolerancia religiosa y política conducen al fanatismo, provocando la infelicidad del individuo y el estancamiento de la sociedad. Entran aquí títulos como *La fontana de oro*, *Doña Perfecta* o *La familia de León Roch*.
- Las **Novelas Españolas Contemporáneas** o **naturalistas**, que marcan la plenitud del arte realista de Galdós. En ellas el autor se aplica a la descripción de la clase media madrileña –con incursiones en ambientes populares y aristocráticos– a través de personajes dotados de increíble humanidad, contemplados con comprensión, tolerancia y un cordial sentido del humor, que han convertido al autor en el mejor heredero de Cervantes. Es el caso de *Fortunata y Jacinta*, *La de Bringas*, *Miau*, *Tormento* o *Torquemada en la hoguera*.
- **Novelas espiritualistas** o **simbólicas**, marcadas por el creciente idealismo de los personajes, que a menudo encarnan ideas morales o religiosas; hay menor interés por la descripción de ambientes o por la profundidad de los caracteres; la ambientación se desarrolla entre las capas más desfavorecidas de la sociedad madrileña.
- Atención especial merecen los ***Episodios Nacionales*** con los que Galdós acometió la magna tarea de novelar la historia española del siglo XIX; se trata de un conjunto de 46 títulos que abarcan desde la batalla de Trafalgar (1805) y la Guerra de la Independencia, hasta la Restauración monárquica de 1875.
- Conviene recordar que Galdós al final de su vida escribió también **obras teatrales** de corte idealista. Su título más conocido fue el drama *Electra* (1901).

*

La casa museo de **Galdós** en Las Palmas de Gran Canaria ofrece la página web **www.casamuseoperezgaldos.com/** que –además de presentar la biografía del autor– contiene el enlace con el texto digitalizado de todas sus obras.

http://

Argumento de *La de Bringas*

La de Bringas (1884) forma trilogía con *El doctor Centeno* y *Tormento*. Es uno de esos espléndidos estudios de la psicología femenina tan abundantes en la literatura realista española y europea. El relato se centra en Rosalía Pipaón, mujer atractiva, cada vez más aficionada al lujo en el vestir y a vivir por encima de las modestas posibilidades que le permite su matrimonio con el honrado funcionario Bringas, tacaño y maniático. Su creciente frustración se advierte en este texto.

Apuros económicos

Seguramente, si ella se veía en cualquier ahogo, acudiría Pez a auxiliarla con aquella delicadeza galante que Bringas no conocía ni había mostrado jamás en ningún tiempo, ni aun cuando fue su pretendiente, ni en los días de la luna de miel, pasados en Navalcarnero... ¡Qué tinte tan ordinario había tenido siempre su vida toda! Hasta el pueblo elegido para la inauguración matrimonial era horriblemente inculto, antipático y contrario a toda idea de buen tono... Bien se acordaba la dama de aquel lugarón, de aquella posada en que no había ni una silla cómoda en que sentarse, de aquel olor a ganado y a paja, de aquel vino sabiendo a pez y aquellas chuletas sabiendo a cuero... Luego el pedestre Bringas no le hablaba más que de cosas vulgares. En Madrid, el día antes de casarse, no fue hombre para gastarse seis cuartos en un ramo de rositas de olor... En Navalcarnero le había regalado un botijo, y la llevaba a pasear por los trigos, permitiéndose coger amapolas, que se deshojaban enseguida. A ella le gustaba muy poco el campo y lo único que se le habría hecho tolerable era la caza; pero Bringas se asustaba de los tiros, y habiéndole llevado en cierta ocasión el alcalde a una campaña venatoria, por poco mata al propio alcalde. Era hombre de tan mala puntería que no daba ni al viento... De vuelta en Madrid, había empezado aquella vida matrimonial reglamentada, oprimida, compuesta de estrecheces y fingimientos, una comedia doméstica de día y de noche, entre el metódico y rutinario correr de los ochavos y las horas. Ella, sometida a hombre tan vulgar, había llegado a aprender su frío papel y lo representaba como una máquina sin darse cuenta de lo que hacía. Aquel muñeco hízola madre de cuatro hijos, uno de los cuales había muerto en la lactancia. Ella les quería entrañablemente, y gracias a esto, iba creciendo el vivo aprecio que el muñeco había llegado a inspirarle... Deseaba que el tal viviese y tuviera salud; la esposa fiel seguiría a su lado, haciendo su papel con aquella destreza que le habían dado tantos años de hipocresía. Pero para sí anhelaba ardientemente algo más que vida y salud; deseaba un poco, un poquito siquiera de lo que nunca había tenido, libertad, y salir, aunque sólo fuera por modo figurado, de aquella estrechez vergonzante. Porque, lo decía con sinceridad, envidiaba a los mendigos, pues éstos, el ochavo que tienen lo gozan con libertad, mientras que ella...

Benito Pérez Galdós, *La de Bringas*, Aguilar

Actividades

1. ¿Cómo resumirías los sentimientos de Rosalía de Bringas con respecto a su marido? Subraya las expresiones con las que se refiere a él. ¿Que le reprocha Rosalía? ¿Estás de acuerdo con ella?

2. El estilo de Galdós destaca por su expresividad. Descubre y comenta la presencia en el texto de comparaciones, metáforas, frases coloquiales, acumulaciones de adjetivos, hipérboles, diminutivos...

4. Leopoldo Alas, «Clarín»: *La conversión de Chiripa*

Vida

Leopoldo Alas (1852-1901), conocido por el seudónimo de «Clarín», fue sin duda el mejor y más acerado **crítico literario** del último tercio del siglo XIX. Con el tiempo, su sólida formación intelectual –catedrático de Derecho en Oviedo, profundo conocedor de la narrativa francesa, republicano moderado– lo llevó a ensayar la literatura de creación. Aunque recuperó la fe religiosa en 1892, mantuvo a lo largo de su vida un talante crítico frente al catolicismo tradicional.

Obra

Su producción literaria consta de varias **colecciones de cuentos**, cada vez más valorados, y de la que hoy se tiene por la mejor novela española del siglo XIX: ***La Regenta***, publicada en 1884-1885. La concepción naturalista se acentúa en su otra novela, titulada ***Su único hijo***. Todas sus creaciones están ambientadas en la región asturiana.

La Regenta

Constituye una **radiografía implacable de una capital de provincias** –en este caso Vetusta (Oviedo)– en el periodo de la Restauración, con sus secuelas de caciquismo, hipocresía, corrupción política y eclesiástica, amores clandestinos y sordos enfrentamientos sociales. El hábil uso de la introspección y el estilo indirecto libre proporcionan magistrales retratos psicológicos de la protagonista, Ana Ozores, y de su director espiritual, el apuesto canónigo don Fermín de Pas.

La **trama** arranca cuando –al cambiar de confesor y repasar su vida– Ana Ozores se da cuenta de su insatisfacción afectiva: está casada con don Víctor Quintanar, antiguo presidente de la Audiencia, hombre afectuoso pero mucho mayor que ella. Su carácter sensible e inocente se verá acosado por dos fuertes personalidades que se disputan su belleza, ante la mirada cómplice de la ciudad: de un lado, el apuesto eclesiástico don Fermín de Pas trata de seducirla mediante la inteligencia y la espiritualidad fingida; del otro, Álvaro Mesía –experimentado donjuán de mediana edad y jefe del partido liberal en la provincia– le ofrece las promesas del amor carnal. Decepcionada por don Fermín e impulsada inconscientemente por su marido, Ana se entrega a Mesía; al cabo de poco tiempo, como consecuencia de una trampa, el adulterio se descubre; tras un duelo, Ana queda viuda y despreciada por la **misma** ciudad que tanto la había halagado.

Cuentos

Oscilan entre la visión satírico-burlesca de tipos característicos o situaciones injustas y la contemplación lírica e idealizada del mundo rural o de personajes humildes, cada vez más amenazados por la extensión del modo de vida urbano. Es el caso de *¡Adiós cordera!* o *Doña Berta*.

El **argumento** de *La conversión de Chiripa*, el relato del que vas a leer un fragmento, se basa en un entrañable individuo que no acaba de encontrar su sitio en una ciudad indiferente u hostil y se refugia en una peculiar fe religiosa. El título del cuento ofrece un doble sentido que sólo se comprende al final. Conviene tener en cuenta que el apodo del protagonista, Chiripa, significa «buena suerte debida a la casualidad». Al personaje lo llaman así con clara intención irónica por su pésima suerte, ya que –como recuerda el narrador– era «el hombre menos chiripero del mundo».

www.cervantesvirtual.com/bib_autor/Clarin/ es un estupenda página con biografía y bibliografía sobre **Clarín**, excelente galería de imágenes, obras completas digitalizadas, videoteca y fonoteca.

http://

La conversión de Chiripa

Salió del kiosco de la música a escape, hecho una sopa, echando chispas contra el Fundador de la **alternancia** y contra su padre, y se metió en la población en busca de mejor albergue. Pero todo estaba cerrado. A lo menos cerrado para él. Pasó junto a un café: no osó entrar. Aquello era público, pero a Chiripa le echarían los mozos en cuanto advirtiesen que iba tan sucio, tan harapiento que daba lástima, y que no iba a hacer el menor gasto. A un mozo de cordel en activo le dejarían entrar, pero a él, que estaba reducido a la categoría de pordiosero... honorario, porque no pedía limosna, aunque el **uniforme** era de eso, a él le echarían poco menos que a palos. Lo sabía por experiencia... Pasó junto al Gobierno de provincia, donde estaba la **prevención**. Aquí me admitirían si estuviera borracho, pero en mi sano juicio y sin alguna fechoría, de ningún modo. No sabía Chiripa qué era todo lo demás que había en aquel caserón tan grande; para él todo era prevención; cosas para **prender**, o echar multas, o tallar a los chicos y llevarlos a la guerra. Pasó junto a la Universidad, en cuyo claustro se paseaban, mientras duraba la tormenta, algunos magistrados que no tenían qué hacer en la Audiencia. No se le ocurrió entrar allí. Él no sabía leer siquiera, y allí dentro todos eran sabios. También le echarían los porteros. Pasó junto a la Audiencia... pero no era hora de oír a los testigos falsos, la única misión decorosa que Chiripa podría llevar allí, pues la de **acusado** no lo era. Como testigo falso, sin darse cuenta de su delito, había jurado allí varias veces decir la verdad; y en efecto, siempre había dicho la verdad... de lo que le habían mandado decir. Vagamente se daba cuenta de que aquello estaba mal hecho, pero ¡era por unos motivos tan complicados! Además, cuando señoritos como el abogado, y el escribano y el procurador, y el ricacho le venían a pedir su testimonio, no sería la cosa tan mala; pues en todo el pueblo pasaban por caballeros los que le mandaban declarar lo que, después de todo, sería cierto cuando ellos lo decían.

Pasó junto a la Biblioteca. También era pública, pero no para los pobres de solemnidad, como él lo parecía. El instinto le decía que de aquel salón tan caliente, gracias a dos chimeneas que se veían desde la calle, le echarían también. Temerían que fuese a robar libros.

Pasó por el Banco, por el cuartel, por el teatro, por el hospital... todo lo mismo, para él cerrados. En todas partes había hombres con gorra de galones, para eso, para no dejar entrar a los Chiripas.

En las tiendas podía entrar... a condición de salir inmediatamente; en cuanto se averiguaba que no tenía que comprar cosa alguna, y eso que todas le faltaban. En las tabernas, algo por el estilo. ¡Ni en las tabernas había para él alternancia!

Y, a todo esto, el cielo desplomándose en chubascos, y él temblando de frío... calado hasta los huesos... Sólo Chiripa corría por las calles, como un perseguido por el agua y el viento.

Llegó junto a una iglesia. Estaba abierta. Entró, anduvo hasta el altar mayor sin que nadie le dijera nada. Un sacristán o cosa así cruzó a su lado la nave y le miró sin extrañar su presencia, sin recelo, como a uno de tantos fieles. Allí cerca, junto al púlpito de la Epístola, vio Chiripa otro pordiosero, de rodillas, abismado en la oración; era un viejo de barba blanca que suspiraba y tosía mucho. El templo resonaba con los chasquidos de la tos; cosa triste, molesta, que debía de importunar a los demás devotos esparcidos por naves y capillas; pero nadie protestaba, nadie paraba mientes en aquello.

Comparada con la calle, la iglesia estaba templada. Chiripa empezó a sentirse menos mal. Entró en una capilla y se sentó en un banco. Olía bien. Era incienso, o cera, o todo junto y más; olía a recuerdos de chico. El chisporroteo de las velas; los santos quietos, tranquilos, que le miraban con dulzura, le eran simpáticos. Un obispo con sombrero de pastor en la mano, parecía saludarle, diciendo: «¡Bien venido, Chiripa!». Él, en justo pago, intentó santiguarse, pero no supo.

LEOPOLDO ALAS, «CLARÍN», *La conversión de Chiripa*, Anaya

alternancia: líneas más arriba, en el mismo cuento, se afirma que para Chiripa la *alternancia* era «no excluir de todos los sitios amenos y calientes y agradables al hombre cubierto de andrajos, sólo por los andrajos»; **prevención:** lugar dónde detenía la policía a los maleantes; **uniforme:** forma de vestir; **prender:** detener; **acusado:** acusado por algún delito

Actividades

1. La observación de la ciudad y de la burguesía, clase social emergente, constituye uno de los temas preferidos por los novelistas del Realismo. ¿Qué visión de la misma y de los habitantes e instituciones urbanas se desprende del cuento de Clarín? Justifica tu respuesta.

2. Clarín, escritor acusado a menudo de antirreligioso, presenta un personaje rechazado por todos los estamentos de la sociedad urbana, que se siente a gusto en el templo y que posteriormente resulta acogido por la Iglesia. Incluso se ha puesto en relación *La conversión de Chiripa* con la propia conversión del escritor, acaecida en torno a estos años. Subraya y explica en el texto los pasajes en los que se ofrece una visión positiva del ambiente religioso.

3. El humor y la ternura caracterizan los cuentos de Clarín, protagonizados por personajes sencillos, humildes o «positivos». ¿Encuentras algún ejemplo de ello en el fragmento seleccionado?

4. ¿Consideras que actualmente en tu ciudad puede haber algún Chiripa? Descríbelo brevemente. A continuación, organizad un debate en clase sobre integración y marginación en la sociedad actual.

5. Emilia Pardo Bazán: *La madre naturaleza*

Vida

Emilia Pardo Bazán (1851-1921) perteneció a una aristocrática familia gallega, destacó como novelista, autora de relatos breves y ensayista, algo poco habitual entre las mujeres de la época. Su amplísima formación intelectual la llevó a convertirse en la primera mujer española en ocupar una cátedra universitaria. Fue ella la que planteó la cuestión del Naturalismo en España, abogando por la necesidad de combinar la observación meticulosa y la narración objetiva de Zola con la tradición española cristiana.

Obra

Pardo Bazán destaca, sobre todo, por la cruda descripción del mundo rural gallego en decenas de magistrales cuentos y en dos novelas, consideradas la más genuina representación del naturalismo español: ***Los pazos de Ulloa*** (1886) y su continuación, ***La madre naturaleza*** (1887), en la que retoma la acción más de diez años después (el hijo bastardo y la hija legal del señor de Ulloa son ya muchachos, están siempre juntos e inconscientemente van enamorándose). El paso del tiempo se refleja en el cambio de aspecto y la degradación de ciertos personajes, pero en quien se ceba la autora es en la figura de la antaño bella sirvienta Sabel, uno de los pasajes típicamente naturalistas de la novela, no sólo por su calidad literaria, sino porque refleja la idea de la imposibilidad de las clases humildes para redimirse a través de la cultura.

La belleza marchita

Al entrar en los Pazos experimentó Gabriel la impresión melancólica que sentimos al acercarnos a la sepultura de una persona querida [...].

A la escalera salieron a hacerle los honores el *Gallo* y su esposa, la ex bella fregatriz Sabel, causa de tantos disturbios, pecados y tristezas. Quien la hubiese visto cosa de dieciocho años antes, cuando quería hacer prevaricar a los capellanes de la casa, no la conocería ahora. Las aldeanas, aunque no se dediquen a labrar la tierra, no conservan, pasados los treinta, atractivo alguno, y en general se ajan y marchitan desde los veinticinco. Sus extremidades se deforman, su piel se curte, la osatura se les marca, el pelo se les vuelve áspero como cola de buey, el seno se esparce y abulta feamente, los labios se secan, en los ojos se descubre, en vez de la chispa de juguetona travesura propia de la mocedad, la codicia y el servilismo juntos, sello de la máscara labriega. Si la aldeana permanece soltera, la lozanía de los primeros años dura algo más; pero si se casa, es segura la ruina inmediata de su hermosura. Campesinas mozas vemos que tienen la balsámica frescura de las hierbas puestas a serenar la víspera de San Juan, y al año de consorcio no es posible conocerlas ni creen que son las mismas, y su tez lleva ya arrugas, las arrugas aldeanas, que parecen grietas del terruño. Todo el peso del hogar les cae encima, y adiós risa alegre y labios colorados. Las coplas populares gallegas no celebran jamás la belleza en la mujer después de casada y madre; sus requiebros y ternezas son siempre para las *rapazas*, las *nenas bunitas*.

Sabel no desmentía la regla. A los cuarenta y tantos años era lastimoso andrajo de lo que algún día fue la mejor moza de diez leguas en contorno. El azul de sus pupilas, antes tan claro y puro, amarilleaba; su tez de albérchigo era piel de manzana que el madurero va secando, y los pómulos sobresalientes y la frente baja y la forma achatada del cráneo se marcaban ahora con energía, completando una de esas cabezas de aldeana de las cuales dice cualquiera: «Más fácil sería convencer a una mula que a esta mujer cuando se empeñe en algo».

EMILIA PARDO BAZÁN, *La madre naturaleza*, Alianza

Actividades

1. ¿Qué idea preside el fragmento? ¿Crees que sigue vigente en la actualidad? Justifica la respuesta.
2. Sintetiza los elementos de la novela realista que descubras en cuanto a temas, lenguaje y técnica narrativa.

6. Vicente Blasco Ibáñez: cuentos

Vida

El valenciano Vicente Blasco Ibáñez (1867-1928) fue el primer novelista español en obtener en vida un gran éxito internacional. Estuvo muy comprometido con los ideales republicanos y la causa aliada durante la Primera Guerra Mundial; más adelante hubo de exiliarse en Niza durante la dictadura de Primo de Rivera. El resto de su vida participó en diversas actividades en defensa de las clases sociales más débiles.

Obra

Sus novelas de ambiente valenciano representan lo más valorado hoy de su producción: ***Arroz y tartana*** (1894), ***La barraca*** (1898) y ***Cañas y barro*** (1902), en las que el espacio rural favorece la explosión de pasiones avasalladoras y primarias. Las **preocupaciones sociales**, siempre dentro de una ideología progresista, se manifiestan en *La catedral* (1903) y *La horda* (1905). La **guerra mundial** le inspiró títulos que le otorgaron fama mundial, además de servir de base a películas de Hollywood.

El texto seleccionado constituye el comienzo de un cuento titulado «La pared», publicado en 1896 dentro del volumen *La Condenada y otros cuentos*, una especie de prolongación de los *Cuentos valencianos* (1893), conjunto de narraciones fuertemente realistas, ambientadas en el entorno rural de la capital del Turia.

Pasiones rurales

Siempre que los nietos del tío *Rabosa* se encontraban con los hijos de la viuda de *Casporra* en las sendas de la huerta o en las calles de Campanar, todo el vecindario comentaba el suceso. ¡Se habían mirado!... ¡Se insultaban con el gesto!... Aquello acabaría mal, y el día menos pensado el pueblo sufriría un nuevo disgusto.

El alcalde, con los vecinos más notables, predicaba paz a los mocetones de las dos familias enemigas, y allá iba el cura, un vejete de Dios, de una casa a otra recomendando el olvido de las ofensas.

Treinta años que los odios de los *Rabosas* y *Casporras* traían alborotado a Campanar. Casi en las puertas de Valencia, en el risueño pueblecito que desde la orilla del río miraba a la ciudad con los redondos ventanales de su agudo campanario, repetían aquellos bárbaros, con su rencor africano, la historia de luchas y violencias de las grandes familias italianas de la Edad Media. Habían sido grandes amigos en otro tiempo; sus casas, aunque situadas en distinta calle, lindaban por los corrales, separados únicamente por una tapia baja. Una noche, por cuestiones de riego, un *Casporra* tendió en la huerta de un escopetazo a un *Rabosa*, y el hijo menor de éste, porque no se dijera que en la familia no quedaban hombres, consiguió, después de un mes de acecho, colocarle una bala entre las cejas al matador.

Desde entonces las dos familias vivieron para exterminarse, pensando más en aprovechar los descuidos del vecino que el cultivo de las tierras. Escopetazos en medio de la calle; tiros que al anochecer relampagueaban desde el fondo de una acequia o tras los **cañares** o **ribazos** cuando el odiado enemigo regresaba del campo; alguna vez, un *Rabosa* o un *Casporra*, camino del cementerio con una onza de plomo dentro del pellejo, y la sed de venganza sin extinguirse, antes bien extremándose con las nuevas generaciones, pues parecía que en las dos casas los chiquitines salían ya del vientre de sus madres tendiendo las manos a la escopeta para matar a los vecinos.

Después de treinta años de lucha, en casa de los *Casporras* sólo quedaba una viuda con tres hijos mocetones que parecían torres de músculos. En la otra estaba el tío *Rabosa*, con sus ochenta años, inmóvil en un sillón de esparto, con las piernas muertas por la parálisis, como un arrugado ídolo de la venganza, ante el cual juraban sus dos nietos defender el prestigio de la familia.

BLASCO IBÁÑEZ, *La Condenada y otros cuentos*, Aguilar

cañares: lugar donde crecen cañas; **ribazos:** declive a orillas de un río

Actividades

1. Señala el tema del texto. A continuación, escribe su desarrollo y desenlace según tu propia imaginación.
2. Localiza y comenta las comparaciones, imágenes o metáforas que encuentres en el fragmento.

7. Prosa latinoamericana

Esteban Echeverría: *El matadero*

Publicado en 1840, *El matadero* es el símbolo de Argentina bajo el régimen de Rosas; los matarifes –negros o mulatos– equivalen a la barbarie, cuya misión es destruir todo lo que se pone a su alcance. La víctima, que representa a la oposición al dictador, es un joven torturado y ejecutado por los carniceros por protestar contra la crueldad que usaban con los animales. Aquí tienes una muestra del vigoroso estilo de Echeverría para describir el horror:

Hacia otra parte, entretanto, dos africanas llevaban arrastrando las entrañas de un animal; allá una mulata se alejaba con un ovillo de tripas y resbalando de repente sobre un charco de sangre, caía a plomo, cubriendo con su cuerpo la codiciada presa. Acullá se veían acurrucadas en hilera cuatrocientas negras destejiendo sobre las faldas el ovillo y arrancando uno a uno los sebitos que el avaro cuchillo del carnicero había dejado en la tripa como rezagados, al paso que otras vaciaban panzas y vejigas y las henchían de aire de sus pulmones para depositar en ellas, luego de secas, la achura.

Varios muchachos gambeteando a pie y a caballo se daban de vejigazos o se tiraban bolas de carne, desparramando con ellas y su algazara la nube de gaviotas que columpiándose en el aire celebraban chillando la matanza. Oíanse a menudo, a pesar del veto del Restaurador y de la santidad del día, palabras inmundas y obscenas, vociferaciones preñadas de todo el cinismo bestial que caracteriza a la chusma de nuestros mataderos, con las cuales no quiero regalar a los lectores.

De repente caía un bofe sangriento sobre la cabeza de alguno, que de allí pasaba a la de otro, hasta que algún deforme mastín lo hacía buena presa, y una cuadrilla de otros, por si estrujo o no estrujo, armaba una tremenda de gruñidos y mordiscones. Alguna tía vieja salía furiosa en persecución de un muchacho que le había embadurnado el rostro con sangre, y acudiendo a sus gritos y puteadas los compañeros del rapaz, la rodeaban y azuzaban como los perros al toro y llovían sobre ella zoquetes de carne, bolas de estiércol, con groseras carcajadas y gritos frecuentes, hasta que el juez mandaba restablecer el orden y despejar el campo.

Por un lado dos muchachos se adiestraban en el manejo del cuchillo tirándose horrendos tajos y reveses; por otro, cuatro ya adolescentes ventilaban a cuchilladas el derecho a una tripa gorda y un mondongo que habían robado a un carnicero; y no de ellos distante, porción de perros flacos ya de la forzosa abstinencia, empleaban el mismo medio para saber quién se llevaría un hígado envuelto en barro. Simulacro en pequeño era éste del modo bárbaro con que se ventilan en nuestro país las cuestiones y los derechos individuales y sociales. En fin, la escena que se representaba en el matadero era para vista, no para escrita.

Obras Completas de D. Esteban Echeverría, Carlos Casavalle Editor

Actividades

1. Sintetiza con tus propias palabras lo narrado en el texto.
2. Localiza y subraya en el fragmento los pasajes que evidencian la opinión del narrador.
3. Comenta el uso de los adjetivos calificativos, así como los campos semánticos predominantes en el pasaje.

Domingo Faustino Sarmiento: *Civilización y barbarie*

Con el título de *Civilización y barbarie. Vida de Juan Facundo Quiroga, y aspecto físico, costumbres y hábitos de la República Argentina*, publicó en 1845 el escritor y pedagogo argentino Domingo Faustino Sarmiento el más famoso ensayo de las letras hispanoamericanas, conocido habitualmente como *Facundo*.

La obra se centra en la vida extremada y heroica de un violento caudillo de la llanura argentina, desde sus comienzos hasta que resulta asesinado por sus enemigos. Junto a la parte biográfica el texto participa de la novela (aventuras de ciertos personajes), del ensayo político (ideas reformistas del autor, que llegó a ser presidente de su país) y del cuadro de costumbres, al describir en la primera parte con detalle e inusual vigor expresivo aspectos de la geografía argentina, con sus tipos genuinos: el explorador, el gaucho malo, el juez, el rastreador y otros.

El cantor

Aquí tenéis la idealización de aquella vida de revueltas, de civilización, de barbarie y de peligros. El gaucho cantor es el mismo **bardo**, el vate, el trovador de la Edad Media, que se mueve en la misma escena, entre las luchas de las ciudades y el feudalismo de los campos, entre la vida que se va y la vida que se acerca. El cantor anda de **pago** en pago, de **tapera** en **galpón**, cantando sus héroes de la pampa perseguidos por la justicia, los llantos de la vida a quien los indios robaron sus hijos en un **malón** reciente, la derrota y la muerte del valiente Rauch, la catástrofe de Facundo Quiroga y la suerte que cupo a **Santos Pérez**. El cantor está haciendo candorosamente el mismo trabajo de crónica, de costumbres, historia, biografía, que el bardo de la Edad Media; y sus versos serían recogidos más tarde como los documentos y datos en que habría de apoyarse el historiador futuro, si a su lado no estuviese otra sociedad culta con superior inteligencia de los acontecimientos que la que el infeliz despliega en sus rapsodias ingenuas. En la República Argentina se ven a un tiempo dos civilizaciones distintas en un mismo suelo; una naciente que, sin conocimiento de lo que tiene sobre su cabeza, está remedando los esfuerzos ingenuos y populares de la Edad Media; otra que, sin cuidarse de lo que tiene a sus pies, intenta realizar los últimos resultados de la civilización europea. El siglo XIX y el siglo XII viven juntos: el uno dentro de las ciudades, el otro en las campañas.

Editora Nacional

bardo: poeta; **pago:** lugar; **tapera:** pequeño rancho; **galpón:** cobertizo grande; **malón:** ataque de indios para saquear una propiedad; **Santos Pérez:** capitán que mandaba la cuadrilla que dio muerte a Facundo Quiroga en febrero de 1835

Actividades

1. Resume los elementos que asemejan al cantor de la Pampa con el trovador de la Castilla medieval.
2. La obra en general y este fragmento concreto se articulan en torno a la oposición civilización/barbarie. Subraya los términos que en el texto se identifican con cada una de ellas.
3. Sarmiento se mostró partidario de introducir en la literatura vocablos procedentes del habla local. Identifica los localismos presentes en el texto. ¿A qué parte del Facundo pertenece la semblanza del cantor? Justifica la respuesta.

Jorge Isaacs: *María* (1867)

Después de dos centenares de ediciones, *María* –publicada en 1867 por el colombiano Jorge Isaacs– puede considerarse la novela más leída de Hispanoamérica, junto con *Cien años de soledad*, de García Márquez. La historia aparece contada desde el punto de vista de Efraín, hijo de un terrateniente que regresa a su tierra tras su formación estudiantil. Allí encuentra a su prima María, con la que vivirá unos cortísimos e idílicos amores. Su regreso a Inglaterra ocasiona una enfermedad en la protagonista, incapaz de soportar la separación; fallece a los dos años, cuando Efraín estaba a punto de regresar, dejándole sumido en profunda melancolía. Vamos a leer el capítulo LXIV, penúltimo de la novela.

¡Inolvidable y última noche pasada en el hogar donde corrieron los años de mi niñez y los días felices de mi juventud! Como el ave impelida por el huracán a las pampas abrasadas intenta en vano sesgar su vuelo hacia el umbroso bosque nativo, y ajados ya los plumajes regresa a él después de la tormenta, y busca inútilmente el nido de sus amores revoloteando en torno del árbol destrozado, así mi alma abatida va en las horas de mi sueño a vagar en torno del que fue hogar de mis padres. Frondosos naranjos, gentiles y verdes sauces que conmigo crecisteis, ¡cómo os habéis envejecido! Rosas y azucenas de María, ¡quién las amará si existen! aromas del lozano huerto, ¡no volveré a aspiraros! Susurradores vientos, rumoroso río…, ¡no volveré a oíros!

La media noche me halló velando en mi cuarto. Todo estaba allí como yo lo había dejado; solamente las manos de María habían removido lo indispensable, engalanando la estancia para mi regreso: marchitas y carcomidas por los insectos permanecían en el florero las últimas azucenas que ella le puso. Ante esa mesa abrí el paquete de las cartas que me había devuelto al morir. Aquellas líneas borradas por mis lágrimas y trazadas cuando tan lejos estaba de creer que serían mis últimas palabras dirigidas a ella; aquellos pliegos ajados en su seno, fueron desplegados y leídos uno a uno; y buscando entre las cartas de María la contestación a cada una de las que yo le había escrito, compaginé ese diálogo de inmortal amor dictado por la esperanza e interrumpido por la muerte.

Teniendo entre mis manos las trenzas de María y recostado en el sofá en que Emma le había oído sus postreras confidencias, dio las dos el reloj; él había medido también las horas de aquella noche angustiosa, víspera de mi viaje; él debía medir las de la última que pasé en la morada de mis mayores.

Editorial Losada

Si quieres conocer a fondo cómo transcurrieron los últimos días de la vida de Bolívar, puedes leer la interesante novela que Gabriel García Márquez publicó en 1989 con el título de *El general en su laberinto*.

Ricardo Palma: *La última frase de Bolívar*

Ricardo Palma escribió 453 tradiciones, agrupadas por temas incaicos, virreinales, independentistas y contemporáneos al autor. Se publicaban en los periódicos y posteriormente, agrupadas en diversas series, dieron lugar a sucesivos libros. La tradición que vamos a leer pertenece a la serie protagonizada por el libertador Simón Bolívar.

La escena pasa en la hacienda San Pedro Alejandrino, y en una tarde de diciembre del año 1830.

En el espacioso corredor de la casa, y sentado en un sillón de baqueta, veíase a un hombre demacrado, a quien una tos cavernosa y tenaz convulsionaba de hora en hora. El médico, un sabio europeo, le propinaba una poción calmante, y dos viejos militares, que silenciosos y tristes paseaban en el salón, acudían solícitos al corredor.

Más que de un enfermo se trataba ya de un moribundo, pero de un moribundo de inmortal renombre.

Pasado un fuerte acceso, el enfermo se sumergió en profunda meditación, y al cabo de algunos minutos dijo con voz muy débil:

–¿Sabe usted, doctor, lo que me atormenta al sentirme ya próximo a la tumba?

–No, mi general.

–La idea de que tal vez haya edificado sobre arena movediza y arado en el mar.

Y un suspiro brotó de lo más íntimo de su alma y volvió a hundirse en su meditación.

Transcurrido gran rato, una sonrisa tristísima se dibujó en su rostro y dijo pausadamente:

–¿No sospecha usted, doctor, quiénes han sido los tres más insignes majaderos del mundo?

–Ciertamente que no, mi general.

–Acérquese usted, doctor, se lo diré al oído. Los tres grandísimos majaderos hemos sido Jesucristo, Don Quijote y yo.

Tradiciones peruanas completas, Aguilar

Actividades

1. Resume el argumento de cada uno de estos dos textos.

2. Comenta los elementos románticos presentes en *María*; uno de ellos es la presencia del tono exclamativo.

3. Explica el sentido de la última frase de Bolívar. ¿Estás de acuerdo con su afirmación? Justifica la respuesta.

4. Acabamos de conocer a cuatro relevantes prosistas hispanoamericanos. ¿Con cuál de ellos te sientes más identificado? Argumenta tu elección.

8. Poesía latinoamericana

Andrés Bello: *Alocución a la Poesía*

La *Alocución a la Poesía* está compuesta por 27 silvas que desarrollan dos núcleos temáticos: de un lado, invitación a la musa de la poesía para que abandone la culta Europa y se instale en las tierras americanas; del otro, un canto a la gran Colombia, a los héroes de su independencia, junto a durísimos ataques contra los dominadores españoles, hasta el punto de que Menéndez Pelayo suprimió esta segunda parte íntegra de su *Antología de poetas hispanoamericanos*. Veamos el comienzo del poema:

Divina poesía,
tú, de la soledad habitadora,
a consultar tus cantos enseñada
con el silencio de la selva umbría;
tú, a quien la verde gruta fue morada,
y el eco de los montes compañía;
tiempo es que dejes ya la culta Europa,
que tu nativa rustiquez desama,
y dirijas el vuelo adonde te abre
el mundo de Colón su grande escena.
También propicio allí respeta el cielo
la simple verde rama
con que al valor coronas;
también allí la florecida vega,
el bosque enmarañado, el sesgo río,
colores mil a tus pinceles brinda;
y céfiro revuelto entre las rosas;
y fúlgidas estrellas
tachonan la carroza de la noche;
y el Rey del cielo, entre cortinas bellas
de nacaradas nubes, se levanta,
y la avecilla en no aprendidos tonos
con dulce pico endechas de amor canta.

ANDRÉS BELLO DIGITAL, en Biblioteca Virtual Ignacio de Larramendi

José María de Heredia: *En el Teocalli de Cholula*

La contemplación de una pirámide azteca generó este famoso poema, donde se mezclan en admirable síntesis la descripción del campo mexicano, la visión imaginaria de un cortejo de indios que se dispone a efectuar un sacrificio humano y una reflexión sobre la tiranía, la superstición y la muerte.

[…] Esta inmensa estructura
vio a la superstición más inhumana
en ella entronizarse. Oyó los gritos
de agonizantes víctimas, en tanto
que el sacerdote, sin piedad ni espanto,
les arrancaba el corazón sangriento;
miró el vapor espeso de la sangre
subir caliente al ofendido cielo,
y tender en el sol fúnebre velo,
y escuchó los horrendos alaridos
con que los sacerdotes sofocaban
el grito del dolor.
Muda y desierta
ahora te ves, pirámide. ¡Más vale
que semanas de siglos yazcas yerma,
y la superstición a quien serviste
en el abismo del infierno duerma!
A nuestros nietos últimos, empero,
sé lección saludable; y hoy al hombre
que ciego en su saber fútil y vano
al cielo, cual Titán, truena orgulloso,
sé ejemplo ignominioso
de la demencia y del furor humano.

www.los-poetas.com

Pirámide del Sol, en Teotihuacán.

Actividades

1. Señala el tema de uno y otro poema; reseña los elementos neoclásicos presentes en ambos, con especial atención al uso del adjetivo. Explica cómo funciona el recurso estilístico denominado personificación, así como el componente moralizador e ilustrado.

2. Expresa con tus propias palabras, de forma objetiva y escueta el mensaje de *Alocución a la Poesía*.

3. Identifica y comenta las dos partes en que se articula el poema de José M.ª de Heredia. ¿Qué espera el poeta de la pirámide? A continuación, selecciona a través de internet al menos tres fotografías de este monumento; luego explica su localización en un mapa de México.

José Hernández: *Martín Fierro*

José Hernández publicó en 1872 *El gaucho Martín Fierro*; en 1879 sale *La vuelta de Martín Fierro*, pronto incorporada al primero bajo el título de *Martín Fierro*. El largo poema narrativo exalta la figura de un personaje marginado: el gaucho, que cuenta su propia vida, marcada por una sucesión de hechos desgraciados: pierde a su familia, da muerte a dos hombres, luego se enfrenta a los soldados del sargento Cruz, quien se pone de su parte, impresionado por su valor. Huyen a territorio indio, hasta que –muerto su compañero– decide regresar a la civilización, donde encuentra a dos de sus hijos y al hijo de Cruz, que tiene el simbólico nombre de Picardía. El fragmento que vamos a leer está puesto en boca de Cruz, que cuenta a Fierro cómo hubo de matar a un viejo comandante que cortejaba a su mujer:

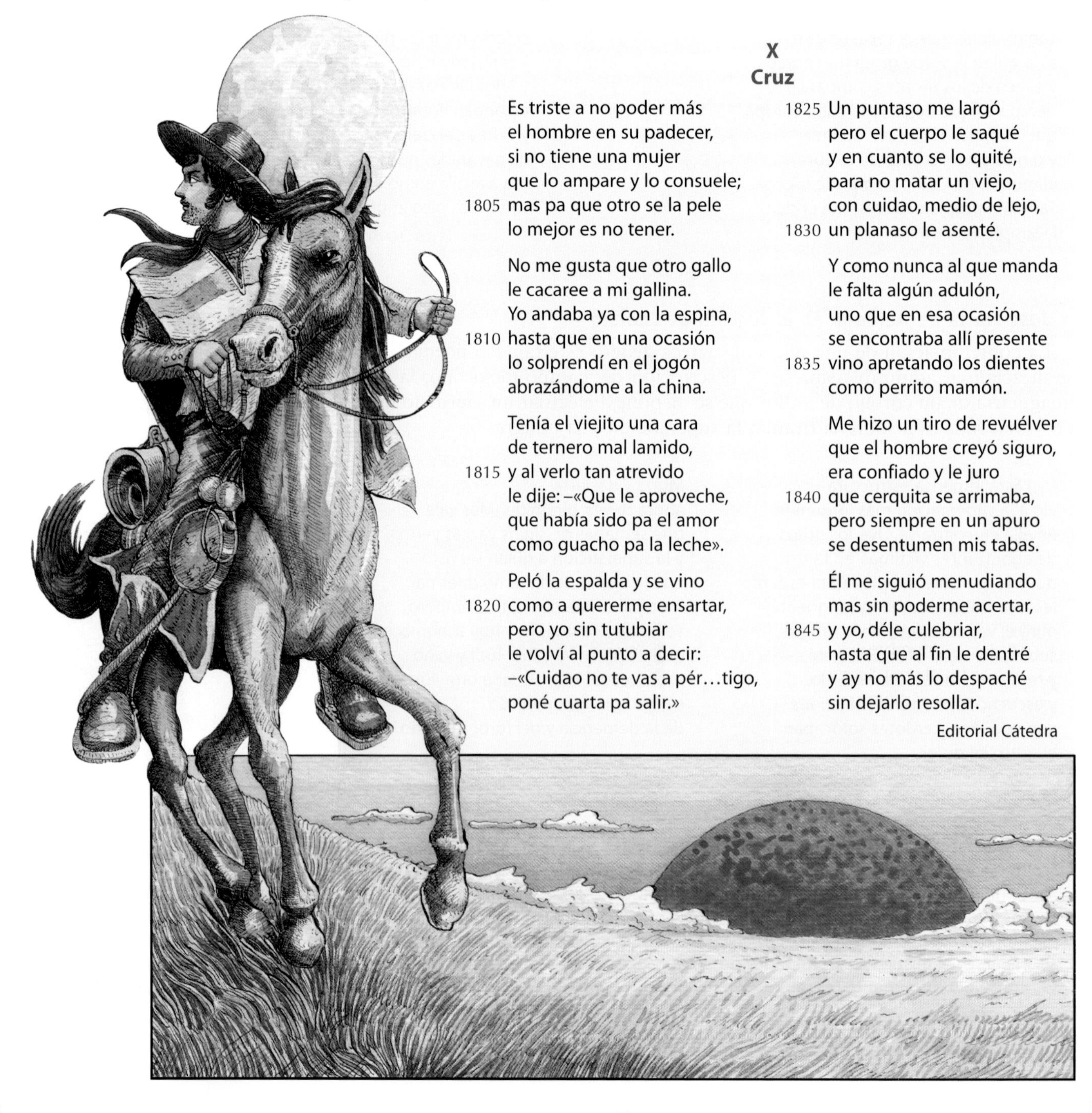

X
Cruz

Es triste a no poder más
el hombre en su padecer,
si no tiene una mujer
que lo ampare y lo consuele;
1805 mas pa que otro se la pele
lo mejor es no tener.

No me gusta que otro gallo
le cacaree a mi gallina.
Yo andaba ya con la espina,
1810 hasta que en una ocasión
lo solprendí en el jogón
abrazándome a la china.

Tenía el viejito una cara
de ternero mal lamido,
1815 y al verlo tan atrevido
le dije: –«Que le aproveche,
que había sido pa el amor
como guacho pa la leche».

Peló la espalda y se vino
1820 como a quererme ensartar,
pero yo sin tutubiar
le volví al punto a decir:
–«Cuidao no te vas a pér…tigo,
poné cuarta pa salir.»

1825 Un puntaso me largó
pero el cuerpo le saqué
y en cuanto se lo quité,
para no matar un viejo,
con cuidao, medio de lejo,
1830 un planaso le asenté.

Y como nunca al que manda
le falta algún adulón,
uno que en esa ocasión
se encontraba allí presente
1835 vino apretando los dientes
como perrito mamón.

Me hizo un tiro de revuélver
que el hombre creyó siguro,
era confiado y le juro
1840 que cerquita se arrimaba,
pero siempre en un apuro
se desentumen mis tabas.

Él me siguió menudiando
mas sin poderme acertar,
1845 y yo, déle culebriar,
hasta que al fin le dentré
y ay no más lo despaché
sin dejarlo resollar.

Editorial Cátedra

José Zorrilla San Martín: *Tabaré*

Nacido de una cautiva española y un cachique charrúa, Tabaré ha sido cristianizado desde niño; siendo ya un joven y valiente guerrero, se enamora de Blanca, la hermana del conquistador que amenaza a su pueblo. Se produce así el conflicto entre su sangre indígena y la fe del bautismo. Cuando salva a Blanca de los brazos de un indio violento, don Gonzalo cree que se disponía a raptarla y lo mata. Su muerte supone para los charrúas el silencio eterno. El fragmento seleccionado pertenece al Libro 1.°, canto II:

Serpiente azul de escamas luminosas
Que, sin dejar sus ignoradas cuevas,
Se enrosca entre las islas, y se arrastra
Sobre el regazo virgen de la América,
El Uruguay arranca a las montañas
Los troncos de sus ceibas
Que, entre espumas e inmensos camalotes
Al río como mar y al mar entrega.
El himno de sus olas
Resbala melodioso en sus arenas,
Mezclando sus solemnes pensamientos
Con el del blanco acorde de la selva;
Y al grito temeroso
Que lanzan en los aires sus tormentas,
Contesta el grito de una raza humana
Que aparece desnuda en las riberas.
Es la raza charrúa
De la que el nombre apenas
Han guardado las hondas y los bosques
Para entregar sus notas al poema;
Nombre que aun reproduce
La tempestad lejana, que se acerca
Formando los fanales del relámpago
Con las pesadas nubes cenicientas.
Es la raza indomable
Que alentó en una tierra
Patria de los amores y las glorias,
Que al Uruguay y al Plata se recuesta;
La patria, cuyo nombre
Es canción en el arpa del poeta,
Grito en el corazón, luz en la aurora,
Fuego en la mente, y en el cielo estrella.

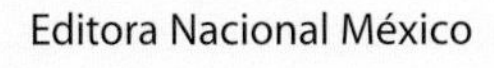
Editora Nacional México

Faro de Cabo Polonio.

Actividades

1. Resume el argumento de ambos textos, así como su vinculación con la lírica romántica.
2. Efectúa el análisis métrico de *Martín Fierro.* ¿Cómo se llama esa estrofa? Señala los rasgos coloquiales presentes en el fragmento.
3. Subraya las imágenes y metáforas embellecedoras utilizadas por Zorrilla San Martín para exaltar al río Uruguay y a la raza charrúa, como «el himno de sus olas». Comenta el diferente uso del lenguaje que lleva a cabo cada autor. ¿Cuál de los dos poemas te resulta más interesante? Justifica la respuesta con argumentos de índole literaria.

Grandes novelistas del Realismo europeo

Portada de una edición parisina de *Rojo y negro.*

Stendhal: *Rojo y negro*

El francés Henry Beyle, «**Stendhal**» (1783-1842), publicó en 1830 ***Rojo y negro***, obra que se encuentra entre la media docena de novelas inmortales de todos los tiempos. Su autor supo prescindir del excesivo detallismo de la ficción realista o de la defensa de una tesis, limitándose a reflejar la visión del mundo de cada uno de los personajes. En cuanto al **estilo**, se guió por el ideal de naturalidad; se cuenta que Stendhal gustaba de leer a menudo el código civil para alejarse de la efusión sentimental de los románticos y también del minucioso descriptivismo de los realistas.

Estamos ante una típica **novela de personaje**. En este sentido, resulta portentoso el análisis de la psicología de Sorel: su ambición, el cinismo y la premeditación con que organiza su comportamiento, que contrasta con el ciego apasionamiento que lo lleva a equivocarse en los momentos clave.

Su ***argumento*** narra la historia del bello y ambicioso **Julien Sorel**, que decide cursar la carrera eclesiástica para ascender a través de su inteligencia y sus dotes de seducción. Tras servir como preceptor a los hijos de la señora de Renal, rica mujer casada a la que logra seducir, Sorel ingresa en un seminario; de él sale para servir de secretario al marqués de la Mole, cuya hija se enamorará locamente de él. Cuando iba a celebrarse la boda, la antigua amante casada descubre su pasado, acusándolo de arribista; desesperado, Julien intenta matarla, por lo que es condenado a muerte. El capítulo IX es un buen ejemplo de la forma de actuar del protagonista.

Por fin se sentaron, la señora de Renal al lado de Julien y la señora Derville junto a su amiga. Preocupado por lo que iba a intentar, Julien no encontraba nada que decir. La conversación languidecía.

«¿Estaré tan acobardado y tembloroso el día que me bata por primera vez?», se preguntó Julien, pues desconfiaba demasiado de sí mismo y de los demás para no darse cuenta del estado de su alma.

En su angustia mortal, hubiera preferido correr los más graves peligros. ¡Cuántas veces deseó que cualquier ocupación imprevista obligase a la señora de Renal a abandonar el jardín y entrar en la casa! La violencia que Julien se hacía a sí mismo era demasiado fuerte para que no le alterase profundamente la voz; muy pronto empezó también a temblarle la voz a la señora de Renal, pero Julien no se dio cuenta de ello. La tremenda lucha interior que sostenía entre la timidez y el deber era demasiado ardua para que pudiera fijarse en nada fuera de sí mismo. Dieron las diez menos cuarto en el reloj del castillo sin que Julien se hubiese atrevido a hacer nada. Indignado por su cobardía, se dijo: «Cuando den las diez en punto, cumpliré lo que me he prometido hacer durante todo el día o subiré a mi cuarto y me pegaré un tiro». [...]

Por fin, cuando aún retumbaba el eco de la última campanada, extendió la mano y cogió la de la señora de Renal, quien la retiró al punto. Julien, sin saber muy bien lo que hacía, la cogió de nuevo. Aunque estaba muy emocionado, no pudo menos de sorprenderse de la frialdad glacial de la mano que sujetaba; la estrechaba con fuerza convulsiva; notó el último esfuerzo que hacía para soltarse; pero por fin aquella mano permaneció en la suya.

Sintió su alma inundada de felicidad, no porque amase a la señora de Renal, sino porque se veía libre de un espantoso suplicio. Para que la señora Derville no se percatase de nada, se creyó obligado a hablar; su voz fue entonces sonora y firme. La de la señora de Renal, por el contrario, estaba tan alterada por la emoción, que su amiga la creyó enferma y le propuso entrar en casa. Julien advirtió el peligro: «Si la señora de Renal se va al salón, volveré a encontrarme en la misma espantosa situación en que he pasado todo el día. He tenido muy poco tiempo su mano en la mía para que pueda suponer que he ganado algún terreno».

En el momento en que la señora Derville renovaba su propuesta de retirarse al salón, Julien apretó fuertemente la mano que se la había abandonado.

La señora de Renal, que ya se había levantado, volvió a sentarse diciendo con voz lánguida:

–Efectivamente, me encuentro un poco mal, pero el aire libre me sentará bien.

Estas palabras confirmaron la felicidad de Julien, que, en aquel momento, no podía ser mayor: habló, se olvidó de fingir y pareció el hombre más encantador del mundo con las dos amigas que le escuchaban.

Henry Beyle Stendhal, *Rojo y negro*, Espasa Calpe

Fiódor M. Dostoievski: *Crimen y castigo*

Dostoievski (1821-1881) es el gran representante del **realismo psicológico**, además del primero de los novelistas rusos en alcanzar verdadera dimensión universal. Su vida estuvo jalonada por episodios desgraciados que se proyectarán en su obra, una de las más atormentadas e intensas de la literatura de todos los tiempos.

Sus novelas destacan por el profundo **análisis psicológico** de las motivaciones de los personajes, además de por la fuerza de sus planteamientos morales marcados por sus anhelos religiosos, la rebeldía ante el sufrimiento de los humildes y la esperanza en los valores espirituales como única salida a una sociedad demasiado materialista. Entre sus títulos principales destacan ***El idiota*** (1867), protagonizada por un personaje quijotesco empeñado en hacer el bien frente al egoísmo circundante, y ***Los hermanos Karamazov*** (1878-1880), que se centra en las atormentadas existencias de cuatro hermanos que odian a su padre.

El texto seleccionado pertenece a ***Crimen y castigo*** (1866), la primera de las obras maestras de Dostoievski. Narra la angustiosa peripecia del joven Raskólnikov desde que decide cometer el asesinato de una vieja usurera hasta que, tras hondas reflexiones morales, decide confesar su crimen y emprender el camino de la redención, ayudado por el amor de la desventurada Sonia. Estamos en los momentos previos a la acción violenta.

Conteniendo la respiración y comprimiéndose los latidos del corazón con una mano, al mismo tiempo que palpaba el hacha y se la enderezaba una vez más, procedió a subir los peldaños suavemente, con mucho tiento y agudizando el oído a cada instante. Pero la escalera estaba totalmente desierta en aquel momento, todas las puertas estaban cerradas; no se tropezó con nadie. Cierto que en el segundo piso había una habitación desalquilada, donde trabajaban unos pintores; pero éstos no repararon en él. Se detuvo un instante, recapacitó y continuó subiendo. «Sin duda, sería mejor que no estuviesen ahí...; pero por encima de ellos hay todavía dos pisos...».

Pero hele aquí, en el cuarto piso; ésa es la puerta; ahí enfrente está el piso, y éste se halla desierto. En el tercer piso, en el piso de debajo de la vieja, es lo más probable que tampoco haya nadie; han quitado la tarjeta de visita que había clavada en la puerta, y eso es señal de que los inquilinos se han mudado...

Se ahogaba. Por un momento, una idea le cruzó la mente: «¿No haría mejor en irme?» Pero, sin dar respuesta a esta interrogación, púsose a escuchar en el cuarto de la vieja; reinaba allí un silencio de muerte. Agudizó el oído todavía desde lo alto... Luego echó la última ojeada en torno suyo, tomó sus disposiciones, enderezó nuevamente el mango del hacha. «¿No estaré... demasiado pálido?... –pensó con emoción excesiva–. ¿No valdría más aguardar a que se me tranquilizase el corazón?».

Pero el corazón no se le serenaba. Antes al contrario, como adrede, palpitábale cada vez más recio... No pudo contenerse más; lentamente alargó la mano al cordón de la campanilla y tiró. Dejó pasar medio minuto y volvió a llamar algo más fuerte. Ninguna respuesta... ¿Para qué llamar en balde? Tal insistencia no sería oportuna. Seguro que la vieja estaba en casa, sino que hallándose sola a la sazón, por fuerza había de sentir más recelo. Conocía, en parte, las costumbres de Alíona Ivanovna..., y otra vez aplicó el oído contra la puerta.

FIÓDOR M. DOSTOIEVSKI, *Crimen y castigo*, Aguilar

1. Resume con tus propias palabras lo que sucede en uno y otro texto. Distingue entre acción exterior e interior.

2. Señala el tema; a continuación, elige un título para cada uno de los fragmentos.

3. ¿Qué rasgo de la personalidad de los protagonistas deduces de estos textos? Justifica tu respuesta.

4. Enumera los rasgos del Realismo que identifiques en las dos muestras.

Con octubre muere en Vetusta el buen tiempo. Al mediar noviembre suele lucir el sol una semana, pero como si fuera ya otro sol, que tiene prisa y hace sus visitas de despedida preocupado con los preparativos del viaje de invierno. Puede decirse que es una ironía de buen tiempo lo que se llama el veranillo de San Martín. Los vetustenses no se fían de aquellos halagos de la luz y calor y se abrigan y buscan su manera peculiar de pasar la vida a nado durante la estación odiosa que se prolonga hasta fines de abril próximamente. Son anfibios que se preparan a vivir debajo del agua la temporada que su destino les condena a este elemento. Unos protestan todos los años haciéndose de nuevas y diciendo: «¡Pero ve usted qué tiempo!». Otros, más filósofos, se consuelan pensando que a las muchas lluvias se debe la fertilidad y hermosura del suelo. «O el cielo o el suelo, todo no puede ser».

Ana Ozores no era de los que se resignaban. Todos los años, al oír las campanas doblar tristemente el día de los Santos, por la tarde, sentía una angustia nerviosa que encontraba pábulo en los objetos exteriores, y sobre todo en la perspectiva ideal de un invierno, de otro invierno húmedo, monótono, interminable, que empezaba con el clamor de aquellos bronces.

Aquel año la tristeza había aparecido a la hora de siempre.

Estaba Ana sola en el comedor. Sobre la mesa quedaban la cafetera de estaño, la taza y la copa en que había tomado café y anís don Víctor, que ya estaba en el Casino jugando al ajedrez. Sobre el platillo de la taza yacía medio puro apagado, cuya ceniza formaba repugnante amasijo impregnado del café frío derramado. Todo esto miraba la Regenta con pena, como si fuesen ruinas de un mundo. La insignificancia de aquellos objetos que contemplaba le partía el alma; se le figuraba que eran símbolo del universo, que era así, ceniza, frialdad, un cigarro abandonado a la mitad por el hastío del fumador. Además, pensaba en el marido incapaz de fumar un puro entero y de querer por entero a una mujer. Ella era también como aquel cigarro, una cosa que no había servido para uno y que ya no podía servir para otro.

Todas estas locuras las pensaba, sin querer, con mucha formalidad. Las campanas comenzaron a sonar con la terrible promesa de no callarse en toda la tarde ni en toda la noche. Ana se estremeció. Aquellos martillazos estaban destinados a ella; aquella maldad impune, irresponsable, mecánica del bronce repercutiendo con tenacidad irritante, sin por qué ni para qué, sólo por la razón universal del molestar, creíala descargada sobre su cabeza [...].

Se asomó al balcón. Por la plaza pasaba todo el vecindario de la Encimada camino del cementerio, que estaba hacia el oeste, más allá del Espolón sobre un cerro. Llevaban los vetustenses los trajes de cristianar; criadas, nodrizas, soldados y enjambres de chiquillos eran la mayoría de los transeúntes; hablaban a gritos, gesticulaban alegres; de fijo no pensaban en los muertos. Niños y mujeres del pueblo pasaban también, cargados de coronas fúnebres baratas, de cirios flacos y otros adornos de sepultura. De vez en cuando un lacayo de librea, un mozo de cordel atravesaban la plaza abrumados por el peso de una colosal corona de siemprevivas, de blandones como columnas, y catafalcos portátiles. Era el luto oficial de los ricos que sin ánimo o tiempo para visitar a sus muertos les mandaban aquella especie de besa-la-mano. Las personas decentes no llegaban al cementerio; las señoritas emperifolladas no tenían valor para entrar allí y se quedaban en el Espolón paseando, luciendo los trapos y dejándose ver, como los demás días del año. Tampoco se acordaban de los difuntos; pero lo disimulaban; los trajes eran obscuros, las conversaciones menos estrepitosas que de costumbre, el gesto algo más compuesto... Se paseaba en el Espolón como se está en una visita de duelo en los momentos que no está delante ningún pariente cercano del difunto. Reinaba una especie de discreta alegría contenida.

LEOPOLDO ALAS, «CLARÍN», *La Regenta*, Alianza

Localización

El texto pertenece al capítulo XVI de *La Regenta*; se sitúa, pues, en la intersección entre la parte primera presentativa (capítulos I-XV), en la que se describe a los personajes principales y sus ámbitos de influencia dentro de la ciudad, y la segunda parte activa (capítulos XVI-XXX), donde se desarrolla el conflicto entre el sacerdote y el donjuán por el dominio sobre Ana.

- Refiere brevemente el último acontecimiento relevante que ha ocurrido en la novela antes del texto que nos ocupa.

Tema e ideas

En estas líneas se anticipan muchas de las razones que explican el conflicto entre la protagonista y la colectividad de Vetusta, cuyo desenlace será el adulterio y la marginación de la Regenta. Con independencia de la relación espiritual y amorosa que se establece entre la protagonista, don Fermín de Pas y el seductor Álvaro Mesía, la novela se centra, sobre todo, en el conflicto entre Ana Ozores y la ciudad de Vetusta, cuyos variados estamentos contemplan la destrucción de Ana –cuando no colaboran activamente en ella–.

El fragmento dibuja con nitidez este sordo enfrentamiento: tras ocho años de matrimonio infecundo con un hombre viejo, Ana, al contemplar algunos objetos de la vida cotidiana, se da cuenta de su soledad afectiva y de la esterilidad de su vida.

- Resume con tus propias palabras el tema del fragmento.
- Señala las líneas del texto que se refieren a Ana y a la ciudad. ¿Qué sentimientos se desprenden?

Organización y composición

El texto evidencia algunos rasgos típicos de la escritura realista: omnipresencia del narrador que monopoliza el discurso; ausencia de diálogo; y ocasional muestra del estilo indirecto libre, que sirve para acercarnos al interior de Ana Ozores. Detallismo descriptivo que no deja al margen los sentimientos del autor con respecto a los habitantes de la ciudad.

- Localiza y explica las manifestaciones de la subjetividad del autor en el texto.
- Señala algún ejemplo de estilo indirecto libre.

La disposición del fragmento se adecua a la perfección a su contenido y al tema esencial de *La Regenta*: el conflicto entre el individuo (Ana) y la colectividad (Vetusta), con la derrota final del primero. Hay seis párrafos que establecen un medido recorrido entre la ciudad y Ana:

- Se localiza temporalmente la acción: hábitos de noviembre en Vetusta.
- Ana Ozores se deprime cada año en esas fechas.

- Continúa el resumen de cada párrafo y comprueba el sentido de estas partes en el texto.

Lenguaje y estilo

Al describir a Ana y a Vetusta, Clarín se vale de una serie de recursos literarios que sugieren sensaciones de inadaptación y fealdad. Fijémonos en tres de ellos:

- Repetición. Se unen variados mecanismos sintácticos y semánticos para crear la impresión de que la vida en Vetusta es monótona y cíclica: unos... otros...; todos los años; un invierno, otro invierno; a la hora de siempre.
- Degradación. Abundan los adjetivos calificativos para afear la realidad: estación odiosa; invierno húmedo, monótono, interminable.
- Simbolización negativa. Clarín ha tenido el acierto de elegir una serie de símbolos de connotaciones negativas. Así, los vetustenses son anfibios por vivir durante el invierno a mitad de camino entre el agua y la tierra. Más adelante, aparecen tres objetos descritos con implacable distanciamiento –taza de café, puro aplastado y ceniza–, a los que Ana considera semejantes a su marido, a sí misma y al mundo en general.

- Busca y comenta otras muestras de los procedimientos expresivos señalados.

Valoración e interpretación

Este fragmento de *La Regenta* –además de mostrar algunos de los rasgos esenciales de la narrativa realista– destaca porque, sin apenas acción externa, el autor ha sabido seleccionar unos pocos motivos que permiten al lector asomarse al abismo de insatisfacción afectiva en que se encuentra sumida la protagonista.

Una disparidad profunda existe entre la política y la realidad. Con el sentimiento desgarrador de esa disparidad ha nacido a la vida del arte una generación española. La agresividad con que ha combatido el artificio político la ha llevado a combatir, lógicamente, los falsos valores estéticos. Todo se encadena y enlaza. No seríamos consecuentes si, combatiendo la falsedad en la literatura, la aceptáramos o toleráramos en la política.

AZORÍN, discurso pronunciado el 23 de noviembre de 1913

Modernismo y 98. La renovación de la poesía

1. España, del siglo XX al XXI
2. Del cambio de siglo a la Guerra Civil: marco histórico
3. La crisis de fin de siglo: Modernismo y generación del 98
4. El Modernismo
5. La generación del 98
6. El Novecentismo
7. Los géneros literarios
8. La poesía de la Edad de Plata

- Lecturas
- El lector universal
- Comentario de texto

1. España, del siglo XX al XXI

El siglo XX se inicia para España con las secuelas del llamado **desastre del 98**, por el que se perdieron los últimos restos del imperio español (Cuba, Filipinas y Puerto Rico) y culmina la decadencia nacional. A lo largo de la nueva centuria, el país conocerá la mayor transformación de su historia, que lo llevará a entrar en el siglo XXI definitivamente integrada en el grupo de naciones más desarrolladas del mundo. La evolución del país estuvo condicionada por una serie de factores:

Episodio de la Guerra de Cuba. Los americanos desembarcan en Guantánamo.

- **Factores políticos:** España se mantuvo relativamente aislada de la historia europea durante buena parte del siglo XX, pues no participa ni en la Primera ni en la Segunda Guerra Mundial y la Dictadura de Franco fue repudiada por las democracias occidentales. En el último tercio del siglo la situación cambia, y ya en los últimos años del franquismo y sobre todo a partir de la normalización democrática, España vuelve a aunarse política y económicamente con los países de su entorno. Muy significativos a este respecto son tres hitos históricos recientes:
  - **Normalización democrática,** tras la aprobación en 1978 de la Constitución, que convierte a España en un Estado Autonómico.
  - **Integración en Europa** en 1986, al entrar a formar parte, junto con Portugal, de la Unión Europea.
  - **Adhesión al Tratado de Maastrich,** por el que Europa elimina las fronteras nacionales, adopta una moneda única –el euro– y converge hacia una economía global común al resto de países europeos.
- **Factores culturales.** Como es lógico, la creación literaria y artística se ve muy influida durante este periodo, no sólo por el marco socio-político, sino también por distintas circunstancias que han modificado por completo la vida del hombre sobre la tierra:
  - La extensión de **la educación** y **el abaratamiento del libro** –con la creación de colecciones de bolsillo– han permitido el acceso a la lectura a un número mucho mayor de personas.
  - El auge cada vez mayor de espectáculos como **el cine y la televisión**, que aportan a la literatura temas y técnicas.
  - Una verdadera **revolución en el ámbito de las comunicaciones**, tanto desde el punto de vista geográfico como electrónico e informático, ha venido a ampliar el concepto de literatura nacional, al permitir que los escritores capten influencias y sean apreciados en espacios mucho más amplios que los de su país de origen o su idioma.

Hemos dividido la **historia de la literatura española del siglo XX** en tres grandes etapas, relacionadas estrechamente con el contexto histórico-político; en cada una de ellas podemos identificar las siguientes corrientes estéticas:

1898-1939 DEL CAMBIO DE SIGLO A LA GUERRA CIVIL	1939-1975 LA ERA DE FRANCO	DESDE 1976 DE LA DEMOCRACIA AL SIGLO XXI
• Modernismo y generación del 98. • Novecentismo. • Vanguardias y generación del 27.	• Escapismo y angustia existencial. • La literatura social realista. • Incorporación de nuevas técnicas literarias.	• El auge de la novela. • Postnovísimos: poesía del silencio y poesía de la experiencia. • Del teatro de autor, al teatro de director.

LOS LUNES DE EL IMPARCIAL

29 DE ENERO DE 1894

LA EMBAJADA ESPAÑOLA EN MARRUECOS

Salida de Mazagan

Noticia de portada en el periódico *Los lunes de El Imparcial*, durante la Guerra de Marruecos: la embajada española sale de la ciudad de Mazagán para entrevistarse con el sultán de Marruecos en enero de 1894.

2. Del cambio de siglo a la Guerra Civil: marco histórico

La actividad literaria del primer tercio de siglo en España se vio afectada por los siguientes acontecimientos:

- Derrotas militares en Cuba y Filipinas en 1898; se perdieron las últimas colonias españolas de aquel «imperio en el que no se ponía el sol», levantado durante los siglos XVI y XVII.
- En 1909 se inició una larga y costosa guerra en Marruecos. En contra de la movilización de reservistas, se convocó en Barcelona una huelga general que causó graves disturbios en la llamada Semana Trágica.
- Huelga general revolucionaria en 1917 contra el sistema de alternancia pactada de los dos principales partidos en el poder. Entraba en crisis el sistema de la Restauración.
- El general Miguel Primo de Rivera asumió el poder con el consentimiento de Alfonso XIII. Se inició una dictadura blanda (1923-1930), que en 1925 logró poner fin a la Guerra de Marruecos.
- Proclamación de la República el día 14 de abril de 1931. Alfonso XIII y su familia partieron para el exilio. Las tensiones sociales y los enfrentamientos latentes entre izquierdas y derechas desembocaron en el levantamiento de los mineros asturianos (1934).
- El 18 de julio de 1936 el general Franco se sublevó contra la República; se iniciaba así una larga guerra de desgaste que duró tres años.

3. La crisis de fin de siglo: Modernismo y generación del 98

La literatura occidental, en los años inmediatos al cambio de siglo, se vio invadida por un sentimiento de **pesimismo** y **desencanto**: se desconfía del positivismo, de la fe ciega en la razón, de la ciencia y del progreso material, auspiciados por los cultivadores del Realismo y del Naturalismo. Por el contrario, florecen las teorías irracionalistas, la exaltación del sentimiento, la evasión a otras épocas y lugares.

Los escritores cercanos a estos planteamientos se autodenominan *decadentes*, pero el movimiento recibe otros nombres en los distintos países. En la América hispana se acuña el término de Modernismo, que no tarda en pasar a este lado del Atlántico; sin embargo, en España el decadentismo se asocia también al sentimiento de desencanto surgido tras el desastre colonial del 98, que daría lugar a la reacción de un grupo de escritores reunidos bajo el rótulo de **generación del 98**.

Observa las diferencias entre Modernismo y 98 en este cuadro:

	MODERNISMO	GENERACIÓN DEL 98
Ámbito	España e Hispanoamérica.	España.
Visión del mundo	• Cosmopolitismo y exotismo. • Escapismo.	• Casticismo terruñero. • Descripción de la realidad española.
Aspiración	Finalidad estética: búsqueda de la belleza.	Finalidad político-social: vencer el atraso de España.
Estilo	Lenguaje elaborado y preciosista.	Lenguaje sencillo y natural.

4. El Modernismo

El movimiento modernista surgió en **Hispanoamérica**; de hecho supone la primera aportación genuinamente americana a la literatura universal. En España se introdujo de la mano del poeta nicaragüense **Rubén Darío** (1867-1916), cuyo libro ***Azul*** (1888) significó para la poesía española el comienzo de una **renovación** que muchos equiparan a la que Garcilaso de la Vega llevó a cabo en el siglo XVI, al introducir la poética renacentista. Conviene tener en cuenta que en los orígenes del Modernismo se integran dos escuelas poéticas ampliamente cultivadas en Francia: Parnasianismo y Simbolismo.

- El **Parnasianismo** buscaba en el arte belleza, disciplina, equilibrio y rigor formal. De ahí procede la afición modernista por el verso brillante, bien construido, y la equiparación del poema a una estatua de perfección clásica; su principal representante fue el poeta francés **Théophile Gautier.**
- Al Simbolismo –vertiente poética del impresionismo pictórico– perteneció **Paul Verlaine**, venerado por Darío como su principal maestro. Para los simbolistas, la poesía debe estar presidida por la musicalidad y el intimismo, pero valiéndose de la sugerencia a través de símbolos bien escogidos, y evitando las declaraciones explícitas y vehementes por parte del poeta, al estilo de los románticos.

En las dos décadas siguientes Darío, que desempeñó puestos diplomáticos y periodísticos en París y Madrid, se convierte en el más influyente escritor de las letras hispánicas, además de la viva representación del Modernismo. El movimiento, cuyo objetivo central sería la búsqueda de la belleza junto con la evasión de la realidad cotidiana, supone una **absoluta renovación de la expresión literaria** en torno a tres aspectos fundamentales: temas, lenguaje literario y métrica.

Los modernistas recurrieron a mundos exóticos, irreales o lejanos como medio de escapar de la realidad circundante. Así, sus poemas se llenan de animales fabulosos o exóticos –centauros, unicornios, dragones, pavos reales, cisnes...–, de ricos palacios habitados por princesas y de jardines con fuentes y vegetación exuberante.

Temas

- **Ambientaciones alejadas** de la realidad cotidiana: la Grecia clásica, la Francia de Versalles, la Edad Media, las culturas precolombinas. Asimismo, en el poema aparecen objetos exóticos: unicornios, cisnes, jardines franceses, abates, clavicordios...
- Exaltación de la figura del **creador** –poeta o artista– como depositario de ese supremo ideal de la búsqueda de la belleza.
- **Erotismo,** concebido como superación de prejuicios burgueses y simbolizado a menudo con personajes de la mitología clásica.
- Progresivo acercamiento a la **realidad indígena americana** –Caupolicán, los araucanos, Moctezuma– y a la **Edad Media hispanocristiana,** símbolos de la nostalgia por un pasado legendario e idealizado.

Lenguaje literario

- Concepción del lenguaje literario como algo diferente al lenguaje común: la **palabra** es el principal instrumento para crear belleza.
- Como consecuencia de ello, el lenguaje se carga de **cultismos, adjetivación** brillante, colorista y sensorial, **sinestesias** *(verso azul)* y **metáforas** embellecedoras que crean un mundo por completo ajeno a la realidad.
- Especial atención merecen los **recursos fónicos** buscando sonoridades espléndidas, a base del afortunado uso de la aliteración, la onomatopeya y las reiteraciones acentuales: *bajo el ala aleve del leve abanico* (Rubén Darío).

Las obras completas del poeta nicaragüense **Rubén Darío** están disponibles en esta página de la Biblioteca Virtual Miguel de Cervantes: **www.cervantesvirtual.com/FichaAutor.html?Ref=69**.

http://

Métrica

- Se recuperan **metros** olvidados, como el viejo alejandrino medieval o el dodecasílabo. También se crean otros nuevos, como los de dieciséis y veintiuna sílabas.
- Se modifican con plena libertad **estrofas** consagradas, como el soneto o el romance.
- A la **sonoridad** del verso contribuyen las asonancias internas y las rimas agudas o esdrújulas.

Veamos cómo se combinan muchos de estos recursos en un fragmento de la «Sonatina», quizá el más conocido de los poemas de Rubén Darío:

> La princesa está triste... ¿Qué tendrá la princesa?
> Los suspiros se escapan de su boca de fresa,
> que ha perdido la risa, que ha perdido el color.
> La princesa está pálida en su silla de oro,
> está mudo el teclado de su clave sonoro,
> y en un vaso, olvidada, se desmaya una flor.
> El jardín puebla el triunfo de los pavos reales.
> Parlanchina, la dueña dice cosas banales,
> y, vestido de rojo, piruetea el bufón.
> La princesa no ríe, la princesa no siente;
> la princesa persigue por el cielo de Oriente
> la libélula vaga de una vaga ilusión. [...]

La influencia del poeta nicaragüense prendió pronto en España. Surgieron entonces una serie de poetas, como **Manuel Machado**, **Francisco Villaespesa** o el joven **Juan Ramón Jiménez**, y dramaturgos –**Eduardo Marquina** y **Valle-Inclán**, en sus primeras obras– que adoptaron la estética modernista, aunque casi siempre subordinando la retórica ornamental a la expresión de la intimidad del creador.

José Martínez Ruiz, más conocido por su seudónimo *Azorín*.

5. La generación del 98

En una serie de artículos publicados en 1913 propone **Azorín** esta denominación para un amplio grupo de escritores entre los que se encuentran **Unamuno**, **Baroja**, **Valle-Inclán**, **Ramiro de Maeztu**, **Jacinto Benavente**, **Rubén Darío** y él mismo. Veamos sus características principales.

Rasgos generacionales

Se ha discutido mucho con posterioridad tanto el término «generación» aplicado a los del 98 como la nómina de sus autores, dado que algunos de ellos nunca aceptaron pertenecer a ningún grupo. Sin embargo, comparten cuatro **características comunes:**

- **La cuestión religiosa.** La mayoría de estos escritores no son creyentes en el sentido ortodoxo, aunque se advierte en sus obras –en especial en el caso de Unamuno– una honda preocupación por el sentido de la vida, el destino del hombre tras la muerte y una nostalgia evidente por la fe de las gentes sencillas.

- El **tema de España.** Constituye la columna vertebral del grupo. A todos ellos «les duele España», según la famosa frase de Unamuno, aunque la amen profundamente. De ahí que el análisis de la realidad nacional se realice desde distintos planos:

- **Crítica a la sociedad** española de la época, en especial a las clases gobernantes, al tiempo que admiran la belleza de las tierras y los pueblos, cuyos paisajes se contemplan con emoción, si bien no se ahorran críticas al atraso de los campesinos, entre los cuales la envidia y la insolidaridad –el cainismo– representan uno de los vicios nacionales.
- Atención especial merece **Castilla**, protagonista de innumerables poemarios, ensayos, novelas y libros de viajes, a la que consideran esencia y compendio de la nación española.
- Visión crítica de la historia nacional, en la que encuentran el origen de la postración presente. Frente a ella, reivindican el concepto de ***intrahistoria***, representado por las costumbres y modos de vida de los individuos anónimos que viven de la misma manera desde tiempo inmemorial, ajenos a las modas o a los vaivenes de la historia.
- Lo mejor del espíritu español se encuentra también en la **tradición medieval**: la literatura de Berceo, el Arcipreste de Hita o Jorge Manrique; los pequeños pueblos castellanos con sus viejas iglesias románicas; las llanuras manchegas por las que campaba Don Quijote...

- Distanciamiento con respecto a la generación realista y **entronque con los maestros del irracionalismo y subjetivismo europeos**, en especial los filósofos Schopenhauer, Nietzsche y Kierkegaard. Para estos autores la razón por sí sola no es capaz de explicar la complejidad de la existencia humana.

- Frente al poderoso artefacto verbal modernista, los del 98 cultivan un **lenguaje natural** y **antirretórico**, con predilección por las palabras apegadas a la tierra, capaces de reflejar ajustadamente las formas de vida tradicionales.

Con estas palabras diagnosticaba Ramiro de Maeztu los males del país en *Hacia otra España*:

> De «parálisis progresiva» califica *El Liberal* la enfermedad que padece España, y presiente para el futuro una convulsión o una parálisis definitiva.
> Parálisis... Nos place la palabra. No de otra suerte puede calificarse ese amortiguamiento continuado de la vida colectiva nacional, que ha disuelto virtualmente en veinte años los partidos políticos, haciendo de sus programas entretenido juego de caciques.

Integrantes de la generación

Por el hecho de morir en 1898, suele considerarse precursor de este grupo al diplomático Ángel Ganivet (Granada, 1865), autor de novelas y ensayos –como el *Idearium español*– donde analiza con sagacidad la causa de los males de España.

Por lo demás, en éste y sucesivos temas tendremos ocasión de acercarnos a la obra de **Miguel de Unamuno, Pío Baroja, Ramón del Valle Inclán, Antonio Machado** y ***Azorín***. Conviene mencionar también el nombre de tres figuras de notable relevancia en la literatura del primer tercio de siglo:

- El dramaturgo **Jacinto Benavente** (1866-1954), creador de la comedia burguesa, que presidirá la escena española durante décadas. Obtuvo el Premio Nobel de Literatura en 1922.
- **Ramiro de Maeztu** (1874-1936), periodista polémico y radical que evoluciona hacia posiciones conservadoras, desde las que escribió ensayos en defensa de la España imperial y católica.
- El filólogo **Ramón Menéndez Pidal** (1869-1968) fue el gran investigador de la historia, la lengua y la literatura medievales, en especial el romancero, la poesía épica y la figura del Cid.

Algunos integrantes de la generación del 98 (Ramiro de Maeztu, Pío Baroja y *Azorín*), junto a otros coetáneos como los hermanos Álvarez Quintero y Jacinto Benavente.

6. El Novecentismo

También en este caso fue **Azorín** quien acuñó este término en 1914 para designar a una nueva generación de escritores, a los que consideraba mejor preparados científicamente que los del 98 para la asimilación del **progreso** y las **tareas intelectuales.** Podemos situar el novecentismo entre **1914 y 1930,** cuando las vanguardias van cediendo paso a la literatura comprometida que precede a la Guerra Civil.

Entre sus integrantes se cuentan cultivadores de las distintas ramas de la literatura y el humanismo: el filósofo **José Ortega y Gasset** representaría el papel de guía e inspirador de un grupo en el que figuran **novelistas** (Ramón Pérez de Ayala y Gabriel Miró), **poetas** (Juan Ramón Jiménez), **historiadores** (Claudio Sánchez Albornoz, Salvador de Madariaga), **filólogos** (Américo Castro), **científicos** (Gregorio Marañón) y **políticos** (Manuel Azaña).

Rasgos generacionales

Veamos los rasgos que individualizan a los novecentistas o generación de 1914:

- **Rigor intelectual,** búsqueda de la especialización, interés por estar al tanto de las novedades científicas y literarias que se producen en el extranjero.
- Deseo de reformar la sociedad no mediante el irracionalismo o el refugio en la intrahistoria –como sugerían los del 98–, sino a través de medidas concretas. Eso les llevó a apoyar el advenimiento de la **República,** por la que trabajaron activamente Ortega y Gasset, Marañón y Pérez de Ayala.
- Defensa del papel de las **minorías** egregias en la conformación de la sociedad, al tiempo que rechazan el apasionamiento de las masas.
- Defienden **lo europeo y urbano** frente a lo rural y castizo. Contraponen lo universal a lo local; en el ámbito de la política, son partidarios de una revolución desde arriba, al estilo del despotismo ilustrado.
- En el terreno artístico, se inclinan por la obra bien terminada y el **arte puro,** lo que implica alejamiento del sentimentalismo o el ensimismamiento de algunos noventayochistas.

Ramón Gómez de la Serna, por Diego Rivera.

De entre los escritores novecentistas merece especial consideración **Ramón Gómez de la Serna** (1888-1963), ya que él solo personifica las vanguardias españolas. Entre su ingente obra hay que destacar la invención de la ***greguería***, un tipo de creación literaria basada en la inesperada asociación de objetos. El propio autor acuñó la ecuación: metáfora + humor = greguería. De este modo, en cualquier género literario al que se aplique, introduce el escritor madrileño estas inesperadas chispas de ingenio que ejercerán notable influencia en los poetas del 27. Vale la pena citar algunas de ellas:

> El libro es el salvavidas de la soledad.
> Taquicardia: el corazón empieza a escribir en taquigrafía.
> La luna ilumina la cifra de almanaque de los cisnes.

7. Los géneros literarios

Se cultivan todos los géneros con obras de gran calidad, lo que ha hecho que se llame a este periodo **Edad de Plata.** A pesar de ello, hay que resaltar el gran interés que ofrece el **ensayo** para expresar la convulsión ideológica del nuevo siglo y la renovación poética del Modernismo.

LÍRICA	NARRATIVA	TEATRO	ENSAYO
• El Modernismo fue traído a España por **Rubén Darío**. • **Antonio Machado** desarrolla una poesía basada en la comunicación y la preocupación social. • La poesía pura se impone a partir de la obra de **Juan Ramón Jiménez**. • Las corrientes de vanguardia cristalizan en la **generación del 27**.	• La novela modernista alcanza su cima con las *Sonatas* de **Valle Inclán**. • **Pío Baroja,** en su amplia obra narrativa, refleja las ideas del grupo del 98. • **Unamuno** se vale de la novela para reflejar sus preocupaciones existenciales. • La **novela vanguardista** presta atención especial al estilo: Ramón Gómez de la Serna, Gabriel Miró, Pérez de Ayala.	• **Comedia burguesa:** Jacinto Benavente. • **Teatro costumbrista y popular:** Carlos Arniches y los hermanos Álvarez Quintero. • **Teatro poético** en verso, con temas históricos: Eduardo Marquina. • **El teatro cómico:** Muñoz Seca. • **Renovación dramática:** Valle-Inclán y García Lorca.	• El **Regeneracionismo** busca sacar a España del atraso: Joaquín Costa, Ángel Ganivet. • **Los escritores del 98** reflexionan sobre el ser de España: Unamuno, Azorín, Maeztu. • El ensayo de **Ortega y Gasset** abarca filosofía, arte, política y literatura. • **Menéndez Pidal** investiga la historia, la lengua y la literatura medieval.

8. La poesía de la Edad de Plata

Durante las tres primeras décadas del siglo, la **poesía** española experimentó un auge tan extraordinario que este periodo ha pasado a la historia con el nombre de **Edad de Plata de la lírica española.** Nuestra lírica no había vivido un periodo tan fecundo desde el Siglo de Oro. Resultaría imposible dar cuenta exacta de la multitud de tendencias y primeras figuras que en estos años publican y conviven. Baste decir que en los años inmediatos a la Guerra Civil están escribiendo poesía de gran calidad autores con edad, formación intelectual y circunstancias vitales tan diferentes como Miguel de Unamuno y Miguel Hernández.

En esta unidad estudiaremos la poesía modernista, la del 98 y, en especial, la obra de dos autores: Antonio Machado y Juan Ramón Jiménez; en la siguiente nos ocuparemos de los movimientos de vanguardia y la generación del 27.

Antonio Machado y Juan Ramón Jiménez

Las obras de estas dos figuras representan dos concepciones literarias tan legítimas como antagónicas: la poesía de Antonio Machado (LECTURA 1), comprometida con su tiempo y concebida ante todo como **comunicación,** frente a la de Juan Ramón Jiménez (LECTURA 2), para quien el fenómeno poético –dedicado a una minoría– debe centrarse en la **interiorización** del mundo exterior, reflejado siempre a través de una poderosísima individualidad. La influencia de uno y otro traspasa el marco cronológico de la Guerra Civil, convirtiéndose ambos en inspiradores de las dos grandes corrientes líricas a las que puede reducirse la poesía española del siglo XX: la **ético-realista** y la **estético-experimental.**

Casa natal de Juan Ramón Jiménez en Moguer (Huelva). Sala principal y, al fondo, el escritorio del poeta.

1. La palabra en el tiempo de Antonio Machado

Vida y personalidad

El sevillano **Antonio Machado** (1875-1939) es uno de los escasos poetas capaces de emocionar incluso a los poco familiarizados con la poesía; representa, además, un ejemplo admirable de equilibrio entre compromiso personal y exigencia artística. Educado en la Institución Libre de Enseñanza, pasó luego una larga temporada en París, en compañía de su hermano Manuel, como traductor de la casa Garnier. En 1907 obtuvo la cátedra de francés en el Instituto de Soria; allí se casa con la joven Leonor y se deja cautivar por el paisaje castellano. La muerte de su mujer en 1912 lo impulsa a trasladarse a Baeza y luego a Segovia. A comienzos de los años 30, participa en actos en favor de la República; al estallar la Guerra Civil, permanece en la zona republicana, colaborando en labores de propaganda. En enero de 1939 pasa al pueblecito francés de Colliure, donde falleció el 22 de febrero del mismo año.

El propio autor se retrata así en *Campos de Castilla*:

Mi infancia son recuerdos de un patio de Sevilla,
y un huerto claro donde madura el limonero;
mi juventud, veinte años en tierra de Castilla;
mi historia, algunos casos que recordar no quiero [...]
Hay en mis venas gotas de sangre jacobina,
pero mi verso brota de manantial sereno;
y más que un hombre al uso que sabe su doctrina,
soy, en el buen sentido de la palabra, bueno.

Trayectoria poética

Su trayectoria poética aparece marcada por el itinerario del *YO* al *NOSOTROS*, o lo que es igual:

INDIVIDUALISMO → SOLIDARIDAD

Vamos a comprobarlo repasando sus sucesivas publicaciones poéticas:

Soledades, galerías y otros poemas (1907). Su primer poemario –luego ampliado– es una meditación sobre el paso del tiempo, la memoria, la juventud y la infancia perdidas, los sueños o el amor ausente, realizada por un yo poético taciturno y solitario que se expresa en un tono melancólico. En estos poemas Machado sigue la estética del **modernismo simbolista**, de ahí la reiteración de términos que aluden a la melancolía (hastío, monotonía, bostezo, amargura); pero al tiempo encontramos ya los símbolos que caracterizan toda su poesía:

- el camino = la vida humana,
- el jardín = la intimidad,
- el río = la vida que fluye,
- la fuente = el tiempo pasado.

He aquí uno de estos breves y bellísimos poemas:

Tal vez la mano, en sueño,
del sembrador de estrellas,
hizo sonar la música olvidada
como una nota de la lira inmensa,
y la ola humilde a nuestros labios vino
de unas pocas palabras verdaderas.

■ ***Campos de Castilla*** (1912). Es el libro más famoso del autor; de él proceden casi todos los poemas a los que Joan Manuel Serrat puso música en un celebérrimo disco a mediados de los años setenta. Aquí el interés de Machado se ha desplazado de la propia melancolía hacia tres realidades coincidentes con las preocupaciones de la **generación del 98**, que configuran los temas principales del texto:

- El **paisaje castellano**, soriano, descrito con imágenes memorables.
- **El amor y el dolor por la pérdida de su esposa,** cuyo recuerdo se asocia en numerosas ocasiones al paisaje.
- El interés en la **regeneración de España.** Como otros noventayochistas, Machado denuncia los defectos del campesino castellano y español: vengativo, envidioso; la ociosidad del «hombre del casino provinciano»; y, en general, la mentalidad de una «España de charanga y pandereta».

■ ***Nuevas canciones*** (1924). Este poemario, junto al cancionero apócrifo, representa un paso más, pues la personalidad del poeta parece diluirse para expresar saberes objetivos en composiciones muy breves, de estructura cercana a la **copla popular**, que sirven para proclamar sentencias o pensamientos filosóficos:

¿Tu verdad? No, la Verdad,
y ven conmigo a buscarla.
La tuya, guárdatela.

Se miente más de la cuenta
por falta de fantasía:
también la verdad se inventa.

■ ***Poesías de guerra*** (1936-39). Durante el conflicto bélico, Machado escribe poemas de **exaltación patriótica republicana** cuya calidad no pasa de discreta, pero que marcan la definitiva conversión del poeta a la causa de la justicia y la solidaridad. Desde 1928 compuso las ***Canciones a Guiomar***, textos inspirados en su relación amorosa con Pilar Valderrama; resultan conmovedores los que aluden a la separación que la guerra había impuesto a los amantes.

■ Estilo

La concepción que Antonio Machado tenía sobre el estilo se refleja admirablemente en un pasaje de *Juan de Mairena*, obra en prosa en la que, a través de este profesor –especie de «alter ego» del autor–, expresa sus opiniones sobre variadas cuestiones del arte y de la vida. En una clase de Retórica y Poética dice Mairena:

> –Señor Pérez, salga usted a la pizarra y escriba: «Los eventos consuetudinarios que acontecen en la rúa».
> El alumno escribe lo que se le dicta.
> –Vaya usted poniendo eso en lenguaje poético.
> El alumno, después de meditar, escribe: «Lo que pasa en la calle».
> Mairena: No está mal.

Fiel a esta norma, Machado busca dar testimonio a través de la poesía del acontecer de su tiempo y de su propia vida con la máxima **claridad expresiva**; se vale de símbolos y metáforas reiterados, sencillos, cargados de autenticidad, cuya presencia queda subordinada siempre al contenido comunicativo («Soria –barbacana / hacia Aragón, en castellana tierra–»). Vamos a comprobarlo en los textos siguientes.

Campos de Soria

He vuelto a ver los álamos dorados,
álamos del camino en la ribera
del Duero, entre San Polo y San Saturio,
tras las murallas viejas
de Soria –barbacana
hacia Aragón, en castellana tierra–.

Estos chopos del río, que acompañan
con el sonido de sus hojas secas
el son del agua, cuando el viento sopla,
tienen en sus cortezas
grabadas iniciales que son nombres
de enamorados, cifras que son fechas.
¡Álamos del amor que ayer tuvisteis
de ruiseñores vuestras ramas llenas;
álamos que seréis mañana liras
del viento perfumado en primavera;
álamos del amor cerca del agua
que corre y pasa y sueña,
álamos de las márgenes del Duero,
conmigo vais, mi corazón os lleva!

Caminos

Soñé que tú me llevabas
por una blanca vereda,
en medio del campo verde,
hacia el azul de las sierras,
hacia los montes azules,
una mañana serena.

Sentí tu mano en la mía,
tu mano de compañera,
tu voz de niña en mi oído
como una campana nueva,
como una campana virgen
de un alba de primavera.
¡Eran tu voz y tu mano,
en sueños, tan verdaderas!...
Vive, esperanza, ¡quién sabe
lo que se traga la tierra!

Soneto II

De mar a mar entre los dos la guerra,
más honda que la mar. En mi parterre,
miro a la mar que el horizonte cierra.

Tú, asomada, Guiomar, a un finisterre,
miras hacia otro mar, la mar de España
que Camoens cantara, tenebrosa.
Acaso a ti mi ausencia te acompaña.
A mí me duele tu recuerdo, diosa.

La guerra dio al amor el tajo fuerte.
Y es la total angustia de la muerte,
con la sombra infecunda de tu llama.

Y la soñada miel de amor tardío,
y la flor imposible de la rama
que ha sentido del hacha el corte frío.

XXXII

Las ascuas de un crepúsculo morado
detrás del negro cipresal humean...
En la glorieta en sombra está la fuente
con su alado y desnudo **Amor de piedra**,
que sueña mudo. En la marmórea taza
reposa el agua muerta.

Amor de piedra: estatua de Cupido, dios del amor en la mitología

ANTONIO MACHADO, *Obras selectas*, Espasa Calpe

Actividades

1. Comenta los aspectos métricos más relevantes de cada uno de los poemas seleccionados: medida, rima, encabalgamientos, estructura estrófica.
2. Resume el contenido simbólico del poema XXXII, que pertenece a *Soledades*... A continuación explica los rasgos modernistas que encuentres.
3. El poema de «Campos de Soria» puede estructurarse en tres partes a partir de la relación que el poeta establece con los chopos y los álamos. Identifícalas y comenta su sentido.
4. En el poema «Caminos» se produce una integración de Leonor con el paisaje castellano. Descríbela.
5. La aliteración es una de las más bellas figuras retóricas; como sabes, consiste en la reiteración de sonidos semejantes a lo largo del mismo verso o estrofa. Subraya y comenta los ejemplos que encuentres en los poemas.
6. Resume los elementos biográficos que puedas adivinar detrás de cada uno de los textos.

2. La obra total de Juan Ramón Jiménez

Vida y personalidad

Juan Ramón Jiménez (1881-1958), perteneciente a una familia acomodada de Moguer (Huelva), mostró desde muy temprano una vocación poética obsesiva y excluyente, así como un extraordinario talento para componer versos. Desarrollará una trayectoria creativa en la que influyen ciertos rasgos de su personalidad:

- El repentino fallecimiento de su padre se traducirá a partir de entonces en un miedo obsesivo a la muerte y en un permanente **anhelo de inmortalidad.**
- **Carácter en extremo susceptible,** lo que al lado de grandes entusiasmos le llevaba a resentimientos viscerales contra quienes –en su opinión– no tenían en suficiente aprecio su obra.
- Dedicación absoluta a su *Obra* –considerada y escrita así por él, con mayúscula–, a la que Juan Ramón someterá a lo largo de toda su vida a un constante proceso de revisión.
- Juan Ramón fue también un **excepcional prosista,** como lo atestigua su libro más famoso *(Platero y yo)*, o las agudísimas semblanzas de diversos personajes reunidas en *Españoles de tres mundos* (1942).

Trayectoria poética

Su trayectoria fue resumida en 1918 por el autor en estos versos:

Vino, primero, pura,
Vestida de inocencia.
Y la amé como un niño.
Luego se fue vistiendo
de no sé qué ropajes.
Y la fui odiando, sin saberlo.
Llegó a ser una reina,
fastuosa de tesoros...
¡Qué iracundia de yel y sinsentido!
...Mas se fue desnudando.
Y yo le sonreía.
Se quedó con la túnica
de su inocencia antigua.
Creí de nuevo en ella.
Y se quitó la túnica,
y apareció desnuda toda...
¡Oh pasión de mi vida, poesía,
desnuda, mía para siempre!

Así pues, puede dividirse en cuatro etapas principales:

Primera época (1898-1915). Viene marcada por la **inspiración romántica y modernista;** una rigurosa perfección formal sirve de vehículo para expresar con reiteración sentimientos de melancolía, soledad, ensueños de amor y tristeza, en un tono cercano al decadentismo. Citemos títulos como ***Arias tristes*** (1903) y ***Jardines lejanos*** (1904). Hacia 1915 el libro ***Estío*** marca el camino hacia la sencillez.

Época de plenitud creadora (1916-1936). En 1916 Juan Ramón emprende un viaje en barco a Nueva York para casarse con Zenobia Camprubí. La contemplación de la inmensidad del mar y del cielo frente a la pequeñez de su ser le produjo una gran exaltación, fruto de la cual surge el ***Diario de un poeta recién casado***, libro llamado a revolucionar la lírica española de la época. Junto a la meditación sobre la eternidad y el instante, el autor se decanta ya por la **poesía desnuda,** a la que podría definirse como el deseo de expresar exactamente lo sentido, de forma sencilla, breve, prescindiendo de la adjetivación y ornamentación inútiles.

Esta completísima página de la Fundación Juan Ramón Jiménez, www.fundacion-jrj.es/ da acceso a la vida del poeta (y de Zenobia), a su obra, textos, noticias e incluso podrás dar un paseo por el Moguer del poeta. Actualización constante.

Se inicia así una etapa de plenitud creadora y humana, y publica ***Eternidades*** (1918) y ***La Estación total*** (1923-1936), en los que busca recrear, mediante el verso, aquellos instantes en los que el poeta se ha sentido en comunión con la eternidad y la belleza.

Ilustración para *Platero y yo*.

■ **Etapa americana** (1936-1948). Al estallar la Guerra Civil, Juan Ramón y Zenobia marchan a Estados Unidos; allí residirán varios años –en los que escribe ***Una colina meridiana***– hasta que el poeta fija su residencia definitiva en Puerto Rico, en cuya universidad dictará algunos cursos. Su **poesía** más **hermética** llega a su culminación con el libro ***Animal de fondo*** (1948). Abundan aquí los poemas, como el conjunto de ***Dios deseado y deseante***, cuyo objetivo es describir el júbilo producido por la sensación de haberse unido por fin a ese dios inmanente y terrenal, identificado con todo lo bello.

■ **Últimos años** (1949-1958). Concluye el largo poema «Espacio», sucesión de recuerdos y sensaciones que salen a flote con la técnica de la asociación libre; el poeta vive con el recuerdo nostálgico de los momentos de éxtasis. Su último libro, ***Ríos que se van*** (1951-1953), supone un homenaje lleno de amor a Zenobia, que ya entonces se hallaba gravemente enferma.

■ Estilo

En la poesía de Juan Ramón Jiménez predominan los términos abstractos, a través de los cuales el poeta trata de detallar sus sensaciones, descritas con adjetivación embellecedora y un magistral uso de la sinestesia. Su ideal expresivo, a partir de 1918, se concentra en esta brevísima composición con un título muy significativo:

El poema

¡No le toques ya más
que así es la rosa!

Veamos ahora textos correspondientes a cada una de sus etapas creadoras:

El viaje definitivo

…Y yo me iré. Y se quedarán los pájaros
cantando;
y se quedará mi huerto con su verde árbol,
y con su pozo blanco.
Todas las tardes el cielo será azul y plácido;
y tocarán, como esta tarde están tocando,
las campanas del campanario.
Se morirán aquellos que me amaron;
y el pueblo se hará nuevo cada año;
y en el rincón de aquel mi huerto florido y
encalado,
mi espíritu errará, nostáljico.
Y yo me iré; y estaré solo, sin hogar, sin árbol
verde, sin pozo blanco,
sin cielo azul y plácido…
Y se quedarán los pájaros cantando.

Intelijencia, dame

¡**Intelijencia**, dame
el nombre exacto de las cosas!
…Que mi palabra sea
la cosa misma,
creada por mi alma nuevamente.
Que por mí vayan todos
los que no las conocen, a las cosas;
que por mí vayan todos
los que ya las olvidan, a las cosas…
¡Intelijencia, dame
el nombre exacto, y tuyo,
y suyo, y mío, de las cosas!

intelijencia: inteligencia

Desvelo

Se va la noche, negro toro
–plena carne de luto, de espanto y de misterio–,
que ha bramado terrible, inmensamente,
al temor sudoroso de todos los caídos;
y el día viene, niño fresco,
pidiendo confianza, amor y risa
–niño que, allá muy lejos,
en los arcanos donde
se encuentran los comienzos con los fines,
ha jugado un momento,
por no sé qué pradera
de luz y sombra,
con el toro que huía–.

Su sitio fiel

Las nubes y los árboles se funden
y el sol les transparenta su honda paz.
Tan grande es la armonía del abrazo,
que la quiere gozar también el mar,
el mar que está tan lejos, que se acerca,
que ya se oye latir, que huele ya.
El cerco universal se va apretando,
y ya en toda la hora azul no hay más
que la nube, que el árbol, que la ola,
síntesis de la gloria **cenital**.
El fin está en el centro. Y se ha sentado
aquí, su sitio fiel, la eternidad.
Para eso hemos venido. (Cae todo
lo otro, que era luz provisional).
Y todos los destinos aquí salen,
aquí entran, aquí suben, aquí están.
Tiene el alma un descanso de caminos
que han llegado a su único final.

Que también sabe a gloria

Este olor a hoja seca batida por el viento,
corresponde al olor que yo tengo en mi entraña.
(¡Aquellas hojas rojas de tanta primavera,
que me exaltaron más que sus mismos verdores!)
Porque yo no fui nada hasta que, con mi otoño,
completé mi sentido en saturación honda
(olor y son, sabor, tacto visión… ¡y olor!
que se comprenden entre las minas de mi alma
y me hacen tesoro amaneciente y cálido).
No, este olor a hoja roja no es de estas hojas secas
que el viento soleado echa sobre mis hombros;
es mío, sí, es de mí, que aún me huelo mi sangre,
que me huelo mi hueso, que aún me huelo mi carne,
que aún me huelo mi vida, que me huelo la tierra
de mi conciencia, donde han caído mis hojas
otra vez.
¡Cuántas hojas fervorosas, caídas
dentro de mí, que ardieron en el propio quemarse
de mi sangre incendiada, y me fueron llenando
de esta inmensa ceniza (joya gris del verdor
que aún me queda, cubierto del despojo total)!

El color de tu alma

Mientras que yo te beso, su rumor
nos da el árbol que mece al sol de oro
que el sol le da al huir, fugaz tesoro
del árbol que es el árbol de mi amor.
No es fulgor, no es ardor, y no es **altor**
lo que me da de ti lo que te adoro,
con la luz que se va; es el oro, el oro,
es el oro hecho sombra: tu color.
El color de tu alma; pues tus ojos
se van haciendo ella, y a medida
que el sol cambia sus oros por sus rojos
y tú te quedas pálida y fundida,
sale el oro hecho tú de tus dos ojos
que son mi paz, mi fe, mi sol: ¡mi vida!
¡Esta inmensa ceniza que también huele
a gloria!

cenital: relativo al *cénit;* **altor:** altura (dimensión)

JUAN RAMÓN JIMÉNEZ, *Antología comentada*, Ediciones de la Torre

Actividades

1. Explica el sentido profundo de «El viaje definitivo». ¿Consideras que es un poema pesimista u optimista?
2. Define en el concepto de la poesía que tiene Juan Ramón a partir del poema «Intelijencia».
3. Realiza el análisis métrico de «Su sitio fiel» y «El color de tu alma».
4. Explica el significado del *toro* y el *niño* en «Desvelo».
5. Resume el tema del poema «Que también sabe a gloria». Comenta la oposición que se establece en el texto entre otoño y primavera, así como sus respectivos campos semánticos.
6. ¿Cuál es el tema de «El color de tu alma»? Hay un paralelismo entre el sol que cubre de oro el árbol y otros dos elementos también unidos por el oro: localízalos.

Rubén Darío.

Influencia de los poetas de la América hispana: Rubén Darío

La obra poética de **Rubén Darío** (1867-1916) –presidida por el tema amoroso– se agrupa en torno a tres libros esenciales: ***Azul*** (1888) significó la carta de presentación del Modernismo; ***Prosas profanas*** (1896) supuso el apogeo de lo que se ha llamado «modernismo de torre de marfil» (aristocratismo, sensualismo, musicalidad, innovaciones métricas y alejamiento del contexto hispanoamericano para situarse en ambientes foráneos, como la Francia del XVIII o la antigüedad grecolatina); ***Cantos de vida y esperanza*** (1905) marca el paso hacia una poesía intimista, menos «adornada» pero más profunda. El poema que vamos a leer pertenece a *Prosas profanas* y concentra casi todos los rasgos del Modernismo:

Era un aire suave...

Era un aire suave, de pausados giros;
el hada Harmonía ritmaba sus vuelos;
e iban frases vagas y tenues suspiros
entre los sollozos de los violoncelos.
Sobre la terraza, junto a los ramajes,
diríase un trémolo de liras eolias
cuando acariciaban los sedosos trajes
sobre el tallo erguidas las blancas magnolias.
La marquesa Eulalia risas y desvíos
daba a un tiempo mismo para dos rivales,
el vizconde rubio de los desafíos
y el abate joven de los madrigales. [...]
Al oír las quejas de sus caballeros
ríe, ríe, ríe la divina Eulalia,
pues son su tesoro las flechas de Eros,
el cinto de Cipria, la rueca de Onfalia.
¡Ay de quien sus mieles y frases recoja!
¡Ay de quien del canto de su amor se fíe!
Con sus ojos lindos y su boca roja,
la divina Eulalia ríe, ríe, ríe.
Tiene azules ojos, es maligna y bella;
cuando mira vierte viva luz extraña:
se asoma a sus húmedas pupilas de estrella
el alma del rubio cristal de Champaña.
Es noche de fiesta, y el baile de trajes
ostenta su gloria de triunfos mundanos.
La divina Eulalia, vestida de encajes,
una flor destroza con sus tersas manos.
El teclado harmónico de su risa fina
a la alegre música de un pájaro iguala,
con los staccati de una bailarina
y las locas fugas de una colegiala.
¡Amoroso pájaro que trinos exhala
bajo el ala a veces ocultando el pico;
que desdenes rudos lanza bajo el ala,
bajo el ala aleve del leve abanico!
Cuando a medianoche sus notas arranque
y en arpegios áureos gima Filomela,
y el ebúrneo cisne, sobre el quieto estanque
como blanca góndola imprima su estela,
la marquesa alegre llegará al boscaje,
boscaje que cubre la amable glorieta
donde han de estrecharla los brazos de un paje, que
siendo su paje será su poeta. [...]

RUBÉN DARÍO, *Antología*, Espasa Calpe

Manuel Machado.

Manuel Machado (1874-1947)

En sus poemas encontramos una afortunada síntesis de **influencias francesas** –la musicalidad de Verlaine, la perfección formal parnasiana– con ecos del **modernismo rubeniano** y la presencia del **elemento andaluz**, que Machado tuvo siempre presente a través de sus conocimientos del folclore de su tierra natal, la amistad con toreros y el amor por el flamenco. Todo ello se traduce en dos líneas de creación:

- La **vertiente modernista**, culta o cosmopolita, en la que se inscribe ***Apolo*** (1910), subtitulado «Teatro Pictórico», espléndida colección de sonetos inspirados por obras maestras de la pintura.
- La **vertiente andalucista y popular**, cuyos hitos fundamentales son ***Cante hondo*** (1912) y ***El mal poema*** (1909), el título más apreciado por la crítica actual.

De la primera tendencia hemos seleccionado una muestra:

«El Emperador Carlos V, a caballo, en Mulberg», obra del pintor italiano Tiziano (1487-1576).

Carlos V

El que en Milán **nieló** de plata y oro
la soberbia armadura; el que ha forjado
en Toledo este arnés; quien ha domado
el negro potro del desierto moro...
El que tiñó de púrpura esta pluma
–que al aire en Mülberg prepotente flota–,
esta tierra que pisa y la remota
playa de oro y de sol de Moctezuma...

Todo es de este hombre gris, barba de acero,
carnoso labio, socarrón y duros
ojos de lobo audaz, que, lanza en mano,
recorre su dominio, el orbe entero,
con resonantes pasos, y seguros.
En este punto lo pintó Tiziano.

MANUEL MACHADO, *Antología poética*, Cátedra

nieló: de nielar; adornar con relieves luego rellenos de esmalte

Un Modernista hispanoamericano: José Asunción Silva

El colombiano José Asunción Silva (1865-1896) está considerado como el gran iniciador del Modernismo en Hispanoamérica, antes de que el nicaragüense Rubén Darío promoviera la difusión del movimiento a ambos lados del Atlántico. De familia acomodada pero de improviso privada de recursos, el poeta estuvo toda su vida obsesionado por el tema de la muerte –con frecuencia asociada a la noche– y por el recuerdo de la infancia, evocada como un paraíso perdido. La forma de su poesía rompe audazmente con los metros y estrofas tradicionales, además de ofrecer una sugestiva musicalidad.

El poema *Una noche* (1894), construido con versos amétricos trocaicos, tiene un ritmo muy particular, influido por una magistral traducción de *El cuervo*, de Edgar Allan Poe. Vamos a leer un fragmento.

Una noche
una noche toda llena de perfumes, de murmullos y de
Una noche [música de alas,
en que ardían en la sombra nupcial y húmeda, las
[luciérnagas fantásticas,
a mi lado, lentamente, contra mí ceñida, toda,
muda y pálida
como si un presentimiento de amarguras infinitas,
hasta el fondo más secreto de tus fibras te agitara,
por la senda que atraviesa la llanura florecida
caminabas,
y la luna llena
por los cielos azulosos, infinitos y profundos esparcía su luz
y tu sombra [blanca,
fina y lánguida
y mi sombra
por los rayos de la luna proyectada
sobre las arenas tristes
de la senda se juntaban.
Y eran una
y eran una
y eran una sola sombra larga!
y eran una sola sombra larga!
y eran una sola sombra larga!
Esta noche
solo, el alma
llena de las infinitas amarguras y agonías de tu muerte,
separado de ti misma, por la sombra, por el tiempo y la
por el infinito negro, [distancia,
donde nuestra voz no alcanza,
solo y mudo
por la senda caminaba,
y se oían los ladridos de los perros a la luna,
a la luna pálida
y el chillido
de las ranas,
sentí frío, era el frío que tenían en la alcoba
tus mejillas y tus sienes y tus manos adoradas,
entre las blancuras níveas
de las mortüorias sábanas!
Era el frío del sepulcro, era el frío de la muerte,
Era el frío de la nada... [...]

1. Señala el tema del poema. ¿Descubres rasgos propios de la escritura de J. A. Silva?

2. Identifica las dos partes principales en las que se articula el poema. Trata de interpretar el abundante uso de repeticiones y anáforas dentro del poema.

3. Comenta los elementos propios del Romanticismo y del Modernismo presentes en *Una Noche.*

Lo fatal

Dichoso el árbol que es apenas sensitivo,
y más la piedra dura porque esa ya no siente,
pues no hay dolor más grande que el dolor de ser vivo,
ni mayor pesadumbre que la vida consciente.

Ser, y no saber nada, y ser sin rumbo cierto,
y el temor de haber sido y un futuro terror...
Y el espanto seguro de estar mañana muerto,
y sufrir por la vida y por la sombra y por

lo que no conocemos y apenas sospechamos,
y la carne que tienta con sus frescos racimos,
y la tumba que aguarda con sus fúnebres ramos,

¡y no saber adónde vamos,
ni de dónde venimos!...

RUBÉN DARÍO, *Antología*, Espasa Calpe

El autor y su obra

Como hemos visto, el itinerario poético de Rubén Darío pasa por dos momentos bien definidos, que en cierto modo se corresponden con las dos tendencias dominantes del Modernismo: en *Azul* y *Prosas profanas* encontramos la búsqueda de la belleza y la exhibición de una amplia gama de recursos formales. Sin embargo, a partir de 1896 el poeta nicaragüense renuncia a las innovaciones estéticas para volcarse en dos núcleos temáticos fundamentales: la propia intimidad y la exaltación del componente hispánico de las tierras americanas.

- ¿A cuál de las dos etapas crees que pertenece este poema? Justifica la respuesta.

Tema e ideas

El texto plantea uno de los problemas fundamentales de la literatura, e incluso de la filosofía del siglo XX: la incertidumbre del ser humano acerca de sus orígenes, su futuro y –en definitiva– su lugar en el mundo. A este conflicto existencial se dedicaron ensayos (*Del sentimiento trágico de la vida,* de Unamuno), novelas (*El árbol de la ciencia,* de Baroja) y obras dramáticas (*Seis personajes en busca de autor,* de Luigi Pirandello) en las primeras décadas del siglo, hasta el punto de convertirse casi en un «tema generacional».

- Subraya los versos que se hacen eco de este tema en el texto.

Organización y composición

Con frecuencia, los modernistas parten de una estrofa bien conocida que adaptan a sus intereses cambiando el esquema métrico habitual. En *Lo fatal* vemos cómo Darío parte de un modelo que recuerda al soneto, pero introduce variaciones notables: verso alejandrino, serventesios, sólo un terceto...

- Señala éstas y otras particularidades relevantes para el contenido del poema.

Esta grave meditación sobre el destino incierto de los seres humanos, al que se alude ya desde el título mediante el adjetivo neutro sustantivado «lo fatal», se estructura en tres partes de extensión diversa; suponen una aproximación gradual, cada vez más intensa al tema.

- En tono enunciativo, *el yo poético* muestra su admiración por el árbol y la piedra –representantes del reino vegetal y mineral–, a los que contrapone a los seres humanos, no mencionados aún, pero cuyo sufrimiento procede del hecho de ser conscientes.

- A continuación, se suceden coordinadas copulativas breves para justificar la afirmación anterior: son las trampas de la vida, enumeradas mediante el infinitivo, forma no personal del verbo, cuyo significado se extiende, pues, a todos los hombres. En cierto momento, aparece, sin embargo, la primera persona de plural, que incluye ya directamente tanto al autor como al lector en el ámbito del predicado.
- Por último, los versos finales aúnan un tono exclamativo y plural colectivo para reiterar de forma contundente que la fatalidad nos atañe a todos.

- Señala y delimita cada una de estas partes en el texto.

Lenguaje y estilo

Aunque no pertenezca a la vertiente retórica y estetizante del Modernismo, «Lo fatal» evidencia la inigualable capacidad expresiva de Rubén Darío. Veamos ejemplos:

- La aliteración y sucesión de frases breves refuerza la sensación de angustia que pretende transmitir el poema.
- Frente a las subordinadas causales, que marcan el tono reposado de la primera parte, el polisíndeton posterior recuerda una especie de angustioso balbuceo, unido al progresivo acortamiento de los dos versos finales, que cierran el texto con una desesperada exclamación. También los verbos marcan el mencionado itinerario desde lo no humano *(árbol, piedra)* hasta el protagonismo colectivo: *vamos / venimos*.
- Llama la atención, de entrada, la ausencia del vocabulario exótico propio del primer Modernismo. Destaca la insistencia en los verbos *ser*, *estar* y *sentir*, acordes con el contenido existencial del poema. No olvidemos la contraposición que centra la primera parte del texto:

  ÁRBOL Y PIEDRA = DICHA
  HOMBRE CONSCIENTE = DOLOR
- Hay también metáforas de tradición secular (*muerte = sombra*) o esa impresionante serie metonímica –reforzada por el paralelismo perfecto– que caracteriza con exactitud las realidades universales del amor y la muerte.

- Localiza cada uno de estos recursos en el texto.

Valoración e interpretación

Sin duda estamos ante uno de los mejores poemas de Rubén Darío por dos razones principales:

- Su capacidad para tocar en poco más de una docena de versos cuestiones de alcance universal: el más allá, el amor y la muerte o la vieja idea de Schopenhauer –presente también en el artículo de Larra titulado «La Nochebuena de 1836»– de que las personas sensibles e inteligentes sufren más, al darse cuenta de las arbitrariedades e injusticias que encierra al existencia.
- La demostración de que el Modernismo no sirvió sólo para recubrir de bello ropaje formal cuestiones superficiales o «arqueológicas», sino que incorpora también temas de honda relevancia humana.

- Compara este poema con la «Sonatina», también de Rubén Darío. ¿Cuál de ambos estilos poéticos te satisface más?

Existen dos estéticas: la estética pasiva de los espejos y la estética activa de los prismas. Guiado por la primera, el arte se transforma en una copia de la objetividad del medio ambiente o de la historia psíquica del individuo. Guiado por la segunda, el arte se redime, hace del mundo su instrumento, y forja –más allá de las cárceles espaciales y temporales– su visión personal. Ésta es la estética del Ultra. Su volición es crear: es imponer facetas insospechadas al universo.

JORGE LUIS BORGES, *Manifiesto del Ultra* (1921)

La poesía en el primer tercio del siglo XX

1. Los movimientos de vanguardia

Bajo este rótulo se engloban una serie de movimientos en toda Europa que reaccionan **contra el subjetivismo romántico y el realismo tradicional**, tratando de impulsar las diversas manifestaciones artísticas por caminos completamente nuevos. Vamos a repasar los movimientos de vanguardia más significativos:

- **Futurismo.** Nació en 1909 a partir del manifiesto del italiano **Filippo Marinetti**, quien propugnó el olvido de las cuestiones sentimentales, individuales y «románticas» para admirar sin reservas los **avances técnicos del nuevo siglo**: la velocidad, las máquinas, la industria, los deportes. Entre sus afirmaciones más provocadoras figuran estas dos: «¡Matemos el claro de luna!» y «Un automóvil de carreras es más hermoso que la *Victoria de Samotracia*».

- **Cubismo.** En origen fue un movimiento pictórico que buscaba la descomposición de la imagen tradicional en diversos ángulos y perspectivas, para que el autor y el espectador la recrearan libremente. Surgió a través de los cuadros de Picasso, Georges Braque y Juan Gris. Su adaptador literario fue el poeta francés **Guillaume Apollinaire**, inventor de los ***caligramas***, una poesía visual cuyos versos tratan de reproducir la realidad expresada mediante la tipografía.

- **Dadaísmo.** Lo creó en 1916 el poeta rumano **Tristán Tzara**; el nombre «**dada**» alude al balbuceo de los niños pequeños, pues sus integrantes se proponían romper con el arte y la literatura de la corrompida sociedad burguesa, para recuperar la falta de lógica y la inocencia propias de la primera infancia, lo que les permitiría ofrecer una nueva imagen del mundo.

- **Surrealismo.** También llamado por algunos *Superrealismo*, ofreció bastante más consistencia que los movimientos anteriores. Su origen se encuentra en el *Manifiesto surrealista* que en 1924 dio a conocer el francés **André Breton**; supuso la proyección creadora de las teorías que sobre el inconsciente y la interpretación de los sueños venía desarrollando desde comienzos de siglo el psiquiatra austríaco Sigmund Freud. De este modo, el escritor –como el director cinematográfico o el pintor– intentaría liberar al individuo mediante su creación de las ataduras racionales, sociales, morales y estéticas que lo condicionan, impidiéndole manifestarse de forma espontánea. Surgirían así con libertad plena las fantasías, obsesiones, sueños o deseos ocultos del artista.

En el caso de la literatura, se utiliza la **escritura automática**, que supone la transcripción en bruto de ideas y palabras que pasan por la cabeza del escritor, sin ningún tipo de filtro o control racional. Sin embargo, para bien de la poesía, los poetas surrealistas españoles sometieron este proceso a una alta exigencia estética. Quedaron, eso sí, imágenes, estructuras sintácticas y combinaciones métricas de fuerza y originalidad subyugantes.

Fíjate en esta composición de Tzara:

> Para hacer un poema dadaísta.
> Coja un periódico.
> Coja unas tijeras.
> Escoja en el periódico un artículo de la longitud que cuenta darle a su poema.
> Recorte el artículo.
> Recorte en seguida con cuidado cada una de las palabras que forman el artículo y métalas en una bolsa.
> Agítela suavemente.
> Ahora saque cada recorte uno tras otro.
> Copie concienzudamente en el orden en que hayan salido de la bolsa.
> El poema se parecerá a usted.
> Y es usted un escritor infinitamente original y de una sensibilidad hechizante, aunque incomprendida del vulgo.

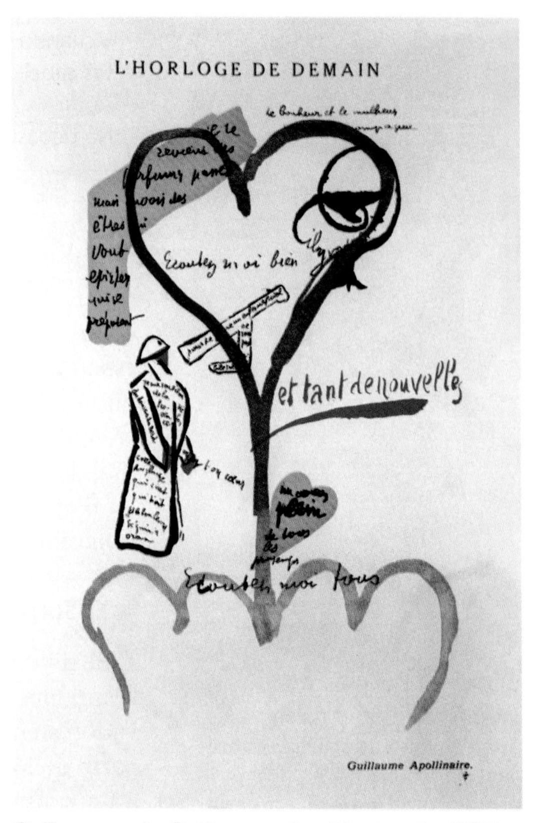

Caligrama de Guillaume Apollinaire de 1917.

2. Las vanguardias en España

El vanguardismo llegó a España en 1918 de la mano del poeta chileno **Vicente Huidobro**, que venía de París, donde había conocido la creación de las vanguardias europeas; encontró aquí un ambiente propicio, merced a los experimentos que desde hace tiempo llevaba a cabo Ramón Gómez de la Serna. Por lo que respecta a la poesía española, analizaremos los movimientos de vanguardia.

El Creacionismo

Fundado por **Huidobro** y secundado en España por **Gerardo Diego** (LECTURA 3) y Juan Larrea, pretende que el poeta evite la descripción o imitación de la naturaleza para crear realidades nuevas e independientes mediante el poema. Éstas son las palabras del poeta hispanoamericano:

> Os diré qué entiendo por poema creado. Es un poema en el que cada parte constitutiva, y todo el conjunto, muestran un hecho nuevo, independiente del mundo externo, desligado de cualquiera otra realidad que no sea la propia, pues toma su puesto en el mundo como un fenómeno singular, aparte y distinto de los demás fenómenos.

Observa en este poema de **Gerardo Diego** cómo el contenido no tiene nada que ver con la realidad; el poeta se limita a jugar con algunos de los tópicos románticos de los que la poesía de Bécquer fue exponente señero:

Rima

Tus ojos oxigenan los rizos de la lluvia
y cuando el sol se pone en tus mejillas
tus cabellos no mojan ni la tarde es ya rubia
Amor   Apaga la luna
No bebas tus palabras
ni viertas en mi vaso tus ojeras amargas
La mañana de verte se ha puesto morena
Enciende el sol   Amor
y mata la verbena.

Homenaje a Bécquer

El Ultraísmo

Tuvo como teórico principal al escritor **Rafael Cansinos-Assens** en 1919, pero contó entre sus cultivadores tempranos con el argentino **Jorge Luis Borges** y el español **Guillermo de Torre**. El nombre procede de la palabra *ultra* ('más allá'), pues sus adeptos pretendían una renovación radical del lenguaje y de la concepción de la poesía. Para ello, consideran la imagen poética como columna vertebral de la creación y postulan la eliminación de la anécdota y el sentimentalismo. Su mayor originalidad radica en la nueva disposición tipográfica del poema, el **caligrama**, para que reproduzca o sugiera visualmente parte de su contenido.

El Surrealismo

Se divulgó en España con la obra del poeta bilbaíno **Juan Larrea** y a través de la influencia cultural y artística de la **Residencia de Estudiantes**. Entre sus cultivadores encontramos pintores (Salvador Dalí), cineastas (Luis Buñuel) y buena parte de los poetas de la **generación del 27**. Todos ellos llevaron el movimiento a muy altas cotas de calidad artística, pero en poesía sobresalen tres nombres: García Lorca, Alberti y Vicente Aleixandre.

Interesado por la física nuclear, Salvador Dalí realizó este lienzo en 1952 protagonizado por su amada Gala: «Galatea de los Cielos».

3. La generación del 27

Los poetas de la generación del 27 crearon, según García Lorca escribió al joven Miguel Hernández, «**la más hermosa poesía de Europa**»; algo que apenas admite discusión, cuando la riquísima y variada creación de estos autores se compara con la de otros grupos poéticos de la literatura occidental que publicaron en el periodo de entreguerras. Su trayectoria alcanzaría reconocimiento internacional con la concesión en 1977 del Premio Nobel a uno de sus miembros: Vicente Aleixandre.

La denominación del grupo se debe a un **acontecimiento generacional**: casi todos sus miembros participaron activamente en los actos celebrados ese año con motivo del tercer centenario de la muerte de Góngora, y en particular en el homenaje organizado por el Ateneo de Sevilla, del que han quedado fotos convertidas en emblema del grupo.

Rasgos generacionales

Hubo también otros factores que contribuyeron a dotar a los poetas del 27 de una cohesión superior a la de otras generaciones:

- Lugar de encuentro en la **Residencia de Estudiantes de Madrid**, donde tuvieron ocasión de impregnarse del ambiente liberal, culto y europeo que allí se respiraba; además, durante algunos años Juan Ramón Jiménez ocupó el cargo de Jefe de Estudios en la Residencia.
- Amplia **formación literaria**, a diferencia del autodidactismo del 98. De hecho, casi todos ellos –Pedro Salinas (LECTURA 1), Jorge Guillén (LECTURA 2), Luis Cernuda, Gerardo Diego, Dámaso Alonso– fueron profesores de literatura dentro o fuera de España y, junto a su obra poética, publicaron también importantes ensayos de crítica literaria.
- Sólida **amistad personal**, lo que les llevó a colaborar en numerosas revistas y empresas culturales. Asimismo, la antología *Poesía española contemporánea* (1915-1931) –publicada por Gerardo Diego en 1932 y ampliada dos años después– dio testimonio público de la existencia del grupo, así como de la precisa nómina de sus miembros.
- Veneración por la figura de **Juan Ramón Jiménez**, de quien admiran el ideal de la poesía pura, la profundidad de sus imágenes y su denodado esfuerzo por expresar las sensaciones.

Las obras completas de Lorca, a excepción de cinco obras teatrales, están disponibles en la página web **www.tinet.fut.es/~picl/libros/glorca/gl000000.htm**.

La **Fundación Jorge Guillén** patrocina la página **www.acamfe.org/acamfe/autor/guillen.htm**, donde aporta noticia de sus actividades.

En la página **www.fundaciongerardodiego.com/**, la **Fundación Gerardo Diego** ofrece información muy bien organizada acerca de la vida y la obra del poeta.

www.cervantesvirtual.com/bib_autor/alberti/ es una excelente página sobre la vida y la obra de Alberti con fotos de todas sus obras.

http://

Federico García Lorca acompañado (de izquierda a derecha) por Pedro Salinas, Ignacio Sanchez Mejías y Jorge Guillén; detrás, a la derecha, Vicente Aleixandre, el propio Lorca y Dámaso Alonso, entre otros. Madrid, invierno de 1933.

Influencias literarias

La trayectoria poética de estos autores se topa también con circunstancias e influencias semejantes; he aquí las más significativas:

- **Tradición literaria española.** Conocida y apreciada a fondo por todos ellos, opera en tres aspectos complementarios:
  - Los **clásicos del Siglo de Oro**, pues ya hemos visto cómo el homenaje a Góngora sirvió para aglutinar al grupo. Del poeta cordobés admiraron su capacidad metafórica y, sobre todo, la concepción del lenguaje poético como algo diferente al lenguaje común. También tomaron de Quevedo el dominio del concepto –uso de palabras con varios significados a la vez–; y de Lope, el amor por la poesía popular.
  - Se declararon herederos también de la **tradición poética cercana**, en especial de Bécquer, cuya huella se encuentra en varios de estos poetas, de manera explícita en Luis Cernuda y Rafael Alberti.
  - Importantísima fue la influencia del **romancero** y la **lírica tradicional** castellana, hasta el punto de que se habla de poesía neopopular al clasificar los primeros libros de algunos de estos autores.

Federico García Lorca y Pablo Neruda.

- **Movimientos de vanguardia.** La gran importancia concedida a la **imagen** y a la metáfora proceden del Creacionismo y del Ultraísmo. Hubo también una tendencia hacia la **poesía pura**, intelectual o «deshumanizada». Más relevante fue la influencia del **Surrealismo**, que inspiró libros fundamentales de Aleixandre, Cernuda, Lorca y Alberti (LECTURA 6).
- **Poesía impura.** En 1934 llegó **Pablo Neruda** a España y pronto funda la revista *Caballo verde para la poesía*, en cuyo primer número publica un manifiesto en favor de una poesía «impura», cercana a la realidad –y en las antípodas de la lírica juanramoniana– que orientaría a los poetas de la generación hacia un mayor compromiso social.
- La **Guerra Civil.** Supuso la disgregación del grupo: Lorca fue asesinado en los primeros meses de la contienda; unos miembros partieron hacia el exilio (Salinas, Guillén, Cernuda), otros quedaron en España (Gerardo Diego, Aleixandre). Cada uno siguió entonces su propio camino poético, aunque en la obra de todos ellos se aprecia el hondo trauma causado por el enfrentamiento fratricida. Una vez superado, su poesía recuperó el equilibrio para abrirse de nuevo a los grandes temas humanos universales.

Clasificación de los autores

Nacidos entre 1891 y 1905, los miembros de la **generación del 27** se enfrentaron a experiencias poéticas y vitales semejantes; sin embargo, el predominio de ciertos rasgos determina que su obra tienda a ser clasificada del modo siguiente:

- **Poesía neopopularista:** los primeros libros de Rafael Alberti y García Lorca.
- **Poesía surrealista:** la creación inicial de Vicente Aleixandre y Luis Cernuda.
- **Poesía pura e intelectual:** Pedro Salinas y Jorge Guillén.
- **Poesía clasicista y religiosa:** Gerardo Diego y Dámaso Alonso en su madurez.

Mención especial merece **Miguel Hernández** (LECTURA 7), que sin pertenecer a esta generación estuvo relacionado con ella y creó una poesía de gran calidad.

1. Pedro Salinas

Pedro Salinas (Madrid, 1891-1951) forma con Jorge Guillén el **núcleo más intelectual** de la generación del 27. Ambos fueron catedráticos de universidad en España y –tras la Guerra Civil– en prestigiosas universidades de los Estados Unidos; publicaron importantes trabajos de crítica literaria y siguieron de cerca el magisterio de Juan Ramón Jiménez y la poesía pura. Salinas destaca como **poeta del amor**, quizá el más completo de la lírica española del siglo XX; por lo tanto, heredero de Garcilaso de la Vega, de cuya *Égloga III* tomó el título de su libro más famoso: ***La voz a ti debida***. Allí, al igual que en su doble prolongación –*Razón de amor* y *Largo Lamento*– se lleva a cabo una honda y lúcida reflexión en torno a la pasión amorosa, la ausencia de la amada, la melancolía del desamor y la separación inevitable. Su **estilo** viene marcado por la sencilla apariencia –verso libre, rima asonante, escasez de adjetivos o metáforas– que oculta un laborioso proceso de meditación y depuración del sentimiento.

Este poema pertenece a *La voz a ti debida*, libro presidido por el júbilo de amar.

Ayer te besé en los labios...

Ayer te besé en los labios.
Te besé en los labios. Densos,
rojos. Fue un beso tan corto
que duró más que un relámpago,
que un milagro, más.
El tiempo
después de dártelo
no lo quise para nada
ya, para nada
lo había querido antes.
Se empezó, se acabó en él.
Hoy estoy besando un beso;
estoy solo con mis labios.
Los pongo
no en tu boca, no, ya no
–¿adónde se me ha escapado?–
Los pongo
en el beso que te di
ayer, en las bocas juntas
del beso que se besaron.
Y dura este beso más
que el silencio, que la luz.
Porque ya no es una carne
ni una boca lo que beso,
que se escapa, que me huye.
No.
Te estoy besando más lejos.

PEDRO SALINAS, *La voz a ti debida. Razón de amor*, Castalia

«El beso», de Auguste Rodin.

Actividades

1. Resume con tus propias palabras el mensaje que Pedro Salinas quiere transmitir a la amada.
2. ¿En qué momento de la historia de amor que recrea Salinas podríamos situar este poema?
3. Identifica y comenta el valor expresivo de los encabalgamientos que aparecen en el poema.
4. Una vez leído el texto varias veces, trata de explicar el sentido del precioso verso que cierra el texto.

2. Jorge Guillén

El vallisoletano Jorge Guillén (1893-1984) es el más cercano a Juan Ramón Jiménez de entre los poetas del 27. El grueso de su producción se fue agrupando hasta 1950 en el libro ***Cántico***, subtitulado *Fe de vida*, donde Guillén reitera su **jubilosa percepción de la realidad** que lo rodea en poemas breves, de absoluta perfección formal, que responden al profundo sentimiento de que «el mundo está bien hecho». El poeta parte a menudo de una sensación concreta para manifestar cómo se siente pleno aquí en la tierra, aunque en ocasiones se haga eco de las dos inexorables circunstancias que afectan a todo hombre: el paso del tiempo y la muerte, contempladas al margen de cualquier patetismo. En el siguiente ciclo, ***Clamor***, aparecen ya las **fuerzas negativas** que asolan la vida: la violencia, la injusticia, el autoritarismo. Por último, en ***Homenaje***, Guillén rinde tributo de admiración a las **figuras de la historia** que le ayudaron a alcanzar su plenitud humana. He aquí dos de los mejores poemas de *Cántico*.

Cima de la delicia

¡Cima de la delicia!
Todo en el aire es pájaro.
Se cierne lo inmediato
Resuelto en lejanía.

¡Hueste de esbeltas fuerzas!
¡Qué **alacridad** de mozo
En el espacio airoso,
Henchido de presencia!

El mundo tiene cándida
Profundidad de espejo.
Las más claras distancias
Sueñan lo verdadero.

¡Dulzura de los años
Irreparables! ¡Bodas
Tardías con la historia
Que desamé a diario!

¡Más, todavía más!
Hacia el sol en volandas
La plenitud se escapa.
¡Ya sólo sé cantar!

alacridad: alegría y presteza del ánimo para hacer algo

Perfección

Queda curvo el firmamento,
Compacto azul sobre el día.
Es el redondeamiento
Del esplendor: mediodía.
Todo es cúpula. Reposa,
Central sin querer, la rosa,
A un sol en cenit sujeta.
Y tanto se da el presente
Que el pie caminante siente
La integridad del planeta.

JORGE GUILLÉN, *Cántico*,
Magisterio Casals

Actividades

1. Describe la estructura métrica del primer poema.
2. El júbilo que evidencia el poeta parte de una situación concreta. Trata de reconstruirla.
3. Subraya las palabras y expresiones que transmiten el optimismo del autor en ambos poemas. ¿Estás de acuerdo con su visión del mundo? Justifica la respuesta.

3. Gerardo Diego

Gerardo Diego (Santander, 1896-1987) jugó un papel decisivo, tanto en la introducción de las vanguardias en España como en la consolidación del grupo del 27, gracias a su actividad como director de revistas literarias y, sobre todo, al publicar en 1932 su célebre ***Antología***, que supuso la auténtica carta de presentación de los nuevos poetas. Su abundante creación literaria combina con igual maestría **vanguardia** y **tradición**: a la primera pertenecen sus primeros libros creacionistas y ultraístas, en los que acredita un gran dominio de la **imagen**, algo que –unido al perfecto uso de la métrica clásica– caracterizará la segunda vertiente de su producción, en la que el autor cultiva gran variedad de **temas**: el amor, los toros, la música, los paisajes de la tierra santanderina y una profunda fe religiosa. Entre los títulos destacan *Versos humanos*, *Ángeles de Compostela*, *Alondra de verdad* y *Soria*. Veamos dos de sus magistrales sonetos, procedentes de *Versos humanos* y *Alondra de verdad*:

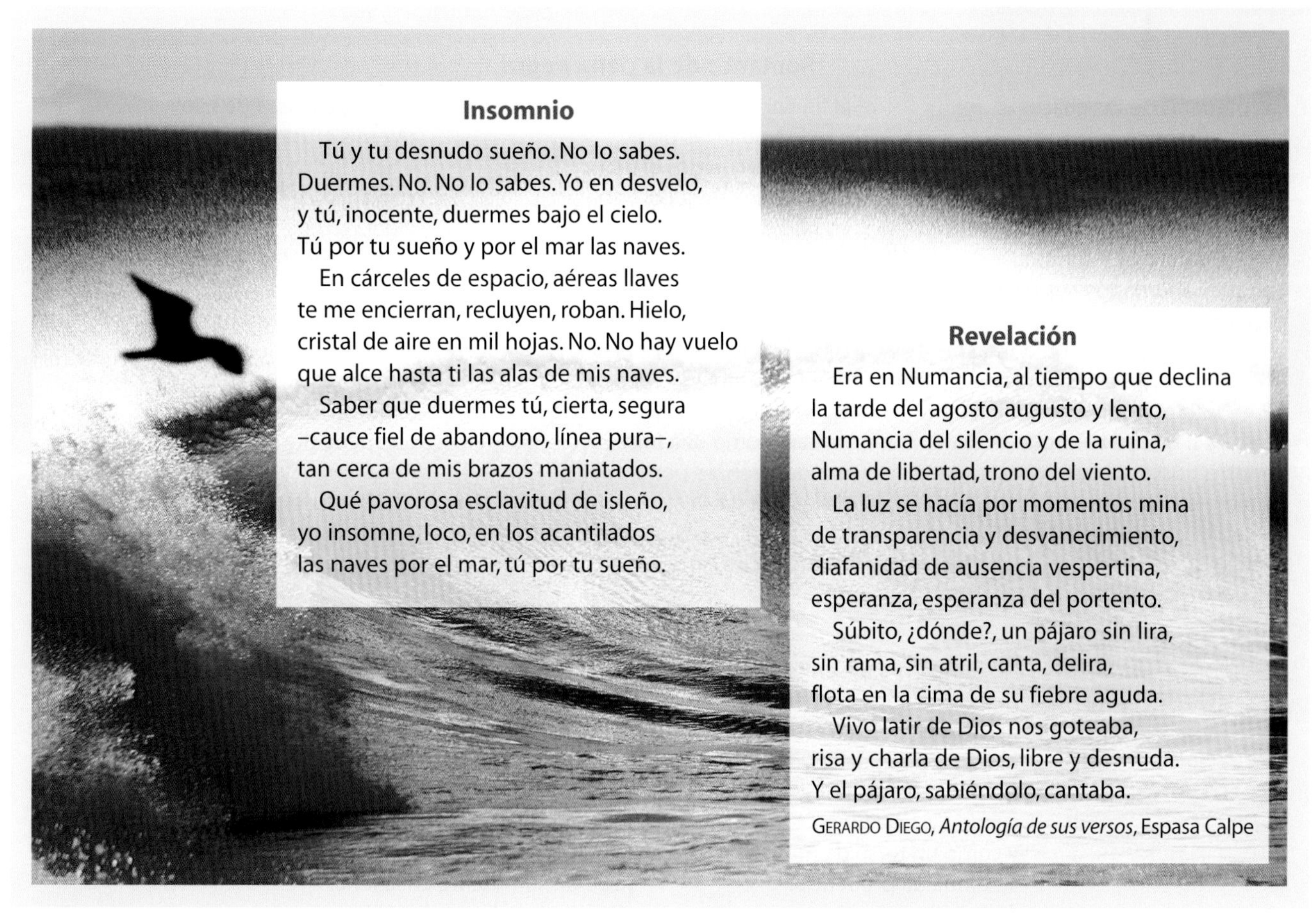

Insomnio

Tú y tu desnudo sueño. No lo sabes.
Duermes. No. No lo sabes. Yo en desvelo,
y tú, inocente, duermes bajo el cielo.
Tú por tu sueño y por el mar las naves.

En cárceles de espacio, aéreas llaves
te me encierran, recluyen, roban. Hielo,
cristal de aire en mil hojas. No. No hay vuelo
que alce hasta ti las alas de mis naves.

Saber que duermes tú, cierta, segura
–cauce fiel de abandono, línea pura–,
tan cerca de mis brazos maniatados.

Qué pavorosa esclavitud de isleño,
yo insomne, loco, en los acantilados
las naves por el mar, tú por tu sueño.

Revelación

Era en Numancia, al tiempo que declina
la tarde del agosto augusto y lento,
Numancia del silencio y de la ruina,
alma de libertad, trono del viento.

La luz se hacía por momentos mina
de transparencia y desvanecimiento,
diafanidad de ausencia vespertina,
esperanza, esperanza del portento.

Súbito, ¿dónde?, un pájaro sin lira,
sin rama, sin atril, canta, delira,
flota en la cima de su fiebre aguda.

Vivo latir de Dios nos goteaba,
risa y charla de Dios, libre y desnuda.
Y el pájaro, sabiéndolo, cantaba.

GERARDO DIEGO, *Antología de sus versos*, Espasa Calpe

Actividades

1. Resume el tema del soneto «Insomnio».
2. La configuración del poema se centra en la contraposición *tú/yo*. Selecciona las palabras que se refieran a cada uno de los dos protagonistas; a continuación, define sus respectivas actitudes.
3. Señala las imágenes que definen Numancia en «Revelación» y comenta su significado.
4. Señala las partes en las que puede dividirse el soneto. A continuación, explica el título en relación con el contenido.

4. Federico García Lorca

La calidad de su producción literaria (teatro y poesía), así como las dramáticas circunstancias de su muerte al comienzo de la Guerra Civil, han convertido a Federico García Lorca (Granada, 1898-1936) en el escritor español contemporáneo más conocido fuera de nuestras fronteras. En sus versos se mezclan con inigualable fortuna **elementos populares** andaluces, el uso de la **metáfora** y la **experiencia surrealista** al servicio de la expresión de una sensibilidad acuciada por la insatisfacción amorosa y la defensa de la libertad. La vertiente neopopular se manifestó con clamoroso éxito en ***Romancero gitano***. En ***Poeta en Nueva York***, surgido a partir de la estancia de Lorca en la metrópoli norteamericana, el irracionalismo surrealista contribuye a crear una imagen inquietante del mundo moderno. Su *Llanto por la muerte de Ignacio Sánchez Mejías* es quizá la más impresionante elegía de la literatura española.

Vas a leer dos poemas que muestran dos vertientes: la lírica neopopular del *Romancero gitano* y la inspiración surrealista que vertebra el *Llanto*, del que incluimos un fragmento de su segunda parte.

Romance de la pena negra

Las piquetas de los gallos
cavan buscando la aurora
cuando por el monte oscuro
baja Soledad Montoya.
Cobre amarillo, su carne
huele a caballo y a sombra.
Yunques ahumados, sus pechos,
gimen canciones redondas.
–Soledad, ¿por quién preguntas
sin compaña y a estas horas?
–Pregunte por quien pregunte,
dime, ¿a ti qué se te importa?
Vengo a buscar lo que busco,
mi alegría y mi persona.
–Soledad de mis pesares,
caballo que se desboca
al fin encuentra la mar
y se lo tragan las olas.
–No me recuerdes el mar
que la pena negra brota
en las tierras de aceituna
bajo el rumor de las hojas.
–¡Soledad, qué pena tienes!
¡Qué pena tan lastimosa!
Lloras zumo de limón
agrio de espera y de boca.
–¡Qué pena tan grande! Corro
mi casa como una loca,
mis dos trenzas por el suelo,
de la cocina a la alcoba.
¡Qué pena! Me estoy poniendo
de azabache carne y ropa.
¡Ay, mis camisas de hilo!
¡Ay, mis muslos de amapola!
–¡Soledad, lava tu cuerpo
con agua de las alondras,
y deja tu corazón
en paz, Soledad Montoya.

*

Por abajo canta el río:
volante de cielo y hojas.
Con flores de calabaza
la nueva luz se corona.
¡Oh pena de los gitanos!
Pena limpia y siempre sola.
¡Oh pena de cauce oculto
y madrugada remota!

La sangre derramada

No hubo príncipe en Sevilla
que comparársele pueda,
ni espada como su espada,
ni corazón tan de veras.
Como un río de leones
su maravillosa fuerza,
y como un torso de mármol
su dibujada prudencia.
Aire de Roma andaluza
le doraba la cabeza
donde su risa era un nardo
de sal y de inteligencia.
¡Qué gran torero en la plaza!
¡Qué buen serrano en la sierra!
¡Qué blando con las espigas!
¡Qué duro con las espuelas!
¡Qué tierno con el rocío!
¡Qué deslumbrante en la feria!
¡Qué tremendo con las últimas
banderillas de tiniebla!

FEDERICO GARCÍA LORCA, *Federico García Lorca*, Espasa Calpe

Actividades

1. Sintetiza el argumento del romance. ¿Cuál consideras que es el motivo de la pena de Soledad?
2. Sintetiza la actitud de Lorca ante la muerte violenta de su amigo torero. Resume las cualidades de Sánchez Mejías a los ojos del poeta.

5. Vicente Aleixandre

Vicente Aleixandre (Sevilla, 1898-1984) ha sido el poeta que llevó el **Surrealismo** a su mayor nivel estético dentro de la literatura universal; algo que fue reconocido en 1977 con la concesión del **Premio Nobel de Literatura.** Su trayectoria creadora parte del Surrealismo de *Espadas como labios* (1932) y *La destrucción y el amor* (1935); en *Sombra del paraíso* (1944) evoca la infancia y los años anteriores a la Guerra Civil de forma menos hermética; el proceso culmina con *Historia del corazón* (1954), título fundamental para entender la poesía española de los años 50. La tercera etapa del autor viene marcada por la meditación en torno a la vejez, el paso del tiempo y la contemplación de la vida desde el final del camino. A este periodo –en el que Aleixandre ejerce su magisterio directo sobre varias generaciones de poetas españoles– corresponden *Poemas de la consumación* (1968) y *Diálogos del conocimiento* (1974). Vamos a leer uno de sus poemas surrealistas de *La destrucción o el amor*.

Canción a una muchacha muerta

Dime, dime el secreto de tu corazón virgen,
dime el secreto de tu cuerpo bajo tierra,
quiero saber por qué ahora eres un agua,
esas orillas frescas donde unos pies desnudos
se bañan con espuma.
Dime por qué sobre tu pelo suelto,
sobre tu dulce hierba acariciada,
cae, resbala, acaricia, se va
un sol ardiente o reposado que te toca
como un viento que lleva solo un pájaro o mano.
Dime por qué tu corazón como una selva diminuta
espera bajo tierra los imposibles pájaros,
esa canción total que por encima de los ojos
hacen los sueños cuando pasan sin ruido.
Oh tú, canción que a un cuerpo muerto o vivo,
que a un ser hermoso que bajo el suelo duerme,
cantas color de piedra, color de beso o labio,
cantas como si el nácar durmiera o respirara.
Esa cintura, ese débil volumen de un pecho triste,
ese rizo voluble que ignora el viento,
esos ojos por donde sólo boga el silencio,
esos dientes que son de marfil resguardado,
ese aire que no mueve unas hojas no verdes.
¡Oh tú, cielo riente que pasas como nube;
oh pájaro feliz que sobre un hombro ríes;
fuente que, chorro fresco, te enredas con la luna;
césped blando que pisan unos pies adorados!

VICENTE ALEIXANDRE, *La destrucción o el amor*, Castalia

Actividades

1. Aleixandre mezcla el verso libre o el versículo, típico de la escritura surrealista, con versos alejandrinos, que aportan una especial sonoridad. Busca ejemplos de alejandrinos y de versículos; explica luego sus peculiaridades rítmicas y expresivas.
2. Comenta las analogías temáticas de este poema con otros textos que en estos mismos años presentan el tema de la muerte, como el «Llanto por la muerte de Ignacio Sánchez Mejías» de Lorca o la «Elegía a Ramón Sijé» de Miguel Hernández.

6. Rafael Alberti

Rafael Alberti (Puerto de Santa María, Cádiz, 1902-1999) se trasladó con su familia a Madrid a los quince años. Abandonó sus estudios y se dedicó a la pintura, llegando a exponer en el Ateneo en 1922. Pero una enfermedad lo obligó a guardar reposo en la sierra de Guadarrama; allí ocupó su tiempo leyendo a los clásicos, descubrió su afición a la poesía y se dedicó a escribir. Durante la Guerra Civil tomó partido por la República y tuvo que exiliarse. Volvió a España con la llegada de la democracia, logrando el reconocimiento de su persona y obra desde todos los estamentos sociales. Recibió el **Premio Cervantes** en 1983.

Escribió algunas obras de **teatro**, como *El adefesio*, pero fue ante todo poeta. Cultivó la **lírica** de tipo **popular** en libros como *Marinero en tierra* y *El alba del alhelí*; se sumó a la **vanguardias** con *Cal y canto* y al surrealismo en *Sobre los ángeles*, donde se evidencia su aguda crisis interior en ideas, creencias y sentimientos. También escribió **poesía política** cuando ingresó en el partido comunista, pero en ella se muestra más preocupado por los problemas sociales que por la calidad estética.

Lee con atención estos poemas.

Si mi voz muriera en tierra...

Si mi voz muriera en tierra,
llevadla al nivel del mar
y dejadla en la ribera.
Llevadla al nivel del mar
y nombradla capitana
de un blanco bajel de guerra.
¡Oh mi voz condecorada con la insignia marinera:
sobre el corazón un ancla
y sobre el ancla una estrella
y sobre la estrella el viento
y sobre el viento una vela!

Marinero en tierra

Sestao

Tan alegre el marinero.
Tan triste, amante, el minero.

Tan azul el marinero
Tan negro, amante, el minero.

La amante

Mi corza

En Ávila, mis ojos...
Siglo XV

Mi corza, buen amigo,
mi corza blanca.
Los lobos la mataron
al pie del agua.
Los lobos, buen amigo,
que huyeron por el río.
Los lobos la mataron dentro del agua.

Abierto a todas horas

Actividades

1. Explica la fuerza irresistible del mar en el poema «Si mi voz muriera en tierra».

2. El poema «Sestao», en su sencillez, incorpora algunos rasgos de las vanguardias; identifícalos y trata de explicar su sentido.

3. El poema «Mi corza» está inspirado en una cancioncilla de la lírica popular que figura en el libro de Primero. Vuelve a leerla; a continuación, establece las analogías con esta composición neopopular de Alberti.

7. El verso apasionado de Miguel Hernández

Mención especial merece Miguel Hernández (1910-1942), joven pastor de Orihuela, autodidacta, cuya irreprimible vocación poética lo llevó en 1931 a Madrid, donde fue apadrinado por los miembros de la generación del 27. Con ellos compartió el gusto por lo popular, el uso de las formas clásicas, la admiración hacia Góngora –cuya influencia preside sus primeros libros– y el afortunado empleo de la metáfora. La creciente **preocupación social** culminó con su activa participación con el ejército republicano durante la Guerra Civil. Como muestra de su talento, reproducimos dos textos: un soneto de *El rayo que no cesa* (1936), poemario en el que el descubrimiento de la pasión amorosa inspira al autor poemas de extraordinaria intensidad, y la impresionante «Elegía a Ramón Sijé».

¿No cesará este rayo...?

¿No cesará este rayo que me habita
el corazón de exasperadas fieras
y de fraguas coléricas y herreras
donde el metal más fresco se marchita?

¿No cesará esta terca estalactita
de cultivar sus duras cabelleras
como espadas y rígidas hogueras
hacia mi corazón que muge y grita?

Este rayo ni cesa ni se agota:
de mí mismo tomó su procedencia
y ejercita en mí mismo sus furores.

Esta obstinada piedra de mí brota
y sobre mí dirige la insistencia
de sus lluviosos rayos destructores.

Elegía

Yo quiero ser llorando el hortelano
de la tierra que ocupas y estercolas,
compañero del alma, tan temprano.

Alimentando lluvias, caracolas
y órganos mi dolor sin instrumento,
a las desalentadas amapolas

daré tu corazón por alimento.
Tanto dolor se agrupa en mi costado,
que por doler me duele hasta el aliento.

Un manotazo duro, un golpe helado,
un hachazo invisible y homicida,
un empujón brutal te ha derribado.

No hay extensión más grande que [mi herida,
lloro mi desventura y sus conjuntos
y siento más tu muerte que mi vida
[...]

Ando sobre rastrojos de difuntos,
y sin calor de nadie y sin consuelo
voy de mi corazón a mis asuntos.

Temprano levantó la muerte el vuelo,
temprano madrugó la madrugada,
temprano estás rodando por el suelo.

No perdono a la muerte enamorada,
no perdono a la vida desatenta,
no perdono a la tierra ni a la nada.

En mis manos levanto una tormenta
de piedras, rayos y hachas estridentes
sedienta de catástrofes y hambrienta
[...]

Volverás a mi huerto y a mi higuera;
por los altos andamios de las flores
pajareará tu alma colmenera
de angelicales ceras y labores.
Volverás al arrullo de las rejas
de los enamorados labradores.

Alegrarás la sombra de mis cejas,
y tu sangre se irá a cada lado
disputando tu novia y las abejas.

Tu corazón, ya terciopelo ajado,
llama a un campo de almendras espu- [mosas
mi avariciosa voz de enamorado.

A las aladas ramas de las rosas
del almendro de nata te requiero,
que tenemos que hablar de muchas [cosas,
compañero del alma, compañero.

Miguel Hernández, *Antología poética*,
Espasa Calpe

Actividades

1. Resume el tema de los dos poemas.
2. El primero se construye en torno a dos símbolos para referirse a la pasión amorosa: uno es el rayo; identifica el otro y explica su presencia en el texto.
3. Analiza la función expresiva de la anáfora y el paralelismo en el soneto.
4. Selecciona y comenta las metáforas que te hayan gustado especialmente.

Las literaturas hispánicas en sincronía con las corrientes estéticas de Europa

Pedro Salinas.

Los movimientos de vanguardia atrajeron la atención de los creadores españoles desde el primer momento, en especial, el Surrealismo. En consecuencia, las letras hispánicas aparecen, por primera vez, en sincronía con las modas y corrientes de Europa. Las razones fueron variadas:

- El **Modernismo** deja de ser el referente de la revolución literaria de principios de siglo, cuando muere Rubén Darío en 1916.
- La influyente figura de **Ramón Gómez de la Serna** supuso una perpetua ruptura con las convenciones literarias y orientó a un gran número de creadores hacia las vanguardias.
- El **vanguardismo** aspira a romper barreras de géneros; prueba de ello es la unión entre poesía y pintura en Moreno Villa, Alberti, Picasso y Dalí, o de cine y literatura en Buñuel.

Pedro Salinas: «Los dos solos»

En este poema, **Pedro Salinas** hace un canto a la modernidad de las máquinas, tan del agrado de los futuristas. Comienza con la ambigüedad entre un yo y un tú que podrían ser dos enamorados *(los dos solos)*, para dar paso a la relación explícita entre el poeta y el automóvil de *doce caballos*.

Navacerrada, abril

Los dos solos. ¡Qué bien
aquí, en el puerto, altos!
Vencido verde, triunfo
de los dos, al venir
queda un paisaje atrás:
otro enfrente, esperándonos.
Parar aquí un minuto.
Sus tres banderas blancas
–soledad, nieve, altura–
agita la mañana.
Se rinde, se me rinde.
Ya su silencio es mío:
posesión de un minuto.
Y de pronto mi mano
que te oprime, y tú, yo,
–aventura de arranque
eléctrico–, rompemos
el cristal de las doce,
a correr por un mundo
de asfalto y selva virgen.
Alma mía en la tuya
mecánica; mi fuerza,
bien medida, la tuya,
justa: doce caballos.

PEDRO SALINAS, *Antología poética*, Alianza Editorial

Juan Larrea: «Espinas cuando nieva»

Juan Larrea (Bilbao, 1895-Córdoba, Argentina, 1980), archivero de profesión, ensayista y poeta, se inició en el Ultraísmo, enseguida se pasó al Creacionismo, para terminar abrazando la estética surrealista. Sus poemas más interesantes se reúnen en ***Visión celeste*** (1969), compuestos la mayoría entre 1926 y 1932, gran parte en francés y sólo una veintena en castellano.

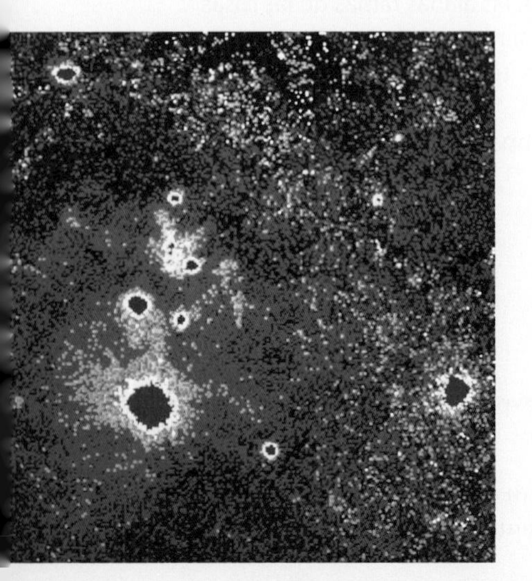

Suéñame, suéñame aprisa estrella de tierra
cultivada por mis párpados cógeme por mis asas de sombra
alócame de alas de mármol ardiendo estrella estrella entre mis cenizas.
Poder poder al fin hallar bajo mi sonrisa la estatua
de una tarde de sol los gestos a flor de agua
los ojos a flor de invierno
Tú que en la alcoba del viento estás velando
la inocencia de depender de la hermosura volandera
que se traiciona en el ardor con que las hojas se vuelven hacia el pecho más débil
Tú que asumes luz y abismo al borde de esta carne
que cae hasta mis pies como una viveza herida
Tú que en selvas de error andas perdida
Supón que en mi silencio vive una oscura rosa sin salida y sin lucha.

JUAN LARREA, *Poesía y transfiguraciones*, Planeta

Emilio Prados: «Promesa»

El malagueño **Emilio Prados** (1899-1962) fue compañero de colegio de Aleixandre y convivió en la Residencia de Estudiantes con las principales figuras de la generación del 27; posteriormente, desde Málaga editaría la revista *Litoral* y libros fundamentales del grupo. Su producción poética se inició bajo la influencia de la poesía pura de Juan Ramón Jiménez; pasa por el Surrealismo *(La voz cautiva)*, para acabar en los años treinta escribiendo poesía política. Su mejor libro es ***Jardín cerrado***, compuesto en el exilio entre 1940 y 1946, en el que se aprecia una vuelta al intimismo, así como la nostalgia de España. El texto seleccionado corresponde a *Tiempo* (1923-1925).

Se abrieron de tus ojos las miradas,
Como varillas de un compás para medir mi alma.

La fragata del día
echó sus doce anclas;
pero llegó la noche
con su linterna mágica,
reflejando tu imagen
en sus doce pantallas...

...y fue el dodecaedro de las sombras,
kiosko que juntó nuestras llamadas.

EMILIO PRADOS, *Antología poética*, Alianza

Joan Salvat-Papasseit: «Nada es mezquino»

Joan Salvat-Papasseit (1894-1924), poeta, librero y editor, fue una de las figuras esenciales de la generación poética posterior al *Noucentisme* catalán, junto con Carles Riba y J. V. Foix. Su poesía se adscribe a la vertiente más revolucionaria del movimiento, sobre todo en el aspecto de la búsqueda formal y el vanguardismo. Entre sus libros destacan ***El poema de la rosa als llavis*** (1923), con algunos de los más bellos poemas amorosos de la poesía catalana contemporánea.

Nada es mezquino,
ni salvajes las horas,
ni oscura la aventura de la noche.
Y el rocío es tan claro
que deslumbra al sol, en cuanto sale,
y le deleita como un baño:
cuando todas las cosas se miran en su espejo.
Nada es mezquino,
sino todo es rico, como el vino y la rosada mejilla.
Y ríen siempre las olas de la mar.
Primavera de invierno-Primavera de verano.
Y todo es Primavera:
y todo hoja, eternamente verde.

Nada es mezquino,
porque los días no pasan;
y no llega la muerte, aunque la hayas llamado.
Y si es que la has llamado, una fosa te oculta,
que es preciso morir para nacer de nuevo.
Y nunca veréis en vuestros ojos lágrimas,
sino fina sonrisa
que se dispersa cual gajos de naranja.
Nada es mezquino,
que canta la canción en cada brizna.
–Hoy, mañana y ayer
se deshojará una rosa:
y vendrá leche al seno de la virgen más joven.

JOAN SALVAT-PAPASSEIT, *Antología poética*, Barcanova

1. Señala el tema de cada uno de los textos.

2. Analiza los recursos métricos y de puntuación que observas en los poemas. Explícalos según las nuevas corrientes estéticas.

3. Señala las imágenes más complejas e intenta explicar su significado.

Donde habite el olvido

Donde habite el olvido,
En los vastos jardines sin aurora;
Donde yo solo sea
Memoria de una piedra sepultada entre ortigas
Sobre la cual el viento escapa a sus insomnios.

Donde mi nombre deje
Al cuerpo que designa en brazos de los siglos,
Donde el deseo no exista.

En esa gran región donde el amor, ángel terrible,
No esconda como acero
En mi pecho su ala,
Sonriendo lleno de gracia aérea mientras crece el tormento

Allá donde termine este afán que exige un dueño a imagen suya,
Sometiendo a otra vida su vida,
Sin más horizonte que otros ojos frente a frente.

Donde penas y dichas no sean más que nombres,
Cielo y tierra nativos en torno de un recuerdo;
Donde al fin quede libre sin saberlo yo mismo,
Disuelto en niebla, ausencia,
Ausencia leve como carne de niño.

Allá, allá lejos;
Donde habite el olvido.

Luis Cernuda, *Antología poética*,
Espasa-Calpe

Autor

Luis Cernuda (Sevilla, 1902-1963) es probablemente, de todos los miembros de la generación del 27, el más cercano a la sensibilidad poética actual. Y ello es así porque en los versos del poeta sevillano encontramos rasgos que se corresponden con las preocupaciones del hombre contemporáneo: la protesta social, la rebeldía frente a las convenciones burguesas, la reivindicación de la libertad y la dignidad del individuo; la dificultad para vivir plenamente el amor, originada por su nunca disimulada condición de homosexual; la nostalgia de su infancia y juventud en Sevilla; la angustia por el paso del tiempo y la inevitable llegada de la muerte.

Localización

El poema abre y aporta el título a uno de los libros capitales de Luis Cernuda, quien –superada ya la etapa surrealista– se inclina en *Donde habite el olvido* por una poesía marcada por el tono personal y la sinceridad. El título procede de la rima LXVI del también sevillano Gustavo Adolfo Bécquer, que acababa así: *En donde esté una piedra solitaria / sin inscripción alguna, / donde habite el olvido, / allí estará mi tumba.*

- Lee el poema de Bécquer (página 221) e interpreta su relación con el de Cernuda.

Tema e ideas

El tema amoroso –al igual que en Bécquer– constituye el tema principal del poema. Pero donde Bécquer acababa, Cernuda empieza: el lugar áspero donde el autor de las *Rimas* cree que acabará como compendio del fracaso de su existencia, se convierte, con Cernuda, en el espacio ansiado para librarse de los nocivos efectos del amor.

Pero el poema no solo dialoga con Bécquer, sino que asume al menos otras dos tradiciones literarias: la visión del sentimiento amoroso como sufrimiento y la personificación del amor como un ángel.

- Localiza y comenta la presencia de estas dos tradiciones en el texto.
- Subraya las palabras clave que sintetizan el concepto de amor para Cernuda: una puede ser «deseo»; otra, «dueño».
- Señala otros elementos románticos presentes en el poema.
- Resume en dos líneas el deseo expresado por Cernuda en estos versos.

Organización y composición

El poema presenta, desde el punto de vista métrico, un afortunado uso del verso libre, tan característico de la generación del 27; si bien encontramos también el alejandrino, que aporta su peculiar sonoridad al conjunto; sobre todo al final.

- Localiza los versos de 14 sílabas. ¿Qué función expresiva aportan al texto?
- Identifica los endecasílabos y heptasílabos del poema.

En cuanto a la organización, destaca la estructura circular: el mismo verso abre y cierra el poema. El resto se organiza en seis subestrofas de extensión variable, que no siguen ninguna combinación fija, sino que responden al fluir de la subjetividad del autor. Cada una de ellas se inicia con una referencia de lugar –adverbio, sintagma preposicional–, lo cual se une al uso constante del subjuntivo (modo verbal del deseo), para constituir esa gran referencia utópica, otro de los significados del texto.

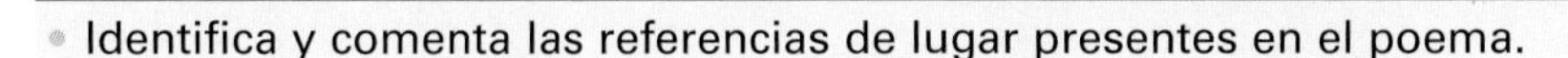

- Identifica y comenta las referencias de lugar presentes en el poema.

Lenguaje y estilo

La sugestión sonora que emana de «Donde habite el olvido» procede tanto de la combinación entre verso libre y alejandrino como del uso del tono enunciativo, con la consecuente ausencia de exclamaciones, imprecaciones e interrogaciones retóricas que tanto engolaban la lírica romántica. Desde el punto de vista sintáctico, llama la atención el hecho de que el poema está compuesto por una sucesión de proposiciones subordinadas adverbiales de lugar con el verbo en modo subjuntivo *(donde habite; donde yo solo sea)* y queda elidida la oración principal que manifestaría la voluntad del autor.

- Escribe esa oración principal ausente y recita en voz alta todo el poema.
- ¿Crees que mejora el conjunto de la composición? Justifica tu respuesta.

El tono cercano y personal del poema se consigue –además de por el tono enunciativo– por el uso de un léxico sencillo, en el que apenas aparecen palabras que se salgan del lenguaje estándar (a diferencia esta vez de los modernistas). La adjetivación es muy sobria; asimismo, son escasas las comparaciones, imágenes o metáforas, si bien las utilizadas son de una eficacia expresiva memorable: *amor = ángel terrible.*

- Identifica y comenta otros ejemplos.
- Partiendo de la identificación *amor = sufrimiento,* subraya las palabras de este campo semántico.

Valoración e interpretación

Además de un bellísimo poema, «Donde habite el olvido» representa un magnífico ejemplo de lo que en términos literarios se denomina «intertextualidad», es decir, la capacidad del poeta para asumir las palabras de otro escritor, hacerlas suyas, adaptándolas a su propia voz y a las circunstancias de su tiempo. En este caso, Cernuda asume el legado de Bécquer, superando tanto la impostación romántica como el hermetismo surrealista –tan presente entre los poetas del 27– para encontrar un camino propio lleno de sinceridad y emoción sugerida.

¡Qué se le va a hacer! A mí el libro que me gusta es el que no tiene ni principio ni fin. Ni alfa ni omega. Ni tesis, ni conclusiones, ni estéticas, ni moralejas, ni la gran moral, ni la pequeña moral; esa negación es nuestra pequeña afirmación. Se marcha, se divierte uno, se aburre uno y… adelante.

PÍO BAROJA, *Los amores tardíos*

La prosa en el primer tercio del siglo XX

1. La renovación del relato

Tras el extraordinario florecimiento narrativo que se produjo en el último tercio del siglo XIX de la mano de los escritores realistas, los años del cambio de siglo traen modificaciones sustanciales al **arte de la novela**, como consecuencia del cambio de mentalidad que se produce en este periodo. La novela del XIX respondía, en líneas generales, a una concepción estable del mundo y aspiraba a ofrecer una imagen ordenada y coherente de la realidad. Por el contrario, en el siglo XX –como se advierte también en otras manifestaciones artísticas– la inseguridad del hombre en un mundo embarcado en profundas transformaciones da lugar a relatos teñidos de **angustia** y de **subjetivismo**.

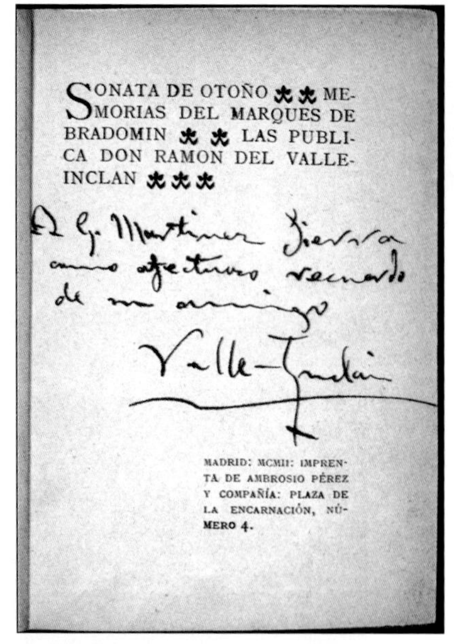
SONATA DE OTOÑO ✣✣ MEMORIAS DEL MARQUÉS DE BRADOMIN ✣ ✣ LAS PUBLICA DON RAMON DEL VALLE-INCLAN ✣✣✣

MADRID: MCMII: IMPRENTA DE AMBROSIO PÉREZ Y COMPAÑÍA: PLAZA DE LA ENCARNACIÓN, NÚMERO 4.

Portada de *Sonata de Otoño* con dedicatoria autógrafa del autor. Primera edición impresa en Madrid en 1902.

■ **Elementos de renovación.** Este nuevo modo de abordar el género narrativo se manifiesta en los rasgos siguientes:

- Abandono de la estructura ordenada y lineal típica del realismo por un modo de narrar en el que se producen frecuentes **vaivenes cronológicos**.
- Frente a la novela decimonónica, que aspiraba a reflejar una clase social, un oficio o una realidad geográfica, la novela moderna descansa sobre un **protagonista individual** que representa las aspiraciones regeneradoras del modernismo o se convierte en exponente de la inseguridad del hombre en el mundo.
- En relación con lo anterior, abunda el tipo de novela conocido en alemán como *bildungsroman* o «**novela de formación**» –pues su origen está en *Los años de aprendizaje de Whilhelm Meister*, de Goethe–, en la que se describe el proceso de formación o educación del protagonista.
- Las descripciones del modelo realista, que pretendían crear una ilusión de verosimilitud, dejan mayor espacio al **diálogo** y al **contraste ideológico**. La novela se convierte así en vehículo para el conocimiento y la formulación de ideas.
- Frente al relativo descuido formal del narrador del XIX, los nuevos novelistas muestran –con ciertas variaciones– mayor preocupación por el **estilo** y la **composición** de sus relatos.

Suele considerarse el año 1902 como el punto de arranque de la renovación narrativa, pues en ese año se publican cuatro títulos emblemáticos: ***La voluntad,*** de Azorín; ***Amor y pedagogía,*** de Unamuno; ***Camino de perfección,*** de Baroja; y ***Sonata de otoño,*** de Valle-Inclán. Todos estos autores se encuadran dentro de la llamada **generación del 98.**

	REALISMO	GENERACIÓN DEL 98
Personajes	• Tipo. • Representantes de una clase social.	• Individualizados. • Conflictos con su entorno. • Inseguridad.
Visión del mundo	• Se busca la verosimilitud. • Se defiende una tesis.	• Debate de ideas.
Tiempo	Lineal.	Vaivenes cronológicos.
Estilo	Improvisación y cierto descuido.	Meditado y elaborado.

2. La novela en la generación del 98

Para los miembros de la generación del 98, el género narrativo se convierte en el instrumento idóneo para llevar a cabo la tarea de **regeneración del país.** Por ello, sus novelas –entre las que se encuentran títulos que se han convertido en clásicos de las letras españolas– exploran la realidad nacional, buscan la raíz histórica y social de sus males presentes o se acercan a tipos representativos del carácter hispano. Éstos son los autores más representativos:

Miguel de Unamuno (LECTURA 1)

Manifestación del día 1 de mayo de 1931 en Madrid durante la Segunda República, encabezada –entre otros– por Unamuno.

Unamuno trasladó a la novela buena parte de las preocupaciones que dieron cuerpo a sus ensayos y tentativas dramáticas. En este sentido, los sucesos que narra son reflejo de sus **inquietudes religiosas** *(San Manuel bueno, mártir)* **o existenciales** *(Niebla)*. Se acercó también a un defecto nacional muy pregonado por los del 98: la envidia *(Abel Sánchez)*; a cuestiones tan relevantes como el sentimiento de la maternidad *(La tía Tula)* o a los inconvenientes de una educación exclusivamente racionalista *(Amor y pedagogía)*.

En cuanto a la **estructura**, las novelas de Unamuno se construyen en torno al protagonista, que representa la idea que el autor quiere someter a debate a lo largo del relato; así pues, se presta mayor atención a los **diálogos** que a la ambientación y al marco temporal, presentados siempre de forma esquemática. Desde el **punto de vista estilístico**, se reducen al mínimo las descripciones, centrándose la acción en debates o monólogos de gran densidad conceptual, con un lenguaje preciso en el que se trata de recuperar el sentido primitivo de las palabras. Consciente de la novedad que suponía esta manera de novelar, Unamuno inventó para sus relatos el nombre de *nivola*.

Pío Baroja (LECTURA 2)

Pío **Baroja** forma con **Cervantes** y **Galdós** el trío de los más grandes narradores españoles, no sólo por la cantidad de sus obras –casi un centenar de títulos– sino por la calidad. Para entender la narrativa barojiana, conviene partir de sus ideas sobre el género que expuso en numerosas ocasiones; defiende la amenidad y el espontáneo fluir de los acontecimientos como elementos esenciales de la novela. Así, en sus memorias afirmaba el escritor vasco:

> Para mí, en la novela y en todo el arte literario, lo difícil es el inventar; más que nada, el inventar personajes que tengan vida y que nos sean necesarios sentimentalmente por algo. La imaginación, la fantasía, en la mayoría de los hombres constituyen un filón tan pobre, que cuando se encuentra una veta abundante produce asombro y deja maravillado. El estilo y la composición de un libro tienen importancia, claro es; pero como son cosas que se pueden mejorar a fuerza de trabajo y de estudio, no dan esa impresión fuerte y sugestiva de la creación intuitiva.

Obra. Fiel a estos principios, Baroja, que a menudo organizaba su producción narrativa en trilogías –grupos de tres novelas con un tema común–, parte de una observación de la realidad en muy variados lugares y situaciones:

- Madrid en sus distintos ambientes y clases sociales (trilogía de *La lucha por la vida*).
- Ciudades europeas que él conoció personalmente, como Roma, Londres o París (trilogía de *Las ciudades*).
- El país vasco y las tareas del mar (trilogías *Tierra vasca* y *El mar*).
- Las guerras carlistas y la historia española en el siglo XIX sirven de fondo a la serie *Memorias de un hombre de acción*, integrada por veintidós novelas.
- Conflictos existenciales de un individuo sensible en la España de la época *(El árbol de la ciencia, Camino de perfección)*.

Composición y estilo. Por lo que respecta a la **organización** del relato, la narrativa de Baroja se caracteriza por estos rasgos:

- Novelas centradas en **un personaje** –activo y dominador o pasivo y sin voluntad– a través del que nos introducimos en los distintos ambientes.
- **Acción** y **diálogos** abundantes, mediante los cuales se exponen variadas concepciones del mundo. Como contrapunto, aparecen de vez en cuando una especie de remansos líricos, donde se manifiesta de forma magistral el carácter romántico y sensible del autor.
- Fuerte presencia del **autor implícito**, lo que permite a Baroja expresar con frecuencia sus muy personales ideas filosóficas, literarias y políticas.
- **Descripciones impresionistas** a base de pequeñas pinceladas o de unos pocos detalles físicos y psicológicos para describir a los personajes.
- Cierto **desaliño expresivo** que para nada entorpece la lectura de sus novelas. Para Baroja todo debía subordinarse a la exactitud y a la claridad.

Observa cómo presenta Baroja a un personaje secundario en *El árbol de la ciencia*:

> El médico de la sala, amigo de julio, era un vejete ridículo, con unas largas patillas blancas. El hombre, aunque no sabía gran cosa, quería darse aire de catedrático, lo cual a nadie podía parecer un crimen; lo miserable, lo canallesco, era que trataba con una crueldad inútil a aquellas desdichadas acogidas allí, y las maltrataba de palabra y de obra.

Azorín (Lectura 3)

José Martínez Ruiz, *Azorín*, destaca como gran renovador de la **prosa descriptiva**; sin embargo, escribió dos novelas esenciales para entender el espíritu del 98: ***La voluntad*** (1902), donde trata el tema de la abulia como una de las principales lacras de la sociedad española, y ***Confesiones de un pequeño filósofo*** (1904), en la que, frente a los males nacionales, aboga por un refugio en la propia subjetividad. Más adelante se inspira en Zorrilla para componer *Don Juan* (1922) y *Doña Inés* (1925), novelas en las que una mínima acción deja paso a la evocación de sensaciones y sentimientos.

Ramón del Valle-Inclán (Lectura 4)

La producción narrativa de Ramón del Valle-Inclán sigue la misma evolución cronológica, estética e ideológica que su creación dramática:

- A su primera fase corresponde el **ciclo de las sonatas** (*Sonata de otoño, Sonata de estío, Sonata de primavera* y *Sonata de invierno*), cuatro novelas que se presentan como las memorias galantes del marqués de Bradomín, que suponen la culminación de la prosa modernista en España.
- Al ciclo de las **comedias bárbaras** pertenece la trilogía *La guerra carlista*, donde se percibe ya un mayor interés del autor por cuestiones políticas: en este caso, la exaltación del mundo religioso tradicional de los carlistas frente al progreso liberalizador representado por las tropas isabelinas.
- A los dominios del **esperpento** pertenece la cumbre de su creación literaria: ***Tirano banderas*** (1926), grotesca aproximación a una república hispanoamericana gobernada por un tirano. Experimentación verbal, crítica despiadada y escasa acción narrativa se unen en la trilogía *El ruedo ibérico*, esperpéntica visión del reinado de Isabel II.

Ramón del Valle-Inclán. Retrato por Ignacio Zuloaga (1870-1945).

3. La novela vanguardista

José Ortega y Gasset.

En su afán por abrir nuevos caminos y acomodar la literatura española a lo que se estaba haciendo en Europa, los novecentistas incorporan a la novela elementos propios de las vanguardias poéticas; sobre todo una especial atención al **lenguaje**, que se carga de metáforas, así como las ideas que Ortega y Gasset había predicado en ***La deshumanización del arte***. He aquí algunas de ellas:

> El poeta empieza donde el hombre acaba. El destino de éste es vivir su itinerario humano; la misión de aquél es inventar lo que no existe. De esta manera se justifica el oficio poético. El poeta aumenta el mundo, añadiendo a lo real, que ya está ahí por sí mismo, un irreal continente [...], es muy difícil que a un contemporáneo menor de treinta años le interese un libro donde, so pretexto de arte, se le refieran las idas y venidas de unos hombres y unas mujeres. Todo esto le sabe a sociología, a psicología, y lo aceptaría con gusto si, no confundiendo las cosas, se le hablase sociológicamente o psicológicamente de ello. Pero el arte para él es otra cosa. La poesía es hoy el álgebra superior de las metáforas.

El empeño dio lugar a textos de alto valor artístico, pero un tanto alejados de la mayoría de los lectores, a causa del escaso valor concedido al argumento y de un intelectualismo que dejaba en un segundo plano las emociones humanas. Sin embargo, la obra de tres autores –**Ramón Pérez de Ayala, Gabriel Miró** y **Ramón Gómez de la Serna**– constituye un hito decisivo en el proceso de renovación de la novela en España.

4. Otras tendencias narrativas

Para completar el panorama de la novela anterior a la Guerra Civil, es preciso referirse a otras tendencias narrativas:

- **Prolongación del realismo naturalista.** Se sitúan aquí una serie de autores que reproducen el modelo de la novela decimonónica. Destaca entre ellos **Vicente Blasco Ibáñez**, narrador valenciano que disfrutó de fama internacional, y del que ya nos ocupamos al estudiar el Realismo; varios relatos suyos dieron lugar en Hollywood a películas tan famosas como *Sangre y arena* o *Los cuatro jinetes del Apocalipsis*.

Escena de la película *Los cuatro jinetes del Apocalipsis*, con Rodolfo Valentino, actor de moda en Hollywood durante los años veinte.

- **Novela corta y popular.** Tuvo un extraordinario desarrollo a partir de la publicación de colecciones baratas como «**El cuento semanal**», que gozaron de gran éxito entre un público masivo. Dentro de esta modalidad entraría la novela galante o erótica, cultivada por Eduardo Zamacois y otros muchos autores.

- **Novelistas de la generación del 27.** Dentro de este grupo –que alcanzó relevancia universal en el ámbito de la poesía– hubo también narradores importantes, aunque casi todos ellos publicarían lo mejor de su obra a partir de los años cuarenta. Es el caso de Max Aub, Francisco Ayala y Rosa Chacel.

■ **Novela social.** Como reacción frente al escapismo de las vanguardias y al arte deshumanizado, surge a partir de 1920 una generación de escritores que recupera la **estética realista** para denunciar determinadas situaciones injustas e invitar al lector a participar en la transformación de España. El cúmulo de sucesos históricos que agitan al país durante esos treinta años justifica la aparición de esta narrativa, que se convierte en hegemónica en 1931, tras el advenimiento de la República.

5. El ensayo en el primer tercio del siglo XX

El ensayo español anterior a la Guerra Civil alcanzó un notable desarrollo, tanto en calidad como en variedad temática e ideológica. A la meditación en torno al ser de España propia de los noventayochistas y regeneracionistas, sucedió una perspectiva más cosmopolita, impulsada por Ortega y la generación de 1914. Conviene por ello establecer tres grupos bien definidos:

■ **Generación del 98.** Llevó a cabo la configuración del ensayo español contemporáneo al liberar al género de la prosa retórica y altisonante típica del siglo XIX, para utilizar un estilo sencillo, idóneo para la reflexión y la confidencia. Junto a los numerosos artículos de Pío Baroja, destaca la producción ensayística de Unamuno, José Azorín y Ramiro de Maeztu.

Observa el estilo de Unamuno en *El sentimiento trágico de la vida*:

El hombre de carne y hueso

Homo sum; nihil humani a me alienum puto, dijo el cómico latino. Y yo diría más bien: *Nullum hominem a me alienum puto*; soy hombre, a ningún otro hombre estimo extraño. Porque el adjetivo humanus me es tan sospechoso como su sustantivo abstracto *humanitas*, la humanidad. Ni lo humano ni la humanidad, ni el adjetivo simple, ni el adjetivo sustantivado, sino el sustantivo correcto: el hombre. El hombre de carne y hueso, el que nace, sufre y muere –sobre todo muere–, el que come y bebe y juega y duerme y piensa y quiere; el hombre que se ve y a quien se oye, el hermano, el verdadero hermano. Porque hay otra cosa, que llaman también hombre, y es el sujeto de no pocas divagaciones más o menos científicas. Y es el bípedo implume de la leyenda, el *zoon politikón* de Aristóteles, el contratante social de Rousseau, el *homo oeconomicus* de los manchesterianos, el *homo sapiens* de Linneo, o, si se quiere, el mamífero vertical. Un hombre que no es de aquí o de allí, ni de esta época o de la otra; que no tiene ni sexo ni patria, una idea, en fin. Es decir, un no hombre. El nuestro es el otro, el de carne y hueso; yo, tú, lector mío; aquel otro de más allá, cuantos pisamos sobre la tierra. Y este hombre concreto, de carne y hueso, es el sujeto y supremo objeto a la vez de toda filosofía, quiéranlo o no ciertos sedicentes filósofos.

■ **José Ortega y Gasset.** Este gran intelectual –al frente de los filósofos del grupo de Madrid– puso al día la filosofía española al difundir aquí la obra de los más importantes pensadores alemanes. Escribió, además, numerosos artículos de prensa y meditó sobre los más variados asuntos del acontecer humano desde las páginas de la *Revista de Occidente* y del diario *El Sol*.

■ **Eugenio D'Ors.** Encabezó un grupo de intelectuales catalanes a los que se conoce como el grupo de Barcelona. D'Ors acuñó el término Novecentismo *(Noucentisme)* para definir la cultura catalana de comienzos del siglo XX; además, escribió una amplia obra ensayística en catalán y castellano en torno a la filosofía y la teoría del arte y la cultura.

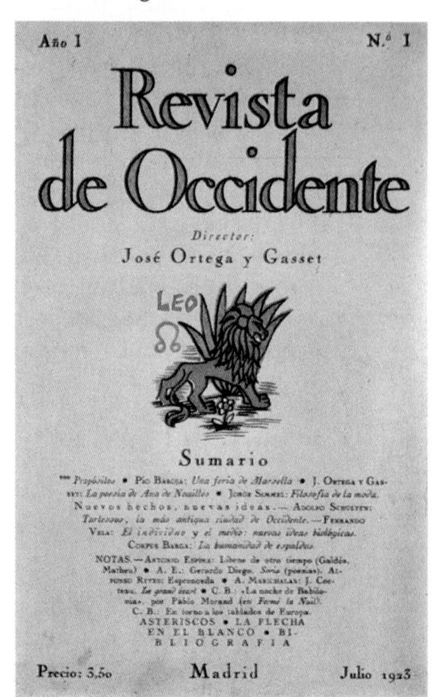

Portada del primer número de la *Revista de Occidente*, en la que colaboraron los intelectuales más importantes del primer tercio de siglo.

1. *San Manuel Bueno, mártir* de Unamuno

Monumento a Miguel de Unamuno.

San Manuel Bueno, mártir es uno de los monumentos de la novela corta universal. Se publicó por vez primera en 1931 en la revista *La novela de hoy* y, más adelante, en 1933, salió la versión definitiva. Se considera también el testamento literario de Unamuno, quien afirmó con motivo de su publicación: «Tengo la conciencia de haber puesto en ello todo mi sentimiento trágico de la vida cotidiana».

- **Ideas.** Buena parte de las preocupaciones del autor aparecen en esta historia de un sacerdote de un pueblo zamorano que ha perdido sus convicciones religiosas, pero finge mantenerlas para preservar la tranquilidad de sus parroquianos, llegando a alcanzar fama de santo. La fuerza del conflicto central –la **duda existencial**, el silencio de Dios o la pérdida de la fe– favorece la vigencia del libro, en el que aparece también una amorosa y muy actual atención al paisaje, dispuesto con gran sencillez compositiva.

- **Composición.** Desde el punto de vista de la organización interna, la trama del relato se divide en **tres partes** y **un epílogo**: la primera parte presenta las noticias iniciales sobre don Manuel, transmitidas por Ángela; la segunda se centra en el comportamiento del sacerdote en el pueblo y ante los dos hermanos: Ángela y Lázaro. La tercera narra el final del relato, con la muerte de don Manuel y Lázaro. El epílogo incluye las consideraciones finales del autor, explicando cómo llegó a sus manos el manuscrito de Ángela Carballino.

El interés del relato aumenta con la vuelta de Lázaro, hermano de Ángela, cargado de ideas progresistas y anticlericales tras muchos años en América; pronto se convertirá en el confidente y máximo admirador de don Manuel.

–Entonces –prosiguió mi hermano– comprendí sus móviles y con esto comprendí su santidad; porque es un santo, hermana, todo un santo. No trataba, al emprender ganarme para su santa causa –porque es una causa santa, santísima–, arrogarse un triunfo, sino que lo hacía por la paz, por la felicidad, por la ilusión, si quieres, de los que le están encomendados; comprendí que si les engaña así –si es que esto es engaño– no es por medrar. Me rendí a sus razones, y he aquí mi conversión. Y no me olvidaré jamás del día en que diciéndole yo: «Pero, don Manuel, la verdad, la verdad ante todo», él, temblando, me susurró al oído –y eso que estábamos solos en medio del campo–: «¿La verdad? La verdad, Lázaro, es acaso algo terrible, algo intolerable, algo mortal; la gente sencilla no podría vivir con ella». «Y ¿por qué me la deja entrever ahora aquí, como en confesión?», le dije. Y él: «porque si no me atormentaría tanto, tanto, que acabaría gritándola en medio de la plaza, y eso jamás, jamás, jamás. Yo estoy para hacer vivir las almas de mis feligreses, para hacerlos felices, para hacerles que se sueñen inmortales y no para matarlos. Lo que aquí hace falta es que vivan sanamente, que vivan en unanimidad de sentido, y con la verdad, con mi verdad no vivirían. Que vivan. Y esto hace la iglesia, hacerlos vivir. ¿Religión verdadera? Todas las religiones son verdaderas en cuanto hacen vivir espiritualmente a los pueblos que las profesan, en cuanto les consuelan de haber tenido que nacer para morir, y para cada pueblo la religión más verdadera es la suya, la que ha hecho. ¿Y la mía? La mía es consolarme en consolar a los demás, aunque el consuelo que les doy no sea el mío». Jamás olvidaré estas sus palabras.

MIGUEL DE UNAMUNO, *San Manuel Bueno, mártir*, Anaya

Actividades

1. Resume, con tus propias palabras, la tesis que defiende Unamuno en la novela. ¿Opinas que don Manuel engaña a sus feligreses? Justifica tu respuesta mediante una argumentación coherente.

2. Sintetiza la idea que justifica el sacerdote en su conversación con Lázaro. ¿En qué argumentos se apoya? ¿Estás de acuerdo con sus afirmaciones? Justifica la respuesta.

2. Baroja o la ficción pura

El Baroja romántico

El primer texto es uno de esos **intermedios reflexivos o sentimentales** que Baroja gustaba de intercalar en sus relatos; el dedicado al acordeón es el más famoso y afortunado de ellos, hasta el punto de ser considerado por los jóvenes de la generación de 1914 como un poema en prosa, que aprendían y recitaban de memoria. Aquél –al igual que éste que vamos a leer– apareció incluido en una novela singular dentro de la obra barojiana, ***Paradox rey*** (1906), relato dialogado, antirrealista, humorístico y extravagante –hay quien lo considera antecedente del esperpento–, en el que con enorme ironía se lanza un durísimo alegato contra la colonización europea en el África negra.

Elogio de los viejos caballos del tiovivo

A mí dadme los viejos, los viejos caballos del tiovivo.

No, no me entusiasman esas ferias elegantes, con sus cinematógrafos y sus barracas espléndidas y lujosas. No me encantan esos orquestiones grandes, como retablos de iglesia, pintados, dorados, charolados. Son exageradamente científicos. Mirad esas columnas salomónicas que se retuercen como lombrices, mirad esas figuras de señoritas de casaca y calzón corto que llevan el compás dando con un martillito en una campana, mientras mueven la cabeza con coquetería; mirad esas bailarinas que dan vueltas graciosas sobre un pie, con una guirnalda entre las manos. Oíd la música, chillona, estrepitosa, complicada de platillos, flautas, bombos, que sale del interior del aparato. Yo no quiero quitarles su mérito, pero…

A mí dadme los viejos, los viejos caballos del tiovivo.

No son mis predilectos esos tiovivos modernistas, movidos a vapor, atestados de espejos, de luces, de arcos voltaicos, que giran arrastrando coches llenos de adornos, elefantes de trompa erguida y cerdos blancos y desvergonzados que suben y bajan con un movimiento cínico y burlesco. No les niego el mérito a esas montañas rusas cuyo vagón pasa vertiginosamente, con un estrépito de hierro y una algarabía de chillidos de mujer, pero…

A mí dadme los viejos, los viejos caballos del tiovivo.

Dadme el tiovivo clásico, el tiovivo con que se sueña en la infancia; aquel que veíamos entre la barraca de la mujer-cañón y la de las figuras de cera. Diréis que es feo, que sus caballos azules, encarnados, amarillos, no tienen color de caballo; ¿pero eso qué importa, si la imaginación infantil lo suple todo? Contemplad la actitud de estos buenos, de estos nobles caballos de cartón. Son tripudos, es verdad, pero fieros y gallardos como pocos. Llevan la cabeza levantada, sin falso orgullo; miran con sus ojos vivos y permanecen aguardando a que se les monte en una postura elegantemente incómoda. Diréis que no suben y bajan, que no tienen grandes habilidades, pero…

A mí dadme los viejos, los viejos caballos del tiovivo.

¡Oh nobles caballos! ¡Amables y honrados caballos! Os quieren los chicos, las niñeras, los soldados. ¿Quién puede aborreceros, si bajo el manto de vuestra fiereza se esconde vuestro buen corazón? Allí donde vais reina la alegría. Cuando aparecéis por los pueblos formados en círculo, colgando por una barra del chirriante aparato, todo el mundo sonríe, todo el mundo se regocija. Y, sin embargo, vuestro sino es cruel: cruel, porque lo mismo que los hombres, corréis, corréis desesperadamente y sin descanso, y lo mismo que los hombres corréis sin objeto y sin fin…

Y a mí dadme los viejos, los viejos caballos del tiovivo.

PÍO BAROJA, *Paradox rey*, Caro Raggio

Pío Baroja.

El árbol de la ciencia

Es ésta una de las novelas más representativas de Pío Baroja y de todo el espíritu del 98. Aunque publicada en 1911, la acción se desarrolla entre 1887 y 1898. Es una **novela de carácter** casi **autobiográfico**, dividida en **dos partes** separadas por una larga conversación filosófica entre el protagonista y su tío, el doctor Iturrioz.

Se trata de un **relato de personaje**, en el que se detalla el proceso de formación de la personalidad de Andrés Hurtado –en ciertos aspectos, «alter ego» del propio autor–, en el marco de una sociedad española despreocupada y encerrada en sí misma.

En los primeros capítulos encontramos a Hurtado cursando los estudios de Medicina en Madrid; luego trabaja como médico en un pueblo manchego y en Madrid, se casa, tiene un hijo y va interiorizando los problemas de su entorno, hasta desembocar en un trágico final. El médico Andrés Hurtado sobrelleva el pesar de la existencia y su falta de sentido. La vida en general, y sobre todo la suya, le parece horrible, turbia y dolorosa.

El individuo sano, vivo, fuerte, no ve las cosas como son, porque no le conviene. Está dentro de una alucinación. Don Quijote, a quien Cervantes quiso dar un sentido negativo, es un símbolo de la afirmación de la vida. Don Quijote vive más que todas las personas cuerdas que le rodean, vive más y con más intensidad que los otros. [...] La ciencia entonces, el instinto de crítica, el instinto de averiguación, debe encontrar una verdad: la cantidad de mentira que es necesaria para la vida. ¿Se ríe usted?

–Sí, me río, porque eso que tú expones con palabras del día dicho está nada menos que en la Biblia.

–¡Bah!

–Sí, en el Génesis. Tú habrás leído que en el centro del Paraíso había dos árboles: el árbol de la vida y el árbol de la ciencia del bien y del mal. El árbol de la vida era inmenso, frondoso y, según algunos santos padres, daba la inmortalidad. El árbol de la ciencia no se dice cómo era; probablemente sería mezquino y triste. ¿Y tú sabes lo que le dijo Dios a Adán?

–No lo recuerdo, la verdad.

–Pues al tenerle a Adán delante, le dijo: «Puedes comer todos los frutos del jardín; pero cuidado con el fruto del árbol de la ciencia del bien y del mal, porque el día que tú comas su fruto morirás de muerte.» Y Dios, seguramente, añadió: «Comed del árbol de la vida, sed bestias, sed cerdos, sed egoístas, revolcaos por el suelo alegremente; pero no comáis del árbol de la ciencia, porque ese fruto agrio os dará una tendencia a mejorar que os destruirá».

Cerca ya de su desenlace, la novela se hace eco del acontecimiento generacional que aglutinó a los escritores del 98: la guerra con los Estados Unidos, **el desastre del 98**, con la posterior pérdida de Cuba, Filipinas y Puerto Rico.

En todas partes no se hablaba más que de la posibilidad del éxito o del fracaso. El padre de Hurtado creía en la victoria española; pero en una victoria sin esfuerzo; los yanquis, que eran todos vendedores de tocino, al ver a los primeros soldados españoles dejarían las armas y echarían a correr. El hermano de Andrés, Pedro, hacía la vida de sportsman y no le preocupaba la guerra; a Alejandro le pasaba lo mismo; Margarita seguía en Valencia.

Andrés encontró empleo en una consulta de enfermedades del estómago, sustituyendo a un médico que había ido al extranjero por tres meses.

Por la tarde Andrés iba a la consulta, estaba allí hasta el anochecer, luego marchaba a cenar a casa y por la noche salía en busca de noticias.

Los periódicos no decían más que necedades y bravuconadas: los yanquis no estaban preparados para la guerra; no tenían ni uniformes para sus soldados. En el país de las máquinas de coser, el hacer unos cuantos uniformes era un conflicto enorme, según se decía en Madrid.

Para colmo de ridiculez, hubo un mensaje de Castelar a los yanquis. Cierto que no tenía las proporciones bufo-grandilocuentes del manifiesto de Víctor Hugo a los alemanes para que respetaran París; pero era bastante para que los españoles de buen sentido pudieran sentir toda la vacuidad de sus grandes hombres.

Andrés siguió los preparativos de la guerra con una emoción intensa.

Los periódicos traían cálculos completamente falsos. Andrés llegó a creer que había alguna razón para los optimismos.

Días antes de la derrota encontró a Iturrioz en la calle.

–¿Qué le parece a usted esto? –le preguntó.

–Estamos perdidos.

–¿Pero si dicen que estamos preparados?

–Sí, preparados para la derrota. Sólo a ese chino que los españoles consideramos como el colmo de la candidez se le pueden decir las cosas que nos están diciendo los periódicos.

–Hombre, yo no veo eso.

–Pues no hay más que tener ojos en la cara y comparar la fuerza de las escuadras. Tú, fíjate: nosotros tenemos en Santiago de Cuba seis barcos viejos, malos y de poca velocidad; ellos tienen veintiuno, casi todos nuevos, bien acorazados y de mayor velocidad. Los seis nuestros, en conjunto, desplazan aproximadamente veintiocho mil toneladas; los seis primeros suyos, setenta mil. Con dos de sus barcos pueden echar a pique toda nuestra escuadra; con veintiuno no van a tener sitio donde apuntar.

–¿De manera que usted cree que vamos a la derrota?

–No a la derrota, a una cacería. Si alguno de nuestros barcos puede salvarse, será una gran cosa.

Andrés pensó que Iturrioz podía engañarse; pero pronto los acontecimientos le dieron la razón. El desastre había sido como decía él: una cacería, una cosa ridícula.

A Andrés le indignó la indiferencia de la gente al saber la noticia. Al menos él había creído que el español, inepto para la ciencia y la civilización, era un patriota exaltado, y se encontraba que no; después del desastre de las dos pequeñas escuadras en Cuba y en Filipinas, todo el mundo iba al teatro y a los toros tan tranquilo; aquellas manifestaciones y gritos habían sido espuma, humo de paja, nada.

PÍO BAROJA, *El árbol de la ciencia*, Alianza

Actividades

1. Resume en unas líneas el contenido del «Elogio de los viejos caballos del tiovivo».

2. El texto responde a las características de la escritura barojiana: léxico sencillo; sintaxis nada complicada; descripción siempre flanqueada de elementos narrativos; repetición de elementos para transmitir una sensación de monotonía y rutina. Localiza y comenta estos recursos.

3. Señala el tema del primer fragmento de *El árbol de la ciencia.*

4. Divide en partes el último texto en función de su contenido narrativo. Analiza los elementos propios de la mentalidad noventayochista. Señala dónde expone el narrador sus propias opiniones. Sintetiza estas ideas.

3. Azorín: *Doña Inés*

Aunque escribió novelas e innovadoras obras dramáticas, la genialidad del alicantino José Martínez Ruiz (1873-1967) radica en la creación de un **estilo de prosa** que rompió con el párrafo amplio y la retórica engolada de la narrativa decimonónica.

Su **producción narrativa** ofrece dos vertientes:

- En los primeros años escribió **novelas de inspiración autobiográfica**, que expresan el desaliento espiritual y la crítica a los valores tradicionales de la sociedad española propios de la generación del 98: *La voluntad* (1902) y *Las confesiones de un pequeño filósofo* (1904).
- Con posterioridad, Azorín cultiva un tipo de novela de escasa acción, lenguaje muy cuidado, minuciosa observación del paisaje y atención a los mínimos gestos de los personajes, que anticipará lo que luego se ha denominado **novela lírica:** *Tomás Rueda* (1915) –inspirada en *El licenciado vidriera*, de Cervantes–, *Don Juan* (1922) y *Doña Inés* (1925), basadas estas últimas en otros dos mitos de nuestra literatura.

Este texto pertenece a *Doña Inés*, centrada en la figura de una mujer anciana que vive pendiente de los recuerdos de un antiguo amor.

La carta

Una carta no es nada y lo es todo. Cuando doña Inés ha penetrado de nuevo en la salita, traía en la mano una carta. Una carta es la alegría y es el dolor. Considerad cómo la señora trae la carta: el brazo derecho cae lacio a lo largo del cuerpo; la mano tiene cogida la carta por un ángulo. Una carta puede traer la dicha y puede traer el infortunio. No será nada lo que signifique la carta que doña Inés acaba de recibir; otras cartas como ésta, en este cuartito, ha recibido ya. Avanza lentamente hacia el velador que hay en un rincón y deja allí pausadamente la carta. Una actriz no lo haría mejor. En toda la persona de la dama se nota un profundo cansancio. Sí; está cansada doña Inés. Cansada, ¿de qué? En el canapé se ha sentado una vez más, y en su mano derecha, extendida sobre el muslo, refulge el celeste zafiro. La mirada va hacia la carta. La carta será como todas las cartas. Con el cabo de los dedos sutiles –los de la mano derecha– se aliña la señora el negro pelo. La mano izquierda estira el corpiño. Y ahora, al realizar este ademán, al enarcar el busto, surge del pecho, de allá en lo hondo, un suspiro. La carta no dirá nada; será como tantas otras cartas. En el velador espera que su nema sea rasgada. Va declinando la tarde: el crepúsculo no tardará en llegar. La región penumbrosa –levemente penumbrosa– de la inquietud en el espíritu comienza a extenderse. En la zona indecisa entre la salud y la enfermedad se va operando un cambio; lentamente, con una fuerza que nos arrastra desde la eternidad, sin que todas las fuerzas del mundo –¡oh mortales!– puedan impedirlo, principiamos a entrar en la tierra del dolor y las lágrimas. La carta está en el velador; blanquea su sobre en la luz falleciente del crepúsculo que se inicia. No dirá nada la carta; será como otras cartas. La dama la tiene ya en sus manos. ¿Cruz o cara? ¿Cuál es nuestra suerte? El sobre ha sido roto: la mirada de la dama va pasando por los renglones. ¿Habéis visto la lividez de un cuerpo muerto? Así está ahora el rostro de la señora; mortal ha quedado doña Inés. Y con movimiento lento, lentísimo, como lo haría una consumada actriz, ha dejado otra vez doña Inés la carta en el velador. Y al momento siguiente, con brusquedad, la ha cogido otra vez y la ha estrujado fuertemente en el puño. Se ha vuelto a sentar abatida en el canapé. Respiraba jadeando. Ya está aquí el crepúsculo de este día largo y sereno de primavera. Dentro de un instante lucirá una estrella en el azul pálido. Todo está en silencio. Nos hemos resignado ya al dolor. Hemos entrado en la región de la enfermedad. El pavor de antes del tránsito y en el tránsito ha pasado ya. Desde esta luctuosa ribera, nuestros ojos contemplan la otra ribera apacible y deleitosa de la salud, allá enfrente. ¿Cuándo volveremos a ella? Y, ¿es seguro que volveremos? ¡Adiós, adiós, amigos! Doña Inés ha cogido la carta, la ha rasgado en cien pedazos y ha abierto el balcón. La mano fuera del balcón lanzaba los cien pedacitos de papel blanco. Los múltiples pedacitos de papel caían, volaban, revoloteaban en la luz penumbrosa del crepúsculo, y una encendida estrella rutilaba en el cielo diáfano.

AZORÍN, *Doña Inés*, SGEL

Actividades

1. Resume con tus palabras lo que ocurre en el texto.

2. Señala las partes descriptivas, narrativas y reflexivas.

4. La prosa rítmica de Valle-Inclán

El texto seleccionado pertenece a la ***Sonata de estío*** (1903), ambientada en México, donde Bradomín conoce a una hermosa criolla, la Niña Chole, que no tardará en convertirse en su amante. Caprichosa e implacable, la joven se empeña –durante una travesía marítima– en ver cómo un marinero negro caza un tiburón a cuchillo; para conseguirlo le ofrece unas monedas de oro:

Los labios **hidrópicos** del negro esbozaron una sonrisa de ogro avaro y sensual. Seguidamente despojose de la blusa, desenvainó el cuchillo que llevaba en la cintura y, como un perro de terranova, tomole entre los dientes y se encaramó sobre la borda. El agua del mar relucía aún en aquel torso desnudo que parecía de barnizado ébano. Inclinose el negrazo sondando con los ojos el abismo. Luego, cuando los tiburones salieron a la superficie, le vi erguirse negro y mitológico sobre el barandal que iluminaba la luna, y con los brazos extendidos echarse de cabeza y desaparecer buceando. Tripulación y pasajeros, cuantos se hallaban sobre cubierta, agolpáronse a la borda. Sumiéronse los tiburones en busca del negro, y todas las miradas quedaron fijas en un remolino que no tuvo tiempo a borrarse, porque casi **incontinenti** una mancha de espumas rojas coloreó el mar, y en medio de los hurras de la marinería y el vigoroso aplaudir de las manos coloradotas y plebeyas de los mercaderes, salió a flote la testa chata y lanuda del marinero que nadaba ayudándose de un solo brazo, mientras con el otro sostenía entre aguas un tiburón apresado por la garganta, donde traía hundido el cuchillo... Tratose en tropel de izar al negro. Arrojáronse cuerdas, ya para el caso prevenidas, y cuando levantaba medio cuerpo fuera del agua, rasgó el aire un alarido horrible, y le vimos abrir los brazos y desaparecer sorbido por los tiburones. Yo permanecía aun sobrecogido cuando sonó a mi espalda una voz que decía:

–¿Quiere hacerme sitio, señor?

Al mismo tiempo alguien tocó suavemente mi hombro. Volví la cabeza y halléme con la Niña Chole. Vagaba, cual siempre, por su labio inquietante sonrisa, y abría y cerraba velozmente una de sus manos, en cuya palma vi lucir varias monedas de oro. Rogóme con fanático misterio que le dejase sitio, y doblándose sobre la borda las arrojó lo más lejos que pudo. Enseguida volviose a mí con gentil **escorzo** de todo el busto:

–¡Bien se lo ha ganado!

Yo debía estar más pálido que la muerte, pero como ella fijaba en mí sus hermosos ojos y sonreía, vencióme el encanto de los sentidos, y mis labios aun trémulos, pagaron aquella sonrisa de reina antigua con la sonrisa del esclavo que aprueba cuanto hace su señor. La crueldad de la criolla me horrorizaba y me atraía. Nunca como entonces me pareciera tentadora y bella.

hidrópicos: hinchados; **incontinenti:** de inmediato; **escorzo:** giro, inclinación

Actividades

1. Relata con tus palabras los acontecimientos aquí narrados; a continuación, trata de resumir el tema.

2. Define al personaje de la Niña Chole a partir de los rasgos que aquí aparecen.

3. Entre los rasgos del Modernismo figura la fascinación por la belleza colorista y sensual, la mezcla de hermosura e impasibilidad y el uso de abundante adjetivación. Analiza su presencia en el texto.

Grandes renovadores de la novela contemporánea

Franz Kafka: *La metamorfosis*

El escritor checo de lengua alemana Franz Kafka (1883-1924) se caracteriza por presentar la existencia humana como una especie de pesadilla, afectada por acontecimientos insólitos descritos con meticuloso realismo. *La metamorfosis*, uno de los pocos libros que publicó en vida, es una de las mejores **narraciones fantásticas** jamás escritas. Cuenta el pavoroso desenlace de un individuo normal y corriente, convertido de improviso en un escarabajo, cuya presencia trastoca la rutinaria vida familiar. La propia familia, que no acepta esta mutación, acabará dándole muerte. Así, la horrenda transformación de Gregor Samsa representa una metáfora de la soledad e impotencia del hombre contemporáneo, sometido a situaciones que no entiende ni controla.

Franz Kafka.

Relaciones familiares

Poco había de tardar en realizarse el deseo de Gregorio de ver a su madre. Durante el día, por consideración a sus padres, no se asomaba a la ventana. Pero… poco podía arrastrarse por aquellos dos metros cuadrados de suelo. Descansar tranquilo le era ya difícil durante la noche. La comida muy pronto dejó de producirle la menor alegría, y así fue tomando, para distraerse, la costumbre de trepar zigzagueando por las paredes y el techo. En el techo, particularmente, era donde más a gusto se encontraba; aquello era cosa harto distinta que estar echado en el suelo; allí se respiraba mejor, el cuerpo sentíase agitado por una ligera vibración. Pero aconteció que Gregorio, casi feliz, y al tiempo divertido, desprendiose del techo, con gran sorpresa suya, y se fue a estrellar contra el suelo. Mas, como puede suponerse, su cuerpo había adquirido una resistencia mucho mayor que antes, y, pese a la fuerza del golpe, no se lastimó.

La hermana advirtió inmediatamente el nuevo entretenimiento de Gregorio –tal vez dejase éste al trepar, acá y acullá, rastro de su babilla–, e imaginó al punto facilitarle todo lo posible los medios de trepar, quitando los muebles que lo impedían, y, principalmente, el baúl y la mesa de escribir. Pero esto no podía llevarlo a cabo ella sola; tampoco se atrevía a pedir ayuda al padre: y en cuanto a la criada, no había que contar con ella, pues esta moza, de unos sesenta años, aunque se había mostrado muy valiente desde la despedida de su antecesora, había suplicado, como favor especial, que le fuera permitido mantener siempre cerrada la puerta de la cocina, y no abrirla sino cuando la llamasen. Por tanto solo quedaba el recurso de buscar a la madre en ausencia del padre.

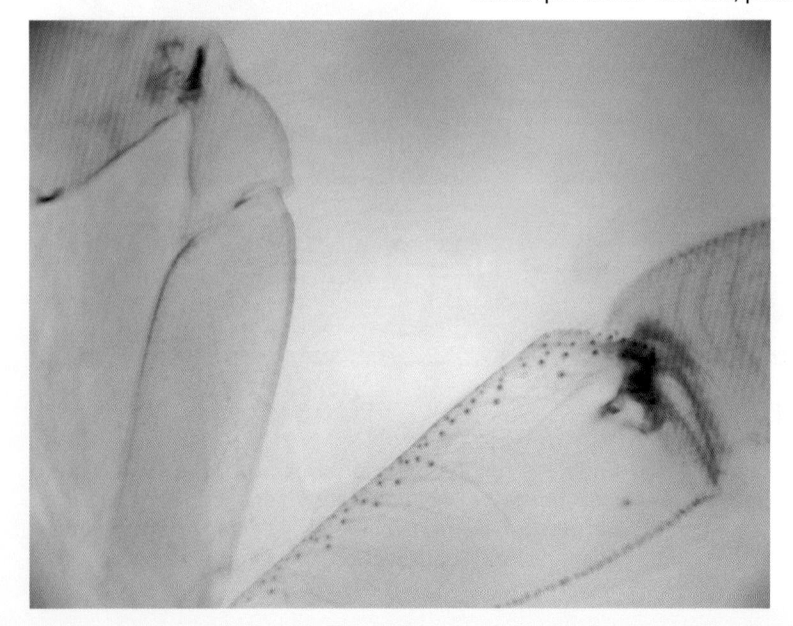

La madre acudió dando gritos de júbilo. Pero se quedó muda en la misma puerta. Como es natural, primero se cercioró la hermana de que estaba todo en orden, y tan solo luego la dejó pasar. Gregorio se había apresurado a bajar la sábana más que de costumbre, de modo que formara abundantes pliegues. La sábana parecía efectivamente haber sido arrojada allí por casualidad. También guardose esta vez de espiar por debajo; renunció a ver a su madre, gozoso únicamente de que ésta, por fin, hubiese venido.

FRANZ KAFKA, *La metamorfosis*, Alianza

Marcel Proust: *Por el camino de Swann*

Marcel Proust.

De las siete novelas que forman el inmenso fresco narrativo titulado ***En busca del tiempo perdido*, *Por el camino de Swann*** es la que inicia la serie. El autor adulto recorre en París los lugares –en especial, el Bosque de Bolonia– por donde en la adolescencia estuvo muy enamorado de Gilberta, hija del rico financiero Charles Swann y una antigua mujer de vida equívoca. Al hilo de la evocación, surge también el recuerdo de su infancia en el pueblo de Combray. La **forma subjetiva de asociar recuerdos y sensaciones** –eje sobre el que se construye buena parte de la heptalogía– se descubre justamente en el texto que vamos a leer.

La irrupción del recuerdo

Hace ya muchos años que, de mi infancia en Combray, solo existía para mí la tragedia cotidiana de acostarme. Un día de invierno, al volver a casa, mi madre, viendo que tenía frío, me propuso tomar, contra mi costumbre, un poco de té. Dije que no, primero, pero luego, no sé por qué, cambié de opinión. Mandó a comprar uno de esos bollos pequeños y rollizos que se llaman magdalenas, y que parecen haber sido moldeados en las valvas con ranuras de una concha de Santiago. Pronto, maquinalmente, agobiado por el día triste y la perspectiva de otro igual, llevé a mis labios una cucharada de té en la que había dejado reblandecer un trozo de magdalena. Pero, en el instante mismo que el trago de té y migajas de bollo llegaban a mi paladar, me estremecí, dándome cuenta de que pasaba algo extraordinario. Me había invadido un placer delicioso, aislado, sin saber por qué, que me volvía indiferente a las vicisitudes de la vida, a sus desastres inofensivos, a su brevedad ilusoria, de la misma manera que opera el amor, llenándome de una esencia preciosa; o, más bien, esta esencia no estaba en mí sino que era yo mismo. Ya no me sentía mediocre, limitado, mortal. ¿De dónde podía haberme venido esta poderosa alegría? Me daba cuenta de que estaba unida al gusto del té y del bollo, pero lo sobrepasaba infinitamente, no debía de ser la misma naturaleza. ¿De dónde venía? ¿Qué significaba? ¿Cómo apresarla?

Y, de repente, el recuerdo aparece. Ese gusto, es el del trocito de magdalena que el domingo por la mañana en Combray (porque ese día yo no salía antes de la hora de misa), cuando iba a decirle buenos días a su habitación, mi tía Leonie me daba después de haberlo mojado en su infusión de té o de tila. La vista de la pequeña magdalena no me había recordado nada, antes de probarla; quizá porque, habiéndolas visto a menudo después, sin comerlas, sobre las mesas de los pasteleros, su imagen había dejado esos días de Combray para unirse a otros más recientes [...]

Y desde que reconocí el gusto del trocito de magdalena mojada en la tila que me daba mi tía (aunque todavía no supiera y debiera dejar para más tarde el descubrir por qué ese recuerdo me hacía feliz), en seguida la vieja casa gris, donde estaba su habitación, vino como un decorado teatral a añadirse al pequeño pabellón que estaba sobre el jardín...

MARCEL PROUST, *Por el camino de Swann*, Alianza

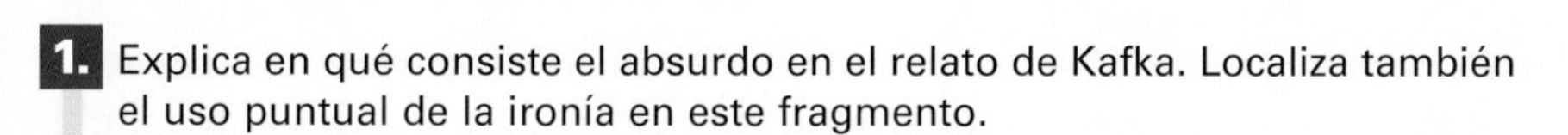
1. Explica en qué consiste el absurdo en el relato de Kafka. Localiza también el uso puntual de la ironía en este fragmento.

2. Explica las reacciones que despierta Gregorio en los otros personajes que aparecen aquí.

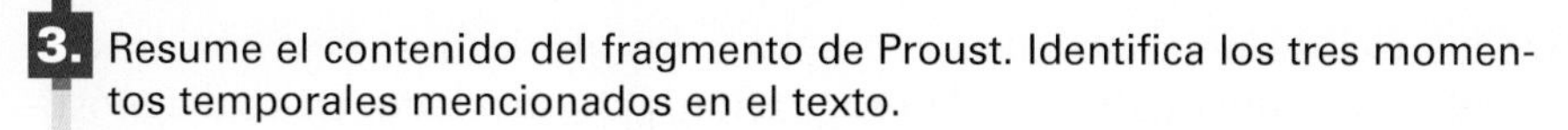
3. Resume el contenido del fragmento de Proust. Identifica los tres momentos temporales mencionados en el texto.

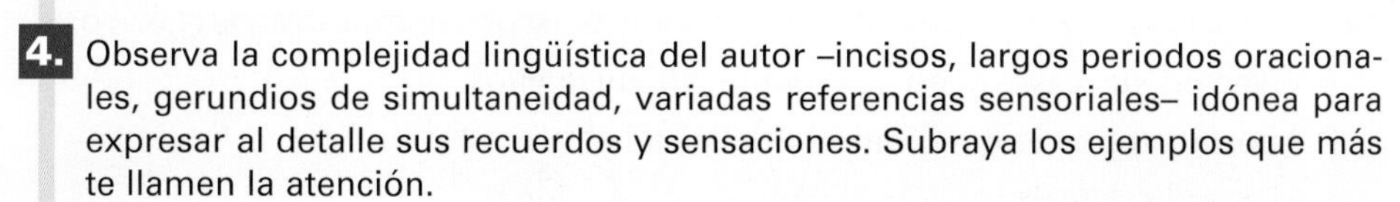
4. Observa la complejidad lingüística del autor –incisos, largos periodos oracionales, gerundios de simultaneidad, variadas referencias sensoriales– idónea para expresar al detalle sus recuerdos y sensaciones. Subraya los ejemplos que más te llamen la atención.

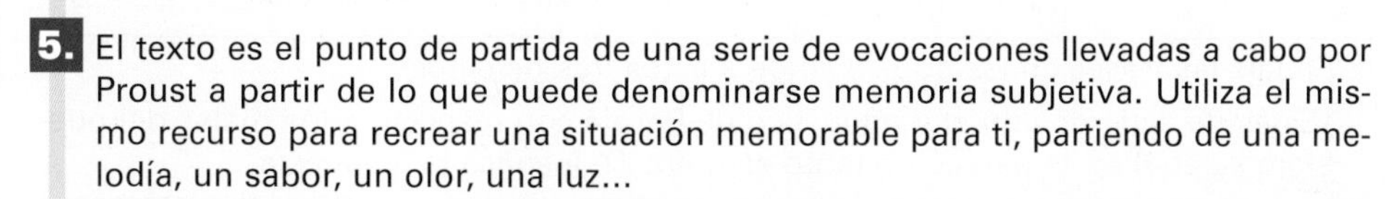
5. El texto es el punto de partida de una serie de evocaciones llevadas a cabo por Proust a partir de lo que puede denominarse memoria subjetiva. Utiliza el mismo recurso para recrear una situación memorable para ti, partiendo de una melodía, un sabor, un olor, una luz...

Alcolea del Campo

Las costumbres de Alcolea eran españolas puras, es decir, de un absurdo completo.

El pueblo no tenía el menor sentido social; las familias se metían en sus casas, como los trogloditas en su cueva. No había solidaridad; nadie sabía ni podía utilizar la fuerza de la asociación. Los hombres iban al trabajo y a veces al casino. Las mujeres no salían más que los domingos a misa.

Por falta de instinto colectivo, el pueblo se había arruinado.

En la época del tratado de los vinos con Francia, todo el mundo, sin consultarse los unos a los otros, comenzó a cambiar el cultivo de sus campos, dejando el trigo y los cereales y poniendo viñedos; pronto el río de vino de Alcolea se convirtió en río de oro. En este momento de prosperidad, el pueblo se agrandó, se limpiaron las calles, se pusieron aceras, se instaló luz eléctrica…; luego vino la terminación del tratado, y como nadie sentía la responsabilidad de representar al pueblo, a nadie se le ocurrió decir: «Cambiemos el cultivo; volvamos a nuestra vida antigua; empleemos la riqueza producida por el vino en transformar la tierra para las necesidades de hoy». Nada.

El pueblo acepto la ruina con resignación.

–Antes éramos ricos –se dijo cada alcoleano–. Ahora seremos pobres. Es igual; viviremos peor; suprimiremos nuestras necesidades.

Aquel estoicismo acabó de hundir al pueblo.

Era natural que así fuese; cada ciudadano de Alcolea se sentía tan separado del vecino como de un extranjero. No tenían una cultura común (no la tenían de ninguna clase); no participaban de admiraciones comunes: solo el hábito, la rutina, les unía; en el fondo, todos eran extraños a todos.

Muchas veces a Hurtado le parecía Alcolea una ciudad en estado de sitio. El sitiador era la moral, la moral católica. Allí no había nada que no estuviera almacenado y recogido: las mujeres, en sus casas; el dinero, en las carpetas; el vino, en las tinajas.

Pío Baroja, *El árbol de la ciencia*, Alianza

Localización

El árbol de la ciencia es una novela en la que la trama –al estilo realista– aparece cuidadosamente articulada en siete partes. Tras una primera mitad en la que asistimos a la formación de Andrés Hurtado –en la universidad, en la calle y en el ambiente familiar– y esa especie de intermedio reflexivo (4.ª parte) en el que se plantean las cuestiones existenciales y filosóficas, la segunda mitad está marcada por tres experiencias: el pueblo, Madrid y el hijo, tras las cuales el protagonista pone fin a su vida.

El texto corresponde a la quinta parte, titulada «La experiencia del pueblo»: se trata de Alcolea del Campo, una localidad de unos diez mil habitantes, situada «en esa zona intermedia donde acaba Castilla y comienza Andalucía».

- Consulta un atlas y señala los pueblos que podrían haber sido el modelo de Alcolea.

Tema e ideas

Hemos visto en la unidad 4 que el tema de España constituye la preocupación fundamental de los escritores de la generación del 98. Para ello los autores ubicaban las novelas en espacios concretos: ciudades pequeñas o pueblos grandes del interior. Es el caso de Yecla en las primeras novelas de Azorín o Alcolea del Campo en *El árbol de la ciencia*.

Entre los vicios que el novelista reprocha a los alcoleanos, destacan tres: la insolidaridad, el individualismo y la resignación. Por otro lado, en su diagnóstico de las causas y los efectos de su situación presente se muestra categórico:

- Viven en sus casas y no se comunican entre ellos.
- Apostaron por el monocultivo de la vid.
- Al caer la demanda, desprecian otras soluciones.

- Señala las frases en las que se alude a estos tres defectos.
- ¿Estás de acuerdo con el diagnóstico de Baroja con respecto a los males del pueblo o su análisis te parece un tanto elemental? Justifica la respuesta.

Organización y composición

Estamos ante un texto descriptivo-argumentativo, puesto que el autor no se limita a describir la vida y costumbres de Alcolea, sino que aporta sus opiniones acerca de aquella postración.

- Distingue en el fragmento hechos y opiniones, así como los elementos descriptivos y narrativos.

El texto está articulado en nueve párrafos de extensión variable, organizados en dos partes bien definidas y claramente asimétricas: en la primera, el narrador (a menudo, autor implícito, pues diagnostica y opina acerca de casi todo) ofrece su visión de Alcolea; en la segunda, se centra ya en el figura de Andrés Hurtado, del que nos trasmite también su visión de la ciudad.

- Señala esas dos partes en el texto.

Observamos una estructura claramente argumentativa: hay una tesis explícitamente formulada al principio; luego la sucesión de hechos que prueban esa tesis; valoración final o colofón a cargo del narrador y, finalmente, la confirmación de la misma tesis, esta vez desde el punto de vista de Hurtado.

- Comprueba cómo aparece cada uno de estos apartados en el texto. Identifica los argumentos que prueban el «absurdo» de las costumbres de Alcolea.

Lenguaje y estilo

Para algunos escritores el estilo de Baroja se caracteriza de cierto desaliño expresivo, pues todo debía subordinarse a la exactitud y a la claridad. Por lo que se refiere a este texto, hay que destacar ante todo su admirable eficacia comunicativa, ya que en poco más de veinte líneas el autor es capaz de trazar el retrato preciso de una comunidad, su estado presente y las razones de su postración. En este sentido, conviene destacar el párrafo cuarto, donde se narra el auge y decadencia de Alcolea, sus causas y consecuencias con singular precisión y eficacia: nada falta, nada sobra, pero resulta difícil contar más cosas en menos espacio.

Entre los recursos que aquí encontramos, cabe reseñar:

- Gusto por el párrafo breve, que permite abordar la realidad desde distintas perspectivas, además de evitar la fatiga –incluso visual– del lector.
- Presencia ocasional del estilo directo.
- Escasez de comparaciones, imágenes o metáforas; si bien las que aparecen resultan de eficacia insuperable.
- Usos y expresiones del lenguaje oral.
- Ausencia de palabras que se salgan del uso normal de la lengua.
- Frases cortas y abundancia de las construcciones yuxtapuestas que –combinadas con el párrafo breve– aceleran el ritmo de la prosa.

- Identifica y comenta ejemplos de cada uno de estos recursos en el texto.

Valoración e interpretación

El texto resulta una buena muestra tanto del espíritu del 98 como de la escritura barojiana, por dos motivos:

- En solo unas líneas muestra un ejemplo genuino de una comunidad que ejemplifica lo que ellos denominaban «atraso secular de España», marcado por la inacción, el egoísmo y la insolidaridad.
- Evidencia también el modo de narrar de Baroja, marcado por la eficacia, el desdén por lo artificioso o circunstancial, así como por una visión directa de la realidad.

En este momento dramático del mundo, el artista debe llorar y reír con su pueblo. Hay que dejar el ramo de azucenas y meterse en el fango hasta la cintura para ayudar a los que buscan las azucenas. Particularmente yo tengo un ansia verdadera por comunicarme con los demás. Por eso llamé a las puertas del teatro y al teatro consagró toda mi sensibilidad.

FEDERICO GARCÍA LORCA

El teatro en el primer tercio del siglo XX

1. Consideraciones sobre el hecho teatral
2. El teatro de éxito
3. El teatro innovador
4. Valle-Inclán y la creación del esperpento
5. García Lorca y la restauración de la tragedia

- Lecturas
- El lector universal
- Comentario de texto

1. Consideraciones sobre el hecho teatral

Antes de adentrarnos en el estudio de la dramaturgia española anterior a la Guerra Civil, conviene tener presentes algunas circunstancias específicas del hecho teatral, que explican la separación entre un teatro comercial de éxito y un teatro innovador que apenas llegó al público:

- **Acto de la representación.** A diferencia de los otros géneros literarios, el teatro ha sido concebido y requiere de la **representación sobre el escenario** para alcanzar su plena virtualidad comunicativa. Y como veremos, muchas piezas emblemáticas de dramaturgos españoles no llegaron a las tablas; quedaron en **literatura dramática**, anulándose así el probable influjo beneficioso que hubieran representado para autores posteriores.

- **Dependencia económica.** El teatro depende mucho más que otros géneros literarios del **engranaje comercial**: editar un libro de poemas o una novela supone un gasto limitado en comparación con la cantidad de dinero que hace falta para poner en los escenarios una obra de teatro. Por ello, los empresarios prefieren estrenar títulos sencillos, poco innovadores, que consigan de inmediato el favor popular.

- **Transmisión de ideas.** El espectáculo dramático, por su índole audiovisual y su recepción colectiva, se muestra mucho más apto que la novela o la poesía para la **transmisión de ideas**, como ocurrirá luego con sus herederos naturales, el cine y la televisión. Ello determinará que la censura se cebe especialmente en el teatro en épocas de autoritarismo político, como la dictadura de Primo de Rivera o el régimen de Franco.

Así pues, el conservadurismo del público, la escasa predisposición de los empresarios a arriesgarse con experimentos de éxito dudoso y la vigilancia de los censores ante cualquier audacia política o religiosa explican –entre otros factores– la **escasa originalidad** del teatro español del primer tercio de siglo. Baste recordar que las mejores obras dramáticas de Valle-Inclán no subieron a los escenarios hasta los años sesenta o que Miguel Mihura hubo de esperar hasta 1952 para ver estrenada *Tres sombreros de copa*, escrita nada menos que en 1932.

2. El teatro de éxito

Tres corrientes monopolizaron el gusto del público en las décadas anteriores a la Guerra Civil: la comedia burguesa, el teatro poético y el teatro cómico.

La comedia burguesa

También llamada **comedia benaventina**, por ser su autor más representativo **Jacinto Benavente** (1866-1954), prolífico dramaturgo que obtuvo el Premio Nobel de literatura en 1922. Tras contribuir de forma decisiva a dejar atrás los grandilocuentes y exagerados dramas de Echegaray, Benavente acuñó un modelo dramático a la medida de la burguesía de su tiempo, que a su vez le convirtió en el autor español más representado del siglo.

Modelo del Teatro Lara de Madrid. Representación de *Los intereses creados*, de Jacinto Benavente.

La comedia burguesa estaba protagonizada por **personajes** de clase alta; plantea **conflictos** típicos de ese grupo social –infidelidades conyugales esporádicas, desamor, hijos calaveras, hipocresía y murmuración– con un desarrollo dramático lleno de habilidad y un **lenguaje** agudo e inteligente, no exento de ironía, aunque nunca llegue a cuestionarse el vigente ordenamiento social. Entre sus obras destaca ***Los intereses creados***, en la que dos pícaros –inspirados en personajes de la comedia del arte italiana– utilizan en su beneficio el cúmulo de intereses que marcan la vida de una comunidad.

Las hijas del Cid

La sonoridad en los grandes monólogos del teatro poético se aprecia en estos versos, donde El Cid resume su vida:

> ¡Salí del Rey, no salí de Castilla!
> Subime tanto al tomar juramento,
> que ya después descender no podía.
> ¡Salí del Rey; no cabíamos juntos
> en solo un reino, aunque ancha es Castilla!
> ¡No vi lindero a mis pasos; mi espada
> sembró el terror en el tránsito duro,
> y no podía pactar, y pactaba;
> y no era Rey, y cobraba tributos!
> Al moro tuve de amigo, y mis gentes
> pusieron grillos a un conde cristiano.
> Di libertad, cuando quise, al cautivo.

El teatro poético

Llamado también **teatro histórico-modernista** o **teatro en verso**, supuso la irrupción del **Modernismo** en la escena: **versos** variados y de gran musicalidad, **lenguaje** sonoro, **ambientes** exóticos –Edad Media, Hispanoamérica, la Granada musulmana–, **personajes** de una pieza con ademanes retóricos y efectistas, y **escenografía** que trata de reproducir fielmente los ambientes históricos en los que se desarrolla la acción. Desde el **punto de vista ideológico**, este teatro supone una reacción contra el espíritu noventayochista y su visión crítica de la historia española. Los autores –en especial **Eduardo Marquina** y **Francisco Villaespesa**, ambos de ideas conservadoras– miran con nostalgia el pasado imperial en obras protagonizadas por el Cid Campeador *(Las hijas del Cid)*, los Reyes Católicos, el Gran Capitán o los tercios de Flandes *(En Flandes se ha puesto el sol)*.

El teatro cómico

Representaba la modalidad escénica preferida por las **clases populares**; bajo este rótulo se agrupaban espectáculos muy diversos, entre los que se incluía la zarzuela, el café teatro y el teatro por horas. Destacaron tres subgéneros:

- El **sainete** alcanzó con **Carlos Arniches** (1866-1943) amplio desarrollo. Este autor recuperó la tradición de las piezas breves del Siglo de Oro o del XVIII para presentar una galería de tipos pintorescos madrileños, con sus problemas cotidianos y su forma de hablar característica, en cuya captación se mostró Arniches como un maestro consumado. En esta línea costumbrista hay que mencionar a los hermanos **Serafín** y **Joaquín Álvarez Quintero**, que llevaron a los escenarios una Andalucía bonita y superficial, en la que todos los problemas acaban por solucionarse.
- En las **tragedias grotescas**, sin abandonar por completo ciertos rasgos humorísticos, Arniches plantea con crudeza aspectos de la sociedad española ya tratados por los del 98: la cerrada mentalidad de provincias, el caciquismo, la inmoralidad de las clases dirigentes o la injusticia social en títulos como *La señorita de Trevélez* (LECTURA 1), *Los caciques* y *La heroica villa*.

Reunión literaria en el año 1914. Asistieron, entre otros, la actriz María Guerrero, la condesa de Pardo Bazán, Jacinto Benavente y Eduardo Marquina.

- Menos interés conserva hoy el **astracán**, subgénero cómico basado en burdos juegos de palabras, equívocos fáciles y parodia de diversos recursos teatrales. Su representante máximo fue **Pedro Muñoz Seca**, autor de ***La venganza de don Mendo***, afortunada ridiculización de los dramas históricos modernistas, como se observa en esta declaración de amor por parte de la noble Magdalena:

MAGDALENA: *(A Mendo)*
Trovador, soñador,
un favor.
MENDO: ¿Es a mí?
MAGDALENA: Sí, señor.
Al pasar por aquí
a la luz del albor
he perdido una flor.
MENDO: ¿Una flor de rubí?
MAGDALENA: Aun mejor:
un clavel carmesí,
trovador.
¿No lo vio?
MENDO: No le vi.
MAGDALENA: ¡Qué dolor!
No hay desdicha mayor
para mí
que la flor que perdí,
era signo de amor.
Búsquela,
y si al cabo la ve
démela.
MENDO: Buscaré,
mas no sé si sabré
cuál será.
MAGDALENA: Lo sabrá,
porque al ver la color
de la flor
pensará,
¿seré yo
el clavel carmesí
que la dama perdió?
MENDO: ¿Yo decís?
MAGDALENA: Lo que oís,
que en aqueste vergel
cual no hay dos,
no hay joyel ni clavel
como vos.

PEDRO MUÑOZ SECA,
La venganza de don Mendo,
Cátedra

3. El teatro innovador

A lo largo de este periodo no escasearon los intentos de experimentación dramática a cargo de autores de sucesivas generaciones, aunque sólo dos de ellos alcanzarán justo y universal reconocimiento al cabo de los años: **el esperpento de Valle-Inclán y la tragedia de Lorca**. A ellos dedicaremos atención especial; conviene, sin embargo, reseñar otras tentativas singulares.

- Dentro de la llamada **generación del 98**, **Unamuno** trató de plasmar en las tablas con poca fortuna las ideas que ya expresara en ensayos y novelas con obras de extrema desnudez argumental y escenográfica, en las que los personajes se limitan a expresar las inquietudes del autor. También **Azorín** buscó la renovación de la escena nacional, en este caso recurriendo a un teatro en el que se vale de recursos irreales y simbólicos para tratar temas como el paso del tiempo, la muerte y la búsqueda de la felicidad, a través de un diálogo demasiado literario en ocasiones.

- Entre los **novecentistas** hay que destacar la tentativa renovadora de **Ramón Gómez de la Serna**, el gran animador de las vanguardias en España. Ramón escribió numerosas piezas teatrales, de las cuales la más conocida fue *Los medios seres*, cuyo tema es el vacío en la búsqueda de la propia identidad.

- Además de Lorca (LECTURA 2), otros autores de la **generación del 27** probaron fortuna en las tablas: **Rafael Alberti** escribió un teatro de corte político *(Fermín Galán, Noche de guerra en el Museo del Prado)*; **Pedro Salinas** cultiva la obra corta con tono de farsa y sainete; más relevantes fueron las creaciones de **Max Aub** (1903-1972), porque concilió el compromiso histórico con la preocupación fundamental al acercarse al interior del ser humano por encima de condicionamientos políticos.

Federico García Lorca, su buena amiga Pura Ucelay y Ramón del Valle-Inclán en el estreno de *Yerma*, en el Teatro Español de Madrid, el 29 de diciembre de 1934.

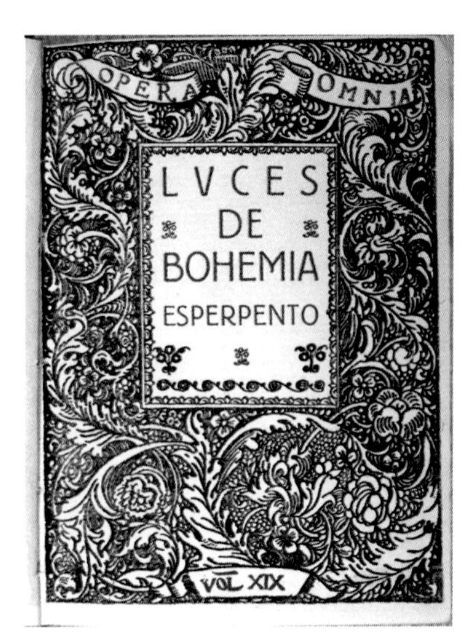

Portada de *Luces de bohemia.*

4. Valle-Inclán y la creación del esperpento

Hoy en día hay unanimidad al considerar a Valle-Inclán (LECTURA 3) como **el más importante dramaturgo español del siglo** XX y uno de los grandes renovadores del teatro contemporáneo. Ello se debe a la creación de una nueva forma de reflejar la realidad denominada ***esperpento***. Sin embargo, antes de llegar a esta fase de su producción –a partir de 1920–, la trayectoria de Valle-Inclán siguió un recorrido fecundo, en el que destaca la tendencia a superar la estética al uso y los convencionalismos burgueses, tanto en lo referente al lenguaje como a la acción dramática.

En este sentido, sus piezas presentan abundante nómina de personajes, variedad de escenarios –muchos de ellos exteriores, a diferencia de los cómodos interiores benaventinos–, acotaciones dramáticas irrepresentables, pero de alto valor literario, y un lenguaje de extraordinaria riqueza. Buena parte de la originalidad de Valle-Inclán radica en la **forma de concebir a sus personajes**; a este respecto vale la pena citar las afirmaciones que realizó en la entrevista que le hizo Martínez Sierra para el diario *ABC*:

> Hay tres modos de ver el mundo artística o estéticamente: de rodillas, en pie o levantado en el aire. Cuando se mira de rodillas -y ésta es la posición más antigua en la literatura- se da a los personajes, a los héroes, una condición superior a la condición humana, cuando menos a la condición del narrador o del poeta. Así, Homero atribuye a sus héroes condiciones que en modo alguno tienen los hombres. Hay una segunda manera, que es mirar a los protagonistas novelescos como de nuestra propia naturaleza, como si fuesen nuestros hermanos, como si fuesen ellos nosotros mismos [...]. Ésta es, indudablemente la manera que más prospera. Esto es Shakespeare, todo Shakespeare... Y hay otra tercera manera, que es mirar al mundo desde un plano superior y considerar a los personajes de la trama como seres inferiores al autor, con un punto de ironía. Los dioses se convierten en personajes de sainete. Esta es una manera muy española [...]. Quevedo tiene esa manera. Cervantes, también. A pesar de la grandeza de Don Quijote, Cervantes se cree más cabal y más cuerdo que él, y jamás se emociona con él... Y esta consideración es la que me movió a dar un cambio en mi literatura y a escribir los esperpentos, el género literario que yo bautizo con el nombre de esperpentos.

Evolución dramática

En el teatro de Valle-Inclán podemos ver la siguiente trayectoria dramática:

- Se inicia el autor gallego en las tablas a través de unas serie de «poemas dramáticos» de carácter **modernista**, en verso sonoro y ambientados en la Edad Media, ya sea en jardines provenzales *(Cuento de abril)* o en las montañas navarras en guerra contra el invasor *(Voces de gesta)*.
- El ciclo de las ***comedias bárbaras*** pone en escena las brutales actividades del hidalgo don Juan Manuel Montenegro y sus violentos hijos en el marco de una Galicia rural y primitiva. Abundan hechicerías, supersticiones, sacrilegios, crueldad y muerte, rasgos que alejan estas obras –*Águila de blasón*, *Romance de lobos* y *Cara de Plata*– del teatro que por entonces triunfaba en los escenarios.
- Sigue el ciclo de las **farsas**: el autor utiliza elementos procedentes del guiñol y del teatro de marionetas, pero sobre todo descubre el humor para ridiculizar –todavía de forma amable y desenfadada– comportamientos de la nobleza, matrimonios desiguales o la corte de Isabel II *(Farsa y licencia de la reina castiza)*.
- Estamos ya a las puertas de la deformación sistemática y caricaturesca que supone el **esperpento**, cuya primera manifestación se produce en 1920 con *Luces de bohemia*.

Fíjate en los rasgos expresionistas y caricaturescos presentes en la acotación inicial de la escena II de ***Luces de bohemia***: «La cueva de ZARATUSTRA en el pretil de los consejos. [...] ZARATUSTRA, abichado y giboso –la cara de tocino rancio y la bufanda verde serpiente–, promueve, con su caracterización de fantoche, una aguda y dolorosa disonancia muy emotiva y muy moderna. Encogido en el roto pelote de una silla enana, con los pies entrapados y cepones en la tarima del brasero, guarda la tienda. Un ratón saca el hocico intrigante por un agujero».

5. García Lorca y la restauración de la tragedia

La vocación dramática del poeta granadino Federico García Lorca (1898-1936) fue temprana y orientada hacia el teatro poético-modernista. Sin embargo, al regreso de Nueva York (1931) manifestó el autor su intención de emprender una **profunda renovación teatral** en España. Para ello contaba con el precedente de Valle-Inclán, cuyos esperpentos Lorca admiraba sin reservas.

Las obras completas de **Federico García Lorca** –a excepción de cinco obras teatrales– están disponibles en la página **www.tinet.fut.es/~picl/libros/glorca/gl000000.htm**.

http://

Trayectoria teatral

La producción teatral de Lorca puede agruparse en tres núcleos fundamentales:

- **Farsas y poemas dramáticos,** emparentados con ciertas obras de Valle-Inclán. Se trata de textos sencillos en los que aparece ya el tema central de su dramaturgia: el **conflicto autoridad / libertad,** que en su primer título, *El maleficio de la mariposa* (1920), aparecen representados respectivamente por la Madre y el Poeta.
- La faceta hermética de su producción teatral está decisivamente influida por el **Surrealismo**; destacan textos como *Así que pasen cinco años*, *El paseo de Buster Keaton* o *El público*, su obra más ambiciosa y avanzada. En ella, tomando como punto de partida el argumento de *El sueño de una noche de verano* de Shakespeare, el autor aborda el tema del amor como fenómeno al margen de la voluntad del individuo, que se manifiesta de formas diversas, entre ellas la homosexual.
- Dentro del **ciclo de las tragedias** se agrupan títulos que tienen en común el protagonismo femenino, un fuerte tono dramático y el tratamiento del otro tema esencial de la dramaturgia lorquiana: la **insatisfacción amorosa**. Es el caso de *Doña Rosita la soltera o el lenguaje de las flores*, cuya protagonista envejece esperando al novio de la juventud.

Caracteres de la tragedia lorquiana

Las tragedias de Lorca están caracterizadas por los siguientes rasgos:

- Búsqueda del **espectáculo total**, en el que se combinan verso y prosa, elementos cultos y folclóricos, música y plástica al servicio de la expresión de los sentimientos humanos.
- Acercamiento a un **receptor popular**; en este sentido, Lorca dirigió durante los años de la República el grupo teatral universitario *La Barraca*, con el que difundió por los pueblos la comedia clásica de Lope y Calderón. También su propio teatro se impregnaría de elementos populares.
- **Ambientes opresivos** que condicionan la libertad de los personajes principales: el pueblo de Bernarda Alba o la pequeña ciudad en la que vive Rosita *(Doña Rosita la soltera o el lenguaje de las flores)*.
- **Protagonistas femeninas,** a las que se impide desarrollar sus sentimientos esenciales, como son el amor –en *Bodas de sangre* y *La casa de Bernarda Alba*– o la maternidad –en *Yerma*–.
- **Lenguaje sencillo**, directo, pero dotado de incomparable aliento poético, que se manifiesta a través de **diálogos** cuajados de imágenes, símbolos y metáforas de extraordinaria plasticidad.

Cartel para *Yerma*, de Federico García Lorca. Teatro Español de Madrid.

1. La amarga comicidad de Carlos Arniches

Los primeros éxitos de Arniches (1866-1943) se producen en el campo del género chico, mediante una serie de **sainetes de costumbres madrileñas**. Sin embargo, lo que nos interesa hoy de su producción son las **tragedias grotescas**, en las que el autor se sirve de una serie de personajes, con mezcla de lo cómico y lo patético, que protagonizan historias sencillas a través de las que se fustigan algunos vicios nacionales; la más famosa fue ***La señorita de Trevélez***.

La acción se desarrolla en una ciudad provinciana, donde unos señoritos ociosos deciden gastarle una broma a uno de ellos (Numeriano), firmando con su nombre una declaración amorosa dedicada a Florita, cursi solterona de la localidad. Ella se ilusiona de inmediato, está dispuesta a casarse, por lo que los bromistas deciden contarle la verdad a Gonzalo, el hermano, que, indignado, se dispone a darles un gran escarmiento. Le apacigua don Marcelino, catedrático de Instituto que representa la razón en el marco de aquella sociedad ociosa. He aquí el desenlace de la obra:

D. GONZALO: Siéntese ahí. Si usted estuviese en mi lugar y mi hermana fuera la suya y sintiera usted caer sobre su vida adorada ese dolor amargo y lacerante de la burla de todo un pueblo, ¿qué haría usted conmigo?...

TITO: ¡Bueno, don Gonzalo; pero es que yo!... ¡Hombre, por Dios, salvadme!...

D. GONZALO: Si conserva un resto de caballerosidad, escriba una ligera exculpación para nosotros y hágase justicia.

TITO: *(Enloquecido de horror, coge la pistola tembloroso.)* ¡Ay, por Dios, don Gonzalo, justicia!

D. MARCELINO: ¡Oye; pero hazte justicia hacia aquel lado, que nos va a dar a nosotros!

TITO: *(Cayendo de rodillas.)* Don Gonzalo, perdón. ¡Ya estoy arrepentido!... ¡Le juro a usted que no volveré más!...

D. GONZALO: *(Quitándole la pistola violentamente.)* ¡Cobarde, mal nacido! ¡Vas a morir!

TITO: *(En el colmo del terror, da un salto y se esconde detrás de los tres.)* ¡Socorro! Socorro!... ¡Salvadme!

NUMERIANO: *(Aterrado.)* ¡Por Dios, don Gonzalo, desvíe el cañón...; que está usted muy tembloroso! [...]

D. MARCELINO: Cálmate, Gonzalo, cálmate. ¡No vale la pena! ¿Qué hubieras conseguido? ¡Matas a Guiloya!, ¿y qué?... Guiloya no es un hombre; es el espíritu de la raza, cruel, agresivo, burlón, que no ríe de su propia alegría, sino del dolor ajeno. ¡Alegría!... ¿Qué alegría va a tener esa juventud que se forma en un ambiente de envidia, de ocio, de miseria moral, en esas charcas de los cafés y de los casinos **barajeros**? ¿Qué ideales van a tener estos jóvenes que en vez de estudiar e ilustrarse se quiebran el **magín** y consumen el ingenio buscando una absurda similitud entre las cosas más heterogéneas y desemejantes?... ¿En qué se parece un membrillo a la catedral de Burgos? ¿En qué se parece una lenteja a un caballo al galope? Y, claro, luego surge rápida esta natural pregunta: ¿En qué se parecen estos muchachos a los hombres cultos, interesados en el porvenir de la patria? Y la respuesta es tan desconsoladora como trágica... ¡En nada, en nada; absolutamente en nada!

D. GONZALO: ¡Tienes razón, Marcelino, tienes razón!

D. MARCELINO: Pues si tengo razón, calma tu justa cólera y piensa, como yo, que la manera de acabar con este tipo tan nacional de guasón es difundiendo la cultura. Es preciso matarlos con libros, no hay otro remedio. La cultura modifica la sensibilidad, y cuando estos jóvenes sean inteligentes, ya no podrán ser malos, ya no se atreverán a destrozar un corazón con un chiste, ni a amargar una vida con una broma.

CARLOS ARNICHES, *La señorita de Trevélez*, Bruño

barajero: donde se juega a las cartas; **magín:** cabeza

Actividades

1. Resume con tus propias palabras lo que ocurre en esta escena. Señala a continuación el tema del fragmento. ¿Qué ideas propias de la mentalidad noventayochista encuentras aquí?
2. Aunque predomine el tono serio y hasta violento, no están ausentes detalles de humor. Comenta los más significativos.
3. Fíjate en la estructura del discurso final de don Marcelino. Se distingue un comienzo (intento de calmar a don Gonzalo); argumento (crítica al carácter nacional); ejemplo de las causas que degradan ese carácter y conclusión (referencia a los que buscan la mejora de la patria). Localiza cada uno de esos momentos en el texto.

2. El esperpento de Valle-Inclán: *Luces de bohemia*

Aunque ya en una obra como *Divinas palabras* se descubren rasgos inequívocamente esperpénticos, la presentación oficial de esta categoría estética, que revolucionaría la forma de ver la realidad a través de la literatura, se produce en la **escena duodécima de *Luces de bohemia***, que vamos a leer a continuación. Antes de resumir sus características, conviene recordar que el esperpento se manifestará no sólo en el teatro –con las tres piezas agrupadas bajo el rótulo de *Martes de carnaval* (1930)–, sino también en la serie narrativa de *El ruedo ibérico* o en la originalísima novela dialogada, de ambiente hispanoamericano, *Tirano Banderas* (1926).

Temas

Entre los temas del esperpento destaca la **parodia de modelos literarios** precedentes, como los dramas de honor *(Los cuernos de don Friolera)*, *Episodios Nacionales (El ruedo ibérico)*, el mito de Don Juan *(Las galas del difunto)* o el Infierno de la *Divina Comedia (Luces de bohemia)*. Abunda la **crítica** a clases sociales e instituciones como la aristocracia, los militares, la alta burguesía o la monarquía. Son habituales las **alusiones políticas**, tanto al presente (Maura, Primo de Rivera, los muchachos de Acción Española) como a ciertos antecedentes históricos (las guerras carlistas, la corte de Isabel II, la revolución de 1868). Y, en general, destaca una evidente preferencia por los **ambientes miserables**, marginales y degradados: prostitución, mendicidad, indígenas americanos.

Estilo y lenguaje

En cuanto al estilo, el esperpento permite que se manifieste en toda su plenitud la extraordinaria **capacidad expresiva** de Valle-Inclán. Hay una amplia variedad de **registros lingüísticos** (habla vulgar, coloquial madrileña, andaluza e hispanoamericana, lenguaje administrativo y cursi), en los que destaca un uso afortunado de la derivación irónica *(rubiales, frescales)* y despectiva *(espadón, vejete)*. Predomina el **humor agrio** y el **sarcasmo**; de esta manera, los personajes aparecen animalizados o convertidos en peleles y fantoches.

Este fragmento de *Luces de bohemia* sucede al final de la noche durante la que Max Estrella, acompañado de don Latino, ha recorrido distintos lugares de Madrid. Amanece, Max está a punto de morir a las puertas de su casa; pero antes, como una especie de testamento vital y literario, pronuncia estas palabras, imprescindibles al estudiar la literatura española del siglo XX.

La literatura en el cine

Francisco Rabal hizo de Max Estrella y Agustín González de Latino de Hispalis en la película *Luces de bohemia*, dirigida por Miguel Ángel Díez en 1985. La trama se inicia a partir de la muerte del poeta ciego.

MAX ESTRELLA: Ayúdame a ponerme en pie.
D. LATINO: ¡Arriba **carcunda**!
MAX: ¡No me tengo!
D. LATINO: ¡Qué tuno eres!
MAX: ¡Idiota!
D. LATINO: ¡La verdad es que tienes una fisonomía algo rara!
MAX: ¡Don Latino de Hispalis, grotesco personaje, te inmortalizaré en una novela!
D. LATINO: Una tragedia, Max.
MAX: La tragedia nuestra no es tragedia.
D. LATINO: ¡Pues algo será!
MAX: El Esperpento.
D. LATINO: No tuerzas la boca, Max.
MAX: ¡Me estoy helando!
D. LATINO: Levántate. Vamos a caminar.
MAX: No puedo.
D. LATINO: Deja esa farsa. Vamos a caminar.
MAX: Échame el aliento. ¿Adónde te has ido, Latino?
D. LATINO: Estoy a tu lado.
MAX: Como te has convertido en buey, no podía reconocerte. Échame el aliento, ilustre buey del pesebre belenita. ¡Muge, Latino! Tú eres el cabestro y, si muges, vendrá el **Buey Apis**. Le torearemos.
D. LATINO: Me estás asustando. Debías dejar esa broma.

MAX: Los ultraístas son unos farsantes. El esperpentismo lo ha inventado Goya. Los héroes clásicos han ido a pasearse en el **callejón del Gato**.

D. LATINO: ¡Estás completamente **curda**!

MAX: Los héroes clásicos reflejados en los espejos cóncavos dan el Esperpento. El sentido trágico de la vida española sólo puede darse con una estética sistemáticamente deformada.

D. LATINO: ¡Miau! ¡Te estás contagiando!

MAX: España es una deformación grotesca de la civilización europea.

D. LATINO: ¡Pudiera! Yo me inhibo.

MAX: Las imágenes más bellas en un espejo cóncavo son absurdas.

D. LATINO: Conforme. Pero a mí me divierte mirarme en los espejos de la calle del Gato.

MAX: Y a mí. La deformación deja de serlo cuando está sujeta a una matemática perfecta. Mi estética actual es transformar con matemática de espejo cóncavo las normas clásicas.

D. LATINO: ¿Y dónde está el espejo?

MAX: En el fondo del vaso.

D. LATINO: ¡Eres genial! ¡Me quito el cráneo!

MAX: Latino, deformemos la expresión en el mismo espejo que nos deforma las caras y toda la vida miserable de España.

D. LATINO: Nos mudaremos al callejón del Gato.

MAX: Vamos a ver qué palacio está desalquilado. Arrímame a la pared. ¡Sacúdeme!

D. LATINO: No tuerzas la boca.

MAX: ¡Ni me entero!

D. LATINO: ¡Te traes una guasa!

MAX: Préstame tu **carrik**.

D. LATINO: ¡Mira cómo me he quedado de un aire!

MAX: No me siento las manos y me duelen las uñas. ¡Estoy muy malo!

D. LATINO: Quieres conmoverme, para luego tomarme la coleta.

MAX: Idiota, llévame a la puerta de mi casa y déjame morir en paz.

D. LATINO: La verdad sea dicha, no madrugan en nuestro barrio.

MAX: Llama.

RAMÓN M.ª DEL VALLE-INCLÁN, *Luces de bohemia*, Espasa Calpe

carcunda: carca, viejo lleno de prejuicios; **Buey Apis:** en la mitología egipcia, dios del sol que adoptaba la forma de buey; **callejón del Gato:** calle de Madrid a donde iban los curiosos a verse reflejados en los espejos que allí habían instalado; **curda:** borracho; **carrik:** prenda de abrigo

Actividades

1. Trata de explicar la actitud de Max Estrella y de Don Latino en esta escena.

2. Señala en el texto las palabras con las que se describe la agonía de Max Estrella y sus síntomas.

3. Uno de los rasgos típicos del diálogo en los esperpentos es que a menudo los personajes no se escuchan ni responden unos a otros; cada uno suelta su propio discurso. Subraya los ejemplos de ello que aquí encuentres.

4. Comenta las expresiones: «Ilustre buey del pesebre belenita»; «Los héroes clásicos reflejados en los espejos cóncavos dan el Esperpento»; «¿Y dónde está el espejo? En el fondo del vaso».

5. Compara la agonía de Max con la muerte en escena de los protagonistas de otras novelas, obras de teatro o películas que te hayan gustado especialmente; señala las analogías y diferencias. ¿Encuentras en el final de este personaje algún rasgo del esperpento? Justifica la respuesta.

3. Lorca recupera la tragedia

La casa de Bernarda Alba, acabada en junio de 1936, poco antes de la muerte del escritor, es la obra que mejor refleja las enormes posibilidades del teatro de Lorca. Subtitulada ***Drama de mujeres en los pueblos de España***, presenta el enfrentamiento entre el autoritarismo extremado de Bernarda y el deseo de libertad de sus cinco hijas, condenadas a forzado encierro para guardar luto tras la muerte del padre. Veamos cómo se plantea el conflicto desde los primeros momentos:

BERNARDA: *(A Magdalena, que inicia el llanto).* Chisss. *(Golpea con el bastón). (Salen todas. A las que se han ido).* ¡Andar a vuestras cuevas a criticar todo lo que habéis visto! Ojalá tardéis muchos años en pasar el arco de mi puerta.

PONCIA: No tendrás queja ninguna. Ha venido todo el pueblo.

BERNARDA: Sí, para llenar mi casa con el sudor de sus refajos y el veneno de sus lenguas.

AMELIA: ¡Madre, no hable usted así!

BERNARDA: Es así como se tiene que hablar en este maldito pueblo sin río, pueblo de pozos, donde siempre se bebe el agua con el miedo de que esté envenenada.

PONCIA: ¡Cómo han puesto la **solería**!

BERNARDA: Igual que si hubiera pasado por ella una manada de cabras. *(La Poncia limpia el suelo).* Niña, dame un abanico.

ADELA: Tome usted. *(Le da un abanico redondo con flores rojas y verdes).*

BERNARDA: *(Arrojando el abanico al suelo).* ¿Es éste el abanico que se da a una viuda? Dame uno negro y aprende a respetar el luto de tu padre.

MARTIRIO: Tome usted el mío.

BERNARDA: ¿Y tú?

MARTIRIO: Yo no tengo calor.

BERNARDA: Pues busca otro, que te hará falta. En ocho años que dure el luto no ha de entrar en esta casa el viento de la calle. Haceros cuenta que hemos tapiado con ladrillos puertas y ventanas. Así pasó en casa de mi padre y en casa de mi abuelo. Mientras, podéis empezar a bordaros el ajuar. En el arca tengo veinte piezas de hilo con el que podréis cortar sábanas y embozos. Magdalena puede bordarlas.

MAGDALENA: Lo mismo me da.

ADELA: *(Agria).* Si no queréis bordarlas irán sin bordados. Así las tuyas lucirán más.

MAGDALENA: Ni las mías ni las vuestras. Sé que yo no me voy a casar. Prefiero llevar sacos al molino. Todo, menos estar sentada días y días dentro de esta sala oscura.

BERNARDA: Eso tiene ser mujer.

MAGDALENA: Malditas sean las mujeres.

BERNARDA: Aquí se hace lo que yo mando. Ya no puedes ir con el cuento a tu padre. Hilo y aguja para las hembras. Eso tiene la gente que nace con posibles.

FEDERICO GARCÍA LORCA,
La casa de Bernarda Alba, Cátedra

solería: revestimiento de pisos con solado (ladrillos, azulejos, gres…)

Bernarda, la protagonista de la obra, junto a Poncia.

La literatura en el cine

Una versión muy fiel al texto lorquiano de *La casa de Bernarda Alba* fue filmada por Mario Camus en 1987. Irene Gutiérrez Caba asumió el papel de Bernarda y Ana Belén, el de Adela.

Actividades

1. Teniendo en cuenta su actuación aquí, describe el carácter de Bernarda y Magdalena con citas sacadas del texto.
2. Subraya las expresiones que en estas escenas aluden a su ambientación, señalada por Lorca desde el subtítulo de la obra: *Drama de mujeres en los pueblos de España.*
3. El ambiente opresivo que envuelve la tragedia se sugiere mediante habilísimas frases, imágenes y símbolos; señala y comenta algunos ejemplos.
4. Escribe un comentario acerca de la visión que del hombre, la mujer y sus mutuas relaciones observas en *La casa de Bernarda Alba*. Luego trata de imaginar y resume por escrito otro final menos trágico.

Luigi Pirandello: *Seis personajes en busca de autor*

El italiano **Luigi Pirandello** (1867-1936), uno de los dramaturgos más influyentes en el primer tercio del siglo XX, fue galardonado con el Premio Nobel de Literatura en 1934. Sus obras prefiguran, en cierto modo, la literatura existencialista y el teatro del absurdo, al tratar desde un punto de vista humorístico la angustia e inquietud que afecta al hombre contemporáneo, así como la presencia en cada individuo de personalidades contrapuestas. Pirandello escribió también una novela que anticipaba algunas de estas cuestiones: ***El difunto Matías Pascal***.

Entre sus piezas teatrales destaca ***Seis personajes en busca de autor*** (1921), en la que propone el apasionante tema de la relación del creador con sus criaturas –cuestión tratada casi al mismo tiempo por Unamuno en su novela *Niebla*–, en este caso a través de una trama que desarrolla también el recurso del teatro dentro del teatro. La trama se centra en seis personas que irrumpen en un ensayo teatral exigiendo al autor que asuma sus vidas y los convierta en personajes dramáticos.

El texto seleccionado corresponde al momento en que los personajes consiguen exponer sus intenciones ante la compañía teatral:

EL DIRECTOR DE ESCENA *(Acercándose, pero luego deteniéndose como si lo retuviera una rara turbación.)*:

¡Fuera! ¡Fuera!

EL PADRE *(Al director)*:

Mire, nosotros...

EL DIRECTOR *(Gritando)*:

¡Basta, tenemos que trabajar!

EL PRIMER ACTOR:

No es posible que alguien se burle así...

EL PADRE *(Resuelto, adelantándose)*:

¡Me sorprendo de su incredulidad! ¿Acaso no están los señores acostumbrados a ver cómo aparecen casi vivos aquí, uno frente a otro, los personajes creados por un autor? ¿O a lo mejor no tienen *(señalará la concha del APUNTADOR)* un guión que nos contenga?

LA HIJASTRA *(Colocándose frente al DIRECTOR, risueña, zalamera)*:

Puede creer, señor, que somos de verdad seis personajes interesantísimos. Lamentablemente frustrados.

EL PADRE *(Apartándola)*:

¡Sí, frustrados, eso es! *(Al DIRECTOR, de inmediato.)*: En el sentido, claro está, de que el autor que nos dio vida, después no quiso o no pudo materialmente introducirnos en el mundo del arte. Y de verdad que fue un delito, señor, porque quien ha tenido la suerte de nacer como personaje vivo, puede reírse incluso de la muerte. ¡No morirá jamás! Y para vivir eternamente ni siquiera se necesita de dotes extraordinarias o realizar prodigios. ¿Quién era Sancho Panza? ¿Quién era **don Abbondio**? Y sin embargo, son eternos, porque –semillas vivientes– ¡tuvieron la suerte de encontrar una matriz fecunda, una fantasía que supo nutrirlos y desarrollarlos, darles vida eterna!

EL DIRECTOR:

¡Todo lo que dice usted está bien! Pero ¿qué quieren aquí?

EL PADRE:

¡Queremos vivir, señor!

EL DIRECTOR: *(Irónico)*:

¿Por toda la eternidad?

EL PADRE:

No, señor. Por lo menos un momento, a través de ustedes.

UN ACTOR:

¡Qué ocurrencia!

LA PRIMERA ACTRIZ:

¡Quieren vivir en nosotros!

EL ACTOR JOVEN *(Señalando a la* HIJASTRA*)*:

Por mí no hay problema, si a mí me toca ella.

EL PADRE:

Fíjense, fíjense: todavía hay que hacer la comedia; *(al* DIRECTOR*)* pero si usted quiere y sus actores están dispuestos, la organizamos rápidamente entre nosotros.

EL DIRECTOR *(Molesto)*:

¿Pero qué quiere organizar? ¡Aquí no se hace nada de eso! ¡Aquí se interpretan dramas y comedias!

EL PADRE:

¡Por eso mismo! ¡Hemos venido con usted justamente por eso!

EL DIRECTOR:

¿Y dónde está el guión?

EL PADRE:

Está en nosotros mismos, señor. *(Los* ACTORES *reirán)* El drama está en nosotros, somos nosotros, y estamos impacientes por representarlo, así como dentro nos urge la pasión.

LA HIJASTRA *(Sarcástica, con la pérfida gracia de una oscura desvergüenza)*:

¡Mi pasión, si la conociera, señor! Mi pasión... ¡Por él! *(Señalará al* PADRE *e intentará abrazarlo, pero estallará en una carcajada estruendosa.)*

LUIGI PIRANDELLO, *Seis personajes en busca de autor*, Aguilar

Don Abbondio: uno de los protagonistas de *Los novios*, de Alejandro Manzoni, una de las novelas más famosas de la literatura italiana

1. Resume el tema de la escena; a continuación, trata de relacionarlo con el texto de *El gran teatro del mundo* que figura en el tema correspondiente a Calderón de la Barca en el libro de Primero de Bachillerato.

2. Explica por qué el padre llama a Sancho y a don Abbondio «semillas vivientes». Sintetiza en unas palabras la actitud del Padre, el Director y la Hijastra.

3. Vemos aquí dos tipos de acotaciones: las que dan información sobre acciones y las descriptivas, que aportan indicaciones acerca de la representación (gestos, entonación, decorado). Busca ejemplos de cada una de ellas.

TENIENTE CARDONA: Se trata del honor de todos los oficiales, puesto en entredicho por un teniente cuchara.

TENIENTE CAMPERO: ¡Protesto! El cuartel es tan escuela de pundonor como las academias. Yo procedo de la clase de tropa y no toleraría que mi señora me adornase la frente. Se habla sin recordar que las mejores cabezas militares siempre han salido de la clase de tropa: ¡Prim, pistolo! ¡Napoleón, pistolo!...

CARDONA: ¡Sooo! Napoleón era procedente de la Academia de Artillería.

CAMPERO: ¡Puede ser! Pero el General Morillo, que le dio en la cresta, procedía de la clase de tropa y había sido mozo en un molino.

ROVIROSA: ¡Como el rey de Nápoles, el famoso General Murat!

CAMPERO: Tengo leída alguna cosa de ese General. ¡Un tío muy bragado! ¡Napoleón le tenía miedo!

CARDONA: ¡Tanto como eso, Teniente Campero! ¡Miedo el Ogro de Córcega!

CAMPERO: Viene en la Historia.

CARDONA: No la he leído.

ROVIROSA: A mí, personalmente, los franceses me empalagan.

CARDONA: Demasiados cumplimientos.

ROVIROSA: Pero hay que reconocerles valentía. ¡Por algo son latinos, como nosotros!

CARDONA: Desde que hay mundo, los españoles les hemos pegado siempre a los gabachos.

ROVIROSA: ¡Y es natural! ¡Y se explica! ¡Y se comprende perfectamente! Nosotros somos moros y latinos. Los primeros soldados, según Lord Wellington. ¡Un inglés!

CAMPERO: A mi parecer, lo que más tenemos es sangre mora. Se ve en los ataques a la bayoneta.

(El teniente don Lauro Rovirosa alza y baja una ceja, la mano puesta sobre el ojo de cristal por si ocurre que se le antoje dispararse.)

ROVIROSA: ¡Evidente! Somos muchas sangres, pero preponderа la africana. Siempre nos han mirado con envidia otros pueblos y hemos tenido lluvia de invasores. Pero todos, al cabo de llevar algún tiempo viviendo bajo este hermoso sol, acabaron por hacerse españoles.

CARDONA: Lo que está ocurriendo actualmente con los ingleses de Gibraltar.

CAMPERO: Y en Marruecos. Allí no se oye hablar más que árabe y español.

CARDONA: ¿**Tagalo**, no?

CAMPERO: Algún moro del interior. Español es lo más que allí se habla.

CARDONA: Yo había aprendido alguna cosa de tagalo en **Joló**. Ya lo llevo olvidado: *Tambú*, que quiere decir puta; *Nital Budila:* hijo de mala madre; *Bede tuki pan bata:* ¡¡voy a romperte los cuernos!!

ROVIROSA: ¡Al parecer, posee usted a la perfección el tagalo!

CARDONA: ¡Lo más indispensable para la vida!

ROVIROSA: ¡Evidente! A mí se me ha olvidado lo poco que sabía, e hice toda la campaña en **Mindanao**.

CARDONA: Yo he pasado cinco años en Joló. ¡Los mejores de mi vida!

ROVIROSA: No todos podemos decir lo mismo. Ultramar ha sido negocio para los altos mandos y para los sargentos de oficinas... Mindanao tiene para mí mal recuerdo. Enviudé y he perdido el ojo derecho de la picadura de un mosquito.

CARDONA: La isla de Joló ha sido para mí un paraíso. Cinco años sin un mal dolor de cabeza y sin reservarme de comer, beber y lo que cuelga.

(Su risa estremece los cristales del mirador, la ceniza del cigarro le vuela sobre las barbas, la panza se infla con regocijo natural. Bailan en el velador las tazas de café, salta el canario en la jaula, y se sujeta su ojo de cristal el Teniente don Lauro Rovirosa.)

RAMÓN DEL VALLE-INCLÁN, *Los cuernos de don Friolera*, Espasa Calpe

tagalo: lengua indígena de Filipinas; **Joló** y **Mindanao**: lugares del archipiélago filipino

Localización

El texto procede de la escena octava de *Los cuernos de don Friolera*, el más corrosivo y cómico de los esperpentos teatrales de Valle-Inclán, escrito en 1921, pero publicado dentro de *Martes de Carnaval*, serie de tres piezas, cuyo objetivo común es la crítica del ejército y los militares españoles, designados desde el título con el paródico nombre de «martes».

La obra recrea las desventuras conyugales del teniente Pascual Astete –grotesco heredero literario de los implacables maridos calderonianos–, al que todos llaman don Friolera por la frecuencia con la que repite esta palabra a modo de exclamación. La afición de la mujer del teniente por el barbero Pachequín ha conmocionado a la población de Algeciras, donde transcurre la acción. El ejército se ve obligado a intervenir para atajar el escándalo, formando un tribunal de honor a cuyas pintorescas deliberaciones vamos a asistir.

Como verás, la parodia de estereotipos verbales y mentales propios de la instrucción militar, la desmitificación de la colonización española en ultramar y, en general, de la historia nacional son algunos de los aspectos que el autor desarrolla de forma tan divertida como magistral.

- Resume con tus propias palabras lo que ocurre en el texto.
- Subraya y comenta las expresiones y gestos de los tenientes que evidencian su ignorancia, visión tópica del mundo y afición a los placeres materiales.
- Busca en una enciclopedia o en internet quiénes son Murat, lord Wellington y el general Morillo.

Organización y composición

Vemos aquí los rasgos típicos de la escritura dramática en prosa: acotaciones y diálogo directo precedido del nombre de cada personaje.

- Comenta el valor literario de las acotaciones aquí incluidas: comicidad, hipérbole, construcciones metafóricas...

Aunque, como es habitual en los esperpentos, el diálogo avanza a gran velocidad, incluyendo frecuentes cambios de tema, se suceden en el fragmento tres cuestiones esenciales:

- El debate sobre la procedencia militar (clase de tropa o Academias).
- La exaltación tópica de España en comparación con lo extranjero.
- La mitificación por parte de Cardona y Campero de su estancia en Filipinas.

- Identifica cada una de estas partes en el texto.

Lenguaje y estilo

En la escena aparecen los rasgos lingüísticos que caracterizan al esperpento:

- Diálogo rápido y chispeante.
- Metonimias degradantes: *Prim, pistolo; teniente cuchara.*
- Metáforas tópicas e hiperbólicas: *Ogro de Córcega.*
- Animalizaciones: Cardona dice *¡Sooo!*, para pedir silencio.
- Expresiones protocolarias o propias del lenguaje administrativo, empleadas con intención humorística y ridiculizadora: *Prepondera la africana, clase de tropa, entredicho.*

- Busca ejemplos de éstos y otros elementos esperpénticos presentes en el texto.

Valoración e interpretación

Este fragmento constituye una buena muestra de la eficacia del esperpento para desmitificar una realidad de forma absoluta, pero al mismo tiempo divertida para el espectador. Sólo una escena le ha bastado a Valle-Inclán para poner de relieve lo que de superficial, retórico y fatuo había no sólo en la milicia de la época, sino también en la imagen que la sociedad española se había fabricado de sí misma y de su experiencia colonial. El regusto trágico que quedaba tras la dislocada peripecia de Max Estrella en *Luces de bohemia* se ha convertido aquí en la ridiculización sin reservas de una de las instituciones vertebrales del Estado.

El exilio español contemporáneo (exceptuando el ruso) es el de más larga duración de la Europa contemporánea. Pero, sobre todo, el exilio español fue un exilio largo y perseverante: el exilio ruso, en cambio, ha dejado de serlo por su misma extensión cronológica y por su carencia de un continuo norte político. El exilio español ofrece así al historiador la singularidad de ser el más persistente del actual siglo europeo: esto es, la historia de España posbélica (1939-1975) no puede escribirse sin prestar atención a la otra zona (como se decía durante la Guerra Civil), a la del exilio.

JUAN MARICHAL

La poesía española tras la Guerra Civil

1. Marco histórico-literario en la era de Franco
2. Condiciones de la creación literaria
3. Los géneros literarios
4. La poesía de los años cuarenta
5. La poesía social o comprometida
6. El grupo poético de los años cincuenta
7. La estética novísima
- Lecturas
- El lector universal
- Comentario de texto

1. Marco histórico-literario en la era de Franco

La Guerra Civil española duró casi tres años –desde el 18 de julio de 1936 hasta el 1 de abril de 1939–, al término de los cuales se instauró un régimen autoritario presidido por el general Francisco Franco, jefe indiscutido del bando que triunfó en la contienda. El **régimen franquista** se prolongaría hasta su fallecimiento, el 20 de noviembre de 1975; a largo de estas cuatro décadas, se sucedieron una serie de etapas que tuvieron un claro reflejo en la literatura española.

- **Reconstrucción nacional** (1939-1942). España se alineó con Alemania e Italia en los primeros años de la Segunda Guerra Mundial, mientras el **rey Alfonso XIII** abdicaba en don Juan de Borbón, padre del actual rey. En 1941 se creó la División Azul, fuerza de combate para luchar contra Rusia al lado de Alemania.
  - La **literatura** siguió una **tendencia escapista**, evitando referencias al reciente enfrentamiento fratricida, para ello buscó la ambientación en el pasado histórico reciente o entre los sectores sociales de la alta burguesía.

- **Aislamiento internacional** (1943-1952). Tras la derrota de sus antiguos aliados, el régimen de Franco sufrió un aislamiento por parte de las potencias vencedoras. España fue expulsada de las Naciones Unidas y los embajadores se retiraron de Madrid. El 25 de junio de 1950 se inició la guerra de Corea, con la invasión de la parte sur de la península por parte de cinco divisiones del régimen comunista del Norte; la consecuencia de esta acción fue la guerra fría. En **Estados Unidos** se empezó a ver a Franco como un aliado contra el comunismo y en agosto se aprueba una ley por la que se concedía a España un crédito de sesenta y dos millones de dólares. Finalmente, el 18 de noviembre de 1952 se produjo la entrada de España en la UNESCO. Ese mismo año, Dionisio Ridruejo comunicó a Franco un proyecto de apertura política; mientras, empezaban a llegar a España los primeros turistas.
  - En la **literatura** se abrió un periodo de **reflexión existencial**, marcado por la angustia del escritor ante las desgracias acaecidas en España y en el mundo. Se proyecta en las obras una visión pesimista, con la presencia de temas como la soledad, la muerte o la desesperación por la crueldad humana.

- **Apertura al exterior** (1953-1965). Se trata de un periodo decisivo, pues a lo largo de estos años se llevaron a cabo modificaciones sustanciales en la situación interior de España: mientras en la escena internacional se fue imponiendo la guerra fría entre capitalismo y comunismo, España recuperó posiciones en la escena internacional. En 1953 se firmó el Concordato con la Santa Sede y los acuerdos bilaterales con los Estados Unidos, que significaron ayuda mutua en defensa y el establecimiento de bases militares en España. Por fin, en 1955, la Asamblea General de la **ONU** permitió el ingreso de España. A partir de 1959 se promovió el Plan de Estabilización, que llevaría aparejado el desarrollo económico de España. En diciembre de ese mismo año se produjo en Barajas el famoso abrazo entre Franco y el presidente norteamericano Eisenhower.

La Plaza Mayor de Salamanca en 1952.

A principios del siglo XX, Benidorm era una aldea de pescadores con un ritmo de vida tranquilo, pero con el *boom* turístico de los años sesenta experimentó una transformación urbanística extraordinaria: es la segunda localidad del mundo con más rascacielos por metro cuadrado, después de Manhattan.

- En el **ámbito literario**, los años cincuenta están presididos por el **realismo social**, que consideraba la literatura como un instrumento para denunciar las injusticias y cambiar la sociedad, siguiendo las teorías marxistas en torno a la creación artística, la propagación de los ideales revolucionarios y la función del escritor.

■ **Desarrollo económico y modernización** (1966-1975). Los años sesenta supusieron el **despegue económico** de España –que se convertiría en la décima potencia industrial del mundo– y la superación del aislamiento, gracias al creciente número de **turistas** que contribuyeron a cambiar las costumbres nacionales y el aspecto de las costas españolas. En el ámbito político, Franco seguía conservando todo el poder, si bien en 1966 sometió a referéndum la Ley Orgánica del Estado por la que se nombraba sucesor al Príncipe Juan Carlos con el título de Rey. Se produjo una tímida apertura, momentáneamente suspendida a partir del 20 de diciembre de 1973, al ser asesinado el Presidente del Gobierno Luis Carrero Blanco, verdadero hombre de confianza de Franco desde los años cuarenta.

- Los **escritores** tuvieron la oportunidad de viajar con más facilidad y también de conocer desde España las nuevas tendencias estéticas desarrolladas fuera de nuestras fronteras; ello se traduce en un **afán de experimentación** que, con ciertos excesos, llegará hasta 1975.

2. Condiciones de la creación literaria

El desenlace de la Guerra Civil y la posterior consolidación del régimen de Franco tuvieron, además, una serie de consecuencias que incidieron de manera notable en el desarrollo de los distintos géneros literarios.

■ **Ruptura.** Se produjo un **corte brusco con las tendencias literarias previas**, que habían situado a las letras españolas en una verdadera Edad de Plata durante las décadas que precedieron al trágico enfrentamiento.

■ **Exilio.** Tuvieron que abandonar España buena parte de los intelectuales, que constituirían durante décadas lo que se ha llamado la «España peregrina». Ello obliga a considerar durante estos años **dos literaturas españolas**: la del interior y la del exilio.

■ **Censura.** A través de la censura, el régimen procuraba evitar que en las obras literarias aparecieran críticas al sistema político imperante, alusiones despectivas al catolicismo y escenas que atentaran contra la moral y las buenas costumbres. Su presencia afectó de manera especial al **género dramático**.

■ **Aislamiento.** España quedó marginada con respecto a los movimientos literarios y artísticos que se desarrollaban en el mundo occidental. Sería a partir de los años sesenta cuando los escritores españoles empezaran a acercarse a las **novedades estéticas** que se habían ido produciendo fuera de España.

■ **Centralismo cultural.** Se produjo también un **freno al desarrollo de la literatura** en los otros idiomas peninsulares –catalán, gallego, vasco y valenciano– por la prohibición de usar estas lenguas en público. Con todo, estas literaturas iniciarán una lenta y eficaz recuperación a partir de los años sesenta.

3. Los géneros literarios

En la postguerra, todos los géneros gozan de gran vitalidad, y el público encuentra en las obras de creación la **evolución ideológica** que no se percibía en los medios de comunicación, férreamente censurados.

POESÍA	NOVELA	TEATRO
• Posturas frente a la situación social y política: poetas conformistas (poesía arraigada) y poetas que se rebelan (poesía desarraigada). • Años 50: poesía de la angustia y el compromiso social: Blas de Otero, Celaya. • Años 60: poesía experimental.	• Existencial: *La familia de Pascual Duarte,* de Cela; *Nada,* de Carmen Laforet. • De compromiso social (años 50): *El Jarama,* de Sánchez Ferlosio; *Los bravos,* de Fernández Santos. • Experimental (años 60): *Tiempo de silencio,* de Luis Martín Santos.	• Postguerra: comedia de evasión, visión amable: Mihura, Jardiel Poncela. • Años 50: teatro realista y comprometido socialmente: Buero Vallejo y Alfonso Sastre. • Últimas décadas: teatro experimental y vanguardista (Francisco Nieva y Fernando Arrabal) e independiente (La Cuadra, Els Joglars).

4. La poesía de los años cuarenta

La Guerra Civil acabó con el espléndido panorama de la poesía española en el primer tercio de siglo. **Los escritores** se alinean en cada uno de los dos bandos enfrentados; luego algunos mueren, como García Lorca, y otros parten hacia el exilio, como Juan Ramón Jiménez, Salinas, Guillén, Cernuda, Gil-Albert, Chabás o León Felipe. Entre los que se quedaron, Dámaso Alonso estableció dos tendencias: **poesía arraigada y poesía desarraigada.**

Poesía arraigada

Escrita por un grupo de jóvenes autores también conocidos como la **generación poética de 1936**, agrupados en torno a la revista *Garcilaso* (1943). En su creación se aprecia la **visión del mundo como algo coherente y ordenado** en torno a una serie de realidades inmutables: el amor a la novia o a la esposa, la familia, un Dios cercano y comprensivo, y una visión exaltada de España, en la línea del falangismo en el que algunos de estos poetas militaron. En cuanto al **estilo**, son partidarios de las formas clásicas –sobre todo, el soneto–, la rima consonante, sonoridad, buen gusto estético y un **lenguaje** dotado de adjetivación abundante y metáforas inspiradas en la naturaleza.

Dos obras fundamentales

En 1944 se publican dos libros que ejercerán una notable influencia:

- ***Hijos de la ira,*** de Dámaso Alonso, rompe la armonía un tanto artificial de los poetas garcilasistas, con una violenta sacudida en los temas (angustia, desolación), en el lenguaje (tono retórico y violento), y en la métrica (ruptura de los esquemas tradicionales y el uso del versículo).
- Vicente Aleixandre, en ***Sombra del paraíso***, abandona la estética surrealista para evocar un pasado idílico e irrecuperable, libre de dolor y muerte.

Dentro de la poesía arraigada, encontramos espléndidos poemas inspirados en la tradición clásica. He aquí un homenaje del poeta contemporáneo **Rafael Morales** (1919) a Lope, a partir del soneto «A una calavera». Pertenece al libro *El corazón y la tierra* (1946).

Un esqueleto de muchacha

En esta frente, Dios, en esta frente
hubo un clamor de sangre rumorosa,
y aquí, en esta oquedad, se abrió la rosa
de una fugaz mejilla adolescente.

Aquí el pecho sutil dio su naciente
gracia de flor incierta y venturosa,
y aquí surgió la mano, deliciosa
primicia de este brazo inexistente.

Aquí el cuello de garza sostenía
la alada soledad de la cabeza,
y aquí el cabello undoso se vertía.

Y aquí, en redonda y cálida pereza,
el cauce de la pierna se extendía
para hallar por el pie la ligereza.

Poesía desarraigada

El mismo **Dámaso Alonso** (LECTURA 1), a comienzos de aquella década, se expresaba con respecto a su creación poética en estos términos:

> Para otros, el mundo nos es un caos y una angustia, y la poesía una frenética búsqueda de ordenación y de ancla. Sí, otros estamos muy lejos de toda armonía y de toda serenidad.

A partir de estos supuestos, aparece una poesía de la **desesperación, de la duda y de la angustia**, entroncada con la filosofía existencialista, en auge durante aquellos años en Francia. Para ellos el mundo está mal hecho –a diferencia de lo que Jorge Guillén había afirmado en uno de los más famosos poemas de *Cántico*–, por lo que su Creador (Dios) es increpado como alguien alejado del ser humano e indiferente a sus problemas. El **estilo** huye del virtuosismo técnico, preocupándose ante todo de que el mensaje resulte sincero y directo; se valen para ello de un **lenguaje** agrio, grandilocuente, cargado de violentas exclamaciones a través de las cuales dan rienda suelta a su desesperación interior.

Buena parte de estos poetas encontraron su vehículo de expresión en la revista *Espadaña* (1944).

5. La poesía social o comprometida

Ya entrados los años cincuenta, un grupo de poetas –en la línea de las novelas del realismo social– conciben la poesía como un medio para dar testimonio de la situación política española y protestar ante las injusticias sociales. Su principal representante, **Blas de Otero** (LECTURA 2), resumía con estas palabras la **función de la poesía** y sus destinatarios:

> Evidentemente, la poesía es un medio para transformar el mundo. Y su contribución a esa lucha se verificará de dos formas: directamente, tratando temas relacionados con la situación histórica o por incidencia en la conciencia individual para, a través de ella, agigantar su propia función, colaborando en el desarrollo de la conciencia colectiva [...]. El escritor debe escribir para la mayoría. Aquí no hay exclusiones. Además, a la mayoría le interesarán los temas llamados constantes del hombre –el amor, la muerte– tanto como los temas específicamente históricos.

Temas. Destacan la meditación sobre España, la defensa de la libertad, la solidaridad con marginados y oprimidos, la denuncia de las injusticias o el acercamiento a las realidades menos amables de la existencia, como se advierte en este poema del mismo Celaya, tomado del libro *Tranquilamente hablando* (1947):

Aviso

La ciudad es de goma lisa y negra,
pero con boquetes de olor a vaquería,
y a almacenes de grano, y a madera mojada,
y a guarnicionería, y a achicoria, y a esparto.
Hay chirridos que muerden, hay ruidos inhumanos,
hay bruscos bocinazos que deshinchan
mi absurdo corazón hipertrofiado.
Yo me alquilo por horas, río y lloro con todos;
pero escribiría un poema perfecto
si no fuera indecente hacerlo en estos tiempos.

Placa conmemorativa en la casa de Madrid donde vivió Gabriel Celaya hasta su fallecimiento.

■ **Lenguaje y estilo.** Estos poetas oscilan entre el estrofismo –en especial el soneto– y el verso libre; predominan las frases breves con ocasionales hipérbatos; léxico urbano o suburbano y búsqueda de la claridad a través de un tono coloquial y directo, en el que a menudo se incluyen frases hechas, modificadas parcialmente por el poeta, que pretende así dar una dimensión más general a su canto.

6. El grupo poético de los años cincuenta

Bajo este rótulo se sitúan poetas que, sin rechazar completamente el realismo ni el carácter comprometido y comunicativo de la poesía, pretenden aportar nuevas consideraciones, resumidas con acierto por **José Ángel Valente**, uno de sus principales representantes:

> La poesía aparece así, de modo primario, como revelación de un aspecto de la realidad para el cual no hay más vía de acceso que el conocimiento poético. Ese conocimiento se produce a través del lenguaje poético y tiene su realización en el poema... El poeta no escribe en principio para nadie y escribe de hecho para una inmensa mayoría, de la cual es el primero en formar parte. Porque a quien en primer lugar tal conocimiento se comunica es al poeta en el acto mismo de la creación.

Desaparece, pues, la creencia en la eficacia política de la poesía, que pasa a ser considerada, sobre todo, un **instrumento de conocimiento del mundo interior y exterior del poeta**, pero de forma individual. En algunos casos, se percibe un cierto escepticismo con respecto al papel de la creación poética, asimilada con no poca ironía por Gil de Biedma *al placer solitario*:

> El juego de hacer versos
> –que no es un juego– es algo
> parecido en principio
> al placer solitario [...].
>
> Y los poemas son
> un modo que adoptamos
> para que nos entiendan
> y que nos entendamos.

■ **Rasgos generacionales.** Entre todos estos poetas –que influyen decisivamente en la evolución posterior de la lírica española– se observan bastantes **características comunes**; he aquí las más significativas:

- Procedencia social e intelectual semejante: **burguesía ilustrada**, con formación universitaria.
- Valoración del supremo magisterio de **Antonio Machado**; influencia también de **Vicente Aleixandre**, cuyo libro *Historia del corazón* (1954) y sus constantes consejos orientaron a los jóvenes poetas en la búsqueda del difícil equilibrio entre solidaridad e individualidad.
- **Actitud crítica,** que se manifiesta a través del humor o la ironía; prescinden también de cualquier tipo de patetismo y adhesión sentimental a su país, clase social o realidad inmediata.
- **Meditaciones líricas** en torno al paso del tiempo, los felices años de la infancia, la figura de la madre o la iniciación del amor.
- La exaltación de la **amistad** como valor supremo e intemporal.
- Nulo interés por quebrantar la estética tradicional mediante incursiones en la fealdad o el hiperrealismo. Para ellos, la poesía sigue empeñada en la búsqueda de la **obra bella** y bien hecha.

Observa cómo recuerda **José Ángel Valente** (Orense, 1929) los años de su infancia en plena Guerra Civil en *La memoria y los signos*:

Tiempo de guerra

> [...] Pasaban trenes
> cargados de soldados a la guerra.
> Gritos de excomunión.
>
> Escapularios.
> Enormes moros, asombrosos moros
> llenos de pantalones y de dientes.
> Y aquel vertiginoso
> color de tiovivo y de los víctores.
>
> Estábamos remotos
> chupando caramelos,
> con tantas estampitas y retratos
> y tanto ir y venir y tanta cólera,
> tanta predicación y tantos muertos
> y tanta sorda infancia irremediable.

Lenguaje y estilo. En el ámbito puramente expresivo, aunque cada uno de estos poetas mantendrá un estilo personal, cabe apuntar ciertos **rasgos** que se repiten:

- Alejamiento de la experimentación vanguardista.
- Ausencia de estrofismo y de rima, con predominio del endecasílabo.
- Estructura narrativa del poema, que tiende a contar una historia.
- Sintaxis a base de reiteraciones y paralelismos.
- Léxico urbano; inclusión de coloquialismos con intención irónica.

Entre los miembros de esta generación se encuentran algunos de los nombres más apreciados en el panorama actual de nuestra lírica, como **Ángel González** (LECTURA 4), **Jaime Gil de Biedma, Claudio Rodríguez** (LECTURA 4), **José Ángel Valente, José Agustín Goytisolo** o **Francisco Brines** (LECTURA 4).

7. La estética novísima

En 1970 José M.ª Castellet publicó una antología titulada ***Nueve novísimos poetas españoles***, que supuso una ruptura total con la poesía de carácter realista. Desde entonces se define con el superlativo «novísimos» a una serie de autores que han alcanzado el primer plano de las letras españolas, como **Pere Gimferrer, Manuel Vázquez Montalbán, Félix de Azúa** o **Vicente Molina-Foix.**

Rasgos generacionales. Pueden establecerse unos cuantos rasgos que justifican la identidad generacional:

- Preocupación máxima por el **lenguaje** y el **poema.**
- **Esteticismo,** que supone la revalorización de ambientaciones lujosas, exóticas y decadentes –como Venecia–, en la línea del Modernismo.
- Frecuente uso de la **intertextualidad**, de modo que el poema aparece precedido de citas de distintos autores, cargado de referencias culturales.
- Presencia de los **medios de comunicación de masas**: se convierten en temas poéticos el cine, la literatura policiaca o la música pop.
- Abundante uso de **procedimientos experimentales**: ruptura del verso, disposición gráfica original, recurso al «collage»...
- Recuperación de los **valores irracionales del lenguaje**, un tanto postergados desde el ocaso del surrealismo.

«Oda a Venecia ante el mar de los teatros», de Pere Gimferrer (Barcelona, 1945), es uno de los mejores ejemplos de poesía culturalista y sonoridad:

> Tiene el mar su mecánica como el amor sus símbolos.
> Con qué trajín se alza una cortina roja
> o en esta embocadura de escenario vacío
> suena un rumor de estatuas, hojas de lirio, alfanjes,
> palomas que descienden y suavemente pósanse.
> Componer con chalinas un ajedrez verdoso.
> El moho en mi mejilla recuerda el tiempo ido
> y una gota de plomo hierve en mi corazón.
> Llevé la mano al pecho, y el reloj corrobora
> la razón de las nubes y su velamen yerto.
> Asciende una marea, rosas equilibristas
> sobre el arco voltaico de la noche en Venecia.

1. La ruptura de Dámaso Alonso

Aunque generalmente ha sido vinculado a la generación del 27, lo cierto es que lo mejor de la creación poética de Dámaso Alonso (1898-1990) –que fue además profesor, eminente filólogo y durante muchos años, director de la Real Academia Española– se produce en los años posteriores a la Guerra Civil. Así, en 1944 publica dos libros en cierto modo antagónicos: ***Oscura noticia*** e ***Hijos de la ira***. En el primero, la profunda religiosidad del poeta no le impide hacerse preguntas acerca de temas tan relevantes como la fugacidad de la belleza, la soledad del hombre o el destino incierto de los que nacen.

Pero es en ***Hijos de la ira*** –claro antecedente de la poesía desarraigada– donde el autor rompe de forma violenta con la poética conformista o resignada de la época para lanzar una durísima interpelación a Dios, al hombre y al mundo como culpables directos del horrible espectáculo en que se ha convertido la existencia terrena.

Insomnio

Madrid es una ciudad de más de un millón de cadáveres
(según las últimas estadísticas).
A veces en la noche yo me revuelvo y me incorporo
en este nicho en el que hace 45 años que me pudro,
y paso largas horas oyendo gemir al huracán, o ladrar a los
[perros,
o fluir blandamente la luz de la luna.
Y paso largas horas gimiendo como el huracán
ladrando como un perro enfurecido,
fluyendo como la leche de la ubre caliente de una gran
[vaca amarilla.
Y paso largas horas preguntándole a Dios,
preguntándole por qué se pudre lentamente mi alma,
por qué se pudren más de un millón de cadáveres en esta
[ciudad de Madrid,
por qué mil millones de cadáveres se pudren lentamente en
[el mundo.
Dime, ¿qué huerto quieres abonar con nuestra podredumbre?
¿Temes que se te sequen los grandes rosales del día,
las tristes azucenas letales de tus noches?

DÁMASO ALONSO, *Hijos de la ira*, Labor

Gozo del tacto

Estoy vivo y toco.
Toco, toco, toco.
Y no, no estoy loco.
Hombre, toca, toca
lo que te provoca:
seno, pluma, roca,
pues mañana es cierto
que ya estarás muerto,
tieso, hinchado, yerto.
Toca, toca, toca,
¡qué alegría loca!
Toca, toca, toca.

DÁMASO ALONSO, *Hombre y Dios*, Labor

Actividades

1. En «Insomnio» se produce un cambio absoluto con respecto a la poesía arraigada, tanto en la forma como en el contenido. Describe la situación desde la que se escribe el poema. ¿Cuál es su tema principal?
2. Dámaso Alonso emplea en «Insomnio» algunas imágenes inspiradas en el surrealismo, como la que cierra el poema. Busca y comenta otros ejemplos.
3. «Gozo del tacto» trata de forma sencilla un tema de amplísima tradición literaria. ¿Cuál es? ¿Recuerdas otros textos donde ya lo encontramos el curso pasado?
4. Compara ambos poemas atendiendo a los aspectos siguientes: tono, tipo de verso, estrofa y rima, y estructuras sintácticas. ¿Cuál de los dos te resulta más atractivo? Justifica tu respuesta.

2. Del desarraigo a la poesía social: Blas de Otero

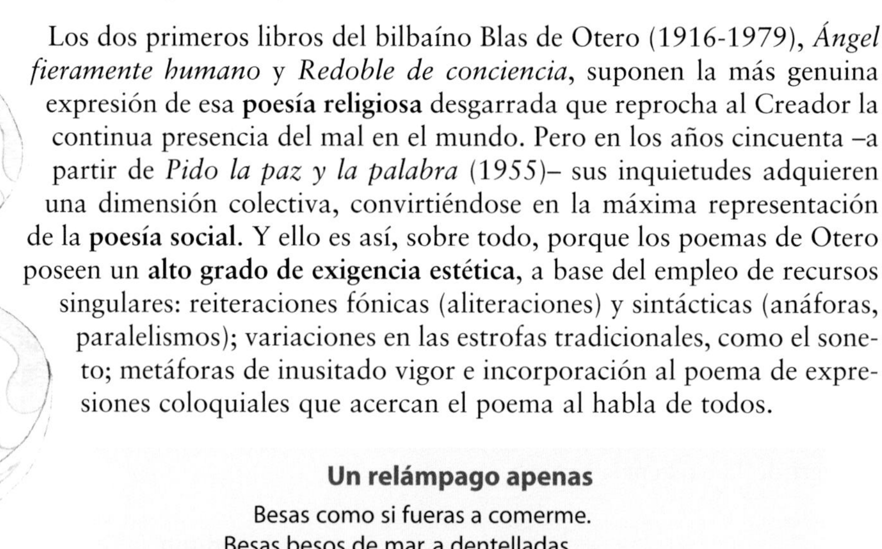

Los dos primeros libros del bilbaíno Blas de Otero (1916-1979), *Ángel fieramente humano* y *Redoble de conciencia*, suponen la más genuina expresión de esa **poesía religiosa** desgarrada que reprocha al Creador la continua presencia del mal en el mundo. Pero en los años cincuenta –a partir de *Pido la paz y la palabra* (1955)– sus inquietudes adquieren una dimensión colectiva, convirtiéndose en la máxima representación de la **poesía social.** Y ello es así, sobre todo, porque los poemas de Otero poseen un **alto grado de exigencia estética,** a base del empleo de recursos singulares: reiteraciones fónicas (aliteraciones) y sintácticas (anáforas, paralelismos); variaciones en las estrofas tradicionales, como el soneto; metáforas de inusitado vigor e incorporación al poema de expresiones coloquiales que acercan el poema al habla de todos.

Un relámpago apenas

Besas como si fueras a comerme.
Besas besos de mar, a dentelladas.
Las manos en mis sienes y abismadas
nuestras miradas. Yo, sin lucha, inerme

me declaro vencido, si vencerme
es ver en ti mis manos maniatadas.
Besas besos de Dios. A bocanadas
bebes mi vida. Sorbes. Sin dolerme,

tiras de mi raíz, subes mi muerte
a flor de labio. Y luego, mimadora,
la brizas y la rozas con tu beso.

Oh Dios, oh Dios, si para verte
bastara un beso, un beso que se llora
después, porque, ¡Oh, por qué, no basta eso!

Ángel fieramente humano, Vicens Vives

Fidelidad

Creo en el hombre. He visto
espaldas astilladas a trallazos,
almas cegadas avanzando a brincos
(españas a caballo
de dolor y de hambre). Y he creído.

Creo en la paz. He visto
altas estrellas, llameantes ámbitos
amanecientes, incendiados ríos
hondos, caudal humano
hacia otra luz: he visto y he creído.

Creo en ti, patria. Digo
lo que he visto: relámpagos
de rabia, amor en frío, y un cuchillo
chillando, haciéndose pedazos
de pan: aunque hoy hay solo sombra, he visto
y he creído.

Pido la paz y la palabra, Vicens Vives

Actividades

1. Explica con tus propias palabras el contenido del primer poema. ¿Cómo interpretas el título? ¿Encuentras resonancias religiosas o sólo expresión del amor humano? ¿Podría darse una interpretación en clave ascética, de búsqueda de Dios?
2. ¿Por qué crees que abundan los sonidos oclusivos y bilabiales? Comenta la función del encabalgamiento.
3. Resume el tema del segundo poema. ¿Encuentras características de la poesía social? Selecciona y comenta las que te parezcan más eficaces. El texto se construye sobre una estructura paralelística: establece sus miembros, así como su intención comunicativa.
4. Realiza el comentario métrico de ambos poemas.

3. El compromiso con la tradición: José Hierro

José Hierro (Madrid, 1922-2000) se situó en sus comienzos dentro de la **poesía social**, con una viva conciencia del valor del lenguaje y del ritmo del verso; su **dimensión intimista** le acercará a las nuevas generaciones, en particular a los poetas de la experiencia. En los años noventa es distinguido con importantes galardones literarios españoles: Premio Cervantes, Premio Príncipe de Asturias y Premio Nacional de las Letras Españolas, además de ser elegido miembro de la Real Academia Española. Su última obra, ***Cuaderno de Nueva York*** (1998), ha supuesto un éxito sin precedentes.

El muerto

Aquel que ha sentido en sus manos temblar la alegría
no podrá morir nunca.

Yo lo veo en mi noche completa.
Me costó muchos siglos poder comprenderlo,
muchos siglos de olvido y de sombra constante,
muchos siglos de darle mi cuerpo extinguido
a la hierba que encima de mí balancea su fresca verdura.
Ahora el aire, allá arriba, más alto que el suelo que pisan los [vivos
será azul. Temblará estremecido, rompiéndose,
desgarrado su vidrio oloroso por claras campanas,
por el curvo volar de gorriones,
por las flores doradas y blancas de esencias frutales.
(Yo una vez hice un ramo con ellas.
Puede ser que después arrojara las flores al agua,
puede ser que le diera las flores a un niño pequeño,
que llenara de flores alguna cabeza que ya no recuerdo,
que a mi madre llevara las flores:
yo quería poner primavera en sus manos).

¡Será ya primavera allá arriba!
Pero yo que he sentido una vez en mis manos temblar la alegría
no podré morir nunca.
Pero yo que he tocado una vez las agudas agujas del pino
no podré morir nunca.
Morirán los que nunca jamás sorprendieron
aquel vago pasar de la loca alegría.
Pero yo que he tenido su tibia hermosura en mis manos
no podré morir nunca.

Aunque muera mi cuerpo y no quede memoria de mí.

José Hierro, *Antología poética*, Alianza

A *Cuadernos en Nueva York* pertenece este soneto, heredero de la mejor tradición barroca española:

Vida

Después de todo, todo ha sido nada,
a pesar de que un día lo fue todo.
Después de nada, o después de todo
supe que todo no era más que nada.
Grito «¡Todo!», y el eco dice «¡Nada!».
Grito «¡Nada!», y el eco dice «¡Todo!».
Ahora sé que la nada lo era todo,
y todo era ceniza de la nada.
No queda nada de lo que fue nada.
(Era ilusión lo que creía todo
y que, en definitiva, era la nada).
Qué más da que la nada fuera nada
si más nada será, después de todo,
después de tanto todo para nada.

Actividades

1. Explica con tus propias palabras la idea que quiere transmitir José Hierro en «Vida». El texto se articula sobre una figura retórica clave. Identifícala.
2. ¿Cuál es el tema de «El muerto»: la llegada de la primavera, la inmortalidad o la infancia?
3. Señala los rasgos que identifican y diferencian este poema de la poesía desarraigada o de carácter social.
4. Llama la atención la especial sonoridad del poema, conseguida gracias al uso de un tipo de verso de arte mayor. Identifícalo; para ello, realiza el comentario métrico de los diez últimos versos.
5. La influencia del Modernismo se percibe en el uso de una adjetivación abundante y embellecedora; también en la presencia de originales metáforas y sinestesias. Señala y comenta algunos ejemplos.

4. La rehumanización de la poesía

En los años sesenta, la poesía tomó un rumbo nuevo: un grupo de poetas que eran niños durante la contienda civil sufrió la experiencia traumática de una guerra que no entendían. Y a partir de 1939, las consecuencias en lo espiritual y en lo material: hambre, frío, incultura, incomprensiones y falta de libertades.

Son autores que conocieron la poesía social y en su obra dejaron testimonio de su tiempo; pero ya no creen que la poesía pueda transformar el mundo; por eso, abandonan el prosaísmo y no renuncian a la obra bien hecha; se sienten **herederos de Antonio Machado y de algunos poetas del 27.** Entre sus figuras principales destacan José Agustín Goytisolo, Ángel González, Claudio Rodríguez y José Ángel Valente.

Ángel González (Oviedo, 1925-2008)

Dentro del **grupo de los años 50**, Ángel González se caracteriza por mantener una **actitud crítica ante su entorno**, expresada a través de una refinada ironía y un lenguaje coloquial que no ocultan una permanente preocupación por los temas fundamentales de la existencia: el **amor**, la **muerte**, el **paso del tiempo.** Sus libros principales son ***Sin esperanza, con convencimiento*** (1961), ***Grado elemental*** (1962), al que pertenece este poema, y ***Tratado de urbanismo*** (1967). *Palabra sobre palabra* (1986) es la recopilación de toda su obra poética.

Elegido por aclamación

Sí, fue un malentendido.
Gritaron: ¡a las urnas!
y él entendió: ¡a las armas! –dijo luego.
Era pundonoroso y mató mucho.
Con pistolas, con rifles, con decretos.
Cuando envainó la espada dijo, dice:
La democracia es lo perfecto.
El público aplaudió. Solo callaron,
impasibles, los muertos.
El deseo popular será cumplido.
A partir de esta hora soy –silencio–
el Jefe, si queréis. Los disconformes
que levanten el dedo.
Inmóvil mayoría de cadáveres
le dio el mando total del cementerio.

ÁNGEL GONZÁLEZ, *Grado elemental*, Seix Barral

Claudio Rodríguez (Zamora, 1934-1999)

Perteneciente a la **generación del 50**, publicó con 18 años un libro que causó admiración generalizada: ***Don de la ebriedad*** (1952), en el que aparece la poesía como un **éxtasis** y un regalo capaz de ofrecer una nueva visión del mundo. Los libros posteriores, *Conjuros* (1958), *El vuelo de la celebración* (1976) y *Casi una leyenda* (1991), combinan el canto a la vida sencilla en los pueblos castellanos con un tono vitalista que recupera el **tema universal del amor.** He aquí dos poemas que muestran sus principales inquietudes; pertenecen a *Conjuros* y a *El vuelo de la celebración.*

Siempre será mi amigo

Siempre será mi amigo no aquel que en primavera
sale al campo y se olvida entre el azul festejo
de los hombros que ama, y no ve el cuero viejo
tras el nuevo pelaje, sino tú, verdadera
amistad, peatón celeste, tú, que en el invierno
a las claras del alba dejas tu casa y te echas
a andar, y en nuestro frío hallas abrigo eterno
y en nuestra honda sequía la voz de las cosechas

Mientras tú duermes

Cuando tú duermes
pones los pies muy juntos,
alta la cara y ladeada, y cruzas
y alzas las rodillas, no astutas todavía;
la mano silenciosa en la mejilla izquierda
y la mano derecha en el hombre que es puerta
y oración no maldita.

Qué cuerpo tan querido,
junto al dolor lascivo de su sueño,
con su inocencia y su libertad,
como recién llovido.

Ahora que estás durmiendo
y la mañana de la almohada,
el oleaje de las sábanas,
me dan camino a la contemplación,
no al sueño, pon, pon tus dedos
en los labios,
y el pulgar en la sien,
como ahora. Y déjame que ande
lo que estoy viendo y amo: tu manera
de dormir, casi niña,
y tu respiración tan limpia que es suspiro
y llega casi al beso.

Te estoy acompañando. Despiértate. Es de día.

Claudio Rodríguez,
Antología poética, Espasa Calpe

Francisco Brines (Valencia, 1932)

Heredero de la gran tradición poética mediterránea, ha sido considerado también el **poeta metafísico** de su generación por su persistencia en tratar los grandes temas de la poesía: el **amor**, la **amistad**, el **paso del tiempo**, la **vejez** y la **muerte**. Su primer libro, ***Las brasas*** (1960), obtuvo el Premio Adonais, además de plantear un motivo recurrente en toda su producción: el sentimiento de la pérdida del paraíso. El poema seleccionado pertenece a *Insistencias en Luzbel* (1977), donde la evocación del pasado se mezcla con la exhortación de gozar del presente.

Canción de los cuerpos

La cama está dispuesta,
blancas las sábanas,
y un cuerpo se me ofrece
para el amor.
Abramos la ventana,
entren calor y noche,
y el ruido del mundo
sea solo el ruido
del placer.
Que no hay felicidad
tan repetida y plena
como pasar la noche,
romper la madrugada,
con un ardiente cuerpo.
Con un oscuro cuerpo,
de quien nada conozco
sino su juventud.

Francisco Brines,
Insistencias en Luzbel, Visor

Actividades

1. Resume el tema del poema de Ángel González. A continuación realiza un breve análisis métrico: tipo de versos, rima, estrofa... Comenta también el uso del estilo directo.
2. El texto ofrece un evidente contenido político: explícalo. ¿Podría aplicarse a alguna situación concreta dentro o fuera de España? Justifica tu respuesta.
3. Uno de los rasgos que diferencian esta generación de la poesía social es el frecuente uso de la ironía. Señala las afirmaciones irónicas presentes en el mismo poema.
4. La exaltación de la amistad figura entre los motivos frecuentes en la generación del medio siglo; analiza cómo se manifiesta en «Siempre será mi amigo». Comenta el poema desde el punto de vista métrico.
5. Resume el tema de «Mientras tú duermes» y «Canción de los cuerpos».
6. Comenta las comparaciones, imágenes y metáforas que aparecen en ambos textos.
7. ¿Encuentras en los poemas de Claudio Rodríguez y Brines ecos de otros autores del Renacimiento y de la generación del 27? Justifica tu respuesta.

Konstantinos Kavafis.

Konstantinos Kavafis (1863-1933): «Ítaca»

El poeta griego –aunque nació y vivió en Alejandría– Konstantinos Kavafis representa la más valiosa **recreación lírica del legado cultural mediterráneo, clásico y helenístico.** Durante su vida trabajó como funcionario, mientras escribía no más de dos centenares de poemas que difundió entre sus conocidos en hojas sueltas, y clasificados en tres categorías:

- **Eróticos,** en torno a la homosexualidad.
- **Históricos,** recordando figuras o escenas míticas de la Antigüedad –en especial, la personalidad de Alejandro Magno.
- **Filosóficos,** con reflexiones teñidas de melancolía ante el inevitable paso del tiempo.

Kavafis leyó desde siempre a los **parnasianos** y **simbolistas** franceses, y de sus experiencias lectoras nace una poesía madura y exigente, caracterizada por una refinada cultura grecolatina y casi siempre por la ironía.

El poeta corregía su obra sin cesar hasta la perfección (algunos poemas fueron elaborados por espacio de diez años); consta de los ciento cincuenta y cuatro poemas que consideró acabados, más otras cuantas composiciones en las que a su juicio no había encontrado aún su forma definitiva.

Sus versos tocan **temas** que seducirán por igual a autores del 27 –como Luis Cernuda–, a poetas de los años 50 –es el caso de Gil de Biedma–, a novísimos como José M.ª Álvarez o a miembros de lo que se llamará a fines del siglo XX «poesía de la experiencia»: el fin de la juventud, la fugacidad de la **vida**, lo efímero del **amor**, lo acuciante del **deseo**, además de buscar a menudo refugio y marco para sus composiciones en momentos decadentes de la civilización grecolatina. Su **estilo** se aleja de la retórica, mediante el uso de un tono cercano –irónico en ocasiones– que seduce de inmediato al lector.

Interesado por la **historia**, Kavafis escribió bastantes composiciones no sobre grandes momentos históricos, sino sobre la decadencia que seguía, como los famosos «Esperando a los bárbaros», «El dios abandona a Antonio» o «**Ítaca**», algunas de cuyas frases han pasado a ser proverbiales. Precisamente este último poema dio lugar a una extraordinaria versión musical por parte del cantautor catalán Lluís Llach en 1975, con el título de «Viatge a Ítaca», a partir de la traducción del poeta Carles Riba.

Ulises y Penélope en una pintura del siglo XIX.

Ítaca

Cuando emprendas tu viaje a Ítaca
pide que el camino sea largo,
lleno de aventuras, lleno de experiencias.
No temas a los lestrigones ni a los cíclopes,
o al colérico Poseidón,
seres tales jamás hallarás en tu camino,
si tu pesar es elevado, si selecta
es la emoción que toca tu espíritu y tu cuerpo.
Ni a los lestrigones ni a los cíclopes
ni al salvaje Poseidón encontrarás,
si no los llevas dentro de tu alma,
si no los yergue tu alma ante ti.
Pide que el camino sea largo.
Que sean muchas las mañanas de verano
en que llegues –¡con qué placer y alegría!–
a puertos antes nunca vistos.
Detente en los emporios de Fenicia
y hazte con hermosas mercancías,
nácar, coral, ámbar y ébano
y toda suerte de perfumes voluptuosos,
cuantos más abundantes perfumes voluptuosos puedas.
Ve a muchas ciudades egipcias
a aprender, a aprender de sus sabios.
Ten siempre a Ítaca en tu pensamiento.
Tu llegada allí es tu destino.
Mas no apresures nunca el viaje.
Mejor que dure muchos años
y atracar, viejo ya, en la isla,
enriquecido de cuanto ganaste en el camino
sin aguardar a que Ítaca te enriquezca.
Ítaca te brindó tan hermoso viaje.
Sin ella no habrías emprendido el camino.
Pero no tiene ya nada que darte.
Aunque la halles pobre, Ítaca no te ha engañado.
Así, sabio como te has vuelto, con tanta experiencia,
entenderás ya qué significan las Ítacas.

KONSTANTINOS KAVAFIS, *Poesía completa*, Visor Libros

Ulises, rey mítico de Ítaca y héroe de la *Odisea* de Homero.

1. Consulta en una enciclopedia o diccionario de mitología el argumento de *La Odisea*; a continuación, explica quiénes eran los cíclopes, los lestrigones y Poseidón.

2. Resume con tus propias palabras el mensaje que Kavafis quiere comunicar a través del poema; en este sentido, ¿qué significan *las Ítacas*? ¿Qué función cumplen lestrigones y cíclopes dentro del poema?

3. El poema se basa en el recurso de convertir la isla de Ítaca –destino final de Ulises– en un símbolo de amplias resonancias. Identifica su significado.

4. Comenta cómo se manifiesta en el poema esa cercanía al lector que constituye uno de los rasgos principales de la poesía de Kavafis.

5. Intenta localizar una grabación del «Viatge a Ítaca» de Lluís Llach. Escribe luego acerca de la impresión que te produce.

Intento formular mi experiencia de la guerra

Fueron, posiblemente,
los años más felices de mi vida,
y no es extraño, puesto que a fin de
[cuentas
no tenía los diez.

Las víctimas más tristes de la guerra
los niños son, se dice.
Pero también es cierto que es una
[bestia el niño:
si le perdona la brutalidad
de los mayores, él sabe aprovecharla,
y vive más que nadie
en ese mundo demasiado simple,
tan parecido al suyo.

Para empezar, la guerra
fue conocer los páramos con viento,
los sembrados de gleba pegajosa
y las tardes de azul, celestes y algo
[pálidas,
con los montes de nieve sonrosada a
[lo lejos.
Mi amor por los inviernos mesetarios
es una consecuencia de que hubiera
en España casi un millón de muertos.

A salvo en los pinares
–pinares de la Mesa, del Rosal, del
[Jinete!–,
el miedo y el desorden de los primeros
[días
eran algo borroso, con esa irrealidad
de los momentos demasiado intensos.
Y Segovia parecía remota
como una gran ciudad, era ya casi el
[frente
–o por lo menos un lugar heroico–,
un sitio con tenientes de brazo en
[cabestrillo
que nos emocionaba visitar: la guerra
quedaba allí al alcance de los niños
tal y como la quieren.
A la vuelta, de paso por el puente
[Uñés,
buscábamos la arena removida
donde estaban, sabíamos, los cinco
[fusilados.
Luego la lluvia los desenterró,
los llevó río abajo.

Y me acuerdo también de una
[excursión a Coca,
que era el pueblo de al lado,
una de esas mañanas en que la luz
es aún, en el aire, relámpago de
[escarcha,
pero que anuncian ya la primavera.
Mi recuerdo, muy vago, es sólo una
[imagen,
una nítida imagen de la felicidad
retratada en un cielo
hacia el que se apresura la torre de la
[iglesia,
entre un nimbo de pájaros.
Y los mismos discursos, los gritos, las
[canciones
eran como promesas de otro tiempo
[mejor,
nos ofrecían
un billete de vuelta al siglo diez y seis.
¿Qué niño no lo acepta?

Cuando por fin volvimos
a Barcelona, me quedó unos meses
la nostalgia de aquello, pero me
[acostumbré.
Quien me conoce ahora
dirá que mi experiencia
nada tiene que ver con mis ideas,
y es verdad. Mis ideas de la guerra
[cambiaron
después, mucho después
de que hubiera empezado la
[postguerra.

GIL DE BIEDMA, *Antología personal*, Visor Libros

El autor y la obra

Jaime Gil de Biedma (Barcelona, 1929-1990) es el poeta español de postguerra que más ha influido en las generaciones posteriores. Tres rasgos caracterizan su trayectoria creadora: actitud intelectual e inteligente, manifestada en su afición por la paradoja y la sorpresa; distanciamiento irónico, que en algunos casos puede llegar a una apariencia de cinismo; y expresión conversacional o coloquial, de manera que Carlos Bousoño llegó a definir su estilo con estas palabras: «Cantar como se habla». El poema que vamos a comentar pertenece a *Moralidades* (1966), el segundo de sus libros, en el que la temática social aparece revitalizada con nuevos enfoques subjetivos e irónicos.

Tema e ideas

Gil de Biedma afirmó en repetidas ocasiones que en su poesía sólo había dos temas: «yo y el tiempo». Ambos se engarzan de manera magistral en este texto, que desde la primera persona evoca experiencias infantiles durante los años de la Guerra Civil. Un asunto de amplia transcendencia colectiva, en especial para los miembros del grupo poético de los años 50, tratado desde una perspectiva rabiosamente individual. Detrás del argumento –el poema tiene un importante componente narrativo– se adivina un tema de secular trayectoria en la literatura universal.

- ¿Cuál es el tema del poema? Señala los datos referentes a la Guerra Civil que aparecen en el poema.

Organización y composición

Estamos ante un poema compuesto a base de versos libres, sin rima, con un ritmo marcado fundamentalmente por endecasílabos, heptasílabos y alejandrinos. Una estructura abierta que facilita el tono narrativo / evocativo predominante en el texto y tan característico del grupo generacional al que pertenece el autor.

- Localiza ejemplos de cada uno de los tres tipos de verso mencionados.

El poema, desde el punto de vista tipográfico, se articula en seis unidades de tamaño irregular; en cuanto al contenido, pueden distinguirse tres partes: consideraciones generales en torno a la guerra y los niños; el poeta sumergido en el pasado; vuelta al presente.

- Señala cada una de estas partes sobre el texto.

Lenguaje y estilo

Como se ha afirmado ya, el estilo de Gil de Biedma, como el de Ángel González, resulta deliberadamente prosaico y antirretórico, propicio a la ironía y con un tono conversacional que favorece, en este caso, la índole evocativa del poema. Vemos, pues, que no abundan las figuras literarias, si bien las que hay –metáfora, personificación, comparación, sinestesia–, se concentran en el momento más lírico e intenso del texto: el recuerdo de la excursión a Coca. De este modo, la emoción ha logrado por una vez vencer al distanciamiento. Por el contrario, no son escasas las afirmaciones paradójicas («es una bestia el niño»), irónicas e incluso deliberadamente cínicas. Abundan también palabras «antipoéticas» o más propias de la prosa: «formular», «posiblemente», «mesetarios».

- Identifica y comenta todos estos recursos sobre el poema.

Valoración e interpretación

Esta evocación autobiográfica, en apariencia irrelevante, ofrece una dimensión literaria profunda en tres aspectos:

- Universal, al recrear un motivo presente en las grandes literaturas de occidente: el paraíso perdido y la mitificación de la infancia.
- Generacional, porque Gil de Biedma aborda aquí un tema clave de la literatura social o comprometida de los años cincuenta y sesenta, la Guerra Civil, al margen de consignas o tópicos, dejando que se imponga la libérrima voluntad del creador.
- Individual: la insobornable personalidad del autor rompe, además, con toda la literatura sobre el conflicto, al afirmar sin complejos que aquellos años fueron los mejores de su vida.

- ¿Piensas que el autor quiere tan sólo narrar un recuerdo de su infancia o, por el contrario, incluye alguna valoración personal? Justifica tu respuesta.

Taller de creación

Recrear momentos de la infancia

Afortunadamente tú no has tenido que vivir un acontecimiento como el que expone Gil de Biedma; sin embargo, sí podrías volver a recuperar la mirada del niño que fuiste para recrear, en prosa o en verso, algún episodio significativo de tu infancia: viajes, aventuras, lecturas o situaciones que hayan dejado huella especial en ti.

Antes de 1936 los novelistas de España, con raras excepciones, cultivaban un tipo de novela que aspiraba a una autonomía artística absoluta, arraigada desde luego en la esencia humana universal, pero sin conexión suficiente ni marcada con la existencia histórica y comunitaria de los españoles. Esta conexión es precisamente lo que buscan los más y los mejores novelistas después de la Guerra Civil, y a esto es a lo que podemos llamar realismo, entendiendo por realismo la atención primordial a la realidad presente y concreta, a las circunstancias reales del tiempo y del lugar en que se vive.

Gonzalo Sobejano, *Novela española de nuestro tiempo*

La prosa española posterior a la Guerra Civil

1. La novela de la inmediata posguerra: realismo existencial

La literatura española de los años cuarenta está dominada por la **angustia** y el **desarraigo**. En el ámbito de la novela –que se mantuvo al margen de las innovaciones experimentadas en la narrativa europea y americana– podemos distinguir tres direcciones de interés muy diverso:

- La **continuación del realismo** decimonónico y tradicional, cuyo principal representante en estos años es el vizcaíno Juan Antonio Zunzunegui, quien denuncia la falsa moral de la burguesía bilbaína y madrileña en *¡Ay, estos hijos!* y *Esta oscura desbandada*.

- El **acercamiento a la Guerra Civil** desde la óptica de los vencedores: es el caso de *La fiel infantería*, de Rafael García Serrano; *Javier Mariño*, de Gonzalo Torrente Ballester; o la serie titulada *La ceniza fue árbol*, en la que Ignacio Agustí recrea los avatares de las primeras décadas del siglo desde el punto de vista de la alta burguesía catalana.

- Una nueva perspectiva viene marcada por el grupo de novelas centradas en un personaje antiheroico enfrentado a una sociedad indiferente u hostil; se plantean temas como la amargura de la vida cotidiana, la soledad, la frustración y la muerte. Esta tendencia –a la que cabe denominar **realismo existencial**– irrumpe en nuestro panorama narrativo de la mano de dos títulos emblemáticos: *La familia de Pascual Duarte* (1942), de Camilo José Cela, y *Nada*, con la que Carmen Laforet ganó en 1945 el Premio Nadal. Este mismo premio serviría en 1947 para descubrir a Miguel Delibes por *La sombra del ciprés es alargada*.

El pintor surrealista Antonio Saura creció durante la Guerra Civil española. Sin formación académica, comienza su carrera artística como autodidacta. Sus primeras exposiciones tienen lugar en el extranjero, donde su arte fue reconocido antes que en España, pues aquí el clima político no favorecía a los artistas más audaces. En la imagen, «Ancestro 8».

Autores

Conviene resaltar que en los años cuarenta ya se dan a conocer los tres autores que siguen a la cabeza de los novelistas españoles hasta el cambio de siglo:

- **Camilo José Cela** (Iria Flavia, La Coruña,1916-2002). Preside la evolución de la narrativa posterior a la Guerra Civil, pues participó de todas las tendencias y ensayos de innovación; en 1989 se le concedió el Premio Nobel de Literatura (LECTURA 2).

- **Miguel Delibes** (Valladolid, 1920). Ha vivido siempre en Valladolid, alejado de los ambientes literarios convencionales. Es el gran novelista de Castilla, además del más constante defensor de la ecología y el amor a la naturaleza en la literatura española actual. (LECTURA 3).

- **Gonzalo Torrente Ballester** (El Ferrol, 1910-1999). Se inició como dramaturgo con obras que no tuvieron éxito debido a su complejidad. Entre sus primeras novelas destaca una original recreación del mito del seductor en *Don Juan* y la magnífica trilogía realista *Los gozos y las sombras* (1957-1962), donde se planteaba el conflicto entre caciquismo tradicional y progreso en una Galicia primitiva y semifeudal.

Tras *La saga/fuga de J. B.* –ingeniosísima novela de corte experimental ambientada en la imaginaria villa gallega de Castroforte del Baralla–, el autor siguió publicando luego novelas en las que con fino humor revisa periodos históricos *(Crónica del rey pasmado)*, mitos e incluso la propia creación literaria (*Yo no soy yo, evidentemente* y *Fragmentos del Apocalipsis*).

La página web **www.clubcultura.com/clubliteratura/clubescritores/torrente/** está auspiciada por los herederos de **Torrente Ballester**. Ofrece información sobre su vida y obra literaria, noticias de reediciones, y remite también a la Fundación Torrente Ballester, ubicada en Santiago de Compostela.

http://

2. La novela de los años cincuenta: realismo social

La literatura de los años cincuenta se preocupó por dejar constancia de los **problemas económicos y sociopolíticos del país**, siguiendo la estela de corrientes como el Neorrealismo italiano –que tuvo también su vertiente cinematográfica– y de una concepción del arte, de inspiración marxista, que recibió el nombre de **realismo social**. Por ello, para referirse a la narrativa de estos años se habla de la **novela social española**. Sus límites temporales van desde 1951 (fecha de *La colmena*, de Cela) hasta 1962, en que se publica *Tiempo de silencio*, de Luis Martín-Santos.

El deseo de estos autores es actuar sobre el lector con la intención tanto de informarle de las desigualdades e injusticias sociales como provocar en él una «toma de conciencia» que le impulse a la acción, con objeto de modificar aquel estado de cosas. En este sentido, se han señalado dos tendencias bien definidas dentro de la narrativa de carácter social: realismo objetivo y realismo crítico.

Tendencias

Realismo objetivo. Mediante el «**behaviorismo**», conductismo o realismo objetivo, el narrador se limita a reproducir la **conducta** (*behaviour*, en inglés) externa de los personajes, sus movimientos y actitudes, dejando al margen cualquier forma de introspección, de manera que sea el lector el que saque sus conclusiones sobre la situación de quienes aparecen en la novela. La acción, generalmente escasa, se desarrolla a través de los abundantes **diálogos**, que incorporan muchos rasgos del habla coloquial.

En esta tendencia se sitúa **Rafael Sánchez Ferlosio** (1927), autor de la novela objetivista por excelencia: *El Jarama* (1955), reproducción fiel de la jornada dominical que un grupo de jóvenes madrileños de clase humilde pasa a orillas del río que da nombre al relato. Hay que citar también los nombres de Juan García Hortelano (1927-1992), que en *Nuevas amistades* y *Tormenta de verano* se centra en el pequeño mundo de la burguesía madrileña, y Jesús Fernández Santos (1926-1988), quien presta su voz al medio rural leonés en títulos como *Los bravos* y *En la hoguera*.

Realismo crítico. A través del realismo crítico, por el contrario, los autores manifiestan su **compromiso ideológico** con respecto a la materia narrada, presentando una visión parcial de la realidad con la intención de poner de relieve las causas y los efectos de las injusticias sociales. Para ello, huyen de cualquier complicación formal: utilizan la narración lineal, descripciones sencillas, léxico limitado e incluso ocasionales descuidos sintácticos. Los **personajes** suelen ser el obrero explotado, el campesino esclavizado y el patrono o terrateniente sin escrúpulos. Hay novelas de ambientación urbana (*La noria*, de Luis Romero); ubicadas en un entorno rural (*La zanja*, de Alfonso Grosso); centradas en el mundo del trabajo (*Central eléctrica*, de López Pacheco) o que denuncian la superficialidad burguesa (*Juegos de manos*, de Juan Goytisolo).

Antoni Tàpies fue el fundador, en 1948, del Grupo *Dau al Set*, una de las primeras y más relevantes iniciativas renovadoras del arte español después de la guerra. En la imagen, «Dos figuras».

El cuento. En estos años se produce también un extraordinario **auge del relato corto**, que permitía a los escritores reproducir en sólo unas páginas un ambiente o situación. En estas colecciones de cuentos se encuentra lo mejor de la **narrativa socialrealista**, debido a la ausencia de mensaje explícito, la variedad temática y lo cuidado de la expresión. Podemos destacar *Cabeza rapada*, de Jesús Fernández Santos, y todos los cuentos de **Ignacio Aldecoa**, entre los cuales se encuentran verdaderas obras maestras del género.

3. La narrativa experimental

En los **años sesenta** se empezó a sentir en España el despegue económico provocado por los planes de desarrollo; además, el creciente turismo extranjero permitió romper el aislamiento en el que había vivido la sociedad española. En el ámbito narrativo, junto al agotamiento de la fórmula realista, hay que destacar dos factores de índole literaria que favorecieron la decisiva **modernización de la novela española:**

- **La novela hispanoamericana.** El descubrimiento de la narrativa hispanoamericana que se estaba escribiendo por aquellas fechas supuso un enorme acicate para los autores españoles. Citemos obras como *La ciudad y los perros* y *Conversación en la Catedral*, de Mario Vargas Llosa; *Cien años de soledad,* de García Márquez; *Rayuela,* de Julio Cortázar; y *Tres tristes tigres,* de Guillermo Cabrera Infante. De todos ellos nos ocuparemos más ampliamente en la unidad 22.

- **Los grandes renovadores de la novela universal contemporánea.** Hacia los mismos años comenzaron a ser leídas y asimiladas en España las obras de ciertos autores que cimentaron la renovación de la ficción universal en el siglo XX; de Proust y de Kafka nos hemos ocupado ya en la unidad 6 y de los otros dos lo haremos en la sección «El lector universal»:

  - El francés **Marcel Proust** (1871-1922) se situó entre los primeros novelistas del siglo XX con el ciclo narrativo ***En busca del tiempo perdido.*** Se trata de una serie de siete novelas cuyo tema fundamental, además del recuerdo, es el amor del narrador hacia Albertina. Se describe también el ocaso de un mundo aristocrático, que perecerá indefectiblemente como consecuencia de la convulsión producida por la Primera Guerra Mundial.

  - El checo de lengua alemana **Franz Kafka** (1883-1924) es autor de relatos en los que la existencia de individuos normales y corrientes se ve de repente afectada por acontecimientos insólitos o fantásticos descritos con meticuloso realismo, que acaban por convertir su vida en una obsesiva pesadilla. Sin duda, su obra más conocida y eficaz fue ***La metamorfosis*** (1913), y póstumas se publicaron también *América*, *El proceso* y *El castillo*, así como sus numerosos cuentos.

  - El irlandés **James Joyce** (1888-1941) es quizá el mayor renovador de las técnicas narrativas del siglo. Es autor de los relatos *Dublineses* (1914) y de las novelas *Retrato del artista adolescente* (1916) y *Finnegans Wake* (1939), para la que, en su afán experimentador, llega a inventarse un lenguaje nuevo. Su obra fundamental es ***Ulises*** (1922), considerada la novela más original y revolucionaria del siglo XX, que ejerció una enorme influencia.

  - El norteamericano **William Faulkner** (1897-1962) dibuja en sus obras un imaginario condado del sur estadounidense, marcado por la presencia de lo grotesco, lo anormal y lo macabro. Su prosa se caracteriza por un intenso sentido lírico y una gran complejidad narrativa (desconexión del relato, saltos temporales, monólogos interiores alternados de varios personajes, etcétera). Sus obras principales son ***El ruido y la furia*** (1929), *Mientras agonizo* (1930), *Santuario* (1931) y *¡Absalón, absalón!* (1936).

Nuevos procedimientos narrativos

Con la publicación en 1962 de ***Tiempo de silencio***, se generaliza entre los novelistas españoles el uso de una serie de **recursos técnicos y expresivos de carácter experimental**, que al cabo de unos años acabarán por alejar del género narrativo a buen número de lectores, cansados de enfrentarse a textos arduos y de difícil comprensión. Resumiremos los más significativos:

- Escasa **acción** y, en ocasiones, desaparición del **argumento** (*Oficio de tinieblas 5,* de Cela).
- **Indagación reflexiva** sobre los problemas que presenta la confección del relato que el lector tiene en sus manos (*Recuento,* de Luis Goytisolo).
- La división tradicional en capítulos se sustituye por **secuencias,** distribuidas aparentemente de forma caprichosa (*San Camilo 1936,* de Cela).
- **Perspectivismo:** los acontecimientos se presentan desde el punto de vista de distintos personajes (*Tiempo de silencio,* de Martín Santos).
- El **espacio** y el **tiempo** se rompen, a veces caprichosamente, mediante retrospecciones o anticipaciones de elementos argumentales (*La saga/fuga de J.B.,* de Torrente Ballester).
- Cambios en las **personas** gramaticales del relato: aparece el «tú» narrativo (*Cinco horas con Mario,* de Delibes), monólogos interiores caóticos, mezcla de estilos directo e indirecto.
- Ruptura del **párrafo** como unidad textual, dando lugar a inacabables discursos sin puntos y aparte o a brevísimas secuencias de una sola frase *(Tiempo de silencio)*; y ruptura también de la **sintaxis,** con un uso libre de los signos de puntuación (*Reivindicación del conde don Julian,* de Juan Goytisolo).

4. La novela del exilio

Entre los exiliados se cuentan algunos de los grandes nombres de la novela española del siglo XX. Todos ellos poseen un **vínculo** fundamentalmente **ideológico**: están contra la dictadura y en sus obras aparecen ciertos **temas recurrentes:**

- El recuerdo de la **España** anterior a 1936, la añoranza de los amigos desaparecidos.
- Reflexiones acerca de la **guerra**, sus causas y sus consecuencias.
- La descripción de los **nuevos ambientes** en los que viven.
- El desánimo ante la certeza del imposible regreso.

La imagen que se dio en la España oficial de los exiliados aparecía a menudo tergiversada, y sus libros estuvieron prohibidos por la censura.

El exilio en América

Los exiliados que partieron hacia América nutrieron las universidades, crearon editoriales e impulsaron el mundo del arte y de la empresa en aquellos lugares donde se les brindó acogida. **México** demostró una leal solidaridad ideológica con la causa de los republicanos españoles (aunque no tuviera la capacidad de ayuda de la URSS) y hasta allí llegaron varios cientos de miles de refugiados. Una parte selecta de esta emigración estuvo formada por intelectuales, científicos, médicos, abogados, ingenieros, arquitectos, etc.

Autores

- El aragonés **Ramón J. Sender** (1901-1982) ya tenía una sólida obra narrativa antes de la Guerra Civil. Se le puede considerar **heredero de Pío Baroja,** tanto por su extraordinaria habilidad para narrar, como por la variedad de sus temas y un estilo sobrio y eficaz.
- **Max Aub** (1903-1972) es el autor de la que se considera la mejor serie narrativa sobre la Guerra Civil, ***El laberinto mágico***, compuesta por seis novelas escritas entre 1943 y 1965. Cultivó también con fortuna el relato experimental en *Jusep Torres Campalans* (1958), biografía imaginaria de un supuesto pintor amigo de Picasso, y en la colección de cuentos titulada *La verdadera historia de la muerte de Francisco Franco* (1960).

5. El ensayo en la era de Franco

Al terminar el conflicto bélico, se produjo también una considerable fractura entre los cultivadores del ensayo, agravada, en este caso, por ser éste el género específico del debate ideológico, por fuerza más sometido que otros a la **vigilancia de la censura.** De este modo, mientras ilustres ensayistas permanecieron en España o regresaron enseguida (Menéndez Pidal, Marañón, Dámaso Alonso), muchos tuvieron que ejercer su magisterio intelectual lejos de nuestras fronteras: es el caso de Salvador de Madariaga, Américo Castro y Claudio Sánchez Albornoz.

El ensayismo español de la segunda mitad del siglo XX presenta tres rasgos generales:

- Creciente **especialización temática**, que permite a sus autores situarse a la vanguardia de sus respectivas disciplinas.
- **Renovación terminológica,** que –en casos como la filosofía o la ciencia– ensanchó las posibilidades expresivas del español.
- El hecho de que buena parte de los exiliados se refugiara en Hispanoamérica produjo un nuevo y singular **acercamiento entre las culturas** de ambos lados del Atlántico.

Temas

En los años posteriores a la Guerra Civil, el ensayismo español –al margen de haberse escrito dentro o fuera de España– se orienta hacia ciertas cuestiones que permiten la siguiente clasificación:

Reflexión histórica. La labor de **Ramón Menéndez Pidal** (1869-1968) como investigador de la historia, la literatura medieval y los orígenes de la lengua española se completó con la fundación del Centro de Estudios Históricos, de donde salieron varias promociones de eminentes filólogos e historiadores. El propio don Ramón escribió, a partir de los años cuarenta, importantes ensayos de interpretación histórica; sin embargo, resultó especialmente significativa la **polémica en torno a la identidad esencial de la nación española** que mantuvieron dos de sus mejores discípulos, ambos exiliados.

Todo empezó cuando **Américo Castro** (1885-1972) publicó en 1948 *España en su historia* (luego titulada en sucesivas ediciones *La realidad histórica de España*), donde defiende que la nación española surge en la Edad Media como la confluencia de tres castas y tres religiones: judíos, moros y cristianos; a medida que avanza la Edad Media éstos últimos ejercieron un predominio que configuraría la realidad histórica nacional, marcada por la supremacía de la fe frente a los contenidos racionales de la cultura, el escaso cultivo de la ciencia y la importancia de los contenidos imaginativos y mágicos.

Américo Castro.

Las tesis de Castro fueron contestadas con apasionamiento y exhaustiva documentación por el historiador **Claudio Sánchez Albornoz** (1893-1984) a través de los dos tomos de *España, un enigma histórico* (1957). Allí defiende que la formación de España fue el resultado de un proceso de sucesivas incorporaciones de reinos y tierras, en el que –además del papel preponderante de Castilla y la civilización cristiana– hay que subrayar la ausencia de feudalismo, dado que la repoblación dio lugar en ambas Castillas a «islotes de hombres libres», agrupados en concejos y municipios.

Ramón Menéndez Pidal.

Otros historiadores relevantes de generaciones posteriores fueron **Jaime Vicens Vives**, pionero de la tendencia a analizar la historia desde perspectivas socioeconómicas, y José Antonio Maravall, quien integró la historia política en la realidad social de cada periodo.

- **Escuela filológica española.** De nuevo hay que remontarse a la figura de **Menéndez Pidal** para encontrar el origen del amplio grupo de filólogos e investigadores que modernizaron el estudio de la lengua y la literatura españolas; citemos los nombres de Emilio García Gómez, Juan Corominas, Rafael Lapesa o Samuel Gili Gaya. Mención especial merecen los nombres de **Amado Alonso** (1896-1952) y **Dámaso Alonso** (1898-1990) por su labor investigadora en torno a aspectos concretos de la historia de la lengua y la introducción en España de una nueva forma de analizar la obra literaria: la **estilística.**

- **Ensayo científico.** La figura del eminente neurólogo Santiago Ramón y Cajal (1852-1934) Premio Nobel de Medicina y autor de interesantes ensayos humanísticos, sirvió de ejemplo a una constelación de médicos y científicos dedicados con fortuna a la reflexión histórica y literaria. El más importante de todos fue **Gregorio Marañón** (1887-1960), que, junto a los ensayos de interpretación de personajes literarios e históricos, escribió libros de índole científica como *Tres ensayos sobre la vida sexual* o *Las ideas biológicas del Padre Feijoo*. Hay que citar también los nombres de los psiquiatras Juan José López Ibor y Juan Rof Carballo y el médico Pedro Laín Entralgo.

- **Ensayo filosófico.** El magisterio de **Ortega y Gasset** se dejó notar en un nutrido grupo de discípulos que desarrollaron o completaron la multitud de sugerencias intelectuales del filósofo madrileño. Destaquemos los nombres de José Gaos, José Ferrater Mora, autor de un útil *Diccionario de Filosofía*, y **María Zambrano** (Málaga 1907-1991), que ha indagado sobre los problemas de la creencia, el alma, la divinidad y las relaciones del lenguaje poético con la filosofía. Vale la pena citar sus libros *El hombre y lo divino* (1955) y *Claros del bosque* (1978); la dimensión literaria de su obra –tanto en la forma como en el contenido– la hicieron acreedora en 1988 al Premio Cervantes de las letras españolas.

En este elegante fragmento se trata un asunto de suma importancia en el pensamiento de María Zambrano, el **acto de escribir**, presente de forma continuada en toda su producción filosófica desde este primer artículo de 1934, «Por qué se escribe», hasta los fragmentos filosófico-poéticos sobre a la palabra que componen *Claros del bosque*.

> Escribir es defender la soledad en que se está; es una acción que sólo brota desde un aislamiento afectivo, pero desde un aislamiento comunicable, en que, precisamente, por la lejanía de toda cosa concreta se hace posible un descubrimiento de relaciones entre ellas. El escritor sale de su soledad a comunicar el secreto. Luego ya no es el secreto mismo conocido por él lo que colma, puesto que necesita comunicarle. ¿Será esta comunicación? Si es ella, el acto de escribir es sólo medio, y lo escrito, el instrumento forjado. Pero caracteriza el instrumento el que se forja en vista de algo, y este algo es lo que le presta su nobleza y esplendor.
>
> María Zambrano

Dentro de España hay que mencionar la incansable labor del vallisoletano **Julián Marías** (1914-2005), discípulo aventajado y comentarista de Ortega y Gasset, autor de una famosa ***Historia de la filosofía***, estudioso de los principales hitos de la historia intelectual española y, en los últimos años, defensor de una idea de España como nación de naciones con sólida entidad cultural e histórica.

1. La España interior de *La colmena*

Personalidad desbordante, carácter tan original como controvertido y un dominio asombroso de la lengua española castiza convirtieron a **Camilo José Cela** (1916-2002) en una figura cuya popularidad excedía con mucho el ámbito estrictamente literario. No obstante, su **dominio de la prosa** hace de él un verdadero clásico del siglo XX.

Camilo José Cela.

Narrativa

Como novelista, Cela se inicia con ***La familia de Pascual Duarte***, relato autobiográfico de un campesino extremeño que, antes de ser ajusticiado, recuerda su trágica existencia, marcada por la miseria y la violencia. En esta novela –que orientó la mirada de los novelistas hacia la realidad inmediata– muestra ya su afición a reflejar con absoluta impasibilidad los aspectos más sórdidos de la existencia (violencia, sexo, miseria), dando lugar a una corriente narrativa que recibirá el nombre de **tremendismo**.

En los años siguientes publica Cela títulos asimilables al realismo crítico *(La colmena)*, a tendencias experimentales *(Oficio de tinieblas 5, San Camilo 1936)*, para acabar reiterando un **modelo narrativo** –implícito ya en *La colmena*– que puede sintetizarse con los rasgos siguientes:

- **Protagonismo colectivo**; escasa atención a la psicología de los personajes, a menudo convertidos –al estilo del esperpento– en muñecos grotescos.
- Deliberado **propósito de escandalizar al lector** mediante la reiteración de situaciones en las que la violencia, el sexo en todas sus manifestaciones y el humor negro se entrelazan de forma inseparable.
- Pleno **dominio del lenguaje** en sus más variados registros, siguiendo una línea de especial cuidado de la expresión, que se remonta a Quevedo y tiene su antecedente inmediato en Valle-Inclán.

A este esquema responden sus novelas de plenitud: *San Camilo 1936, Mazurca para dos muertos*, *Cristo versus Arizona*, *El asesinato del perdedor*, *Madera de boj* y *La cruz de San Andrés*, con la que en 1994 obtuvo el Premio Planeta.

La producción literaria de Cela se completa con **libros de viajes** *(Viaje a La Alcarria, Del Miño al Bidasoa, Viaje al Pirineo de Lérida)* que contribuirán a fijar esta modalidad literaria para los prosistas posteriores; **colecciones de cuentos**, en los que con humor no exento de ternura dibuja magistralmente personajes y ambientes un tanto marginales *(El gallego y su cuadrilla)*; y una importante vertiente como **investigador de la lengua española**, que dio lugar al divertido *Diccionario secreto*, en el que explica con detalle y documenta literariamente las llamadas palabras malsonantes de nuestro idioma.

La colmena. Hay unanimidad en considerar *La colmena* (1951) como la **obra maestra** de Cela; desde luego es una de las más originales desde el **punto de vista técnico**, al incorporar el protagonismo colectivo –se han censado más de doscientos personajes–, y rasgos propios del realismo objetivo y del realismo crítico. Así, desde el **punto de vista ideológico**, la obra presenta una visión sórdida y descarnada de la España de comienzos de los años cuarenta, teñida de miseria, sumisiones humillantes y falta de esperanza.

*

La Fundación **Camilo José Cela**, con sede en Iria Flavia, tiene una página con información y fotos del escritor, además de puntual reseña de sus actividades:
www.fundacioncela.com/asp/home/home.asp

http://

La literatura en el cine

El opresivo ambiente de la posguerra española –hambre, frío, desconfianza, represión política– aparece reflejado de forma magistral en la adaptación que Mario Camus llevó a cabo de *La colmena* de Cela en 1982. *La familia de Pascual Duarte* fue adaptada al cine por Ricardo Franco en 1975; José Luis Gómez interpretó el papel de Pascual.

La **acción** se desarrolla a lo largo de poco más de tres días en el Madrid de la posguerra. En sus páginas se traza una **radiografía de la vida cotidiana** en una ciudad empobrecida: la búsqueda del alimento diario, el sexo como única salida para sobrevivir, los amores clandestinos, el trabajo embrutecedor, la soledad, la insolidaridad, la resignación; en definitiva, lo mejor y lo peor de las personas. Desde el **punto de vista temporal**, la primera jornada ocupa el capítulo I (tarde), II (anochecer) y IV (noche); la mañana de la segunda jornada está en el capítulo VI, y está precedida de su tarde (III) y noche (V). El final se sitúa en la mañana de tres o cuatro días después. He aquí un fragmento de la parte sexta:

Doña Rosa madruga bastante, va todos los días a misa de siete.

Doña Rosa duerme, en este tiempo, con camisón de abrigo, un camisón de franela inventado por ella. Doña Rosa, de vuelta de la iglesia, se compra unos churros, se mete en su Café por la puerta del portal –en su Café que semeja un desierto cementerio, con las sillas patas arriba, encima de las mesas, y la cafetera y el piano enfundados, se sirve una copa de ojén, y desayuna.

Doña Rosa, mientras desayuna, piensa en lo inseguro de los tiempos; en la guerra que, ¡Dios no lo haga!, van perdiendo los alemanes; en los camareros, el encargado, el echador, los músicos, hasta el botones, tienen cada día más exigencias, más pretensiones, más humos.

Doña Rosa, entre sorbo y sorbo de ojén, habla sola, en voz baja, un poco sin sentido y a la buena de Dios.

–Pero quien manda aquí soy yo, ¡mal que os pese! Si quiero me echo otra copa y no tengo que dar cuenta a nadie. Y si me da la gana, tiro la botella contra un espejo. No lo hago porque no quiero. Y si quiero, echo el cierre para siempre y aquí no se despacha un café ni a Dios. Todo esto es mío, mi trabajo me costó levantarlo.

Doña Rosa, por la mañana temprano, siente que el Café es más suyo que nunca.

El Café es como el gato, sólo que más grande. Como el gato es mío, si me da la gana le doy morcilla o lo mato a palos.

*

Don Roberto González ha de calcular que, desde su casa a la Diputación, hay más de media hora andando.

Don Roberto González, salvo que esté muy cansado, va siempre a pie a todas partes. Dando un paseíto se estiran las piernas y se ahorra, por lo menos, una veinte a diario, treinta y seis pesetas al mes, casi noventa duros al año.

Don Roberto González desayuna una taza de malta con leche bien caliente y media barra de pan. La otra media la lleva, con un poco de queso manchego, para tomársela a media mañana.

Don Roberto González no se queja, los hay que están peor. Después de todo, tiene salud, que es lo principal.

*

El niño que canta flamenco duerme debajo de un puente, en el camino del cementerio. El niño que canta flamenco vive con algo parecido a una familia gitana, con algo en lo que, cada uno de los miembros que la forman, se las agencia como mejor puede, con una libertad y una autonomía absolutas.

El niño que canta flamenco se moja cuando llueve, se hiela si hace frío, se achicharra en el mes de agosto, mal guarecido a la escasa sombra del puente: es la vieja ley del Dios del Sinaí.

El niño que canta flamenco tiene un pie algo torcido; rodó por un desmonte, le dolió mucho, anduvo cojeando algún tiempo...

CAMILO JOSÉ CELA, *La colmena*, Noguer

Viaje a La Alcarria. Cela llevó a cabo un viaje por la comarca de La Alcarria (provincia de Guadalajara) entre el 6 y el 15 de junio de 1946; durante el recorrido tomó unos apuntes que darían lugar luego a esta obra, con la que revitalizó de forma sustancial la literatura de viajes, además de componer algunas de las más bellas páginas de la prosa española contemporánea. En el libro encontramos tres ingredientes, que se repetirán luego en los otros títulos del autor:

- **Descripción del paisaje,** monumentos y costumbres de la zona.
- **Presentación de personajes,** germen de posibles relatos.
- **Interiorización de paisaje y figuras** por parte del viajero-narrador.

Escrito todo ello con una elocución tersa, particularmente cuidada, pero abierta a las expresiones coloquiales. El fragmento seleccionado corresponde al capítulo «**Del arroyo de la Soledad al arroyo Empolveda**».

Después el viajero charla un rato con Elena y con María. Elena y María son dos chicas trabajadoras, honestas, sanas de cuerpo y de alma, complacientes, risueñas, muy guapas; en Pareja todas las mujeres son muy guapas. Elena y María son, sin duda, un buen partido para cualquiera. A Elena le gusta la cocina y a María, los niños. A Elena le gustan los hombres morenos y a María, los rubios. A Elena la gustan los bailes en la plaza y a María, los paseos por la vega. A Elena le gustan los perros y a María, los gatos. A Elena le gusta el cordero asado y a María, la tortilla francesa. A Elena le gusta el café y a María, no. A Elena le gusta leer el periódico y a María, no: a María le gusta leer novelas donde se diga que una muchachita campesina, que era bellísima, se casa con un duque joven y hermoso, y tienen muchos hijos, y viven felices, y encienden la chimenea por el invierno, y abren los balcones de par en par, por el verano.

El viajero, mientras oye hablar a Elena y a María, piensa, deleitosamente, en la poligamia. Hace buena temperatura y el estómago está lleno de nobles y antiguos manjares, de bocados históricos y vetustos como campos de batalla. Si no fuera porque se ha propuesto –y no hay, o no debe haber, quien lo apee de la burra– no dormir nunca dos días seguidos en un mismo pueblo, el viajero hubiera sentado sus reales en Pareja, en la fonda de la plaza, y no se hubiera movido de allí en los días de su vida. Hay, a veces, temibles sensaciones de bienestar capaces de derribar montañas; contra ellas hay que luchar con valor, como contra un enemigo. Después, cuando pasa el tiempo, se nota como una gotita de **acíbar** en el corazón...

CAMILO JOSÉ CELA, *Viaje a La Alcarria*, Espasa Calpe

Camilo José Cela

Viaje a la Alcarria

acíbar: jugo amargo

Actividades

1. Resume el tema del texto de *La colmena*; ¿qué impresión te produce la cotidiana existencia de estos tres personajes? ¿En qué clase social situarías a cada uno? Subraya y comenta las expresiones coloquiales que aparecen en el texto.

2. Observa la estructura del fragmento; a partir de ella, trata de explicar el título de la novela: *La colmena.* ¿Cómo interpretas la repetición del nombre de cada personaje al comienzo de todos los párrafos?

3. Define con frases breves a Elena y a María.

4. Señala en el texto de *Viaje a La Alcarria* las partes narrativas y las descriptivas. Identifica los ingredientes de los libros de viajes de Cela, mencionados al comienzo.

2. Delibes y los tiempos modernos

Miguel Delibes (Valladolid, 1920) es probablemente uno de los novelistas contemporáneos más leídos y apreciados por un público amplio, debido a la cercanía de los asuntos tratados y a la transparencia de su estilo; además de que buena parte de sus novelas han sido adaptadas al cine.

Temas

Tras ganar el premio Nadal en 1947 con ***La sombra del ciprés es alargada***, Delibes desarrolla una carrera literaria en la que se repiten una serie de **temas:**

- **Ambientes rurales** o provincianos, reflejados con exactitud, complicidad o crítica tolerante y constructiva *(Diario de un cazador, Diario de un jubilado).*
- Contraposición entre la vida sencilla y auténtica del **campo**, frente al progreso incontrolado o la deshumanización de la **ciudad** *(El disputado voto del señor Cayo).*
- Búsqueda de la **autenticidad** por parte de una serie de personajes principales, que deberán seguir un camino propio frente a los que quieren apartarles de él *(El camino, Cinco horas con Mario).*
- **Crítica** frente a la hipocresía y las injusticias sociales *(Los santos inocentes).*

Mención especial merece su reciente y única incursión en el subgénero de la **novela histórica** con ***El hereje*** (1998), espléndido canto a la tolerancia y a la libertad de conciencia. Su argumento se centra en la figura de Cipriano Salcedo, que se verá implicado en el histórico Auto de Fe de Valladolid, por el que fueron ejecutados, a manos de la Inquisición, los integrantes del foco luterano de la capital castellana.

Estilo

En cuanto al estilo, los libros de Delibes destacan por la **sencillez compositiva**, y la **sobriedad y depuración en el lenguaje**, caracterizado por el uso de un léxico de rancio sabor, procedente del mundo rural, con términos a punto de desaparecer, que contrastan con el habla uniforme e imprecisa de los jóvenes urbanos. No obstante, el narrador vallisoletano rindió también tributo a los **nuevos procedimientos narrativos**, con títulos como *Cinco horas con Mario* (1966) o *Parábola del náufrago* (1969), aunque en sus obras posteriores volviera a esos modos tradicionales de novelar que tan bien domina.

La literatura en el cine

La actriz Ana Mariscal dirigió en 1963 una versión de ***El camino*** de Delibes, centrándose en las vivencias cotidianas de una pequeña comunidad rural. De auténtica obra maestra cabe definir la película que Mario Camus rodó en 1984 a partir de ***Los santos inocentes***, con interpretaciones memorables de Francisco Rabal y Alfredo Landa.

Miguel Delibes.

El camino (1950). En *El camino* desarrolla Delibes uno de los temas dominantes en la literatura y en la vida de la España de postguerra: **la emigración del campo a la ciudad.** Se cuentan las historias que forman la vida cotidiana de un pequeño pueblo al norte de Castilla: la noche antes de marchar interno a la capital para iniciar el bachillerato, Daniel *el Mochuelo* pasa revista a su vida en la aldea, presidida por las aventuras con sus amigos Roque *el Moñigo* y Germán *el Tiñoso*. La narración gira en torno al acceso a la experiencia: desde la ingenuidad infantil hasta el descubrimiento paulatino de la dura realidad de la existencia diaria.

Su padre entendía que esto era progresar; Daniel el Mochuelo no lo sabía exactamente. El que él estudiase el Bachillerato en la ciudad podía ser, a la larga, efectivamente, un progreso. Ramón, el hijo del boticario, estudiaba ya para abogado en la ciudad, y cuando les visitaba durante las vacaciones, venía empingorotado como un pavo real y les miraba a todos por encima del hombro; incluso al salir de misa los domingos y fiestas de guardar, se permitía corregir las palabras que don José, el cura, que era un gran santo, pronunciara desde el púlpito. Si esto era progresar, el marcharse a la ciudad a iniciar el Bachillerato, constituía, sin duda, la base de este progreso.

Pero a Daniel el Mochuelo le bullían muchas dudas en la cabeza a este respecto. Él creía saber cuanto puede saber un hombre. Leía de corrido, escribía para entenderse y conocía y sabía aplicar las cuatro reglas. Bien mirado, pocas cosas más cabían en un cerebro normalmente desarrollado. No obstante, en la ciudad los estudios de Bachillerato constaban, según decían, de siete años y, después, los estudios superiores, en la Universidad, de otros tantos años, por lo menos. ¿Podría existir algo en el mundo cuyo conocimiento exigiera catorce años de esfuerzo, tres más de los que ahora contaba Daniel?

MIGUEL DELIBES, *El camino*, Destino

Cinco horas con Mario (1966). Esta novela marca una nueva etapa en la narrativa de Delibes: de un lado, muestra su **dominio de las modernas técnicas de novelar**; del otro, evidencia un **sentido crítico más profundo** y mayor compromiso con la realidad social del momento.

La obra arranca con el fallecimiento de Mario, catedrático de Instituto de mediana edad en una ciudad de provincias. En la obra se recoge la esquela con los datos circunstanciales de su muerte e inicialmente asistimos al duelo, las visitas y los pésames.

Sin embargo, el grueso de la obra está formado por una parte central –a la que pertenece el fragmento que vamos a leer– centrado en las cinco horas en las que la viuda (Carmen) vela el cadáver, al tiempo que rememora, mediante un largo soliloquio, los años pasados en común, dejando entrever las profundas diferencias ideológicas y humanas que existían entre ambos. Ella es una mujer conservadora, hija de buena familia, mientras que él es un cristiano progresista que vivió muchos problemas por su carácter inconformista frente a la sociedad de la época.

La obra se cierra con el traslado final del féretro. Estamos ante el título más popular de Delibes, del que se realizó también una espléndida adaptación teatral.

Portada de *Cinco horas con Mario.*

...Y lo peor es que tu hijo viene con las mismas mañas, ya le oíste ayer, «mamá, esos son convencionalismos estúpidos» date cuenta, pero de malos modos, ¿eh?, menudo sofocón, media hora llorando en el baño, te lo prometo, sin poder salir. Luego dices, prefiero yo mil veces a Menchu, con toda su vagancia, que a estos jovencitos, que no sé si la Universidad o qué, pero salen todos medio rojos, sin la menor consideración, que Menchu, estudie o no, por lo menos, es dócil, y mal que bien, aprobará la **reválida de cuarto**, tenlo por seguro, y ya está bien, que una chica no debe saber más, Mario, hay que darla tiempo de ser mujer, que a fin de cuentas es lo suyo. Después de todo, el bachillerato elemental es hoy mas que el bachillerato de nuestro tiempo, Mario, dónde va, y de que pase el luto, la niña se lucirá, y como es monilla y tiene mano izquierda, no le faltará un enjambre alrededor, y si no, al tiempo, que de algo ha de servirme la experiencia y ya me preocuparé yo de que acierte a elegir, ella es dócil y desde chiquitina no se compra un alfiler sin consultarme. Tú dirás, ya lo sé, que estrangulo su personalidad, que me pones mala, grandísimo alcornoque, porque si personalidad es negarse a llevar luto por un padre o faltar al respeto a una madre, yo no quiero hijos con personalidad, ya lo sabes, con la tuya he tenido bastante, que mis ideas no son tan malas, después de todo, y , o poco valgo, o mis ideas han de ser las de mis hijos, que hasta al insolente de Mario pienso meterlo en cintura, óyelo bien, y si quiere pensar por su cuenta, que lo gane y se vaya a pensar a otra parte, que mientras viva bajo mi techo, los que de mí dependan han de pensar como yo mande. No te rías, Mario, pero una autoridad fuerte es la garantía del orden, acuérdate de la República, no es que yo me lo invente, aquí y en todas partes, y el orden hay que mantenerle por las buenas o por las malas. O se es, o no se es, que diría la pobre mamá.

MIGUEL DELIBES, *Cinco horas con Mario*, Destino

reválida de cuarto: las enseñanzas medias de la época duraban siete años. Se componían de bachillerato elemental (cuatro años) con reválida (examen de grado) y bachillerato superior (tres años). Durante un tiempo hubo una reválida en sexto, antes de pasar el curso Preuniversitario

Actividades

1. Resume el tema del texto de *El camino*. ¿Compartes la tesis de Delibes con respecto al progreso y al sentido de la vida? Justifica tu respuesta. Comenta cómo se manifiesta el ancestral tópico del menosprecio de corte y alabanza de aldea.

2. El fragmento muestra un uso preciso del estilo indirecto para acercarnos al pensamiento de Daniel El Mochuelo. Intenta meterte en su personalidad para reproducir sus ideas en estilo directo y primera persona. Puedes empezar: «Desde luego, está bien que mi padre quiera que yo sea algo más que un quesero, sin embargo...».

3. Uno de los rasgos de la personalidad de Carmen, en *Cinco horas con Mario*, es su superficialidad, que le lleva a pasar de un tema trascendente a otro con extraordinaria ligereza. Empieza hablando de la educación de los hijos para ensartar luego opiniones sobre asuntos muy diversos: enuméralos y resume el criterio de la protagonista sobre cada uno de ellos.

4. El gran acierto de *Cinco horas con Mario* radica en la habilidad del autor para captar los más variados registros de la lengua oral. Subraya y comenta aquéllos que más te hayan llamado la atención.

5. El tono coloquial del texto se muestra en la forma agramatical de algunas construcciones, como «Mario, dónde va». Identifica otros ejemplos de incorrecciones lingüísticas, como leísmo, etc.

6. Comenta las posturas –en algún sentido, contrapuestas– que en uno y otro texto se evidencian con respecto a la formación académica y humana de los hijos.

3. El realismo objetivo de *El Jarama*

La concesión en 1955 del Premio Nadal a **Rafael Sánchez Ferlosio** (Roma, 1927) por *El Jarama* marcó un hito importante en la evolución de la novela de postguerra. El autor –que había publicado en 1951 *Industrias y andanzas de Alfanhuí*, relato de aventuras fantásticas – se aplica ahora contar la ordinaria jornada dominical de once jóvenes excursionistas madrileños a orillas del Jarama.

Los **personajes** juegan, comen, beben, pero sobre todo hablan; estos diálogos, reproducidos de forma fidelísima, muestran la falta de ilusiones, la inconsciente alienación en la que todos han caído, lo que les lleva a un aburrimiento vital expresado tanto en sus gestos como en lo simple y primario de sus opiniones o sentimientos, mediante un **lenguaje coloquial** captado con maestría. El habla ramplona y vulgar de los personajes contrasta con la belleza de las **descripciones** que realiza el narrador en las partes no dialogadas del libro. De esta forma, sin tomar nunca partido, Ferlosio pone ante los ojos del lector la pobreza mental de una parte de la juventud española de la época.

Rafael Sánchez Ferlosio.

Paulina le dio en el hombro a Sebastián.

–¡Mira qué luna, Sebas!

Él se incorporó.

–Ah, sí; debe ser luna llena.

–Lo es; se ve a simple vista. Parece, ¿no sabes esos planetas que sacan en las películas del futuro?, pues eso parece, ¿verdad?

–Si tú lo dices.

–Sí, hombre, ¿tú no te acuerdas de aquella que vimos?

–¿Cuando los mundos chocan?

–Esa. Y que salía Nueva York toda inundada por las aguas, ¿te acuerdas?

–Sí; fantasías y camelos; que ya no saben qué inventar esos del cine.

–Pues a mí esas películas me gustan y me agradan.

–Ya, ya lo sé que tú no concibes más que chaladuras en esa cabecita.

–Como quieras. Pero tú ya me lo dirás, si vivimos para entonces.

–¿Para cuándo?

–Pues para entonces, el día en que haya esos inventos y todas esas cosas. Ya verás.

–Un jueves por la tarde –se reía–. Peor chica, no te calientes la cabeza, que te va a dar fiebre. Pues anda que no le sacas poco jugo tú también a las ocho o diez pesetas que te cuesta la entrada.

Sebas miró hacia atrás; añadió:

–Mira, mejor será que vayamos a ver lo que están haciendo esos tres calamidades.

Ahora un retazo de luna revelaba de nuevo, en la sombra, las aguas del Jarama, en una ráfaga de escamas fosforescentes, como el lomo cobrizo de algún pez.

RAFAEL SÁNCHEZ FERLOSIO, *El Jarama*, Destino

Actividades

1. Resume con tus propias palabras lo que sucede en el texto. ¿En cuál de las dos modalidades del realismo social situarías este fragmento: en el objetivismo o en el realismo crítico? Justifica la respuesta.

2. A la luz de lo que en estas líneas comentan los protagonistas, resume tus conclusiones acerca de su personalidad y circunstancia vital. Explica las razones por las que te resultan simpáticos o desagradables.

Grandes renovadores de la novela contemporánea

James Joyce.

James Joyce (1882-1941)

James Joyce, escritor irlandés reconocido mundialmente como uno de los más influyentes del siglo XX, nació en un suburbio de Dublín, en el seno de una familia católica. Joyce se matriculó en el University College para estudiar lenguas. Allí comenzó a interesarse por la gramática comparada.

En 1904 conoce a Nora Barnacle, una camarera de la que se enamoró y con la que compartió su vida. Con ella emprendió un largo periplo por Europa. Vivieron primero en Suiza y luego en el norte de Italia. Al estallar la Primera Guerra Mundial volvieron a Suiza, donde el escritor vivió pobremente junto a su compañera y sus dos hijos. A comienzos de los años veinte, ya como escritor reconocido, Joyce se instala en París con su familia.

Con ***Ulises*** (1922), la novela más original y revolucionaria del siglo XX, le llegó su consagración literaria. En ella se cuenta la vida que durante un día cualquiera lleva en Dublín un hombre sin importancia: Leopold Bloom. Para narrar el acontecer de Bloom, Joyce emplea una variada gama de originales **técnicas novelescas:** monólogo interior semi-irracional, parodia de variados esquemas literarios y fórmulas expresivas, mezcla de diálogos entre distintos personajes, inserción de anuncios o titulares de prensa y un lenguaje cuajado de arcaísmos, cultismos, onomatopeyas, vulgarismos e incluso juegos fonéticos intraducibles.

Reproducimos un ejemplo de monólogo interior de Joyce: al final de *Ulises*, la mujer de Bloom, mientras lo espera de noche en la cama, recuerda momentos de su juventud en Gibraltar; observa la ausencia total de puntuación, efecto mediante el que se intenta reproducir el flujo libre del pensamiento:

> frsiiiiiiiiironnnng tren pitando por alguna parte la fuerza que tienen dentro esas máquinas como gigantes enormes y el agua hirviéndoles por todas partes y saliéndoles por todos lados como el final La vieja y dulce canción de amor los pobres hombres que tienen que andar fuera toda la noche lejos de sus mujeres y familias en esas máquinas asadas sofocantes fue hoy me alegro de haber quemado la mitad de esos recortes viejos del Freeman y Photo Bits dejando cosas así tiradas por ahí se está volviendo muy descuidado y tiré todas las demás por el W.C. le haré que me los corte mañana en vez de tenerlos ahí hasta al año que viene para sacar unos pocos peniques por ellos dónde está el periódico de enero pasado y todos esos gabanes viejos que saqué en un lío del recibidor dando al sitio más calor del que tiene la lluvia fue estupenda precisamente después de mi primer sueño creía que iba a ponerse como Gibraltar Dios mío qué calor allí antes de que llegara el levante negro como la noche y el peñón levantándose en él como un gigante enorme comparado con su montaña de las 3 rocas que se creen que es tan grande.
>
> JAMES JOYCE, *Ulises*, Cátedra

Literatura social en Estados Unidos: la generación perdida

En la llamada ***generación perdida*** se incluyen una serie de novelistas americanos que destacaron entre 1920 y 1940. A partir del pesimismo sobre la condición humana que siguió a la Primera Guerra Mundial, tienen en común su interés por la problemática social, por lo que sus novelas se centran en la sociedad norteamericana de su época y reflejan con dureza temas como el racismo. Fueron, a la vez, grandes innovadores técnicos y cuidaron especialmente los aspectos estilísticos.

En el periodo de entreguerras y la Gran depresión de 1929 sobresalieron figuras de la talla de **Ernest Hemingway, F. Scott Fitzgerald, John Dos Passos** o **William Faulkner.**

William Faulkner.

William Faulkner (1897-1962): *El ruido y la furia*

Faulkner nació en New Albany (Mississippi), aunque se crió en las cercanías de Oxford, en el seno de una familia tradicional sureña. El estadounidense –Premio Nobel de literatura (1949)– sigue la tradición experimental de novelistas europeos como James Joyce o Marcel Proust.

Con ***El ruido y la furia*** (1929), entró a formar parte del reducido grupo de **grandes renovadores de la narrativa contemporánea.** La novela cuenta la ruina de la última generación de una antigua y tradicional familia del Sur de Estados Unidos, los Compson, formada por generales, gobernadores y hacendados. Aquí aparecen ya algunos de los rasgos que definirán su escritura: frecuentes vaivenes temporales; omisión del hecho clave, pero detallada reseña de sus antecedentes y consecuentes; cambios de punto de vista narrativo; ausencia de efusiones sentimentales por parte de los personajes; viveza extraordinaria en los diálogos; una personalísima y entrañable visión de las relaciones entre blancos y negros, así como una especial habilidad para encontrar la comparación exacta al describir el conflicto íntimo de los personajes.

Quentin, que amaba no el cuerpo de su hermana, sino algún concepto de honor familiar y (él lo sabía bien), temporalmente suspendido en la frágil y diminuta membrana de su virginidad, semejante al equilibrio de una miniatura en la inmensidad de la esfera terrestre sobre el hocico de una foca amaestrada. Quien amaba, no la idea del incesto que no cometería, sino algún presbiteriano concepto de su eterno castigo: él y no Dios, podría arrojarse a sí mismo y a su hermana al infierno, donde eternamente podría protegerla y cuidarla para siempre jamás, invulnerable ante las llamas inmortales. Él, que sobre todas las cosas amaba la muerte, y que quizá sólo amaba a la muerte, amó y vivió con deliberada y pervertida curiosidad, tal y como ama un enamorado que deliberadamente se reprime ante el prodigioso cuerpo complaciente, dispuesto y tierno de su amada, hasta que no puede soportarlo y entonces se lanza, se arroja, renunciando a todo, ahogándose.

William Faulkner, *El ruido y la furia*, en www.epdlp.com

1. El fragmento del monólogo de Joyce carece de puntuación. Intenta puntuarlo para ayudarte en su lectura. Léelo después en voz alta.

2. Ejercítate en la técnica del monólogo interior escribiendo un breve texto en el que relates un pequeño episodio de tu vida cotidiana (tu itinerario hacia clase, un problema con tu hermano o un amigo, etc.) sin puntuación ni mayúsculas y contando con algo de desorden los acontecimientos.

3. Formula en una línea el tema del fragmento de Faulkner.

4. ¿En qué crees que se basa el conflicto íntimo de Quentin?

Tiempo de silencio

¡Allí estaban las chabolas! Sobre un pequeño montículo en que concluía la carretera derruida, Amador se había alzado –como muchos años atrás Moisés sobre un monte más alto– y señalaba con ademán solemne y con el estallido de sus belfos gloriosos el vallizuelo escondido entre dos montañas altivas, una de escombrera y cascote, de ya vieja y expoliada basura ciudadana la otra (de la que la busca de los indígenas colindantes había extraído toda sustancia aprovechable valiosa o nutritiva) en el que florecían, pegados los unos a los otros, los soberbios alcázares de la miseria. La limitada llanura aparecía completamente ocupada por aquellas oníricas construcciones confeccionadas con maderas de embalaje de naranjas y latas de leche condensada, con láminas metálicas provenientes de envases de petróleo o de alquitrán, con onduladas uralitas recortadas irregularmente, con alguna que otra teja dispareja, con palos torcidos llegados de bosques muy lejanos, con trozos de manta que utilizó en su día el ejército de ocupación, con ciertas piedras graníticas redondeadas en refuerzo de cimientos que un glaciar cuaternario aportó a las morrenas gastadas de la estepa, con ladrillos de «gafa» uno a uno robados en la obra y traídos en el bolsillo de la gabardina, con adobes en que la frágil paja hace al barro lo que lo que las barras del hierro al cemento hidráulico, con trozos redondeados de vasijas rotas en litúrgicas tabernas arruinadas, con redondeles de mimbre que antes fueron sombreros, con cabeceras de cama estilo imperio de las que se han desprendido ya en el Rastro los latones, con fragmentos de la barrera de una plaza de toros pintados todavía de herrumbre o de sangre, con latas amarillas escritas en negro del queso de la ayuda americana, con piel humana y con sudor y lágrimas humanas congeladas.

Luis Martín-Santos, *Tiempo de silencio*, Seix-Barral

La literatura en el cine

Para que entiendas la trama de esta novela, resulta de gran utilidad ver la excelente versión llevada a cabo por Vicente Aranda en 1986 de *Tiempo de silencio*. Imanol Arias y Victoria Abril brillan especialmente en medio de un gran reparto.

El autor y su obra

Tiempo de silencio marcó un cambio de rumbo en la novela española posterior a la Guerra Civil. Publicada en 1962 por el psiquiatra Luis Martín-Santos, con ella se inaugura el periodo de renovación técnica que permitió a la narrativa nacional ponerse a la altura de lo que se escribía fuera de nuestras fronteras.

La obra toca un tema cercano a los planteamientos noventayochistas: la aniquilación del proyecto vital del protagonista a causa de una serie de circunstancias directamente achacables a la realidad de España. Para ello, Martín-Santos se vale de un argumento nada original: Pedro es un médico joven, dedicado a la investigación, que se ve casualmente involucrado en un aborto clandestino, consecuencia de un incesto, provocado, a su vez, por el hacinamiento de las chabolas; viene luego la persecución policial, la venganza y la muerte de su novia.

A diferencia de lo que ocurría en la novela social, aquí el autor no toma partido a favor de nadie, sino que todos sin excepción se ven sometidos a su crítica devastadora y ultra-irónica.

- Busca en el texto ejemplos donde se manifieste la ironía del autor.

Tema e ideas

El texto recrea el momento en que Pedro –acompañado de Amador– acude al barrio donde vive quien les vende las ratas que permiten las investigaciones en el laboratorio. Para describir la visión desde un montículo del conglomerado de chabolas, el narrador –haciendo gala de su omnipresente ironía– se remonta a la mítica escena de Moisés contemplando desde un alto la tierra prometida.

- Verifica y documenta en la Biblia o en un libro de historia sagrada a qué escena de la vida de Moisés se refiere el narrador.

Ya hemos visto cómo uno de los aspectos en los que reside la profunda originalidad de *Tiempo de silencio* es en la superación de la división de la sociedad en buenos (proletarios, obreros, clases humildes) y malos (burguesía, patronos, ricos), habitual en la novela socialrealista. El autor supera también la descripción realista, figurativa y tradicional, para ofrecer una visión de la realidad fragmentada o descompuesta en una serie de componentes que muestran no solo la forma, sino el origen, la función y –sobre todo– ese pasado que explica el áspero devenir de la sociedad española: es el caso de la ciudad de Madrid (secuencia 2) o el mundo de los escritores (13).

- Localiza y comenta otras alusiones históricas presentes en el fragmento.
- El distanciamiento irónico del narrador cede por un instante, para mostrar cercanía con respecto al sufrimiento. Localiza ese momento puntual.

Organización y composición

Tiempo de silencio carece de estructuración en partes o capítulos. La acción se divide en 62 secuencias de extensión variable, en las que la palabra del narrador ultra-omnisciente se alterna con monólogos de variados personajes o diálogos presentados de forma nada convencional.

- ¿A cuál de los modos del discurso –narración, descripción o argumentación– pertenece este texto? Confírmalo con claves textuales concretas.

Las descripciones de Martín-Santos son complejas y barrocas; sin embargo, podemos distinguir tres partes:

- Exclamación inicial presentativa.
- Localización topográfica del lugar donde se sitúa el complejo chabolístico.
- Minuciosa enumeración del material con el que se hicieron las edificaciones.

- Delimita esas tres partes, comenta sus características y explica su sentido.

En cuanto a la técnica, se suceden en el libro procedimientos narrativos sumamente modernos: narrador barroco, irónico y omnipresente; monólogos interiores semi-irracionales; yuxtaposición de puntos de vista; diálogos que recogen sólo la voz de uno de los interlocutores; mezcla de narración con estilo directo...

- ¿Descubres alguno de estos procedimientos en el texto? Coméntalos.

Lenguaje y estilo

Martín-Santos escribe una prosa barroca, cuyos rasgos son:

- Aliteraciones de sonidos ásperos: *alguna que otra teja dispareja*.
- Incisos y paréntesis.
- Proliferación de cláusulas asindéticas en función de complemento circunstancial de materia.
- Léxico culto e incluso especializado: *morrenas*, *glaciar cuaternario*.
- Desmitificación de la realidad descrita, a base de compararla o designarla con elementos nobles y prestigiosos, subrayando así su carácter degradado; más adelante a los burdeles se les denomina «lugares de celebración de los nocturnales ritos órficos».

- Localiza y subraya ejemplos de estos recursos.
- Subraya la palabra clave de la que depende la serie de complementos circunstanciales de materia.

Valoración e interpretación

El fragmento muestra la extraordinaria capacidad del escritor para llevar a cabo la radiografía crítica de un espacio social –el de las chabolas– en poco más de una docena de líneas, mediante un estilo que casi apabulla al lector con sus alardes sintácticos y léxicos.

Nuestra evolución teatral ha sido pobre, pobrísima, por mucho que hayamos tratado los temas de actualidad exigidos por el hambre de buena conciencia que a todos los niveles se ha tenido aquí.
Nuestro teatro ha protestado y gemido con alaridos percutientes y acusaciones sonrojantes para los salvadores opresores y represores. El exceso de razón moral no daba la menor razón de una evolución estética que hiciese acreedor a nuestro teatro de una atención por parte de otros ambientes más avanzados. Teatro con peligro de ser noblemente feo, dignamente ramplón. Es como cuando se dice: horrible mujer, pero madre amantísima.

FRANCISCO NIEVA, *Teatro español actual*

El teatro posterior a 1936

1. Tendencias del teatro de posguerra

Al acabar la Guerra Civil habían muerto los dos dramaturgos más importantes del primer tercio de siglo: Valle-Inclán y García Lorca; marcharon al exilio figuras consagradas –Jacinto Grau, Alejandro Casona– y escritores que desde otros géneros literarios habían desembarcado con éxito en la escena, como Max Aub, Pedro Salinas y Rafael Alberti. Como consecuencia de ello, la escena española inicia un proceso de **recuperación**, vigilada de cerca por la **censura**, que siempre se ha ocupado con especial celo del fenómeno teatral por su singular capacidad comunicativa.

Surge así el conjunto de tendencias que analizaremos a continuación, tras hacer una breve referencia al teatro del exilio: el **drama burgués**, el **teatro de humor**, el **teatro realista y comprometido**, y el **teatro experimental**.

2. El teatro del exilio

Entre los autores dramáticos exiliados –al igual que entre los novelistas– se registra una amplia variedad de fórmulas y estilos, cuyo factor común sería el **permanente recuerdo de España**, de cuya realidad social, sin embargo, cada vez se encontraban más alejados; lo cual se refleja a menudo en sus obras. Podemos distinguir **cuatro corrientes principales:** teatro político, realista, existencialista y poético.

- **Teatro político.** Heredero en cierto modo del esperpento valleinclanesco, está representado por **Rafael Alberti**, quien con *El adefesio* elabora una fábula acerca de la tiranía, inspirada en *La casa de Bernarda Alba*, de Lorca. Su obra ***Noche de guerra en el Museo del Prado*** está considerada como uno de los mejores dramas escritos sobre la Guerra Civil.

- **Teatro realista.** Evoluciona del vanguardismo a un cierto compromiso social; destacan dos obras de **Max Aub:** ***La vida conyugal***, en la que se plantea la relación de los intelectuales con la dictadura de Primo de Rivera, y ***San Juan***, que escenifica la persecución de los judíos por los nazis, una realidad conocida de forma muy directa por el propio autor.

- **Teatro existencialista o intelectual.** Plantean cuestiones intemporales, como la felicidad, el amor o la muerte. Su principal representante fue el gran poeta **Pedro Salinas:** en las que llamó ***piezas rosas*** desarrolla la búsqueda del amor como supremo destino del ser humano; en las ***piezas satíricas*** defiende en tono poético y levemente irónico la importancia del individuo frente a cualquier tipo de imposición.

- **Teatro poético o simbolista.** Cuenta con la principal figura de la dramaturgia transterrada: el asturiano **Alejandro Casona** (1903-1965), cuyo regreso a España en 1962 constituyó uno de los grandes acontecimientos literarios de aquellos años. Por edad, relación personal e influencias literarias, Alejandro Casona pertenece a la generación del 27. En compañía de Lorca trató de favorecer la renovación de la escena, dominada entonces por un teatro comercial de calidad discreta. Antes de la guerra ya obtuvo el reconocimiento general con títulos como ***Nuestra Natacha*** (1936), expresión de sus innovadoras ideas educativas.

Alejandro Casona.

3. El drama burgués

La influencia de Benavente y de su alta comedia se proyectó con fuerza durante la postguerra en una serie de autores cercanos al régimen, que veía con buenos ojos este **teatro de evasión** que apenas se hacía eco de los graves problemas que afectaban a la sociedad española.

- **Temas.** Se trata de obras protagonizadas por **personajes** pertenecientes a la alta burguesía; ambientadas en **espacios** elegantes –salones, bibliotecas domésticas, comedores– que sirven de marco a conflictos pretendidamente trascendentes, desarrollados con evidente habilidad técnica: adulterios, enfrentamientos generacionales entre padres e hijos, nostalgia del pasado, ruina familiar. Predomina el **final feliz**, que encierra casi siempre una **lección moral** para el espectador.

- **Autores.** Entre los cultivadores de esta tendencia hay que citar a José María Pemán, Juan Ignacio Luca de Tena y Joaquín Calvo Sotelo, quien en ***La muralla*** (1954) –el mayor éxito teatral de aquellos años– se atrevió a plantear el caso de los graves remordimientos de conciencia que afectan a un personaje por su actuación en el bando vencedor de la Guerra Civil.

4. El teatro de humor

Otra modalidad dramática que contribuyó a mantener la escena española alejada de las cuestiones reales fue la **comedia**, cuya figura más celebrada fue **Alfonso Paso** (1926-1978), autor de tal fecundidad que en los años sesenta llegó a reunir al mismo tiempo seis títulos en la cartelera madrileña. Otros cultivadores de este tipo de comicidad amable, evasiva e intrascendente –aunque no exenta de ingenio– fueron Víctor Ruiz Iriarte y Juan José Alonso Millán.

Frente a esta tendencia que en cierto modo continúa el teatro de humor anterior a la Guerra Civil, se va imponiendo poco a poco una **comicidad radicalmente innovadora**, representada por dos figuras eminentes: Jardiel Poncela y Miguel Mihura.

La **escritura dramática de Jardiel Poncela** siguió los postulados que él mismo anunció en el preámbulo de *Cuatro corazones con freno y marcha atrás*:

> Sólo lo inverosímil me atrae y subyuga; de tal suerte, que lo que hay de verosímil en mis obras lo he construido siempre como concesión y contrapeso, y con repugnancia.

- **Enrique Jardiel Poncela** (1901-1952). Ya en 1936 rompió con el humor convencional en ***Cuatro corazones con freno y marcha atrás***, obra que se adentra por los terrenos de lo absurdo e inverosímil, al escenificar la peripecia de un grupo de personajes que, a medida que pasa el tiempo, en vez de envejecer, rejuvenecen.

De esta forma, concibe Jardiel una serie de **obras precursoras del teatro del absurdo** que años después se desarrollaría en Francia: planteamientos disparatados con situaciones humorísticas e inverosímiles de extraordinaria originalidad se ven limitados por desenlaces en los que todo vuelve a la normalidad, rindiendo así tributo a la lógica y los gustos convencionales del público. Citemos títulos como *Eloísa está debajo de un almendro*, *Los ladrones somos gente honrada* o *Los tigres escondidos en la alcoba*.

Escena de *Cuatro corazones con freno y marcha atrás*, de Jardiel Poncela.

Lee este disparatado diálogo –donde el dueño de la casa interroga a un aspirante a mayordomo– de *Eloísa está debajo de un almendro*:

EDGARDO: ¿De dónde es usted?
LEONCIO: De Soria.
EDGARDO: ¿Qué color prefiere?
LEONCIO: El gris.
EDGARDO: ¿Le dominan a usted las mujeres?
LEONCIO: No pueden conmigo, señor.
EDGARDO: ¿Cómo se limpian los cuadros al óleo?
LEONCIO: Con agua y jabón.
EDGARDO: ¿Se sabe usted los principales trayectos ferroviarios de España?
FERMÍN: *(Interviniendo.)* Hoy empezaré a enseñárselos, señor.
EDGARDO: ¿Qué comen los búhos?
LEONCIO: Aceite y carnes muy fritas.
EDGARDO: ¿Cuántas horas duerme usted?
LEONCIO: Igual me da dos que quince, señor.
EDGARDO: ¿Fuma usted?
LEONCIO: Cacao.
EDGARDO: ¿Sabe usted poner inyecciones?
LEONCIO: Sí, señor.
EDGARDO: ¿Le molestan las personas nerviosas, de genio destemplado y desigual, excitadas y un poco desequilibradas?
LEONCIO: Esa clase de personas me encanta, señor.
EDGARDO: ¿Qué reloj usa usted?
LEONCIO: Longines.
EDGARDO: ¿Le extraña a usted que yo lleve acostado, sin levantarme, veintiún años?
LEONCIO: No, señor. Eso le pasa a casi todo el mundo.
EDGARDO: Y que yo borde en sedas, ¿le extraña?
LEONCIO: Menos. ¡Quién fuera el señor!

ENRIQUE JARDIEL PONCELA, *Eloísa está debajo de un almendro*, Cátedra

Escena de la protagonista de ***Eloísa está debajo de un almendro*** (1940), papel realizado por Amparo Rivelles, actriz de gran éxito durante los años cuarenta y cincuenta en sus papeles de joven dulce y de buen corazón. Esta divertidísima obra cuenta las peripecias de Fernando, su prometida Mariana y sus respectivas familias, que se ven envueltos en el misterio de la muerte en extrañas circunstancias, hace años, de Eloísa, mujer con un sospechoso parecido físico con Mariana.

Miguel Mihura (1905-1979). Aun antes que Jardiel, Mihura fue el verdadero precursor de la **renovación humorística**, pues en 1932 había escrito una de las piezas maestras del teatro español contemporáneo: ***Tres sombreros de copa***. La obra, sin embargo, no llegó a estrenarse hasta casi veinte años después; todavía entonces llamó la atención por la frescura de su humorismo crítico, desenfadado y renovador, que había encontrado también importante vehículo de expresión en revistas fundadas por el propio Mihura, como *La ametralladora* o *La codorniz*, enormemente populares durante el franquismo.

Mihura y Jardiel orientan el teatro cómico hacia la superación de los recursos castizos y costumbristas en su búsqueda de un **sentido del humor de carácter universal**, basado en la creación de situaciones absurdas, diálogos cargados de ingenio y finales un tanto ambiguos, que obligan a reflexionar al público.

A esta línea pertenecen otros interesantes comediógrafos, que constituyen lo que se ha dado en llamar «la otra generación del 27»: Edgar Neville, autor de una obra maestra, *El baile*; José López Rubio, con *Celos del aire*; y Antonio Lara, «Tono», dibujante y colaborador con Mihura en títulos tan divertidos como *Ni pobre ni rico, sino todo lo contrario*. Algunos trabajaron en Hollywood, redactando en español los diálogos de las primeras películas del cine sonoro.

La literatura en el cine

El cine español encontró también en la dramaturgia de estos años motivos de inspiración. El director José Luis Garci rodó en 2005 la versión cinematográfica de las dos piezas más populares de **Mihura**: *Ninette y un señor de Murcia* y *Ninette, Modas de París*. Elsa Pataky y Carlos Hipólito se hicieron cargo de los papeles principales.

5. El teatro realista y comprometido

El vivir amargo

La insatisfacción, que amarga la vida a tantos personajes en los dramas realistas de Buero, se refleja en estas palabras de uno de los personajes de *Historia de una escalera*:

> FERNANDO: No es eso, Urbano. ¡Es que le tengo miedo al tiempo! Es lo que más me hace sufrir. Ver cómo pasan los días, y los años... sin que nada cambie. Ayer mismo éramos tú y yo dos críos que veníamos a fumar aquí, a escondidas, los primeros pitillos... ¡Y hace ya diez años! Hemos crecido sin darnos cuenta, subiendo y bajando la escalera, rodeados siempre de los padres, que no nos entienden; de vecinos que murmuran de nosotros y de quienes murmuramos... Buscando mil recursos y soportando humillaciones para poder pagar la casa, la luz... y las patatas. *(Pausa.)* Y mañana, o dentro de diez años, que pueden pasar como un día, como han pasado estos últimos... ¡sería terrible seguir así! Subiendo y bajando la escalera, una escalera que no conduce a ningún sitio; haciendo trampas en el contador, aborreciendo el trabajo... perdiendo día tras día (Pausa.) Por eso es preciso cortar por lo sano.

Con el estreno en 1949 de ***Historia de una escalera***, obra de un dramaturgo hasta entonces inédito –**Antonio Buero Vallejo** (1916-2000)–, se abre camino la modalidad dramática más representativa de los años cincuenta: el teatro realista centrado en el compromiso político y la denuncia social, cuya presencia en los escenarios será escasa a causa de sus habituales problemas con la censura (LECTURA 1).

Sobre el alcance y la finalidad esencial de este teatro, polemizaron sus dos principales representantes –Buero Vallejo y **Alfonso Sastre** (1926)– en un debate esencial para entender no sólo la situación de la escena española en estos años, sino también la función del intelectual en un régimen intolerante. Para Sastre (LECTURA 2), partidario de un **teatro de agitación social**, abiertamente enfrentado al poder, el dramaturgo debe poner la finalidad política por encima de la artística:

> Precisamente, la principal misión del arte, en el mundo injusto en que vivimos, consiste en transformarlo. El estímulo de esta transformación, en el orden social, corresponde a un arte que desde ahora podríamos llamar «de urgencia». Queda dicho que todo arte vivo, en un sentido amplio, es justiciero; este arte que llamamos «de urgencia» es una reclamación acuciante de justicia, con pretensión de resonancia en el orden jurídico.

Frente al teatro de la ruptura, **Antonio Buero Vallejo** defiende un **teatro de lo posible**: el autor debe acatar ciertas normas del sistema social, así como determinadas imposiciones de la censura, para que sus obras puedan subir a los escenarios y, desde allí, ejercitar la lucha contra la injusticia. Por eso, se vale a menudo de personajes históricos o situaciones alejadas de la actualidad para deslizar su mensaje acerca de los males presentes.

> Cuando yo critico el «imposibilismo» y recomiendo la posibilitación, no predico acomodaciones; propugno la necesidad de un teatro difícil y resuelto a expresarse con la mayor holgura, pero que no sólo debe escribirse, sino estrenarse. Un teatro, pues, «en situación»; lo más arriesgado posible, pero no temerario. Recomiendo, en suma, y a sabiendas de que muchas veces no se logrará, hacer posible un teatro «imposible».

A la zaga de los dos autores mencionados surgió en la segunda mitad de los años cincuenta la llamada **generación realista**, integrada por Lauro Olmo (LECTURA 3), José Martín Recuerda y José María Rodríguez Méndez, entre otros. Los **rasgos** que definen su teatro –marcado casi siempre por un tono pesimista, amargo y desesperanzado– pueden sintetizarse así:

- Temas ceñidos a una realidad muy concreta: la angustia de unos opositores; la emigración; la intolerancia en el medio rural; la rebeldía de un empleado ante el deshumanizado trabajo burocrático.
- Personajes sin complejidad psicológica, a los que se ve como representantes de un sector social o víctimas de una situación injusta concreta.
- Lenguaje sencillo, directo, violento en ocasiones, con giros coloquiales.

El carácter combativo de estas obras ocasionó inmediatos enfrentamientos con la censura, por lo que muy pocas de ellas alcanzaron continuidad en los escenarios comerciales.

6. El teatro experimental

A finales de los años sesenta aparece una serie de autores que huyen voluntariamente del realismo, en un intento por conectar con la **vanguardia escénica** del mundo. En este sentido, es preciso mencionar la influencia –más o menos explícita– de los **grandes renovadores del teatro universal** contemporáneo:

- **El teatro épico.** Identificado con el dramaturgo alemán **Bertold Brecht** (1898-1956), que mediante una serie de procedimientos de «distanciamiento» –presencia de un narrador en escena, interrupción de la trama con comentarios, sobreactuación caricaturesca de los actores– intenta que el espectador no se implique en la acción dramática y mantenga alerta toda su capacidad crítica.
- **El teatro del absurdo.** Se incluyen aquí ciertos autores que escribieron en francés –**Eugene Ionesco, Samuel Beckett**– con la intención de plasmar la falta de sentido de la existencia humana, sometida a circunstancias inesperadas e inexplicables. Para ello ponen en escena obras sin argumento coherente, protagonizadas por personajes carentes de psicología, que hablan sin escucharse.
- **El teatro de la crueldad.** Tomó su nombre del director y escenógrafo francés **Antonin Artaud** (1896-1948), que intentó llevar a los escenarios algunos postulados del Surrealismo. A través de la crueldad –presencia de lo violento, macabro o desagradable en la escena– se pretende sacudir al espectador, poniéndolo en contacto con las realidades ocultas del inconsciente.
- **El teatro independiente.** En la segunda mitad del siglo surgen en Inglaterra y Estados Unidos distintos grupos dramáticos que pretenden romper con el mecanismo comercial del teatro formando una especie de cooperativas que controlan todo el proceso de creación. Los grupos de teatro independiente proliferaron aquí en los últimos años del franquismo; formados, en general, por jóvenes universitarios críticos con la dictadura, algunos de ellos aún se mantienen en activo. Es el caso de los catalanes **Els Joglars** y **Els Comediants** o el grupo sevillano **La Cuadra**.

El distanciamiento brechtiano

En el «Prólogo» de *La resistible ascensión de Arturo Ui*, sátira de la subida de los nazis al poder, ambientada entre gángsteres de Chicago, EL PREGONERO avanza de forma burlesca los principales aspectos de la trama:

> Verán, mientras todo baja,
> de Arturo Ui la ascensión.
> Y verán cómo rebota
> la falaz acusación
> del proceso del incendio,
> la tea que lo prendió
> y un considerado lío
> que no lo entiende ni Dios.
> La bien planeada muerte
> en la que el muerto es Dullfot,
> y la justicia rodando
> por una pendiente atroz.
> La familia de los gángsteres.
> La muerte de Ernesto Rom.
> Y como final de fiesta,
> como apoteosis de horror,
> verán la ciudad de Cicero
> en manos de quién cayó:
> en manos de los bandidos,
> ¡la madre que los parió!

Dos autores vanguardistas españoles: Nieva y Arrabal

Francisco Nieva (1929), escenógrafo, director y autor, ha sabido añadir a las influencias extranjeras un profundo conocimiento de la tradición literaria española (la picaresca, el entremés, el sainete y el esperpento) en obras de argumento delirante, marcadas por una imaginación opulenta y sorprendentes hallazgos expresivos: *La carroza de plomo candente, El combate de Ópalos* y *Tasia o Coronada y el toro* figuran entre sus títulos imprescindibles.

Fernando Arrabal (1932) ha escrito y estrenado casi siempre en Francia, donde se fue a mediados de los años cincuenta ante la imposibilidad de darse a conocer en España. Su obra –en la que se mezclan surrealismo, absurdo, teatro de la crueldad, crítica social y humor– representa el experimento más audaz y original del teatro español posterior a la Guerra Civil.

Escena de *La carroza de plomo candente* (1971), de Francisco Nieva. Esta «ceremonia negra» en un acto trata del sortilegio para que el rey Luis tenga sucesión en el trono. El embrujo falla y la cama empieza a girar vertiginosamente...

1. El teatro histórico de Buero Vallejo: *El concierto de San Ovidio*

Vida

Antonio Buero Vallejo nació en Guadalajara (1916), pero en 1934 la familia se traslada a Madrid, donde se matriculó en la Escuela de Bellas Artes. Durante la Guerra Civil su padre –militar– fue fusilado por los republicanos; al acabar la contienda, fue acusado de militar en el Partido Comunista y condenado a muerte. Por fin sale en libertad condicional en 1946 y –sin renunciar aún a su vocación pictórica– dará comienzo, con ***Historia de una escalera***, a una de las más fecundas carreras teatrales en la literatura española contemporánea.

Obra

Su trayectoria dramática pretende reflexionar sobre la **situación del hombre en el mundo**, afectada por circunstancias como la opresión *(El concierto de San Ovidio)*, la intolerancia *(Un soñador para un pueblo)*, la falta de alicientes *(Historia de una escalera)* o la mentira *(El tragaluz)*.

- **Dramas realistas.** Suponen un **examen crítico a la sociedad española.** Se identifican, en general, con los primeros años de su carrera dramática: *Historia de una escalera* desarrolla la frustración de unas generaciones incapaces de salir de una oscura casa de vecinos para alcanzar una vida mejor.

- **Dramas históricos.** El **pasado** se convierte en el vehículo para analizar de forma distanciada el presente: *El concierto de San Ovidio*, en torno a la explotación de los ciegos; *Las Meninas*, en la que se escenifica el conflicto entre el pintor Velázquez y los elementos más reaccionarios de la corte de los Austrias.

- **Obras de carácter simbólico.** Marcadas por la creciente presencia de **procedimientos escenográficos** –denominados efectos de inmersión– para introducir al espectador en el paisaje interior de los personajes: es el caso de la obsesión del padre con el tren *(El tragaluz)*.

El concierto de San Ovidio (1962) se desarrolla en el París de fines del XVIII, donde un grupo de ciegos vive explotado por Valindín, que les obliga a ganarse la vida tocando y haciendo el payaso. Asistimos al enfrentamiento libertad / opresión, personificado en el ciego David, único capaz de alzarse contra Valindín.

*

www.cervantesvirtual.com/bib_autor/buerovallejo/autor.shtml es una interesante página sobre la vida y la obra de **Buero Vallejo** con fotos, ficha de todas sus obras, entrevista a su esposa y enlaces de gran interés.

http://

VALINDÍN: *(Sonríe).* Me diviertes, loco. *(Y va a sentarse de nuevo, tomando la botella).*

DAVID: ¡Me alegro! *(Ríe).* Divertir es lo mejor. *(Imita grotescamente los ademanes de un violinista).* «Los corderitos balan: bee, bee, bee...».

VALINDÍN: ¡Eso, loco, eso! *(Subraya sus palabras con palmadas sobre la mesa; ríe, y DAVID ríe con él. Luego bebe).*

DAVID: Es la única manera de librarse del miedo. Bueno, hay otra, pero es para pocos. Los más tienen que saltar como animalitos de feria para aplacarlo. O ponerse a soñar...

VALINDÍN: Oye, ¿y ese secreto?

DAVID: Pronto os lo cuento. Os decía que yo antes soñaba para olvidar mi miedo. Soñaba con la música, y que amaba a una mujer a quien ni siquiera conozco... Y también soñé que nadie me causaría ningún mal, ni yo a nadie... ¡Qué iluso! ¿Verdad? Atreverse a soñar tales cosas en un mundo donde nos pueden matar de hambre, o convertirnos en peleles de circo, o golpearnos... O encerrarnos para toda la vida con una carta secreta. *(VALINDÍN lo mira, serio).* Era como dar palos de ciego.

VALINDÍN: ¿Por qué dices eso?

DAVID: Por nada..., por nada. A mí siempre me irritó eso de que los palos de los ciegos hiciesen reír. Porque soy un iluso, señor Valindín; pero no soy un necio. ¿Recordáis aquella vez, en vuestra casa, que os di en el pie con mi garrote?

VALINDÍN: *(Sin quitarle ojo).* Sí.
DAVID: Me he adiestrado mucho en eso... Puedo poner mi garrote donde quiera.
VALINDÍN: ¡Oye, truhán!
DAVID: *(Extiende su mano).* ¡Un momento! Pensad que si os lo confieso será por algo.
VALINDÍN: *(Golpea la mesa con sus nudillos).* ¡Suelta ya el secreto y lárgate!
DAVID: *(Suspira).* Es una lástima que la plaza Luis XV sea tan grande y tan oscura. Cuando no hay luna no se ve ni gota.
VALINDÍN: Y eso, ¿qué puede importarte a ti?
DAVID: A mí, no; pero a vos, sí.
VALINDÍN: ¿A mí?
DAVID: Esta tarde me dijisteis que nunca intentara nada contra un hombre con los ojos en su sitio. Fue un buen consejo y os lo voy a pagar con otro.
VALINDÍN: *(Ríe).* ¿Tuyo? ¿Y cuál es, loco? *(Toma la botella. Cuando va a beber, DAVID comienza a hablar y él se detiene y lo escucha).*
DAVID: Nunca golpeéis a ciegos... ni a mujeres.
VALINDÍN: *(Calla un instante. Luego estalla en una carcajada).* ¿Me amenazas? *(Ríe y comienza a beber. En ese momento DAVID lanza sus rápidas manos al farol, lo abre y apaga la candela con los dedos. Oscuridad absoluta en el escenario).* ¿Qué haces? *(Se oyen las manos de VALINDÍN palpando sobre la mesa).* ¿Y el farol?
DAVID: *(Su voz llega ahora de otro lugar).* Ya no está en la mesa. *(VALDINÍN se levanta con ruido de tropezones).*
VALINDÍN: Tráelo, imbécil.
DAVID: Os diré ahora el secreto: no volveréis a ver a Adriana.
VALINDÍN: ¿Qué dices, necio? ¡Será mía mientras yo viva!
DAVID: Es que tú, Valindín..., no vas a vivir. *(Un silencio).*
VALINDÍN: *(Con la voz velada).* ¿Qué?
DAVID: Ya no ultrajarás más a los ciegos.
VALINDÍN: ¡Bribón! ¡Deja que te atrape y verás! *(Se le oye caminar, tropezando con otras sillas).*
DAVID: *(Desde otro lugar).* ¡Cuanto más te muevas, más tropezarás!
VALINDÍN: *(Se detiene).* ¿Me... quieres matar?
DAVID: No te muevas. No hables. Cada vez que lo haces, mi garrote sabe dónde está tu nuca. *(Un silencio).* Te oigo. No vayas a la puerta. *(Un silencio).* ¿A qué sabe el miedo, Valindín? *(Un silencio).* Los ciegos han rezado ya bastante por tu alma sucia. Reza tú ahora, si sabes rezar.
VALINDÍN: ¡Hijo de perra! *(Se abalanza furioso hacia donde sonó la voz. Tropieza).*
DAVID: *(Ríe).* Es inútil... Yo nunca estaré donde tú vayas... Pero siempre sabré dónde estás tú. Eres pesado, tu aliento es ruidoso... ¡Y hueles! ¡Ya no diré una sola palabra más, Valindín! *(Un silencio).*

BUERO VALLEJO, *El concierto de San Ovidio,* Espasa Calpe

Actividades

1. En la escena se pueden establecer dos momentos principales a partir de la actitud de David. Identifícalos y explica su sentido.

2. Analiza los rasgos que definen a cada uno de los personajes y la transformación que ambos van experimentando a lo largo de la escena.

2. Alfonso Sastre: *Escuadra hacia la muerte*

Tras unos inicios cercanos al **drama existencial** *(Escuadra hacia la muerte)*, no tarda Alfonso Sastre en inclinarse hacia el **teatro de denuncia** *(Muerte en el barrio, La cornada, La mordaza)*, sistemáticamente prohibido por la censura. La radicalización ideológica posterior lo llevó a experimentar con elementos de la tragedia clásica, el teatro del absurdo, el esperpento y el teatro de Bertold Brecht en lo que él denomina ***tragedias complejas***, como *La sangre y la ceniza*, inspirada en la figura histórica de Miguel Servet.

El **argumento** de *Escuadra hacia la muerte* (1953) se centra en un grupo de soldados obligado a internarse unos kilómetros en territorio enemigo; en aquel aislamiento no tardan en surgir tensiones, agravadas por el comportamiento tiránico y represor del cabo, al que acaban asesinando; sin embargo, continúan los enfrentamientos entre ellos, de modo que se separan: uno se suicida, otro se entrega, otro huye al monte; solo quedan los dos individuos que aparecen en esta escena.

LUIS: *(Con voz temerosa.)* Y en realidad parece que ésta era una escuadra maldita, Pedro. ¿Qué será de Adolfo y de Andrés a estas horas? ¿Habrán llegado muy lejos?

PEDRO: *(Se encoge de hombros.)* Déjalos. Es como si los hubiese tragado la tierra. Bien perdidos están. *(Un silencio)*

LUIS: Estamos solos, Pedro. Solos en esta casa. ¿Qué va a ser de nosotros?

PEDRO: Yo también desapareceré, Luis. Sólo tú vivirás.

LUIS: No, Pedro. Yo no quiero vivir si todos vosotros me dejáis. No hay razón para que yo haya sido excluido. Pedro, te pido que digas: Luis estuvo con nosotros esa noche. Luis también mató.

PEDRO: No. Tú te quedas aquí, en este mundo. Quizá sea ese tu castigo. Quedarte, seguir viviendo y conservar en el corazón el recuerdo de esta historia.

LUIS: Pero yo no podré...

PEDRO: Sí podrás. Acabará la guerra y tú volverás a vivir. Encontrarás nuevos amigos. Te enamorarás de una mujer... Te casarás... Tú debes aceptarlo todo. Ellos no sabrán por qué a veces te quedas triste un momento... como si recordaras... Y entonces estarás pensando en el cabo, en Javier, en Adolfo, en Andrés, en mí... Luis, no tienes que apenarte por nosotros. Apénate por ti... por la larga condena que te queda por cumplir: tu vida.

LUIS: Pedro, y todo esto, ¿por qué? ¿Qué habremos hecho antes? ¿Cuándo habremos merecido todo esto? ¿Nos lo merecíamos, Pedro?

ALFONSO SASTRE, *Escuadra hacia la muerte*, SGEL

Actividades

1. Resume el tema del fragmento de *Escuadra hacia la muerte*. Explica su significado a la luz del título de la obra a la que pertenece.

2. El texto puede interpretarse como un alegoría de la condición humana; interprétalo en clave existencial: vida, muerte, destino incontrolado, soledad...

3. Alfonso Sastre escribió buena parte de su teatro para denunciar una situación concreta de la España de la época. ¿Percibes aquí ese componente político?

4. ¿Cuál de las dos actitudes ante la censura te parece más adecuada e interesante, el teatro de lo posible o el teatro de la ruptura?

3. La originalidad dramática de Fernando Arrabal: *Pic-nic*

Pese a no haber sido estrenado apenas en España, Fernando Arrabal es el más internacional de los dramaturgos españoles contemporáneos. Su obra, escrita en español y francés, ha gozado de tal difusión que en 1969 era el autor más representado del mundo, con 140 montajes simultáneos de sus obras, según el informe de la Sociedad de Autores.

Su teatro supone una **rebelión frente al mundo** actual, considerado por el autor irracional, absurdo e injusto; por ello se niega a aceptarlo, complaciéndose en desmontar sus más arraigadas creencias. Sus **personajes** a menudo oscilan entre la ternura y la crueldad, el amor y la muerte, el sacrificio y la destrucción, valiéndose de un lenguaje que –sobre todo en sus primeras obras– ofrece una apariencia infantil, cercana al teatro del absurdo o al humorismo de Jardiel y Mihura.

Hemos seleccionado un fragmento de ***Pic-nic*** (1952), que, junto con ***El triciclo*** y ***El laberinto***, pertenece a la primera parte de su producción, escrita en España. Zapo se encuentra atemorizado en pleno frente de batalla de una guerra que no entiende; allí recibe la visita de sus padres.

ZAPO: Perdonadme. Os tenéis que marchar. Está prohibido venir a la guerra si no se es soldado.

SR. TEPÁN: A mí me importa un pito. Nosotros no venimos al frente para hacer la guerra. Solo queremos pasar un día de campo contigo, aprovechando que es domingo.

SRA. TEPÁN: Precisamente he preparado una comida muy buena. He hecho una tortilla de patatas que tanto te gusta, unos bocadillos de jamón, vino tinto, ensalada y pasteles.

ZAPO: Bueno, lo que queráis, pero si viene el capitán, yo diré que no sabía nada. Menudo se va a poner. Con lo que le molesta a él eso de que haya visitas en la guerra. Él nos repite siempre: «En la guerra, disciplina y bombas, pero nada de visitas».

SR. TEPÁN: ¿Te piensas que yo me voy a asustar? En peores me he visto. Y si aun fuera como antes, cuando había batallas con caballos gordos. Los tiempos han cambiado, ¿comprendes? *(Pausa.)* Hemos venido en motocicleta. Nadie nos ha dicho nada.

ZAPO: Supondrían que erais árbitros.

SR. TEPÁN: Lo malo fue que, como había tantos tanques y jeeps, resultaba muy difícil avanzar.

SRA. TEPÁN: Y luego, al final, acuérdate aquel cañón que hizo un atasco.

SR. TEPÁN: De las guerras, es bien sabido, se puede esperar todo.

SRA. TEPÁN: Bueno, vamos a comer.

SR. TEPÁN: Sí, vamos, que tengo un apetito enorme. A mí, este tufillo de pólvora me abre el apetito.

SRA. TEPÁN: Comeremos aquí mismo, sentados sobre la manta.

ZAPO: ¿Como con el fusil?

SRA. TEPÁN: Nada de fusiles. Es de mala educación sentarse a la mesa con fusil *(Pausa.)* Pero qué sucio estás, hijo mío… ¿Cómo te has puesto así? Enséñame las manos.

ZAPO: *(Avergonzado se las muestra.)* Me he tenido que arrastrar por el suelo con eso de las maniobras.

SRA. TEPÁN: Y las orejas, ¿qué?

ZAPO: Me las he lavado esta mañana.

SRA. TEPÁN: Bueno, pueden pasar. ¿Y los dientes? *(Enseña los dientes.)* Muy bien. ¿Quién le va a dar a su niñito un besito por haberse lavado los dientes? *(A su marido.)* Dale un beso a tu hijo que se ha lavado bien los dientes. *(El Sr. Tepán besa a su hijo.)* Porque lo que no se puede consentir es que con el cuento de la guerra te dejes de lavar.

ZAPO: Sí, mamá. *(Se ponen a comer.)*

FRANCISCO ARRABAL, *Pic-nic*, Cátedra

Actividades

1. Resume la acción dramática de este texto y explica la idea principal que defiende Arrabal en esta obra.

2. El autor se vale de un sentido del humor basado en el absurdo de la situación, de los diálogos, y en el lenguaje infantil. Identifica y comenta ejemplos significativos.

3. Ante una realidad injusta, el dramaturgo adopta dos posturas fundamentales: la crítica más o menos directa (Buero, Sastre, los escritores realistas) o el refugio en el absurdo y la caricatura. ¿Cuál de las dos actitudes te parece más eficaz o justificada? Razona la respuesta.

Dos grandes dramaturgos europeos: Ionesco y Beckett

Eugene Ionesco (1912-1990): *La cantante calva*

Eugene Ionesco, escritor de origen rumano afincado en Francia, fue junto a Samuel Beckett el principal representante del **teatro del absurdo**, surgido en los años cincuenta precisamente a partir de *La cantante calva* (1950), obra a la que pertenece el texto siguiente. En ***El rinoceronte*** medita acerca de la deshumanización del mundo contemporáneo, en tanto que ***Las sillas*** constituye un inquietante acercamiento al problema de la soledad y la desesperanza.

Estamos ante una farsa disparatada sobre la incomunicación y una crítica hacia las convenciones burguesas, protagonizada por dos matrimonios que dialogan de forma desordenada, para acabar pronunciando gritos sin sentido. El fragmento –perteneciente al final de la obra– muestra ya el momento en que la conversación de los protagonistas se ha precipitado en la incoherencia.

Eugene Ionesco.

La cantante calva

SR. MARTIN: El que venda hoy un buey tendrá mañana un huevo.
SRA. SMITH: En la vida hay que mirar por la ventana.
SRA. MARTIN: Se puede uno sentar en una silla, mientras que la silla no puede hacerlo.
SR. SMITH: Siempre hay que pensar en todo.
SR. MARTIN: El techo está arriba y el suelo está abajo...
SRA. SMITH: Cuando digo sí, es una manera de hablar.
SRA. MARTIN: A cada uno su destino.
SR. SMITH: Coged un círculo, acariciadlo y se hará vicioso.
SRA. SMITH: El maestro de escuela enseña a leer a los niños, pero la gata amamanta a sus crías cuando son pequeñas.
SRA. MARTIN: En tanto que la vaca nos da sus rabos.
SR. SMITH: Cuando estoy en el campo me agradan la soledad y la calma.
SR. MARTIN: Todavía no es usted bastante viejo para eso.
SRA. SMITH: Benjamín Franklin tenía razón: usted es menos tranquilo que él.
SRA. MARTIN: ¿Cuáles son los siete días de la semana?
SR. SMITH: Monday, Tuesday, Wednesday, Thursday, Friday, Saturday, Sunday.
SR. MARTIN: Edward is a clerck; his sister Nancy is a typist, and his brother William a shop-assistant.
SRA. SMITH: ¡Qué curiosa familia!
SRA. MARTIN: Prefiero un pájaro en el campo a un calcetín en una carretilla.
SR. SMITH: Es preferible un filete en una casita que la leche en un palacio.
SR. MARTIN: La casa de un inglés es su verdadero palacio.
SRA. SMITH: No sé hablar en español lo bastante bien como para hacerme comprender.
SRA. MARTIN: Te daré las zapatillas de mi suegra si me das el ataúd de tu marido.
SR. MARTIN: Busco un sacerdote monofisita para casarlo con nuestra criada.
SR. MARTIN: El pan es un árbol, en tanto que el pan es también un árbol, y de la encina nace la encina, todas las mañanas, al alba.
SRA. SMITH: Mi tío vive en el campo, pero eso no le atañe a la comadrona.
SR. MARTIN: El papel es para escribir, el gato para la rata y el queso para arañar.
SRA. SMITH: El automóvil corre mucho, pero la cocinera prepara mejor los platos.
SR. SMITH: No sean pavos y abracen al conspirador.
SR. MARTIN: Charity begins at home.
SRA. SMITH: Espero que el acueducto venga a verme a mi molino.
SR. MARTIN: Se puede demostrar que el progreso social está mucho mejor con azúcar.
SR. SMITH: ¡Abajo el betún!

EUGENE IONESCO, *La cantante calva*, Alianza

Samuel Beckett (1906-1989): *Esperando a Godot*

Nacido en Dublín en 1906, a finales de los años treinta fijó su residencia en París y desde 1951 escribió en francés. Está considerado uno de los máximos representantes del absurdo en la escena. ***Esperando a Godot*** (1953) se ha convertido en el **mejor ejemplo del teatro del absurdo**. En sus obras la acción se reduce al mínimo, los personajes carecen de consistencia, el escenario aparece casi desnudo, el tiempo apenas avanza y los diálogos carecen de lógica. La obra se centra en los diálogos de dos vagabundos, Vladimir y Estragón, mientras esperan en un extraño lugar donde todo se refiere a un tal Godot, que al final no llegará.

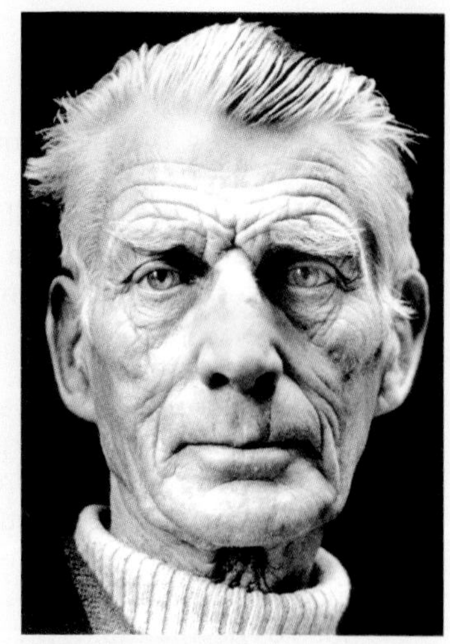

Samuel Beckett.

Esperando a Godot

VLADIMIR: Tenemos que volver mañana.
ESTRAGÓN: ¿Para qué?
VLADIMIR: Para esperar a Godot.
ESTRAGÓN: Es verdad. *(Pausa).* ¿No ha venido?
VLADIMIR: No.
ESTRAGÓN: Y ahora ya es tarde.
VLADIMIR: Sí, es de noche.
ESTRAGÓN: ¿Y si no le hiciéramos caso? *(Pausa.)* ¿Si no le hiciéramos caso?
VLADIMIR: Nos castigaría. *(Silencio. Mira el árbol.)* Sólo el árbol vive.
ESTRAGÓN: *(Mirando el árbol.)* ¿Qué es?
VLADIMIR: El árbol.
ESTRAGÓN: Sí, pero ¿de qué clase?
VLADIMIR: No sé. Un sauce.
ESTRAGÓN: Vamos a ver. *(Lleva a VLADIMIRO hacia el árbol y quedan parados ante él. Silencio.)* ¿Y si nos ahorcáramos?
VLADIMIR: ¿Con qué?
ESTRAGÓN: ¿No tienes un trozo de cuerda?
VLADIMIR: No.
ESTRAGÓN: Entonces no podemos.
VLADIMIR: Vámonos.
ESTRAGÓN: Espera, tenemos mi cinturón.
VLADIMIR: Es demasiado corto.
ESTRAGÓN: Tú me tiras de las piernas.
VLADIMIR: Es verdad.
ESTRAGÓN: De todas formas, déjame ver. *(ESTRAGÓN se desata la cuerda que sujeta su pantalón. Éste, demasiado ancho, se le cae sobre los tobillos. Miran la cuerda).* Yo creo que puede servir. Pero ¿será fuerte?
VLADIMIR: Vamos a ver. Toma. *(Tiran cada uno de la cuerda. La cuerda se rompe. Están a punto de caer.)*
ESTRAGÓN: No vale. *(Silencio.)*
VLADIMIR: ¿Dices que tenemos que volver mañana?
ESTRAGÓN: Entonces nos traemos una buena cuerda.
VLADIMIR: Eso es. *(Silencio.)*
ESTRAGÓN: Didi.
VLADIMIR: ¿Qué?
ESTRAGÓN: No puedo continuar así.
VLADIMIR: Eso se dice fácilmente.
ESTRAGÓN: ¿Y si nos separásemos? Quizá nos fuera mejor.
VLADIMIR: Mañana nos ahorcaremos. *(Pausa.)* A no ser que venga Godot.
ESTRAGÓN: ¿Y si viene?
VLADIMIR: Estaremos salvados.

SAMUEL BECKETT,
Esperando a Godot, Aguilar

1. ¿Qué elementos absurdos encuentras en una y otra escena? Justifica la respuesta.

2. En el fragmento de Ionesco se mezclan refranes, frases típicas de los ejercicios de idiomas y opiniones de los hablantes: señala ejemplos de cada apartado.

3. Toma como punto de partida una de las intervenciones de *La cantante calva* para construir un diálogo coherente entre los cuatro personajes. ¿Se puede individualizar a alguno de ellos a través de sus intervenciones?

Tres sombreros de copa

DIONISIO. ¡Yo haré algo extraordinario para poder ir contigo!... ¡Siempre me has dicho que soy un muchacho muy maravilloso!...

PAULA. Y lo eres. Eres tan maravilloso, que dentro de un rato te vas a casar, y yo no lo sabía...

DIONISIO. Aún es tiempo. Dejaremos todo esto y nos iremos a Londres...

PAULA. ¿Tú sabes hablar inglés?

DIONISIO. No. Pero nos iremos a un pueblo de Londres. La gente de Londres habla inglés porque todos son riquísimos y tienen mucho dinero para aprender esas tonterías. Pero la gente de los pueblos de Londres, como son más pobres y no tienen dinero para aprender esas cosas, hablan como tú y como yo... ¡Hablan como en todos los pueblos del mundo!... ¡Y son felices!...

PAULA. ¡Pero en Inglaterra hay demasiados detectives!...

DIONISIO. ¡Nos iremos a La Habana!

PAULA. En La Habana hay demasiados plátanos...

DIONISIO. ¡Nos iremos al desierto!

PAULA. Allí se van todos los que se disgustan, y ya los desiertos están llenos de gente y de piscinas.

DIONISIO. *(Triste.)* Entonces es que tú no quieres venir conmigo.

PAULA. No. Realmente yo no quisiera irme contigo, Dionisio...

DIONISIO. ¿Por qué?

(Pausa. Ella no quiere hablar. Se levanta y va hacia el balcón.)

PAULA. Voy a descorrer las cortinas del balcón. *(Lo hace.)* Ya debe de estar amaneciendo... Y aún llueve... ¡Dionisio, ya han apagado las lucecitas del puerto! ¿Quién será el que las apaga?

DIONISIO. El farolero.

PAULA. Sí, debe de ser el farolero.

DIONISIO. Paula..., ¿no me quieres?

PAULA. *(Aún desde el balcón.)* Y hace frío...

DIONISIO. *(Cogiendo una manta de la cama.)* Ven junto a mí... Nos abrigaremos los dos con esta manta... *(Ella va y se sientan los dos juntos, cubriéndose las piernas con la manta.)* ¿Quieres a Buby?

PAULA. Buby es mi amigo. Buby es malo. Pero el pobre Buby no se casa nunca... Y los demás se casan siempre... Esto no es justo, Dionisio...

DIONISIO. ¿Has tenido muchos novios?

PAULA. ¡Un novio en cada provincia y un amor en cada pueblo! En todas partes hay caballeros que nos hacen el amor... ¡Lo mismo es que sea noviembre o que sea en el mes de abril! ¡Lo mismo que haya epidemias o que haya revoluciones...! ¡Un novio en cada provincia...! ¡Realmente es muy divertido...! Lo malo es, Dionisio, lo malo es que todos los caballeros estaban casados ya, y los que aún no lo estaban escondían ya en la cartera el retrato de una novia con quien se iban a casar... Dionisio, ¿por qué se casan todos los caballeros...? ¿Y por qué, si se casan, lo ocultan a las chicas como yo...? ¡Tú también tendrás ya en la cartera el retrato de una novia...! ¡Yo aborrezco las novias de mis amigos...! Así no es posible ir con ellos junto al mar... Así no es posible nada... ¿Por qué se casan todos los caballeros...?

DIONISIO. Porque ir al fútbol siempre, también aburre.

PAULA. Dionisio, enséñame el retrato de tu novia.

DIONISIO. No.

PAULA. ¡Qué más da! ¡Enséñamelo! Al final lo enseñan todos...

DIONISIO. *(Saca una cartera. La abre.* PAULA *curiosea.)* Mira...

PAULA. *(Señalando algo.)* ¿Y esto? ¿También un rizo de pelo...?

DIONISIO. No es de ella. Me lo dio madame Olga... Se lo cortó de la barba, como un pequeño recuerdo... (Le enseña una fotografía.) Este es su retrato, mira...

PAULA. *(Lo mira despacio. Después.)* ¡Es horrorosa, Dionisio...!

DIONISIO. Sí.

PAULA. Tiene demasiados lunares...

DIONISIO. Doce. *(Señalando con el dedo.)* Esto de aquí es otro...

PAULA. Y los ojos son muy tristes... No es nada guapa, Dionisio...

DIONISIO. Es que en este retrato está muy mal... Pero tiene otro, con un vestido de portuguesa, que si lo vieras... *(Poniéndose de perfil con un gesto forzado.)* Está así...

MIGUEL MIHURA, *Tres sombreros de copa*, Castalia

El autor y su obra

Miguel Mihura ha escrito –junto con Jardiel Poncela– el mejor teatro cómico español del siglo XX. *Tres sombreros de copa* fue escrita en 1932, pero su estreno no se produjo hasta dos décadas más tarde.

Localización

En *Tres sombreros de copa* se escenifica lo que le ocurre a Dionisio la noche anterior al día de su boda. Se queda en el cuarto de una típica pensión de provincias. En la habitación de al lado pernoctan los integrantes de una compañía de variedades, entre ellos Paula, de la que Dionisio se enamora; pero el protagonista debe hacer frente a su compromiso.

El texto se sitúa en el acto tercero, al final de la obra. Dionisio deberá prepararse para la boda con su novia Margarita. Poco antes le confiesa a Paula: «¡Yo soy un terrible bohemio!», en abierto desafío a las rígidas convenciones a las que está a punto de atarse.

- Busca en un diccionario el origen y sentido amplio de la palabra «bohemio».

Temas e ideas

La obra plantea un conflicto de presencia constante en la literatura del siglo XX, aunque vertebrado de forma personal por distintos autores:

- la realidad y el deseo;
- el individuo frente a la sociedad que le impide desarrollarse;
- el amor en libertad frente al autoritarismo;
- la vida libre frente a la vida rutinaria y tranquila.

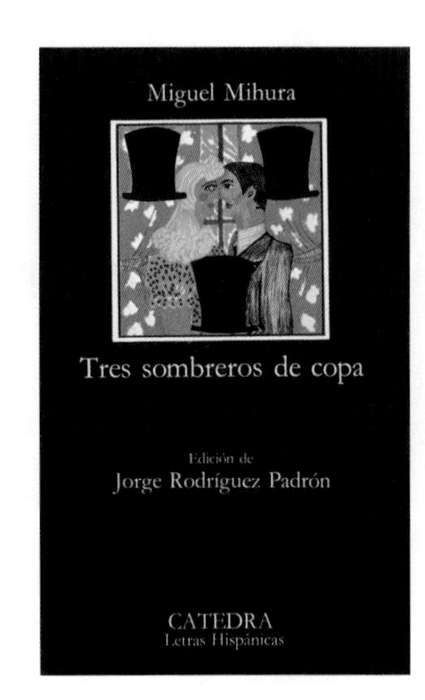

- Señala cuál de estos temas se adecua mejor al fragmento elegido.
- ¿Recuerdas obras o autores que traten alguno de los conflictos antes mencionados?
- Subraya en el texto palabras clave que representen la libertad y la seguridad.

Organización y composición

La obra combina con gran habilidad escenas en las que Dionisio dialoga a solas con don Sacramento y don Rosario (representantes del orden conocido) y con Paula (la libertad desconocida), con escenas colectivas, donde se mezclan ambos mundos: las fuerzas vivas del pueblo y las artistas de variedades.

Aquí se enfrentan la consustancial debilidad e infantilismo de Dionisio con la resignada madurez de Paula. Observa la rapidez de las intervenciones de ambos personajes, lo que refuerza la sensación de agobio y premura que planea sobre el protagonista.

- Analiza la función de la más larga de las intervenciones de Paula.
- ¿Qué aportan al texto las acotaciones? ¿Descubres algún rasgo de comicidad en ellas?

Desde el punto de vista de la elocución, cabe distinguir tres partes: Dionisio trata de convencer a Paula de que escapen juntos; ella impone su cordura y se lamenta de que todos los hombres de casen; se analiza a la novia de Dionisio.

- Localiza cada una de estas tres partes y resume su contenido.

Lenguaje y estilo

Éstos son los rasgos de humor más característicos de Mihura:

- Preguntas y respuestas absurdas: *En La Habana hay demasiados plátanos.*
- Infantilismo verbal de Dionisio: *el «farolero» apaga las luces del puerto.*
- Expresiones ingenuas y directas que contribuyen a esa sensación de simplicidad infantil: *No es nada guapa, Dionisio...*
- Desde el punto de vista semántico, subyace la oposición ortodoxia / heterodoxia, orden/bohemia, que se manifiesta en distintas intervenciones.

- Localiza y comenta los ejemplos de estos recursos que encuentres en el texto.

Valoración e interpretación

Este breve diálogo no sólo muestra los originales recursos humorísticos de Mihura, sino que resume de forma desenfadada el conflicto básico de la pieza: la imposibilidad para un individuo normal y corriente como Dionisio sacudirse la presión del compromiso burgués –en forma de matrimonio convencional–, escapando hacia la libertad que había descubierto en Paula y las gentes del cabaret.

> El poeta que no sea realista va muerto. Pero el poeta que sea solo realista va muerto también. El poeta que sea solo irracional será solo entendido por su persona y por su amada, y esto es bastante triste. El poeta que sea solo racionalista será entendido hasta por los asnos, y esto es también sumamente triste…
>
> Pablo Neruda: *Confieso que he vivido*

10 La poesía y el ensayo latinoamericanos del siglo XX

1. Caracteres generales

La **historia de la literatura** hispanoamericana anterior al siglo XX se caracterizó por la progresiva conquista de **un idioma** y una **expresión literaria genuinos.** Desde la llegada de los colonizadores españoles, las letras del Nuevo Continente repitieron o adaptaron a su peculiar entorno geográfico géneros, modos y estilos nacidos al otro lado del Atlántico. Es a finales del XIX cuando por primera vez las influencias literarias viajan en sentido inverso: Rubén Darío y el Modernismo marcaron el inicio de algo que se convertiría en una constante a lo largo del siglo XX: la decisiva influencia de grandes escritores de Hispanoamérica sobre la literatura española.

El gran novelista Alejo Carpentier explica así el **sentimiento de la naturaleza**:

> Nuestro arte siempre fue barroco, desde la espléndida escultura precolombina y el de los códices hasta la mejor novelística actual de América, pasando por las catedrales y monasterios coloniales de nuestro continente..., hasta neoclasicismos tardíos; el barroquismo nuestro, nacido de árboles, de leños, de retablos y altares, de tallas decadentes y retratos caligráficos, [es un] barroquismo creado por la necesidad de nombrar las cosas...

Temas

Antes de comenzar el estudio de géneros y autores, conviene recordar una serie de temas que se repiten con asiduidad en la literatura de aquellos veinte países:

- **América / Europa.** La oposición entre lo autóctono y lo importado, que se relaciona con otras dicotomías que aparecen a menudo, tanto en la prosa como en la poesía: civilización / barbarie; ciudad / selva o llanura; cosmopolitismo / indigenismo; América / Europa. Todo ello se resume en lo que constituye el elemento cultural más destacado de la América hispana: el **mestizaje.**

- **La naturaleza.** El sentimiento de la naturaleza es una constante desde los cronistas de Indias hasta Pablo Neruda. Para muchos estudiosos, aquella lujuriante naturaleza sólo puede expresarse mediante el **estilo barroco,** tan frecuente entre los escritores del continente.

- **El viaje.** La naturaleza provoca en el hombre el deseo de poseerla; surge así el tema del viaje, del desplazamiento a lo largo del impresionante **paisaje,** lo que en ocasiones supone también la modificación interior de los personajes. Otro motivo que se repite es el viaje a **Europa,** que permite luego analizar desde lejos y con objetividad la realidad americana.

HISTORIA
1910-1920: Revolución Mexicana.
1936-1979: Dictadura de los Somoza en Nicaragua.
1948: Insurrección popular y fuerte represión en Colombia: el «Bogotazo».
1959: Triunfo de la Revolución Cubana.
1968: Matanza en la Plaza de las Tres Culturas de la ciudad de México.
1973: Golpe de Estado del general Pinochet en Chile.
1976: Los militares derrocan a la viuda de Perón en la Argentina.
2000: El PRI pierde por primera vez unas elecciones en México.
2008: Fidel Castro renuncia al poder en Cuba a favor de su hermano Raúl.

CULTURA
1916: Muere en Nicaragua Rubén Darío.
1922: Aparece *Trilce*, de César Vallejo.
1945: Premio Nobel a la poeta chilena Gabriela Mistral.
1967: Premio Nobel al novelista guatemalteco Miguel Ángel Asturias. Gabriel García Márquez publica *Cien años de soledad*.
1971: Premio Nobel al poeta chileno Pablo Neruda.
1982: Premio Nobel al novelista colombiano Gabriel García Márquez.
1990: Premio Nobel al poeta y ensayista mexicano Octavio Paz.

Autorretrato de la personalísima pintora mexicana Frida Kahlo (1907-1954).

Tipos humanos. La especial configuración sociopolítica del continente favorece la aparición en la literatura de tipos humanos muy característicos: el **indio**, ante el que se mantiene una actitud que va desde el exotismo a la denuncia y reivindicación de su dignidad personal; el **dictador**, figura política nacida tras la independencia, dio lugar a una amplia serie narrativa protagonizada por el terror y la crueldad causados por su ominosa figura; el **gringo** o extranjero, fruto de la emigración, aparece como una figura que inspira recelo por su apego al trabajo y la obsesión por el ascenso social. Con el tiempo se identificará con el **estadounidense**, cuya actitud imperialista genera desconfianza y rechazo.

La lengua. Mención especial merece la gran **variedad lingüística** de aquellas naciones, lo que da lugar a un español de portentosa riqueza, en el que se mezclan elementos indígenas o afroamericanos, peculiaridades –como el voseo argentino–, contaminaciones del inglés y un léxico de inabarcable amplitud.

2. La poesía

El Modernismo

Este movimiento representa la mayoría de edad de las letras hispanoamericanas; como ya vimos en la Unidad 3, el Modernismo es el paso previo para la radical renovación del arte de vanguardia, y punto de referencia obligado para entender la poesía en lengua española durante el siglo XX.

Los precursores

Si Rubén Darío fue la gran figura que logró difundir el nuevo credo estético a ambos lados del Atlántico, es preciso mencionar a dos poetas que pueden considerarse los precursores del movimiento en América.

- **José Martí** (Cuba, 1853-1895). Está considerado el máximo héroe nacional de Cuba, por cuya independencia combatió durante años, hasta encontrar la muerte en una acción militar contra los españoles. Pero además es uno de los grandes escritores americanos, cultivador de todos los géneros literarios: tres obras de teatro; cuentos infantiles en la revista *La Edad de Oro*; una novela, abundantes cartas, discursos, ensayos, diarios e infinidad de crónicas periodísticas que lo convierten en el verdadero creador de la prosa modernista.

  La poesía de Martí –tan importante como su prosa– se agrupa en tres libros: *Ismaelillo* (1882) que reúne una serie de deliciosos textos dedicados a su hijo; *Versos sencillos* (1891), donde se encuentran poemas como «Yo soy un hombre sincero», origen de la celebérrima canción «Guantanamera», y *Versos libres*, publicados tras su muerte. (Ver Lecturas)

- **Manuel González Prada** (Perú, 1848-1918). Sin llegar a la originalidad de Martí, incorpora a su poesía temas como la injusticia social, el dolor y el sufrimiento; de hecho este poeta fue también precursor del aprismo (Alianza Popular Revolucionaria Americana), movimiento político de corte socialista y revolucionario que ha ganado elecciones en Perú en diversas ocasiones. En cuanto a la forma, experimenta con el verso libre, trata de resucitar antiguas formas de versificación, como el triolet o el rondinel, e incluso introduce combinaciones estróficas procedentes de literatura extranjera. Destacan *Minúsculas* (1901) y *Exóticas* (1911).

Modernistas iberoamericanos

La nómina de poetas modernistas en el nuevo continente resulta amplísima; mencionaremos solamente tres nombres muy significativos:

- **Manuel Gutiérrez Nájera** (1859-1895). Mexicano, fue el iniciador del Modernismo en su país, además de su representante mas cosmopolita aunque nunca salió de México; en su obra hay poemas filosóficos, reflexiones sobre la muerte y recreaciones del tópico del «carpe diem», tratado todo ello en un tono de amable frivolidad. Destacan la musicalidad de sus versos, así como la originalidad de sus imágenes y metáforas. Sus *Poesías completas* se publicaron en 1896.
- **Julián del Casal** (1863-1893). Cubano y contemporáneo de Martí, se diferencia radicalmente de éste porque en su obra evita toda alusión a la independencia. Es el máximo representante de lo que se llamó «modernismo de torre de marfil», donde el poeta se sitúa al margen de la realidad, escapando del presente para refugiarse en el exotismo oriental, rodeado de objetos suntuarios. Entre sus libros destacan: *Hojas al viento* (1890), *Nieve* (1892) y *Bustos y Rimas* (1893), publicado tras su muerte. (Ver Lecturas)

«Negro Dance», del pintor uruguayo Pedro Figari (1861-1938).

- **Amado Nervo** (1870-1919). Nacido en México, este poeta gozó de extraordinaria fama en España, donde llegó a ser equiparado a Rubén Darío. Su obra se sitúa en una fase tardía del Modernismo, cuando el movimiento se orienta ya hacia la intimidad personal del creador. Su libro más leído es *La amada inmóvil* (1920), inspirado por la muerte de su compañera sentimental. Crisis vitales y experiencias religiosas tienen cabida en otros poemarios, como *Los jardines interiores* (1905), *Serenidad* (1914) o *Plenitud* (1918). (Ver Lecturas)

Posmodernismo

Tras la generosa aportación del Modernismo, la lírica del otro lado del Atlántico se abre a distintas corrientes; bajo el rótulo de Posmodernismo se engloban varias tendencias surgidas a partir de 1911, cuando era perceptible el agotamiento de la estética modernista; reseñaremos las más significativas.

Poesía intimista. Hay un grupo de autores que, con formas sencillas además de un tono mesurado y cercano, tocan los tradicionales temas de la gran poesía de todos los tiempos: el amor, la amistad, la familia, el paso del tiempo, la muerte o la religión: citemos los nombres del argentino Baldomero Fernández Moreno, el peruano José Santos Chocano o el mexicano Ramón López Velarde. Conviene tener en cuenta que en esta línea intimista se sitúan los primeros libros de figuras de la talla de César Vallejo o Pablo Neruda.

Félix Luna compuso en 1969 una preciosa canción acerca del suicidio de Alfonsina Storni en la playa de La Perla de Mar de Plata, que ha sido interpretada por multitud de cantantes, no solo de habla hispana. Se titula «Alfonsina y el mar»; la música es de Ariel Ramírez; trata de escucharla.

Poesía femenina. Especial relevancia adquiere la lírica escrita por mujeres como Alfonsina Storni, Delmira Agustini o Juana de Ibarbourou; una de ellas –la chilena Gabriela Mistral– fue el primer nombre iberoamericano en obtener el Premio Nobel de Literatura; así mismo, la cubana Dulce María Loynaz consiguió el Premio Cervantes en 1992. Se trata de una poesía donde se plantean algunos problemas que preocupaban a la mujer de la época: la búsqueda del amor, la plenitud o insatisfacción amorosa, el sometimiento al varón o –sobre todo en el caso de Gabriela Mistral– la nostalgia de la maternidad. (Ver Lecturas)

Poesía negrista

Supone la incorporación a la poesía del importante sustrato negro y africano presente en determinadas zonas de aquel territorio, en especial el área del Caribe. De este modo, en español, pero con formas y ritmo afroantillano, se elaboró a partir de los años veinte una lírica de extraordinaria musicalidad, que incorpora temas, métrica y expresiones tomadas del mundo negro y mestizo. Entre sus cultivadores destaca el cubano Nicolás Guillén (1902-1989), mulato descendiente de africanos y españoles; sus libros *(Motivos de son, Sóngoro cosongo)* reflejan la peculiar sonoridad de la isla, si bien su apariencia juguetona no oculta la tristeza por la penosa situación en la que transcurre la vida de sus hermanos de raza.

Veamos un ejemplo de esta original manifestación poética:

Canto negro

¡Yambambó, yambambó!
Repica el congo solongo,
repica el negro bien negro;
congo solongo del Songo
baila yambó sobre un pie.

Mamatomba
serembe curesembá

El negro canta y se ajuma,
el negro se ajuma y canta,
el negro canta y se va.

Aceuemem serembó,
aé;
yambó,
aé.

Tamba, tamba, tamba, tamba,
tamba del negro que tumba;
tumba del negro, caramba,
caramba, que el negro tumba:
¡yamba, yambó, yambambé!

Escena en el campo. Arte popular cubano de estilo naif.

Las vanguardias

Los movimientos literarios de vanguardia llegaron a Hispanoamérica a través de la acción de dos poetas que habían pasado una larga temporada en Europa y en España:

Vicente Huidobro (Chile, 1893-1948). Vivió desde 1916 en París, donde conoció a los grandes de la vanguardia europea, llegando incluso a publicar poemarios en francés. En 1918 aparece en Madrid como abanderado del Creacionismo, movimiento ya reseñado al estudiar la poesía anterior a 1936. Posteriormente volvió a su lengua materna, en la que compuso el largo poema *Altazor*, uno de los más originales experimentos líricos en español.

Jorge Luis Borges (Argentina, 1899-1986). Además de maestro supremo del relato breve, Borges fue así mismo un gran poeta, cuyos orígenes arrancan también en Madrid (1918), cuando participó en la fundación del movimiento Ultraísta, que a partir de 1921 introdujo en Buenos Aires. Sin embargo, pronto se aparta del vanguardismo para llegar a una lírica de perfección clásica, a través de la cual el autor reflexiona sobre cuestiones filosóficas, históricas o existenciales.

Han de situarse aquí además dos de los libros vanguardistas más relevantes de la poesía latinoamericana: *Trilce*, de César Vallejo, y *Residencia en la tierra*, de Pablo Neruda.

Poesía comprometida

El cúmulo de violentos enfrentamientos acaecidos en el mundo durante la primera mitad del siglo XX, además de la notable desigualdad social perceptible aún en Hispanoamérica, explican la presencia allí de una fuerte veta de poesía social, que tiene como referente a dos poetas ya citados:

César Vallejo (Perú, 1892-1938). Representa como pocos una de las constantes de las letras latinoamericanas: el carácter mestizo. Vallejo, que vivió en sangre propia la fusión de lo español y lo indio, ejemplifica en su carrera literaria una serie de fecundas hibridaciones: América y Europa, donde residió desde 1923; la mentalidad católica tradicional de su infancia y adolescencia, seguida de la asunción de la ideología marxista y de la mezcla entre vanguardia y compromiso.

Porque si *Los heraldos negros* (1918) supone la continuación de la tradición romántica y modernista, *Trilce* (1922) constituye un experimento audaz y revolucionario que conduce el lenguaje hasta los confines de la capacidad expresiva. Pero es en las composiciones reunidas tras su muerte bajo el título de *Poemas humanos* (1939) donde, sin renunciar un ápice a la voluntad de estilo, Vallejo se convierte en afortunado portavoz de la inmensa humanidad doliente, con la seguridad de que un mundo injusto o insolidario sólo puede ser interpretado mediante un lenguaje distorsionado y arbitrario.

Pablo Neruda (Chile, 1904-1973). La abundancia de su producción, un lenguaje poético que, salvo en *Residencia en la tierra*, apenas ofrece dificultades para ningún lector y la concesión del Premio Nobel en 1971, han convertido a este poeta en una de las figuras más populares de las letras hispanoamericanas.

Su trayectoria se inicia con *Veinte poemas de amor y una canción desesperada* (1924), versos emotivos que sustituyeron a las *Rimas de Bécquer* en las preferencias de los incondicionales del sentimentalismo amoroso. La plenitud poética del chileno llega a comienzos de los años 30 con *Residencia en la tierra*, síntesis magistral de vanguardismo, surrealismo y la angustia existencial del autor, que alumbra aquí un nuevo lenguaje poético: imágenes de destrucción, enumeraciones caóticas de objetos, metáforas alucinadas y tremendistas sirven de vehículo para expresar un desasosiego profundo.

Posteriormente, Neruda convierte su verso en arma de combate e instrumento de solidaridad con los demás hombres; reniega de anteriores estéticas mientras va elaborando su obra más grandiosa, el magno *Canto general*, donde recupera la tradición de la poesía épica para narrar la epopeya de la América prehispánica, y su posterior sometimiento al colonialismo europeo y norteamericano. Antes (1935), había fundado en Madrid la revista *Caballo verde para la poesía*, en cuyo primer número, bajo el rótulo «Sobre una poesía sin pureza», formuló el manifiesto de una nueva poética llamada a tener honda influencia en la lírica española durante tres décadas.

El argentino **Leopoldo Lugones** (1874-1938) está considerado el principal precursor del vanguardismo en Hispanoamérica con su libro *Lunario sentimental* (1909), escrito tras regresar de Europa. Hay en él ingenio verbal junto con un derroche de imágenes, metáforas y asociaciones imprevistas. Estos son algunos de sus versos:

Luna maligna

Con pérfido aparato
De amorosa fatiga,
Luce su oro en la intriga
y en el ojo del gato.

Poetas, su recato
No pasa de su liga;
Evitad que consiga
Su fácil celibato.

El dulce Shakespeare canta
Su distinción de infanta;
Mas cuando su alma **aduna**

Con Julieta infelice,
Swear not by the moon, dice:
«No juréis por la Luna...

Losada

aduna: se junta

Otras tendencias

Con posterioridad, la lírica hispanoamericana presenta tres tendencias significativas:

- **Poesía visionaria o mágica.** Puede considerarse en algunos aspectos heredera del surrealismo. Pretende eternizar esos instantes únicos en los cuales el individuo se siente en secreta armonía y comunicación plena con los demás y con la naturaleza, a través de un lenguaje puro e incontaminado. Su principal representante es el mexicano Octavio Paz (1914-1998), Premio Nobel (1990) y Premio Cervantes de las letras hispánicas, cuya vertiente ensayística tendremos ocasión de estudiar más adelante. (Ver Lecturas)

- **Poesía realista o «comunicativa».** Sus cultivadores, entre los que destacan Mario Benedetti (Uruguay, 1920-2009) y el monje nicaragüense Ernesto Cardenal (1925), mantienen una actitud comprometida con el entorno socio-político en el que habitan; se dirigen a un amplio receptor; utilizan la poesía para cambiar el mundo y se valen de un lenguaje coloquial, antirretórico, con fuerte presencia del humor y la ironía.

- **Antipoesía.** Situada entre las dos vertientes anteriores, se caracteriza por el sarcasmo iracundo y despectivo, que no vacila en parodiar a autores, tendencias estéticas e incluso el propio concepto de la poesía; en el fondo se percibe una visión muy pesimista del mundo y de la vida. Su representante más característico es el chileno Nicanor Parra (1914), del que incluimos un fragmento de su poema «Autorretrato».

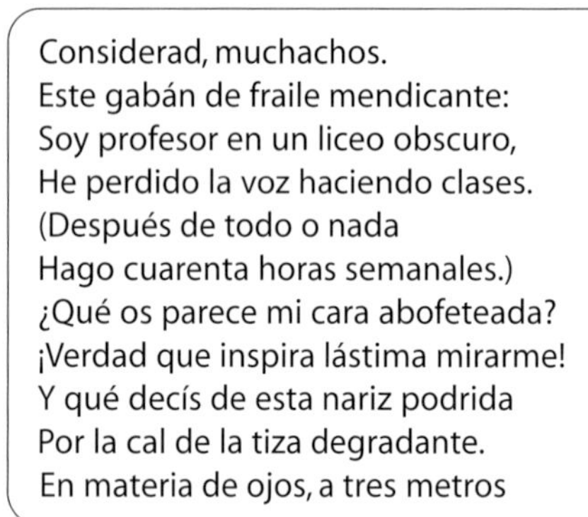

Considerad, muchachos.
Este gabán de fraile mendicante:
Soy profesor en un liceo obscuro,
He perdido la voz haciendo clases.
(Después de todo o nada
Hago cuarenta horas semanales.)
¿Qué os parece mi cara abofeteada?
¡Verdad que inspira lástima mirarme!
Y qué decís de esta nariz podrida
Por la cal de la tiza degradante.
En materia de ojos, a tres metros
No reconozco ni a mi propia madre.
¿Qué me sucede? –¡Nada!
Me los he arruinado haciendo clases:
La mala luz, el sol,
La venenosa luna miserable.
Y todo ¡para qué!
Para ganar un pan imperdonable
Duro como la cara del burgués
Y con olor y con sabor a sangre.
¡Para qué hemos nacido como hombres
Si nos dan una muerte de animales!

3. El ensayismo latinoamericano

La historia del ensayo hispanoamericano en el siglo XX sustituye la obsesión por fijar la propia identidad, típica del siglo XIX, por una cierta reacción antinorteamericana que trata de buscar lo autóctono en vinculación estrecha con el común legado español; una línea que ya aparecía esbozada en los *Cantos de vida y esperanza*, de Rubén Darío.

- **Marco socio-literario.** Determinados sucesos favorecieron el acercamiento temático e ideológico entre los intelectuales de ambos lados del Atlántico:

  - La emigración española posterior a 1936 conduce a determinados países –México, Argentina, Cuba y Venezuela, especialmente– a prestigiosos escritores o científicos que contribuyeron de manera decisiva a actualizar la vida cultural y universitaria en aquellas tierras.

- La convivencia de profesores de literatura y críticos literarios españoles y americanos en los Departamentos de Español de las universidades norteamericanas.
- El llamado *boom* de la novela hispanoamericana –que estudiaremos en la próxima Unidad Didáctica– provocó a partir de los años sesenta un enorme interés entre los escritores españoles por la actividad de sus colegas hispanoamericanos.
- Finalmente la celebración en 1992 del V Centenario del descubrimiento de América dio lugar a una copiosa labor historiográfica, editorial y ensayística destinada a revisar los aspectos más diversos de la relación entre España e Iberoamérica.

El ensayismo hispanoamericano moderno tiene su punto de partida en el mexicano **Alfonso Reyes** (1899-1959), hombre de cultura universal, cuya obra está considerada una de las experiencias más fecundas del pensamiento literario hispánico. Entre los temas que abordó destaca la exploración de la idiosincrasia de los pueblos –clásicos, europeos, hispánicos, precolombinos– en relación con sus manifestaciones culturales. Escribió ensayos sobre teoría literaria e incluso se ocupó de cuestiones aparentemente menores, como la cocina y la moda.

■ **Temas.** Dentro de una amplia variedad temática, algunas cuestiones alcanzan especial relevancia:

- La reflexión sobre los rasgos que definen al nuevo continente o algunos de sus territorios preside la obra de autores como el peruano José María Arguedas, el venezolano Mariano Picón-Salas, el argentino Ezequiel Martínez Estrada o el colombiano Germán Arciniegas.
- El fenómeno de la creación y la esencia de los diversos géneros literarios ha ocupado a importantísimos escritores que, al analizar la obra de otros autores, dejan también al descubierto el fundamento de su propia escritura. Es el caso de los luminosos trabajos de Jorge Luis Borges sobre Evaristo Carriego, Mario Vargas Llosa acerca de Flaubert o García Márquez, Arturo Uslar Pietri sobre varios novelistas y, sobre todo, el mexicano **Octavio Paz** sobre todos los nombres importantes de la poesía universal.
- Los intelectuales españoles en el exilio crearon –sobre todo en México y Argentina– escuelas filológicas de extraordinaria importancia luego para el estudio de la lengua y la literatura españolas. Destacan en esta línea figuras como María Rosa Lida y su esposo Yakov Malkiel.

La «Universidad Nacional Autónoma de México», fundada en 1910, es una de las más grandes e importantes universidades de México e Iberoamérica. Su construcción fue llevada a cabo por varios de los mejores arquitectos de México y en sus edificios podemos encontrar frescos de Siqueiros, Francisco Eppens, Diego Rivera y Juan O'Gorman (a quien pertenecen los frescos de este edificio). Como fuente de conocimiento, en 2009 fue galardonada con el premio Príncipe de Asturias de Comunicación y Humanidades.

1. Modernistas latinoamericanos

El verso libre de José Martí

Versos libres es el poemario más interesante de Martí; está escrito en endecasílabos sueltos, según el autor, «nacidos de grandes miedos, o de grandes esperanzas, o de indómito amor a la libertad, o de amor doloroso a la hermosura». Aunque había sido preparado por él mismo para la imprenta, el libro no se publicaría hasta 1913, casi dos décadas después de su muerte. La estructura de los poemas sigue un esquema repetido: el YO poético deja fluir libremente sus sentimientos sobre aspectos de su vida, del mundo que le rodea o de la propia creación poética. En cuanto al lenguaje, abundan interrogaciones, exclamaciones, gritos, apelaciones bruscas e imágenes de gran fuerza expresiva.

Mis versos van revueltos

Mis versos van revueltos y encendidos
Como mi corazón: bien es que corra
Manso el arroyo que en fácil llano
Entre céspedes frescos se desliza:
¡Ay!; pero el agua que del monte viene
Arrebatada; que por hondas breñas
Baja, que la destrozan; que en sedientos
Pedregales tropieza, y entre rudos
Troncos salta en quebrados borbotones,
¿Cómo, despedazada, podrá luego
Cual lebrel de salón, jugar sumisa
En el jardín podado con las flores
O en pecera de oro ondear alegre
Para querer de damas olorosas?–
Inundará el palacio perfumado,
Como profanación: se entrará fiera
Por los joyantes gabinetes, donde
Los bardos, lindos como abates, hilan
Tiernas quintillas y rimas dulces
Con aguja de plata en blanca seda.
Y sobre sus divanes espantadas
Las señoras, los pies de media suave
Recogerán, –en tanto el agua rota,–
Falsa, como todo lo que expira,
Besa humilde el chapín abandonado,
Y en bruscos saltos destemplada muere!

Editorial Labor

Actividades

1. Resume con tus propias palabras el mensaje que José Martí quiere trasmitir en el texto.
2. ¿Qué figura retórica preside el poema? Explica la simbología del agua a lo largo de toda la composición.
3. Identifica los elementos modernistas que aparecen en la segunda parte del poema.

Ideales contrapuestos: Julián del Casal y Amado Nervo

Julián del Casal. Su poesía marca con nitidez el tránsito del Romanticismo al Modernismo, dentro del cual el poeta cubano destaca por la elaboración de una estética muy personal, caracterizada por el decadentismo y el escapismo, en este caso hacia lugares exóticos, sobre todo el trópico chino o las islas de Tahití, incorporados así al repertorio de imágenes de la nueva estética. El poema pertenece a su primer libro, *Hojas al viento*, donde manifiesta ya –antes de que lo hiciera Rubén Darío– su adhesión a ese mundo de oropel y belleza que representará la esencia del movimiento modernista, sobre todo en su primera fase.

Soneto Pompadour

Amo el bronce, el cristal, las porcelanas,
Las vidrieras de múltiples colores,
Los tapices pintados de oro y flores
Y las brillantes lunas venecianas.

Amo también las bellas castellanas,
La canción de los viejos trovadores,
Los árabes corceles voladores,
Las flébiles baladas alemanas,

El rico piano de marfil sonoro,
El sonido del cuerno en la espesura,
Del pebetero la fragante esencia,

Y el lecho de marfil, sándalo y oro,
En que deja la virgen hermosura
La ensangrentada flor de su inocencia.

Biblioteca básica de autores cubanos

Amado Nervo. Además de la extraordinaria popularidad de la que gozó a ambos lados del Atlántico, lo que mejor define la obra de Amado Nervo es una sincera y profunda vivencia de la religión, que aporta a su creación poética una dimensión trascendente y ética superior a la de sus compañeros modernistas, junto con un tono cada vez más intimista que le acerca a los poetas de la generación posterior. Escribió también novelas, cuentos, crítica literaria e interesantes crónicas periodísticas. Este poema pertenece a su primer libro, titulado *Perlas negras* (1898).

Amado Nervo.

XLII

Yo también, cual los héroes medievales
que viven con la vida de la fama,
luché por tres divinos ideales:
¡por mi Dios, por mi Patria y por mi Dama!

Hoy que Dios ante mí su faz esconde,
que la Patria me niega su ternura
de madre, y que a mi acento no responde
la voz angelical de la Hermosura,

rendido bajo el peso del destino
esquivando el combate, siempre rudo,
heme puesto a la vera del camino,
resuelto a descansar sobre mi escudo.

Quizá mañana, con afán contrario,
ajustándome el casco y la loriga,
de nuevo iré tras el combate diario,
exclamando: ¡Quien me ame, que me siga!

Mas hoy dejadme, aunque a la gloria pese,
dormir en paz sobre mi escudo roto;
dejad que en mi redor el ruido cese,
que la brisa noctívaga me bese
y el Olvido me dé su flor de loto.

Ed. Aguilar

Actividades

1. Señala el tema de cada uno de estos dos poemas. ¿Cuál de ellos se acerca más a tu sensibilidad? Justifica la respuesta.

2. Identifica la oración principal en el «Soneto Pompadour». Comenta los aspectos métricos relevantes en el texto de Amado Nervo.

3. Ambos poemas se apoyan de forma muy clara en la primera persona. Define brevemente la actitud del emisor en cada una de las dos composiciones.

Poesía femenina: Alfonsina Storni

Alfonsina Storni.

La argentina Alfonsina Storni (1892-1938) expresa de forma agónica algunos de los problemas de la mujer occidental contemporánea, por lo que es quizá la más cercana a la sensibilidad actual entre todas las poetas mencionadas. En su producción se distinguen dos periodos: en el primero, que culmina en el libro *Ocre* (1925), predomina el optimismo y la alegría vital; el segundo, representado por *Mundo de siete pozos* (1934), refleja el desánimo y la angustia que más tarde la impulsaron al suicidio. Su último poemario –*Mascarilla y trébol* (1938)– supera, en cierto modo, esta dicotomía para evocar con melancólica ternura personas y situaciones que llenaron su vida.

Date a volar

Anda, date a volar, hazte una abeja,
En el jardín florecen amapolas,
Y el néctar fino colma las corolas;
Mañana el alma tuya estará vieja.

Anda, suelta a volar, hazte paloma,
Recorre el bosque y picotea granos,
Come migajas en distintas manos
La pulpa muerde de fragante poma.

Anda, date a volar, sé golondrina,
Busca la playa de los soles de oro,
Gusta la primavera y su tesoro,
La primavera es única y divina.

Mueres de sed: no he de oprimirte tanto…
Anda, camina por el mundo, sabe;
Dispuesta sobre el mar está tu nave:
Date a bogar hacia el mejor encanto.

Corre, camina más, es poco aquéllo…
Aún quedan cosas que tu mano anhela,
Corre, camina, gira, sube y vuela:
Gústalo todo porque todo es bello.

Echa a volar… mi amor no te detiene,
¡Cómo te entiendo, Bien, cómo te entiendo!
Llore mi vida… el corazón se apene…
Date a volar, Amor, yo te comprendo.

Callada el alma… el corazón partido,
Suelto tus alas… ve… pero te espero.
¿Cómo traerás el corazón, viajero?
Tendré piedad de un corazón vencido.

Para que tanta sed bebiendo cures
Hay numerosas sendas para ti…
Pero se hace la noche; no te apures…
Todas traen a mí…

Actividades

1. Sintetiza el mensaje que la autora pretende transmitir en estos versos.

2. Comenta los aspectos métricos más relevantes del poema. Señala también la función del estribillo en las primeras estrofas.

3. También en este poema se recrea un tópico de dilatada presencia literaria. Identifícalo; a continuación sitúa el poema dentro de la trayectoria creativa de la autora con argumentos centrados en su contenido.

2. César Vallejo, poeta de la solidaridad

Durante el último periodo de su vida en París, donde murió en 1938, César Vallejo compuso un conjunto de versos luego publicados a su muerte por su esposa Georgette, con el título de ***Poemas humanos***. Destacan los que escribió con motivo de la Guerra Civil española, agrupados bajo el rótulo de ***España, aparta de mí este cáliz***, quizá el mejor poemario inspirado en nuestra contienda. El libro representa un impresionante testimonio de protesta por la injusticia, compasión hacia los que sufren y amor a los demás. Éste es uno de sus textos más significativos:

*

En **www.yachay.com.pe/especiales/vallejo/** encontrarás información sobre la vida y obra de **César Vallejo** y una docena de poemas, con su traducción al quechua, idioma autóctono del Perú.

http://

Un hombre pasa con un pan al hombro
¿Voy a escribir, después, sobre mi doble?

Otro se sienta, ráscase, extrae un piojo de su axila, mátalo
¿Con qué valor hablar del psicoanálisis?

Otro ha entrado en mi pecho con un palo en la mano
¿Hablar luego de Sócrates al médico?

Un cojo pasa dando el brazo a un niño
¿Voy después a leer a André Breton?

Otro tiembla de frío, tose, escupe sangre
¿Cabrá aludir jamás al Yo profundo?

Otro busca en el fango huesos, cáscaras
¿Cómo escribir después del infinito?

Un albañil cae de un techo, muere y ya no almuerza
¿Innovar, luego, el tropo, la metáfora?

Un comerciante roba un gramo en el peso a un cliente
¿Hablar, después, de cuarta dimensión?

Un banquero falsea su balance
¿Con qué cara llorar en el teatro?

Un paria duerme con un pie a la espalda
¿Hablar después a nadie de Picasso?

Alguien va a un entierro sollozando
¿Cómo luego ingresar en la Academia?

Alguien limpia un fusil en su cocina
¿Con qué valor hablar del más allá?

Alguien pasa contando con sus dedos
¿Cómo hablar del no-yo sin dar un grito?

César Vallejo, *Poesía*, Pontificia Universidad Católica del Perú

Actividades

1. Resume el tema del texto. Explica el mensaje principal que quiere transmitir Vallejo. Señala aquellos aspectos de la vida moderna y del mundo intelectual que provocan la reacción del poeta.

2. En *Poemas humanos* la poesía del autor se aleja de las innovaciones expresivas para buscar el acercamiento a los que sufren. No obstante, aparecen ciertos rasgos emparentados con el Surrealismo y la poesía de vanguardia. Identifica y comenta los que encuentres en el poema.

3. ¿Observas alguna analogía entre la tesis aquí sostenida por Vallejo y alguna de las tendencias de la poesía española de posguerra? Justifica la respuesta.

3. El romanticismo de Pablo Neruda

El **tema amoroso** recorre la obra entera de Pablo Neruda desde los primeros poemas de *Crepusculario* y *Residencia en la tierra*, hasta llegar a los libros plenamente amatorios, como *Los versos del capitán, Cien sonetos de amor*, secuencias de *Memorial de Isla Negra* e, incluso, el postrero *La espada encendida*, versificación del encuentro amoroso entre el primer hombre y la primera mujer. Sin embargo, su extraordinaria popularidad se debe a ***Veinte poemas de amor y una canción desesperada***, convertido en breviario amoroso para generaciones de españoles e iberoamericanos. Sin llegar a la popularidad extraordinaria del poema vigésimo –con el que, a petición del público, el poeta chileno tenía que acabar sus multitudinarios recitales– el poema que vamos a leer (número 15) ofrece un encanto sutil y sencillo, casi silencioso, enunciado ya desde el primer verso:

La **Fundación Pablo Neruda** auspicia una excelente página: **www.fundacionneruda.org**. Además de informar sobre sus actividades, da cuenta de la vida y obra del autor, además de ofrecer una utilísima «Antología básica» de sus versos. Hay también fotografías y grabaciones de voz.

http://

Me gustas cuando callas porque estás como ausente,
y me oyes desde lejos, y mi voz no te toca.
Parece que los ojos se te hubieran volado
y parece que un beso te cerrara la boca.
Como todas las cosas están llenas de mi alma
emerges de las cosas, llena del alma mía.
Mariposa de sueño, te pareces a mi alma,
y te pareces a la palabra melancolía.
Me gustas cuando callas y estás como distante.
Y estás como quejándote, mariposa en arrullo.
Y me oyes desde lejos, y mi voz no te alcanza:
Déjame que me calle con el silencio tuyo.
Déjame que te hable también con tu silencio
claro como una lámpara, simple como un anillo.
Eres como la noche, callada y constelada.
Tu silencio es de estrella, tan lejano y sencillo.
Me gustas cuando callas porque estás como ausente.
Distante y dolorosa como si hubieras muerto.
Una palabra entonces, una sonrisa bastan.
Y estoy alegre, alegre de que no sea cierto.

PABLO NERUDA, *Veinte poemas de amor y una canción desesperada*, Losada

Actividades

1. Resume el tema del poema. ¿Cuáles son los sentimientos del poeta con respecto a la amada? Justifica tu respuesta.
2. Analiza el tipo de verso, rima y estrofa empleados por el autor. ¿Consideras que ha elegido un modelo métrico adecuado para lo que quiere expresar?
3. Buena parte del atractivo de este poema radica en su sencillez léxica y sintáctica, combinada con la repetición de frases que funcionan casi como estribillos; hay también imágenes y comparaciones simples, pero enormemente eficaces. Comenta todos estos recursos con ejemplos del texto.
4. Finalmente, ¿qué impresión te ha producido el poema? ¿Consideras justificado el entusiasmo que este libro ha producido en miles de lectores? En la página web recomendada puedes leer más poemas de Neruda.

4. La poesía «comunicante» de Mario Benedetti

Fue el propio Mario Benedetti quien inventó el término «**poetas comunicantes**» para aquellos que se preocupan, ante todo, por acercarse a un receptor lo más amplio posible, con la intención de servir de voz a sus **aspiraciones sociales**. En esta línea, este fecundo escritor uruguayo escribe una poesía sencilla e ingeniosa, casi prosaica, con uso constante de la **ironía** para no caer en la grandilocuencia o el dogmatismo. Ha compuesto o adaptado muchos de sus textos para cantantes hispánicos; así, el poema que hemos seleccionado –publicado dentro de *Preguntas al azar* (1986)– forma parte del grupo de canciones escritas para Joan Manuel Serrat, con las que editó un precioso disco titulado *El sur también existe*.

La Biblioteca Virtual Miguel de Cervantes presenta una página espléndida sobre **Mario Benedetti**: **www.cervantesvirtual.com/bib_autor/mbenedetti/**, donde encontrarás sus obras completas, selección de imágenes, estudios...

http://

Habanera

Es preciso ponernos brevemente de acuerdo
aquí el buitre es un aura tiñosa y circulante
las olas humedecen los pies de las estatuas
y hay mulatas en todos los puntos cardinales
los autos van dejando tuercas en el camino
los jóvenes son jóvenes de un modo irrefutable
aquí el amor transita sabroso y subversivo
y hay mulatas en todos los puntos cardinales
nada de eso es exceso de ron o de delirio
quizá una borrachera de cielo y **flamboyanes**
lo cierto es que esta noche el carnaval arrolla
y hay mulatas en todos los puntos cardinales
es preciso ponernos brevemente de acuerdo
esta ciudad ignora y sabe lo que hace
cultiva el imposible y exporta los veranos
y hay mulatas en todos los puntos cardinales
aquí flota el orgullo como una garza invicta
nadie se queda fuera y todo el mundo es alguien
el sol identifica relajos y candores
y hay mulatas en todos los puntos cardinales
como si Marx quisiera bailar el Mozambique
o fueran abolidas todas las soledades
la noche es un sencillo complot contra la muerte
y hay mulatas en todos los puntos cardinales

MARIO BENEDETTI, *Preguntas al azar*, Visor

flamboyán: árbol tropical de gran vistosidad

Actividades

1. Señala el tema del poema en relación con su título. ¿Qué función le otorgas al estribillo?
2. Resume los rasgos con los que Benedetti describe la ciudad de La Habana. Subraya y analiza las sutiles referencias políticas o sociales que encuentres.
3. Este texto se escribió para ser cantado: identifica los aspectos métricos, sintácticos, léxicos, e incluso relativos al contenido, que ratifiquen su origen oral. A continuación, trata de localizar la versión interpretada por Serrat y da tu opinión sobre ella.

5. Un instante recreado por Octavio Paz

Puedes leer el poema *Piedra de sol* mientras se lo oyes recitar al propio Octavio Paz en la dirección digital:
http//www.palabravirtual.com/index.php?ir=ver_voz1.php&wid=1978&p=Octavio%20Paz&t=Piedra%20de%20sol

http://

La obra poética de Octavio Paz se agrupa en varios títulos fundamentales: *Libertad bajo palabra* (1935-1957), *Salamandra* (1958-1961), *Ladera este* (1962-1968) y *Vuelta* (1969-1975). *Piedra de sol* es la obra maestra y más accesible del autor mexicano; escrita en 1957, se compone de 584 versos, como los 584 días que integran el calendario azteca, aludido desde el título, y al que imita también en su estructura circular, sin pausas. En el fragmento elegido, el YO recuerda un bombardeo sobre la madrileña Plaza del Ángel en 1937: en medio de la confusión una pareja se encuentra, reinventa el amor y es capaz de condensar un instante privilegiado al margen de la confusión. El poema trata de fijar para siempre ese instante único.

Piedra de sol (Fragmento)

todo se transfigura y es sagrado,
es el centro del mundo cada cuarto,
es la primera noche, el primer día,
el mundo nace cuando dos se besan,
gota de luz de entrañas transparentes
el cuarto como un fruto se entreabre
o estalla como un astro taciturno
y las leyes comidas de ratones,
las rejas de los bancos y las cárceles,
las rejas de papel, las alambradas,
los timbres y las púas y los pinchos,
el sermón monocorde de las armas,
el escorpión meloso y con bonete,
el tigre con chistera, presidente
del Club Vegetariano y la Cruz Roja,
el burro pedagogo, el cocodrilo
metido a redentor, padre de pueblos,
el Jefe, el tiburón, el arquitecto
del porvenir, el cerdo uniformado,
el hijo predilecto de la Iglesia
que se lava la negra dentadura
con el agua bendita y toma clases
de inglés y democracia, las paredes
invisibles, las máscaras podridas
que dividen al hombre de los hombres,
al hombre de sí mismo,
se derrumban
por un instante inmenso y vislumbramos
nuestra unidad perdida, el desamparo
que es ser hombres, la gloria que es ser hombres
y compartir el pan, el sol, la muerte,
el olvidado asombro de estar vivos...

El País

Actividades

1. Una serie de imágenes sirven para señalar a los culpables de la penosa situación del hombre en el mundo. Subráyalas y comenta las que te parezcan más eficaces.
2. El poema se articula en tres partes; la primera ocupa los siete primeros versos. Identifica las otras dos y explica lo que ofrece cada una.
3. Señala los esquemas sintácticos predominantes en el texto.

6. El ensayo en Hispanoamérica: Alfonso Reyes

Autor de 21 libros de versos, 88 de crítica, ensayo y memorias, 7 novelas, otros tantos tratados de teoría literaria, hasta un total de 202 títulos publicados de forma independiente, a los que habría que sumar más de 50 epistolarios y 2 o 3 volúmenes de escritos diplomáticos, Alfonso Reyes representa la más completa expresión del intelectual hispánico. Pocos temas de la cultura o el mundo contemporáneo le fueron ajenos, como corresponde a una figura que ejerció la docencia y el periodismo, desempeñó labores diplomáticas, vivió en diversas capitales europeas y disfrutó de la vida como viajero y sibarita. Los rasgos que definen su obra son una amplia variedad de temas y géneros, sobresaliente erudición, originalidad en los enfoques, estilo directo y claro, presidido todo ello por una increíble erudición.

La página www.alfonsoreyes.org/ constituye el instrumento idóneo para que conozcas más acerca del autor. Este artículo fue publicado en la revista *Sur de Buenos Aires*, en septiembre de 1936.

http://

Notas sobre la inteligencia americana

La inteligencia americana es necesariamente menos especializada que la europea. Nuestra estructura social así lo requiere. El escritor tiene aquí mayor vinculación social, desempeña generalmente varios oficios, raro es que logre ser un escritor puro, es casi siempre un escritor «más» otra cosa u otras cosas. Tal situación ofrece ventajas y desventajas. Las desventajas: llamada a la acción, la inteligencia descubre que el orden de la acción es el orden de la transacción, y en esto hay sufrimiento. Estorbada por las continuas urgencias, la producción intelectual es esporádica, la mente anda distraída. Las ventajas resultan de la misma condición del mundo contemporáneo. En la crisis, en el vuelco que a todos nos sacude hoy en día y que necesita del esfuerzo de todos, y singularmente de la inteligencia (a menos que nos resignáramos a dejar que sólo la ignorancia y la desesperación concurran a trazar los nuevos cuadros humanos), la inteligencia americana está más avezada al aire de la calle; entre nosotros no hay, no puede haber torres de marfil. Esta nueva disyuntiva de ventajas y desventajas admite también una síntesis, un equilibrio que se resuelve en una peculiar manera de entender el trabajo intelectual como servicio público y como deber civilizador. Naturalmente que esto no anula, por fortuna, las posibilidades del paréntesis, del lujo del ocio literario puro, fuente en la que hay que volver a bañarse con una saludable frecuencia [...]

[...] la inteligencia americana aporta una facilidad singular, porque nuestra mentalidad, a la vez que tan arraigada a nuestras tierras como ya lo he dicho, es naturalmente internacionalista. Esto se explica, no sólo porque nuestra América ofrezca condiciones para ser el crisol de aquella futura «raza cósmica» que Vasconcelos ha soñado, sino también porque hemos tenido que ir a buscar nuestros instrumentos culturales en los grandes centros europeos, acostumbrándonos así a manejar las nociones extranjeras como si fueran cosa propia. En tanto que el europeo no ha necesitado de asomarse a América para construir su sistema del mundo, el americano estudia, conoce y practica a Europa desde la escuela primaria. De aquí una pintoresca consecuencia que señalo sin vanidad ni encono: en la balanza de los errores de detalle o incomprensiones parciales de los libros europeos que tratan de América y de los libros americanos que tratan de Europa, el saldo nos es favorable. Entre los escritores americanos es ya un secreto profesional el que la literatura europea equivoque frecuentemente las citas en nuestra lengua, la ortografía de nuestros nombres, nuestra geografía, etc. Nuestro nacionalismo connatural, apoyado felizmente en la hermandad histórica que a tantas repúblicas nos une, determina en la inteligencia americana una innegable inclinación pacifista. Ella atraviesa y vence cada vez con mano más experta los conflictos armados y, en el orden internacional, se deja sentir hasta entre los grupos más contaminados por cierta belicosidad política a la moda. Ella facilitará el gracioso injerto con el idealismo pacifista que inspira a las más altas mentalidades norteamericanas. Nuestra América debe vivir como si se preparase siempre a realizar el sueño que su descubrimiento provocó entre los pensadores de Europa: el sueño de la utopía, de la república feliz, que prestaba singular calor a las páginas de Montaigne, cuando se acercaba a contemplar las sorpresas y las maravillas del nuevo mundo.

Alfonso Reyes digital. Fundación Hernando de Larramendi

Actividades

1. Señala la idea principal y algunas de las ideas secundarias desgranadas por A. Reyes en esta página. ¿Estás de acuerdo con ellas? Justifica la respuesta.
2. Explica el concepto de «torre de marfil» empleado por el autor en el primer párrafo del texto.
3. Identifica y comenta otras cuestiones que a tu juicio diferencian a europeos y latinoamericanos.

Poetas modernistas brasileños

La exposición de pintura celebrada en 1922 en la ciudad de São Paulo bajo el título de «Semana de arte moderno» marca el inicio de manifiestos y discusiones en el gran país suramericano en torno a la necesidad de una nueva expresión artística. A partir de entonces surge un movimiento no exclusivamente literario –el modernismo brasileño– que en sentido amplio puede asimilarse al Vanguardismo; su objetivo principal fue el redescubrimiento del Brasil a través de la profundización en el ser nacional, concebido como la mezcla de los componentes indio, negro y portugués/europeo.

En el ámbito de la lírica vamos a fijarnos en dos figuras relevantes:

Carlos Drummond de Andrade (1902-1987)

El más completo de los poetas brasileños contemporáneos. Su creación pertenece a la segunda fase del Modernismo, cuando ya se había superado la dependencia estética del exterior. Su poesía alcanza un admirable equilibrio entre tradición y modernidad, erudición y populismo, ética y estética, gravedad y humor. Sus títulos principales son *Alguna poesía* (1930), *Sentimento do mundo* (1940) y *Claro enigma* (1951). El poema seleccionado pertenece a una serie de textos en homenaje al *Quijote* escritos por Drummond en 1961 y publicados con preciosas ilustraciones del pintor Cândido Portinari.

«Seascape», de Cândido Portinari (1903-1962), pintor brasileño que se encargó de mostrar al mundo la realidad del trabajador.

XII. Pleito y contentamiento

–La fatigada fiesta de correr
peligros sin moneda
ya me pesa en los huesos.
Exijo mi salario de locura
y la suma del tiempo de servicio.

–Amigo Sancho, vete a la mierda,
que no aprecio favores mercenarios
y puedo tener doscientos escuderos
sólo ambiciosos del renombre eterno.

–Señor, ¿dejaros? Nunca.
Ya me derrito en lloro arrepentido.
Sigo con vosotros, sigo
hasta el ultimísimo peligro
sin otra paga que vuestro afecto.
Abracémonos, pues, de almas lavadas,
que mi destino es ser
a vuestro lado
el caldo grueso junto al vino fino.

Traducción de Edmundo Font.
Secretaría de Educación Pública de México

Vinicius de Moraes (1913-1980)

Consiguió difundir la lírica de vanguardia más allá de los ámbitos estrictamente literarios; para ello escribió poemas sobre la política, el amor y el erotismo, los avances científicos o espectáculos de masas, como fútbol, cine o carnaval. Escribió también letras para sambas y bossa novas famosísimas *(Garota de Ipanema, A felicidade)*, además de participar en conciertos, grabaciones de discos y programas de radio o televisión. Entre sus libros destacan *Poemas, sonetos y baladas* (1946) y *Para vivir un gran amor* (1962), al que pertenece este poema:

No dudes en escuchar la canción más famosa de la música brasileña; se trata de *Garota de Ipanema*, compuesta en 1962 por de Vinicius de Moraes con música de Antonio Carlos Jobim.

Soneto de la mujer al sol

Una mujer al sol es todo mi deseo
Viene del mar, desnuda, con los brazos en cruz
Y la flor de los labios abierta para el beso
Y la piel, refulgente, el polen de la luz.

Una hermosa mujer, los senos en reposo
Y caliente de sol, nada más se precisa
El vientre terso, el pelo húmedo y una sonrisa
En la flor de los labios abierta para el gozo.

Una mujer al sol sobre quien yo me arroje
Y a quien beba y me muerda y con quien me lamente
Y que al someterse se enfurezca y solloce.

E intente rechazarme y que al sentirme ausente
Me busque nuevamente y se quede a dormir
Cuando yo, apaciguado, me disponga a partir.

Traducción de Mario Trejo. Playor

1. Lee el capítulo VII de la segunda parte del *Quijote*. A continuación, compara este diálogo poético con la escena narrada por Cervantes en el poema de Drummond de Andrade. Explica el sentido del último verso.

2. ¿Con qué tópico poético clásico cabe relacionar el poema de Vinicius de Moraes?

3. ¿Qué esquema sintáctico estilístico predomina en el soneto? Señala otros recursos estilísticos que te llamen la atención.

La llama doble

La experiencia mística va más allá de la piedad. Los poetas místicos han comparado sus penas y deliquios con los del amor. Lo han hecho con acentos de estremecedora sinceridad y con imágenes apasionadamente sensuales. Por su parte, los poetas eróticos también se sirven de términos religiosos para expresar sus transportes. Nuestra poesía mística está impregnada de erotismo y nuestra poesía amorosa de religiosidad. En esto nos apartamos de la tradición grecorromana y nos parecemos a los musulmanes y a los hindúes. Se ha intentado varias veces explicar esta enigmática afinidad entre mística y erotismo, pero no se ha logrado, a mi juicio, elucidarla del todo. Añado, de paso, una observación que podría quizá ayudar un poco a esclarecer el fenómeno. El acto en que culmina la experiencia erótica, el orgasmo, es indecible. Es una sensación que pasa de la extrema tensión al más completo abandono y de la concentración fija al olvido de sí; reunión de los opuestos, durante un segundo: la afirmación del yo y su disolución, la subida y la caída, el allá y el aquí, el tiempo y el no-tiempo. La experiencia mística es igualmente indecible: instantánea fusión de los opuestos, la tensión y la distensión, la afirmación y la negación, el estar fuera de sí y el reunirse con uno mismo en el seno de una naturaleza reconciliada.

Es natural que los poetas místicos y los eróticos usen un lenguaje parecido: no hay muchas maneras de decir lo indecible. No obstante la diferencia salta a la vista: en el amor el objeto es una criatura mortal y en la mística un ser intemporal que, momentáneamente, encarna en esta o aquella forma. Romeo llora ante el cadáver de Julieta; el místico ve en las heridas de Cristo las señas de la resurrección. Reverso y anverso: el enamorado ve y toca una presencia; el místico contempla una aparición. En la visión mística el hombre dialoga con su Creador; o, si es budista, con la Vacuidad; en uno y en otro caso, el diálogo se entabla –si es que es posible hablar de diálogo– entre el tiempo discontinuo del hombre y el tiempo sin fisuras de la eternidad, un presente que nunca cambia, crece o decrece, siempre idéntico a sí mismo. El amor humano es la unión de dos seres sujetos al tiempo y a sus accidentes: el cambio, las pasiones, la enfermedad, la muerte. Aunque no nos salva del tiempo, lo entreabre para que, en un relámpago, aparezca su naturaleza contradictoria, esa vivacidad que sin cesar se anula y renace y que, siempre y al mismo tiempo, es ahora y es nunca. Por esto, todo amor, incluso el más feliz, es trágico.

El autor y su obra

El poeta mexicano Octavio Paz –Premio Nobel en 1990– es también autor de una amplia producción en prosa, hasta el punto de estar considerado el mejor ensayista en español del siglo XX después de Ortega y Gasset. Puede decirse que las preocupaciones del autor son las mismas y únicas en prosa y en verso: sus poemas invitan a la reflexión, y a menudo sus ensayos están cargados de chispazos que se dirigen a nuestra sensibilidad tanto como al intelecto, con un estilo pleno de musicalidad. Él mismo lo aclara en el prólogo del libro que comentamos: «Para mí la poesía y el pensamiento son un sistema de vasos comunicantes. La fuente de ambos es mi vida: escribo sobre lo que he vivido y vivo».

En este sentido, *La llama doble* recrea y recupera uno de los temas esenciales de toda la obra de Paz: el amor, sobre el que se esbozaban ya interesantes reflexiones en su primer ensayo, *El laberinto de la soledad*. En el libro que nos ocupa su intención es hablar del amor, pero también del erotismo y la sexualidad, o lo que es igual «dibujar los límites entre el amor y las otras pasiones como aquel que esboza el contorno de una isla en un archipiélago».

Tema e ideas

El texto pertenece al capítulo titulado «El sistema solar», situado en el centro de la obra. Tras haberse ocupado del amor cortés, el autor se dispone ahora a demostrar cómo el amor se encuentra por doquier, hasta el punto de haberse convertido –al lado del poder– en la pasión humana fundamental. En el fragmento elegido se lleva a cabo una sugestiva comparación entre literatura mística y poesía amorosa, partiendo de la analogía de sus procedimientos expresivos.

- Lee atentamente el texto; a continuación búscale un título adecuado.

Organización y composición

El texto –en prosa, como es habitual en los ensayos– se artícula en dos párrafos de parecida extensión. El autor se vale de la tercera persona para desgranar su argumentación con aparente objetividad; sin embargo no duda en acogerse de forma explícita a la primera persona en una ocasión, para subrayar la índole muy personal de una afirmación concreta.

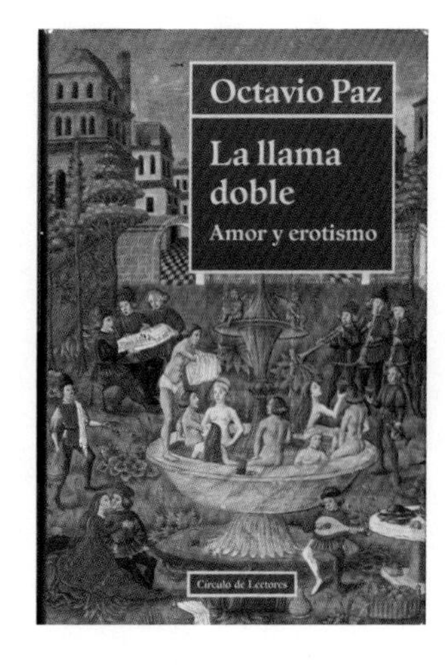

- Localiza este pasaje; ¿qué elementos subjetivos justifican a tu juicio el uso del «yo»?

El autor se ha propuesto ante todo marcar las diferencias entre amor y experiencia mística; para ello su exposición sigue un orden de irreprochable coherencia: primero establece la analogía entre mística y poesía amorosa en cuanto a los procedimientos expresivos; luego trata de explicar el porqué de tales semejanzas: el clímax de ambas actividades resulta tan intenso que no se puede expresar; sin embargo, existen diferencias en cuanto al objeto al que se dirigen: el amor hacia un ser mortal; la mística hacia uno inmortal; por ello el amor tiene algo trágico.

- Señala cada una de estas partes sobre el texto.

Lenguaje y estilo

El estilo de Paz –tanto en prosa como en verso– se corresponde con lo afirmado en el poema «Retórica»:

La forma que se ajusta al movimiento
no es prisión sino piel del pensamiento.
La claridad del cristal transparente
no es claridad para mí suficiente:
el agua clara es el agua corriente.

En consecuencia, el autor evita la ampulosidad de otros ensayistas eligiendo frases sencillas –yuxtaposiciones, enumeraciones, series de elementos nominales– que imponen un ritmo ligero a la prosa, al tiempo que permiten seguir con facilidad la argumentación. Desde el punto de vista sintáctico destaca también el uso de la bimembración: series de dos unidades enlazadas mediante nexos copulativos, respondiendo a esa visión del amor como algo compartido y esencialmente dual.

Están presentes las ejemplificaciones tomadas de la literatura universal, muy habituales en los ensayos de un escritor tan cosmopolita como Paz. Por último, en la poesía de San Juan de la Cruz y otros poetas cercanos a la mística –como Juan Ramón Jiménez– aparece una figura retórica llamada oxímoron en los pasajes de mayor intensidad afectiva; que consiste en la reunión de elementos de significado opuesto («música callada», «soledad sonora») desafiando a la lógica, para así expresar lo que de inefable e increíble tiene la experiencia vivida. En este pasaje el autor lo emplea con cierta frecuencia al hablar del amor.

- Identifica y comenta ejemplos de cada uno de estos recursos.

Valoración e interpretación

El texto resulta muy representativo de la fundamental unidad que preside la obra de Paz, tanto en prosa como en verso; en este sentido la esencia del amor que definen estas líneas –y todo el ensayo– se corresponde, sin ir más lejos, con los conocidos versos de *Piedra de sol* que hemos leído:

[…] todo se transfigura y es sagrado
es el centro del mundo cada cuarto
es la primera noche, el primer día,
el mundo nace cuando dos se besan,
gota de luz de entrañas transparentes
el cuarto como un fruto se entreabre
o estalla como un astro taciturno…

Lo real maravilloso que yo defiendo, y es lo real maravilloso nuestro, es lo que encontramos en estado bruto, latente, omnipresente, en todo lo latinoamericano. Aquí lo insólito es cotidiano, siempre fue cotidiano. Los libros de caballería se escribieron en Europa, pero se vivieron en América, porque si bien se escribieron las aventuras de Amadís de Gaula en Europa, es Bernal Díaz del Castillo quien nos presenta con su *Historia verdadera de la conquista de la Nueva España* el primer libro de caballería auténtico. Y constantemente, no hay que olvidarlo, los conquistadores vieron muy claramente el aspecto de lo real maravilloso en las cosas de América.

ALEJO CARPENTIER, *Conciencia e identidad de América*

La narrativa latinoamericana del siglo XX

1. La narrativa: caracteres generales
2. El *boom* de la novela latinoamericana
- Lecturas
- El lector universal
- Comentario de texto

1. La narrativa: caracteres generales

La narrativa es desde hace unas décadas el género literario más prestigioso de la literatura hispanoamericana, gozando buena parte de sus autores de reconocimiento universal. Ello ha supuesto un proceso de maduración, cuyos hitos más relevantes repasaremos a continuación.

La gloria de Don Ramiro se desarrolla sobre todo en Ávila, donde crece el protagonista, nacido en una familia hidalga; conoce el ambiente sensual en el que viven los moriscos; de allí ha de huir al verse implicado en dos muertes; en Toledo presencia un Auto de Fe, fracasa en diversas empresas, vive como ermitaño en Córdoba, para terminar emigrando a Perú; allí muere como bandido arrepentido, recibiendo la bendición de Santa Rosa de Lima.

La novela modernista

Se sitúan aquí una serie de relatos que representan la incorporación de la estética modernista al ámbito de la prosa. Ello da lugar a un tipo de novela artística, de ambientación exótica, histórica o cosmopolita, caracterizada por lo atildado de su estilo, cuajado de descripciones preciosistas o páginas de lirismo arrebatado. La obra maestra de esta tendencia es *La gloria de Don Ramiro* (1908), de Enrique Larreta (1873-1927), subtitulada «Una vida en tiempos de Felipe II». Leamos un fragmento:

> Allí dos halconeros, por distraer a la muchedumbre, le ponían y le quitaban el capirote a un rabioso gerifalte. Aquí, otro, con la librea de los Dávila, soltando la lonja a un azor, le dejaba subir en los aires, para hacerle descender enseguida con presteza, agitando el señuelo en forma de codorniz.
>
> Ramiro observó con admiración aquellas aves sanguinarias, aquellos pájaros taciturnos y crueles, pavor de las raleas y únicos dignos de posarse sobre el guante de un rey. Eran los hidalgos de la innumerable volatería, los conquistadores, los capitanes, la prez de los aires. El pico valiente, la uña feroz, el ala épica y rauda, lanzábase sobre cualquier pajarote, por temible que fuese, y parecían complacerse en las heridas que recibían a menudo en las alturas. Sin habérselo formulado jamás, el mancebo reconocía un emblema de su ánimo en aquellos avecuchos que, aun dormidos sobre la percha, lanzaban, a uno y otro lado, picotazos bravíos, soñando en presas imaginarias.

Mención aparte merecen los cronistas modernistas, favorecidos por el auge del periodismo, que permitió una mayor difusión de su estética literaria. Además de la obra en prosa de José Martí, destaca la figura del guatemalteco Enrique Gómez Carrillo (1873-1927), autor de novelas, libros de viaje *(El Japón heroico y galante, La Rusia actual)* y crítica literaria.

La realidad americana

Antes de la renovación que se produjo en los años cuarenta, la novela hispanoamericana estaba dominada por el **Regionalismo**, proyección de la narrativa realista europea, orientada en este caso a reflejar la variada y espectacular realidad americana. Adelantado en esta línea fue el uruguayo **Horacio Quiroga** (1878-1937), quien a partir de 1912 permaneció varios años como colono en la selva de Misiones; allí descubriría el tema de la naturaleza agreste y del hombre que lucha ciegamente contra ella, fanatizado por el medio geográfico.

Quiroga fue un maestro de la narración breve, que a partir de su labor gozaría en Hispanoamérica del mismo prestigio que la novela. Escribió *Cuentos de la selva* (1918), *El salvaje* (1920), *Los desterrados* (1926). Además de la selva, abundan en su obra los temas de la alucinación y la locura –por influencia del norteamericano Edgar. A. Poe–, además del honor, que vertebra sus mejores relatos. Especial interés tiene su *Decálogo del perfecto cuentista* por su enorme influencia en la literatura posterior.

Cataratas del Iguazú, en la provincia de Misiones (Argentina).

Entre las manifestaciones señeras del Regionalismo destacan:

- **Novelas de la tierra.** Así llamadas porque su tema central es el enfrentamiento del hombre contra una naturaleza hostil y avasalladora. Hay que citar aquí la obra de tres autores fundamentales:
  - **José Eustasio Rivera** (Colombia, 1889-1928). Abre este ciclo con su única novela, *La vorágine* (1924), donde reproduce el tradicional motivo del viaje, que en este caso emprende el protagonista a través de la selva colombiana para localizar a su amada, raptada por el dueño de una explotación de caucho. Esto sirve como denuncia de la explotación inhumana que sufren los trabajadores de las caucherías, así como para describir la imponente fuerza de la selva, que acaba aniquilando a los principales personajes.
  - **Ricardo Güiraldes** (Argentina, 1886-1927). Es el mejor representante de la narrativa gauchesca a través de *Don Segundo Sombra* (1926), libro donde describe de forma elegiaca la vida de los hombres de la Pampa, a partir de la figura de un gaucho elevado a la categoría de mito y ejemplo ético. Predomina lo descriptivo, en especial, escenas de la naturaleza enfurecida, como ganados salvajes o sangrientos cangrejos acechando a su presa. Al final se impone la tesis de que el hombre puede vencer a la naturaleza si domina sus propios impulsos.
  - **Rómulo Gallegos** (Venezuela, 1884-1968). Es autor de una dilatada producción narrativa presidida por la idea de la regeneración nacional; su novela más conocida, y una de las más leídas en lengua española, es *Doña Bárbara* (1929), magistral recreación del conocido conflicto entre civilización y barbarie ubicado en los inmensos llanos de Venezuela. Alcanzó la presidencia de su país en 1948, para ser desalojado poco después mediante un golpe de Estado. (Ver Lecturas)

Aquí tienes un fragmento de *Huasipungo:*

> –Nu han de robar así nu más a taita Andrés Chiliquinga– concluyó el indio, rascándose la cabeza, lleno de un despertar de oscuras e indefinidas venganzas. Ya le era imposible dudar de la verdad del atropello que invadía el cerro. Llegaban… Llegaban más pronto de lo que él pudo imaginarse. Echarían abajo su techo, le quitarían la tierra. Sin encontrar una defensa posible, acorralado como siempre, se puso pálido, con la boca semiabierta, con los ojos fijos, con la garganta anudada. ¡No! Le parecía absurdo que a él… Tendrían que tumbarle con hacha como a un árbol viejo del monte. Tendrían que arrastrarle con yunta de bueyes para arrancarle de la choza donde se amañó, donde vio nacer al guagua y morir a su Cunshi. ¡Imposible! ¡Mentira! No obstante, a lo largo de todos los chaquiñanes del cerro la trágica noticia levantaba un revuelo como de protestas taimadas, como de odio reprimido.

- **Novelas de la Revolución mexicana.** El proceso revolucionario vivido en México entre 1910-1920 da lugar a una amplia serie narrativa enmarcada en las campañas de Pancho Villa y Emiliano Zapata, cuya influencia se percibe aún en autores contemporáneos, como Carlos Fuentes. Su creador fue **Mariano Azuela** (1873-1952) que, en *Los de abajo* (1916), narra la ascensión de un solo caudillo (Demetrio Macías), convertido de campesino rebelde en general revolucionario. Su trayectoria pone de manifiesto la corrupción y violencia desatadas por la insurrección. Este análisis realista y desesperanzado de esa gran ocasión perdida que para Azuela fue la Revolución mexicana se continúa en *Los caciques* (1917) y *Las moscas* (1918).

- **Novela indigenista.** Se hace eco de la injusta situación de la población india, explotada económicamente, despojada de sus territorios ancestrales y a punto de perder su identidad cultural en aras de una modernización mal entendida. Destacan dos títulos clásicos:
  - *Huasipungo* (1934), del ecuatoriano Jorge Icaza (1906-1978). Narra la construcción de una carretera por parte de una compañía norteamericana, que destruirá los «huasipungos» o pequeñas propiedades arrendadas por el patrón a los indios para que puedan sobrevivir. Las descripciones ofrecen un realismo brutal y descarnado.
  - *El mundo es ancho y ajeno* (1941), del peruano Ciro Alegría (1909-1967). Presenta la existencia idílica de los indios rumi, súbitamente truncada por la expropiación de sus tierras comunales; ello les obliga a integrarse en nuevos lugares de trabajo –minas, caucherías–; la emigración los dispersa y la explotación a que son sometidos acaba por eliminarlos.

La renovación narrativa

Ya en los años treinta algunos novelistas comenzaron a adoptar procedimientos de las vanguardias europeas y norteamericanas, dando lugar a una impresionante renovación, tanto en los temas como en las técnicas narrativas.

Causas. Entre los factores que favorecieron esta renovación hay que citar:

- Al acabar la Guerra Civil Española muchos intelectuales emigran a Hispanoamérica, contribuyendo decisivamente al renacimiento cultural de aquellos países.
- Rechazo de la novela realista y regionalista tradicional tan en boga hasta entonces; los nuevos autores se sienten más cercanos a Joyce, Proust, Kafka y, sobre todo, a Faulkner, lo que favorece un cambio temático y formal.
- El desarrollo demográfico y el aumento de la población en las ciudades permite el acceso a la enseñanza a un mayor número de personas, que se convertirán en el receptor natural de estos autores; aparece así una industria editorial hispanoamericana, por lo que el escritor no tiene ya que vivir pendiente del reconocimiento en Europa.
- Los escritores traban contacto entre sí –en Europa o en América–, lo que les permite intercambiar ideas, lecturas y experimentos narrativos.

Buenos Aires.

Grupos generacionales. De este modo, a partir de 1940 hay al menos tres generaciones implicadas en el proceso de modernización:

- Los grandes innovadores narrativos, que reaccionan contra los novelistas anteriores y contra la idea –ampliamente difundida en el extranjero– de que el realismo exótico y pintoresco era el único camino para la novela en Hispanoamérica. Formados en la Europa de las vanguardias, abordan desde una perspectiva moderna la esencia de sus respectivos países. Son Miguel Ángel Asturias (Guatemala), Jorge Luis Borges (Argentina) –Lectura– Y Alejo Carpentier (Cuba).
- A la segunda generación pertenecen escritores que acusan la influencia de la literatura norteamericana; rompen la estructura cronológica del relato; dan entrada a sueños y obsesiones e incluso –como en el caso de Julio Cortázar (Lectura) o José Lezama Lima– cuestionan la estructura de la novela y el propio lenguaje. Otros nombres importantes son los de Juan Carlos Onetti, Juan Rulfo o Ernesto Sábato.
- En los años veinte y treinta nacieron autores que –sin renunciar a las novedades formales– dedican gran atención a la materia narrada, que pasa a ser de nuevo objeto primordial en la tarea del novelista. Casi todos ellos siguen en activo: Gabriel García Márquez, Mario Vargas Llosa, Carlos Fuentes, Guillermo Cabrera Infante y Alfredo Bryce Echenique.
- Con posterioridad surge otra generación integrada por una serie de autores que conceden gran importancia al lenguaje, hasta el punto de que algunas de sus novelas son básicamente transcripciones de diversas voces: Manuel Puig, Severo Sarduy, Fernando del Paso.
- Las últimas generaciones se asimilan en general a la posmodernidad narrativa, al recuperar distintos subgéneros novelescos, aportando un punto de distanciamiento e ironía. Han adquirido merecida difusión internacional los títulos de Isabel Allende, Antonio Skármeta, Tomas Eloy Martínez o el prematuramente desaparecido Roberto Bolaño.

2. El *boom* de la novela latinoamericana

Con la palabra inglesa *boom* se alude a la rápida popularización de una serie de autores y títulos latinoamericanos a lo largo de los años sesenta en los ambientes culturales de todo el mundo. Resulta evidente que el *boom* disfrutó de importantes apoyos comerciales, en especial por parte de la editorial española Seix Barral; sin embargo, su explicación genuina radica en la coincidencia en un corto espacio de tiempo de una sucesión de novelas deslumbrantes: *El astillero* (1961), de Onetti; *La ciudad y los perros* (1962) y *La casa verde* (1966), de Mario Vargas Llosa; *La muerte de Artemio Cruz* (1962), de Carlos Fuentes; *Rayuela* (1963), de Cortázar; *El siglo de las luces* (1962), de Alejo Carpentier; *Tres tristes tigres* (1967), de Guillermo Cabrera Infante. Y, sobre todo, el éxito sin precedentes de *Cien años de soledad* (1967), de Gabriel García Márquez –la novela más popular en lengua española después del *Quijote*– que fijó la atención de la crítica y el público internacionales en este grupo de escritores.

Novedades técnicas

El resultado principal de esta renovación fue la presencia de nuevas fórmulas para reflejar la realidad del continente americano. He aquí las más importantes:

LITERATURA FANTÁSTICA	REALISMO MÁGICO	TRADICIÓN REALISTA RENOVADORA	ANTINOVELA
Mezcla acontecimientos insólitos, sueños o universos imaginarios que ponen de manifiesto aspectos ocultos de la existencia, con una peripecia narrativa que no se aleja de la realidad. Su manifestación egregia se encuentra en los cuentos de Borges y Cortázar. Este autor se vale a menudo de la literatura como un juego para poner de manifiesto el absurdo de la existencia.	También llamado *real maravilloso*, es para muchos la mejor manera de representar el abigarrado mundo iberoamericano. Consiste en dotar de dimensiones maravillosas, irreales y exageradas la realidad cotidiana, de manera que los personajes y el lector pasan de lo real a lo mágico sin apenas darse cuenta. Autores más destacados: García Márquez, Alejo Carpentier y Miguel Ángel Asturias.	Incluye a quienes cuentan historias de la vida corriente, a las que aplican una amplia serie de modernas técnicas narrativas, como monólogos interiores, perspectivismo, yuxtaposiciones espaciotemporales, parodias o *collages*. Citaremos aquí a Vargas Llosa, Arturo Uslar Pietri y Juan Carlos Onetti.	Obras que investigan sobre los mecanismos de la propia creación narrativa, prescinden de la trama convencional, de la intriga, de las descripciones e, incluso, de la psicología de los personajes, para obligar a que la imaginación del lector participe en la composición del relato. Entran aquí títulos como *Rayuela*, de Cortázar, *Tres tristes tigres*, de Guillermo Cabrera Infante, o *Abaddón el exterminador*, de Ernesto Sábato.

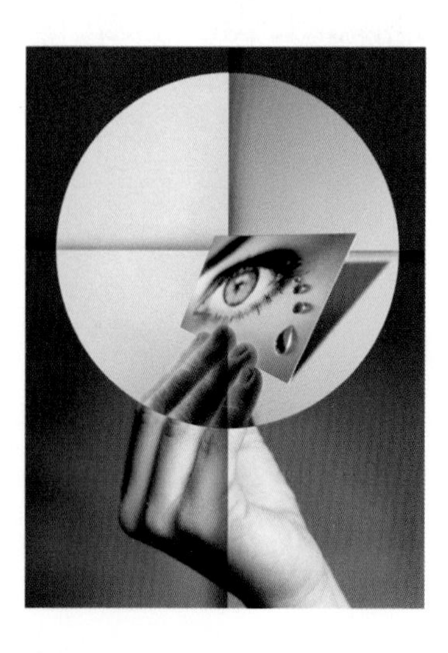

El lenguaje

En cuanto a la lengua literaria, cabe destacar dos grandes líneas dentro de la nueva narrativa:

- Los escritores procedentes del cono sur –Argentina, Uruguay, Chile– usan por lo general un lenguaje denso, ajustado, con imágenes y comparaciones de un realismo muy preciso para describir situaciones fantásticas, irreales o absurdas. Es el caso de Borges, Juan Carlos Onetti, Julio Cortázar o Ernesto Sábato.
- La prosa de los autores del ámbito caribeño se caracteriza por la exuberancia verbal, apta para descripciones donde predomina el elemento sensorial: amplios periodos sintácticos, riqueza léxica, sintagmas no progresivos y otros rasgos por los que se ha llamado neobarroco al estilo de Miguel Ángel Asturias, Alejo Carpentier, Cabrera Infante o García Márquez.

Los temas de la nueva novela

No resulta sencillo, en medio de tan impresionante floración narrativa, dar cuenta de la riqueza y variedad de sus contenidos. Mencionaremos sólo aquellos temas que se repiten con mayor asiduidad:

La crisis existencial del individuo. Estamos casi siempre ante novelas que se desarrollan en un ámbito urbano contemporáneo, al margen de la ambientación exótica de los relatos englobados bajo el regionalismo. Los protagonistas a menudo se sienten solos, desconocen el sentido de su vida, tienen dificultades para comunicarse con los demás e incluso deciden inventarse existencias complementarias y antagónicas. Encontramos ejemplos excelentes en *El túnel*, de Sábato; *El astillero* y *La vida breve*, de Onetti; *Los pasos perdidos*, de Alejo Carpentier; *Conversación en la catedral*, de Vargas Llosa o muchos de los cuentos de Borges y Cortázar.

La contemplación de un mundo caótico o absurdo. El rechazo del mundo y el desprecio de la realidad genera distintas actitudes en los escritores. Los personajes de Borges se refugian en laberintos o inmensas bibliotecas; Cortázar somete a sus criaturas a elaborados juegos o ritos; más lejos llega Sábato en *Abaddón el exterminador*, al explicar el desastre actual de la humanidad mediante un antiguo mito:

> Dios fue derrotado antes del comienzo de los tiempos por el Príncipe de las Tinieblas, es decir, por lo que luego sería el Príncipe de las Tinieblas... Una vez derrotado Dios, Satanás hace circular la versión de que el derrotado es el Diablo. Y así termina de desprestigiarlo.

El dictador. La primera irrupción narrativa de esta trágica figura de la historia latinoamericana se produjo de la mano de Valle-Inclán, en *Tirano Banderas*. Con posterioridad ha sido novelada por casi todos estos escritores, acentuando los distintos rasgos que concurren en el ejercicio del poder absoluto: el terror de las víctimas indefensas; la soledad y vejez del tirano; la corrupción generalizada por su régimen; las conspiraciones que se producen en su entorno. Es lo que aparece en obras como *El señor Presidente*, de Miguel Ángel Asturias; *El recurso del método*, de Alejo Carpentier; *El otoño del patriarca*, de García Márquez; *Conversación en la catedral*, de Vargas Llosa; *Oficio de difuntos*, de Uslar Pietri; *Yo, el Supremo*, de Augusto Roa Bastos; o la más reciente: *La fiesta del chivo* (2000), donde Mario Vargas Llosa recupera la figura del dictador dominicano Rafael Leónidas Trujillo (1891-1961). Así lo veían dos miembros de su guardia personal:

> [...] Antonio, aquellos años, pese a guardar secretamente algo del rencor de todos los horacistas hacia quien había acabado con la carrera política del Presidente Horacio Vázquez, no pudo sustraerse al magnetismo que irradiaba ese hombre incansable, que podía trabajar veinte horas seguidas, y, luego de dos o tres horas de sueño, comenzar el nuevo día al amanecer, fresco como un adolescente. Ese hombre que, según la mitología popular, no sudaba, no dormía, nunca tenía una arruga en el uniforme, el chaqué o el traje de calle, y que, en esos años en que Antonio formaba parte de su guardia de hierro, había, en efecto, transformado este país. Por las carreteras, puentes e industrias que construyó, sí, pero, también, porque fue acumulando en todos los dominios –político, militar, institucional, social, económico– un poder tan desmedido que todos los dictadores que la República Dominicana había padecido en su historia republicana, incluido Ulises Heureux, Lilís, que antes parecía tan despiadado, resultaban unos pigmeos comparados con él.

Este fragmento de *El siglo de las luces* es un buen ejemplo del estilo neobarroco de Alejo Carpentier:

> [...] emprendía largas exploraciones de los acantilados, trepando, saltando, chapaleando, maravillándose de cuanto descubría al pie de las rocas. Eran vivas pencas de madréporas, la poma moteada y cantarina de las porcelanas, la esbeltez catedralicia de ciertos caracoles que, por sus piones y agujas, solo podían verse como creaciones góticas; es encrespamiento rocalloso de los abrojines, la pitagórica espiral del huso; el fingimiento de muchas conchas que, bajo la yesosa y pobre apariencia, ocultaban en las honduras una iluminación de palacio engualdado.

Rafael Leónidas Trujillo.

Los mitos. Muchas novelas recrean mitos fundamentales; así El *Señor Presidente* supone la inversión del mito cristiano, al presentar al dictador como un dios del mal, mientras la rebelión de su ayudante reproduciría el papel de Lucifer; varios mitos bíblicos están presentes en *Cien años de soledad*. El protagonista de *Pedro Páramo* viaja a Comala en busca del paraíso perdido de su infancia; allí encontrará solo a un hombre y una mujer, trasunto de Adán y Eva. El mito de Orfeo, con el descenso a los infiernos, vertebra *Sobre héroes y tumbas*, de Sábato, pero también *Rayuela*, de Cortázar. Y los seguidores del Consejero en *La guerra del fin del mundo*, de Vargas Llosa, forman una comunidad donde ha desaparecido la propiedad privada y se siguen unas normas de vida que recuerdan el mito de la Edad de Oro.

La historia de Latinoamérica. La historia del continente americano ha sido pródiga en acontecimientos de sugerentes posibilidades narrativas: civilizaciones prehispánicas muy desarrolladas; conquista y colonización; las relaciones con España; guerras de Independencia; tiranías y revoluciones en los distintos países; la interesada proximidad del gigante norteamericano. De esta manera –con planteamientos narrativos novedosos– han surgido numerosísimas novelas históricas de calidad excepcional: *Las lanzas coloradas*, de Uslar Pietri; *El siglo de las luces*, de Carpentier; *La guerra del fin del mundo*, de Vargas Llosa; *La campaña*, de Carlos Fuentes, *Santa Evita*, de Tomas Eloy Martínez e incluso *Cien años de soledad*, de García Márquez, que puede interpretarse como una síntesis de la historia americana.

La propia creación narrativa. Algunos novelistas hispanoamericanos fueron los primeros en cultivar en español lo que ha dado en llamarse **metaficción**, en la que el proceso de composición de la novela se convierte en ingrediente esencial del libro. Recordemos los ejemplos de *Rayuela*, donde Julio Cortázar sugiere al lector diversos itinerarios de lectura; un personaje de *Tres tristes tigres* será el encargado de recoger los diálogos del grupo de amigos en La Habana anterior a la Revolución que constituye el eje de esta novela de Guillermo Cabrera Infante; en *Abaddón el exterminador* es el propio autor, Ernesto Sábato, quien aparece como un personaje más, tratando de dar unidad a ese cúmulo de horrores, pesadillas, obsesiones y profecías que configuran el texto.

La Habana.

1. La novela de la tierra: *Doña Bárbara*, de Rómulo Gallegos

Considerada como el relato épico de la sabana de Venezuela, *Doña Bárbara* narra el combate entre la protagonista femenina –representación del aspecto salvaje del llano: agresiones armadas, soborno a la justicia, ausencia de Derecho y fuerza brutal– y el abogado Santos Luzardo, que llega allí con la idea de imponer la ley y el orden. El conflicto entre la América ancestral y la modernidad europea se resolverá de forma satisfactoria: la hija de Bárbara es educada por Luzardo, que termina casándose con ella, de modo que sus descendientes dispondrán de las condiciones ideales para esa regeneración predicada por Gallegos. El fragmento corresponde al momento en que el abogado acaba de participar por primera vez en una acción violenta.

Por fin y por encima de su voluntad empezaba a realizarse aquel presentimiento de una intempestiva regresión a la barbarie que atormentó su primera juventud. Todos los esfuerzos hechos por librarse de aquella amenaza que veía suspendida sobre su vida, por reprimir los impulsos de su sangre hacia las violentas ejecutorias de los Luzardos, que habían sido, todos, hombres fieros sin más ley que la de la bravura armada, y por adquirir, en cambio, la actitud propia del civilizado, en quien los instintos están subordinados a la disciplina de los principios, todo cuanto había sido obra ardua y tesonera de los mejores años de su vida desaparecía ahora arrollado por el temerario alarde de hombría que lo moviera a acudir a la celada de Rincón Hondo.

No era solamente el natural escrúpulo de haber tenido que defenderse matando, el horror de la situación brutal que lo pusiera en el trance de cometer un acto que repugnaba con los principios más profundamente arraigados en su espíritu, sino el horror de haber perdido para siempre esos principios, de haber adquirido una experiencia definitiva, de pertenecer ya, para toda la vida, al trágico número de los hombres manchados. Lo primero, el hecho mismo, aunque en sus manos estuvo el evitarlo, tenía sus atenuaciones: fue un acto de legítima defensa, pues había sido Melquíades el primero en hacer armas; pero lo segundo, lo que no fue acto de voluntad ni arrebato de un impulso, sino confabulación de unas circunstancias que sólo podían darse en el seno de la barbarie a que estaba abandonada la llanura: el ingreso en la fatídica cifra de los hombres que han tenido que hacerse justicia a mano armada, eso ya no podía tener remedios ni atenuaciones. Por el Arauca correría su nombre envuelto en la aureola roja que le daba la muerte del temible espaldero de doña Bárbara y de allí en adelante toda su vida quedaba comprometida con esa gloria, porque la barbarie no perdona a quien intenta dominarla adaptándose a sus procedimientos. Inexorable, de sus manos hay que aceptarlo todo cuando se le piden sus armas.

Pero, ¿no se había propuesto, acaso, cuando resolvió internarse en el hato, renunciando a sus sueños de existencia civilizada, convertirse en el caudillo de la llanura para reprimir el bárbaro señorío de los caciques, y no era con el brazo armado y la gloria roja de la hazaña sangrienta como tenía que luchar con ellos para exterminarlos? ¿No había dicho ya que aceptaba el camino por donde el atropello lo lanzaba a la violencia? Ahora no podía revolverse.

Ayacucho

Actividades

1. Resume la idea principal del texto.
2. Sitúa en una columna los términos que se refieren a la civilización; en la opuesta, los que aluden a la barbarie.
3. El texto se vale del uso del estilo indirecto libre, que estudiamos al analizar la novela realista. Trata tú ahora de poner el segundo párrafo en primera persona y estilo directo; puedes empezar: «No es solo por haber tenido que defenderme matando....».

2. El tema del dictador. *El Señor Presidente*, de Miguel Ángel Asturias

El guatemalteco Miguel Ángel Asturias (1899-1974), Premio Nobel en 1967, toca en sus obras temas cercanos a los novelistas de la tierra –la explotación del indio, la protesta social, la codicia de las compañías estadounidenses– pero con una gran preocupación por el lenguaje. Fantasía y realidad se unen en *Hombres*

de maíz (1949), indagación sobre el mundo indígena de Guatemala; contenido más político tiene su trilogía antiyanqui, formada por *Viento fuerte* (1950), *El Papa verde* (1954) y *Los ojos de los enterrados* (1960).

Su obra maestra es *El Señor Presidente* (1946, aunque concebida y escrita entre 1922 y 1932), magistral combinación de política y poesía. Se trata de un alegato contra la tiranía, aunque el protagonista de la novela no sea el dictador –que aparece ocasionalmente– sino el miedo y la destrucción que la dictadura produce en individuos de las distintas clases sociales. La novela supuso además la introducción en Hispanoamérica de novedosos procedimientos narrativos, como el monólogo interior, la mezcla de sueño y realidad o descripciones expresionistas. El texto se sitúa al comienzo de la obra: El Pelele es un mendigo idiota, que mata al coronel José Parrales de forma fortuita. De este hecho derivará toda la trama argumental, ya que el presidente desencadenará una persecución implacable contra los que él considera sus enemigos políticos.

Contado por los mendigos, se regó entre la gente del pueblo que el *Pelele* se enloquecía al oír hablar de su madre. Calles, plazas, atrios y mercados recorría el infeliz en su afán de escapar al populacho que por aquí, que por allá, le gritaba a todas horas, como maldición del cielo, la palabra madre. Entraba a las casas en busca de asilo, pero de las casas le sacaban los perros o los criados. Lo echaban de los templos, de las tiendas, de todas partes, sin atender a su fatiga de bestia ni a sus ojos, que, a pesar de su inconsciencia, suplicaban perdón con la mirada.

[...] Seguido de chiquillos, se refugiaba en los barrios pobres, pero allí su suerte era más dura; allí, donde todos andaban a las puertas de la miseria, no sólo lo insultaban, sino que, al verlo correr despavorido, le arrojaban piedras, ratas muertas y latas vacías.

De uno de esos barrios subió hacia el Portal del Señor un día como hoy a la oración, herido en la frente, sin sombrero, arrastrando la cola de un barrilete que de remeda remiendo le prendieron por detrás. Lo asustaban las sombras de los muros, los pasos de los perros, las hojas que caían de los árboles, el rodar desigual de los vehículos... Cuando llegó al Portal, casi de noche, los mendigos, vueltos a la pared, contaban y recontaban sus ganancias. *Patahueca* la tenía con el *Mosco* por alegar; la sordomuda se sobaba el vientre para ella inexplicablemente crecido, y la ciega se mecía en sueños colgada de un clavo, cubierta de moscas, como la carne en las carnicerías.

El idiota cayó medio muerto; llevaba noches y noches de no pegar los ojos, días y días de no asentar los pies. Los mendigos callaban y se rascaban las pulgas sin poder dormir, atentos a los pasos de los gendarmes que iban y venían por la plaza poco alumbrada y a los golpecitos de las armas de los centinelas, fantasmas envueltos en ponchos a rayas, que en las ventanas de los cuarteles vecinos velaban en pie de guerra, como todas las noches, al cuidado del Presidente de la República, cuyo domicilio se ignoraba porque habitaba en las afueras de la ciudad muchas casas a la vez; cómo dormía, porque se contaba que al lado de un teléfono con un látigo en la mano, y a qué hora, porque sus amigos aseguraban que no dormía nunca.

Por el Portal del Señor avanzó un bulto. Los pordioseros se encogieron como gusanos. Al rechino de las botas militares respondía el granizo de un pájaro siniestro en la noche oscura, navegable, sin fondo...

[...] Sólo el *Pelele* dormía a pierna suelta, por una vez, roncando.

El bulto se detuvo –la risa le entorchaba la cara–, acercóse al idiota de puntepié y, en son de broma, le gritó:

–¡Madre!

No dijo más. Arrancado del suelo por el grito, el *Pelele* se le fue encima y, sin darle tiempo a que hiciera uso de sus armas, le enterró los dedos en los ojos, le hizo pedazos la nariz a dentelladas y le golpeó las partes con las rodillas hasta dejarlo inerte.

Los mendigos cerraron los ojos horrorizados, la lechuza volvió a pasar y el *Pelele* escapó por las calles en tinieblas, enloquecido bajo la acción de espantoso paroxismo.

Una fuerza ciega acababa de quitar la vida al coronel José Parrales Sonriente, alias el *Hombre de la Mulita*.

Estaba amaneciendo.

Ed. Losada

Actividades

1. Cuenta a tu modo lo que se narra en el texto. ¿Por qué reacciona violentamente el Pelele?
2. Señala las partes en que puede dividirse el fragmento.
3. Señala los rasgos expresionistas o esperpénticos aquí presentes.

3. La literatura fantástica: Borges

El argentino Jorge Luis Borges es el máximo representante de la **literatura fantástica.** Su obra en prosa se divide en ensayos y colecciones de cuentos, entre las que destacan *Ficciones* (1944), *El Aleph* (1949), *El informe de Brodie* (1970) o *El libro de arena* (1975); todos ellos lo han convertido en el más influyente narrador hispanoamericano del siglo XX. Sin embargo, no conviene olvidar que, además de **maestro supremo del relato breve**, Borges fue un **gran poeta**, cuyos orígenes arrancan en Madrid (1918), cuando participó en la fundación del movimiento ultraísta, que a partir de 1921 introdujo en Buenos Aires. No obstante, pronto se aparta del vanguardismo para llegar a una lírica de perfección clásica, a través de la que el autor reflexiona sobre cuestiones filosóficas, históricas o existenciales.

En este soneto de Borges titulado «Ajedrez», se desgranan algunas de sus preocupaciones acerca de la existencia humana.

Tenue rey, sesgo alfil, encarnizada
reina, torre directa y peón ladino
sobre lo negro y blanco del camino
buscan y libran su batalla armada.
No saben que la mano señalada
del jugador gobierna su destino,
no saben que un rigor adamantino
sujeta su albedrío y su jornada.
También el jugador es prisionero
(la sentencia es de Omar) de otro tablero
de negras noches y de blancos días.
Dios mueve al jugador, y éste, la pieza.
¿Qué Dios detrás de Dios la trama empieza
de polvo y tiempo y sueño y agonías?

JORGE LUIS BORGES, *Borges: obra poética*, Alianza

Temas

Para Borges el mundo coherente, gobernado por la razón y en el que tan seguros nos sentimos, no existe: es una invención de artistas, teólogos, científicos o filósofos, con la intención de ocultar la **verdadera realidad**: absurda, caótica e incomprensible. Por ello, el autor –aprovechando su vastísima erudición– se complace en inventar otros libros, civilizaciones, biografías y situaciones descritas con absoluto detalle, llenas de referencias bibliográficas falsas, mediante las cuales nos avisa de la similar falsedad del mundo real.

Desde el punto de vista narrativo predominan ciertos **recursos**:

- **Mezcla de realidad y ficción:** libros apócrifos o escenas imaginarias son comentadas con personas reales, como el escritor Bioy Casares. Otras veces se relatan mitos u obras clásicas –como el *Quijote* o el minotauro de Creta– desde perspectivas absolutamente insospechadas.
- La contaminación de la realidad por el **sueño**.
- El **viaje en el tiempo**: hay un personaje que no puede morir *(El inmortal)*; otro recuerda cada uno de los instantes de su existencia *(Funes el memorioso)*.
- El **tema del doble**: para Borges, en el fondo, todos los hombres son el mismo hombre, por ello recurre a menudo a personajes que tienen la oportunidad de encontrar a su otro yo.

El Centro Virtual Cervantes preparó la página **www.cvc.cervantes.es/actcult/borges/** para conmemorar el centenario del nacimiento de **Jorge Luis Borges**. Ofrece información diversa y bien organizada sobre el escritor, con enlaces muy variados.

Lenguaje

En esta tarea de sacar a la luz las contradicciones de la realidad, Borges se vale de un **lenguaje** de **extremada concisión** que busca la frase corta y encuentra siempre la palabra exacta, el adjetivo idóneo para describir con plena objetividad los desajustes de la existencia. Estos rasgos de precisión, limpidez e intemporalidad le confirieron ya en vida la categoría de clásico de la lengua española.

La casa de Asterión

Y la reina dio a luz un hijo que se llamó Asterión. Apolodoro: *Biblioteca*, III. I

Sé que me acusan de soberbia, y tal vez de misantropía, y tal vez de locura. Tales acusaciones (que yo castigaré a su debido tiempo) son irrisorias. Es verdad que yo no salgo de mi casa, pero también es verdad que sus puertas (cuyo número es infinito*) están abiertas día y noche a los hombres y también a los animales. Que entre el que quiera. No hallará pompas mujeriles aquí ni el bizarro aparato de los palacios pero sí la quietud y la soledad. Así mismo hallará una casa como no hay otra en la faz de la tierra. (Mienten los que declaran que en Egipto hay una parecida). Hasta mis detractores admiten que no hay un solo *mueble* en la casa. Otra especie ridícula es que yo, Asterión, soy un prisionero. ¿Repetiré que no hay una puerta cerrada, añadiré que no hay una cerradura? Por lo demás, algún atardecer he pisado la calle; si antes de la noche volví, lo hice por el temor que me infundieron las caras de la plebe, caras descoloridas y aplanadas, como la mano abierta. Ya se había puesto el sol, pero el desvalido niño y las toscas plegarias de la grey dijeron que me habían reconocido. La gente oraba, huía, se **prosternaba**; unos se encaramaban al **estilóbato** del templo de las Hachas, otros juntaban piedras. Alguno, creo, se ocultó bajo el mar. No en vano fue una reina mi madre; no puedo confundirme con el vulgo, aunque mi modestia lo quiera.

El hecho es que soy único. No me interesa lo que un hombre pueda transmitir a otros hombres; como el filósofo, pienso que nada es comunicable por el arte de la escritura. Las enojosas y triviales minucias no tienen cabida en mi espíritu, que está capacitado para lo grande; jamás he retenido la diferencia entre una letra y otra. Cierta impaciencia generosa no ha consentido que yo aprendiera a leer. A veces lo deploro, porque las noches y los días son largos.

Claro que no me faltan distracciones. Semejante al carnero que va a embestir, corro por las galerías de piedra hasta rodar al suelo, mareado. Me agazapo a la sombra de un **aljibe** o a la vuelta de un corredor y juego a que me buscan. Hay azoteas desde las que me dejo caer, hasta ensangrentarme. A cualquier hora puedo jugar a estar dormido con los ojos cerrados y la respiración poderosa. (A veces

me duermo realmente, a veces ha cambiado el color del día cuando he abierto los ojos). Pero de tantos juegos el que prefiero es el de otro Asterión. Finjo que viene a visitarme y que yo le muestro la casa. Con grandes reverencias le digo: *Ahora volvemos a la encrucijada anterior* o *Ahora desembocamos en otro patio* o *Bien decía yo que te gustaría la canaleta* o *Ahora verás una cisterna que se llenó de arena* o *Ya verás como el sótano se bifurca.* A veces me equivoco y nos reímos buenamente los dos.

No solo he imaginado esos juegos; también he meditado sobre la casa. Todas las partes de la casa están muchas veces, cualquier lugar es otro lugar. No hay un aljibe, un patio, un abrevadero, un pesebre; son catorce* [son infinitos] los pesebres, abrevaderos, patios, aljibes. La casa es del tamaño del mundo; mejor dicho, es el mundo. Sin embargo, a fuerza de fatigar patios con un aljibe y polvorientas galerías de piedra gris, he alcanzado la calle y he visto el templo de las Hachas y el mar. Eso no lo entendí hasta que una visión de la noche me reveló que también son catorce [son infinitos] los mares y los templos. Todo está muchas veces, catorce veces, pero dos cosas hay en el mundo que parecen estar una sola vez: arriba, el intrincado sol; abajo, Asterión. Quizá yo he creado las estrellas y el sol y la enorme casa, pero ya no me acuerdo.

Cada nueve años entran en la casa nueve hombres para que yo los libere de todo mal. Oigo sus pasos o su voz en el fondo de las galerías de piedra y corro alegremente a buscarlos. La ceremonia dura pocos minutos. Uno tras otro caen sin que yo me ensangriente las manos. Donde cayeron, quedan y los cadáveres ayudan a distinguir una galería de las otras. Ignoro quiénes son, pero sé que uno de ellos profetizó, en la hora de su muerte, que alguna vez llegará mi redentor. Desde entonces no me duele la soledad, porque sé que vive mi redentor y al fin se levantará sobre el polvo. Si mi oído alcanzara a todos los rumores del mundo, yo percibiría sus pasos. Ojalá me lleve a un lugar con menos galerías y menos puertas. ¿Cómo será mi redentor? me pregunto. ¿Será un toro o un hombre? ¿Será tal vez un toro con cara de hombre? ¿O será como yo?

El sol de la mañana reverberó en la espada de bronce. Ya no quedaba ni un vestigio de sangre.

–¿Lo creerás, Ariadna? –dijo Teseo–. El minotauro apenas se defendió.

JORGE LUIS BORGES, *Prosa completa*, Bruguera

*El original dice catorce, pero sobran motivos para inferir que, en boca de Asterión, ese adjetivo numeral vale por *infinitos*.

prosternaba: arrodillaba; **estilóbato:** macizo corrido sobre el que se apoya una columnata; **aljibe:** cisterna o depósito para recoger agua de la lluvia; **Ariadna, Teseo y minotauro:** personajes de la mitología griega. Teseo vence al minotauro –mitad toro y mitad hombre– y con ayuda de Ariadna logra salir del laberinto de Creta

La literatura en el cine

«Tema del traidor y del héroe», de **Borges**, dio lugar en 1970 a una de las mejores películas de Bernardo Bertolucci, «La estrategia de la araña». Por su parte el director español Carlos Saura realizó en 1992 una versión televisiva de «El Sur».

Teseo luchando contra el minotauro.

Actividades

1. Busca en una enciclopedia o diccionario de mitología más información acerca de los principales protagonistas de este mito.

2. En los cuentos de Borges nada sobra y todo está calculado. Por ello nos describe el final de Asterión sólo a través de indicios. Explica cómo te imaginas el desenlace del relato: ¿quién da muerte al protagonista?, ¿por qué éste le llama *redentor*?

3. Todo el texto está construido para ir sorprendiendo al lector: no sabemos quién es el personaje que habla en primera persona; en la descripción de la casa, se omite la palabra «laberinto»; tampoco Asterión describe directamente su aspecto. Indica el momento en que se produce la plena comprensión de la historia, así como los indicios que anuncian su desenlace, como las «caras descoloridas y aplanadas» que el narrador ve en los otros.

4. El mundo insólito de Julio Cortázar

El también argentino Julio Cortázar (1914-1984) escribió cuentos y novelas; entre estas últimas figuran títulos emblemáticos de la renovación narrativa, como ***Rayuela*** o *62/Modelo para armar*. Sin embargo, hoy lo más apreciado de su producción son los **relatos breves**, agrupados en colecciones como *Bestiario*, *Final del juego* o *Las armas secretas*. En sus primeros cuentos resulta patente la influencia de Borges: Cortázar gusta de narrar con rigor realista un hecho fantástico; pero mientras aquél se recreaba en temas librescos, éste se centra en personajes normales y aconteceres cotidianos, afectados de pronto por un fenómeno o presencia extraña e inesperada, pero nunca considerada por ellos como anormal. Pretende así el autor abolir la concepción racionalista, objetiva y tradicional del mundo, reivindicando los **aspectos insólitos de la existencia.** A este mismo objetivo responden originales libros de ficciones inclasificables como *La vuelta al día en ochenta mundos* o *Historia de Cronopios y de famas*. El cuento que vamos a leer procede de *Final del juego* (1956).

Continuidad de los parques

Había empezado a leer la novela unos días antes. La abandonó por negocios urgentes, volvió a abrirla cuando regresaba en tren a la finca; se dejaba interesar lentamente por la trama, por el dibujo de los personajes. Esa tarde, después de escribir una carta a su apoderado y discutir con el mayordomo una cuestión de aparcerías, volvió al libro en la tranquilidad del estudio que miraba hacia el parque de los robles. Arrellanado en su sillón favorito, de espaldas a la puerta que lo hubiera molestado como una irritante posibilidad de intrusiones, dejó que su mano izquierda acariciara una y otra vez el terciopelo verde y se puso a leer los últimos capítulos. Su memoria retenía sin esfuerzo los nombres y las imágenes de los protagonistas, la ilusión novelesca lo ganó casi enseguida. Gozaba del placer casi perverso de irse desgajando línea a línea de lo que le rodeaba, y sentir a la vez que su cabeza descansaba cómodamente en el terciopelo de alto respaldo, que los cigarrillos seguían al alcance de la mano, que más allá de los ventanales danzaba el aire del atardecer bajo los robles. Palabra a palabra, absorbido por la sórdida disyuntiva de los héroes, dejándose ir hacia las imágenes que se concertaban y adquirían color y movimiento, fue testigo del último encuentro en la cabaña del monte. Primero entraba la mujer, recelosa; ahora llegaba el amante, lastimada la cara por el chicotazo de una rama. Admirablemente restañaba ella la sangre con sus besos, pero él rechazaba las caricias, no había venido para repetir las ceremonias de una pasión secreta, protegida por un mundo de hojas secas y senderos furtivos. El puñal se entibiaba contra su pecho, y debajo latía la libertad agazapada. Un diálogo anhelante corría por las páginas como un arroyo de serpientes, y se sentía que todo estaba decidido desde siempre. Hasta esas caricias que enredaban el cuerpo del amante como queriendo retenerlo y disuadirlo, dibujaban abominablemente la figura de otro cuerpo que era necesario destruir. Nada había sido olvidado: coartadas, azares, posibles errores. A partir de esa hora cada instante tenía su empleo minuciosamente atribuido. El doble repaso despiadado se interrumpía apenas para que una mano acariciara una mejilla. Empezaba a anochecer.

Sin mirarse ya, atados rígidamente a la tarea que los esperaba, se separaron a la puerta de la cabaña. Ella debía seguir por la senda que iba al norte. Desde la senda opuesta él se volvió un instante para verla correr con el pelo suelto. Corrió a su vez, parapetándose en los árboles y los setos, hasta distinguir en la bruma malva del crepúsculo la alameda que llevaba a la casa. Los perros no debían ladrar y no ladraron. El mayordomo no estaría a esa hora y no estaba. Subió los tres peldaños del porche y entró. Desde la sangre galopando en sus oídos le llegaban las palabras de la mujer: primero una sala azul, después una galería, una escalera alfombrada. En lo alto dos puertas. Nadie en la primera habitación, nadie en la segunda. La puerta del salón, y entonces el puñal en la mano, la luz de los ventanales, el alto respaldo de un sillón de terciopelo verde, la cabeza del hombre en el sillón leyendo una novela.

JULIO CORTÁZAR, *Final del juego*, Alfaguara

Actividades

1. Señala el tema del relato y cuenta su argumento. Finalmente trata de interpretar el sentido del título.
2. El cuento se acerca a lo que se llama *metaliteratura*, o literatura dentro de la literatura. Identifica los pasajes en los que se descubre este motivo.
3. Analiza el distinto ritmo sintáctico y narrativo que se advierte en los dos párrafos, así como las referencias temporales.
4. Ahora compara este relato con el de Borges. ¿Cuál de los dos te parece más propiamente fantástico?

5. La compleja realidad mexicana: *La cabeza de la hidra*, de Carlos Fuentes

En su vasta producción narrativa Carlos Fuentes (México, 1928) se propone explicar la situación social y política del México actual a partir de su pasado. A este propósito obedecían *La región más transparente* (1958), *Las buenas conciencias* (1959) y *La muerte de Artemio Cruz* (1962), su título más conocido, donde narra la vida de este personaje, activo participante en la Revolución que paulatinamente abdica de sus ideales, habiéndose convertido al final en próspero hombre de negocios en estrecho contacto con el capital estadounidense. Precisamente las complejas relaciones entre estos dos países norteamericanos presiden los espléndidos cuentos agrupados bajo el título de *La frontera de cristal* (1995).

La cabeza de la hidra (1978) es una novela de espionaje, que de nuevo pretende interpretar la compleja realidad mexicana; su protagonista es un antiguo funcionario –definido en algún momento como una especie de «James Bond del subdesarrollo»– implicado en una tortuosa trama por la que las dos superpotencias pretenden controlar las grandes reservas petrolíferas mexicanas; el título alude al anillo de diamante donde se encuentra hologramado el subsuelo del país, en torno a la gran bolsa de petróleo que despierta tantas ambiciones, pero también a las dos superpotencias que encabezan el mundo, y luchan de forma incesante para controlar las reservas energéticas.

Frontera entre México y Estados Unidos.

–Eres sólo una cabeza de la hidra. Corta una y renacen mil. Tus pasiones te mueven y te derrotan. El águila lo sabe. El águila de dos cabezas. Una se llama la CIA. La otra se llama la KGB. Dos cabezas y un solo cuerpo verdadero. Casi la Santísima Trinidad de nuestro tiempo. Sin saberlo, querámoslo o no, acabamos por servir los fines de una de las dos cabezas de ese monstruo frío. Pero como el cuerpo es el mismo, sirviendo a una servimos a la otra y al revés. No hay escapatoria. La hidra de nuestras pasiones está capturada entre las patas del águila bicéfala. El águila sangrienta que es el origen de toda la violencia del mundo, el águila que asesina lo mismo a Trotsky que a Diem, intenta asesinar varias veces a Castro y luego llora lágrimas de cocodrilo porque el mundo se ha vuelto demasiado violento y los palestinos reclaman violentamente una patria. A veces es el pico del águila de Washington el que nos corta la cabeza y se la come; a veces es el pico del águila de Moscú. Pero las tripas de la bestia alada son las mismas y el conducto de evacuación el mismo. Somos las mierdas de ese monstruo. Bernstein sirvió a la KGB cuando los rusos apadrinaron la creación del Estado de Israel en los cuarenta; sirvió a la CIA mientras los norteamericanos le dieron apoyo incondicional a los judíos; ahora juguetea entre ambos y cree servirse de ambos mientras ambos se sirven de los israelitas: tanques soviéticos para que Israel reprima a los palestinos en el sur del Líbano, petróleo norteamericano para que Israel combata los árabes armados con tanques y aviones norteamericanos. El Director General sirvió a la KGB cuando los árabes se acercaron a Moscú, a la CIA cuando murió El Rais Nasser, y Sadat buscó el apoyo yanqui y los saudís se pusieron de acuerdo con Kissinger para crear la crisis del petróleo. Mañana las alianzas pueden cambiar radicalmente. El águila bicéfala ríe y devora, devora y ríe, digiere y caga, caga y ríe de nuestras pasiones de hidra...

Argos Vergara

Actividades

1. Explica la tesis aquí sostenida por el emisor. ¿Estás de acuerdo con ella? Justifica la respuesta.
2. Comenta el uso que hace Fuentes de símbolo y la alegoría.
3. Busca en libros de historia o enciclopedias quiénes fueron los nombres propios mencionados en el texto. A continuación resume su trayectoria en cinco líneas; has de saber que el nombre completo de Diem es Ngo Dinh Diem.

6. El mito de la edad de oro. *La guerra del fin del mundo*, de Vargas Llosa

El peruano Mario Vargas Llosa (1936) es quizá el autor de la obra más sólida en la actual narrativa hispanoamericana. La primera parte de su producción ofrece una visión amarga y desgarrada de la realidad peruana, utilizando una serie de recursos novedosos –fragmentación de la acción, ruptura de la sucesión cronológica normal, yuxtaposiciones espacio-temporales– para que el lector perciba los hechos de la misma forma confusa y desordenada que los personajes. Se sitúan aquí *La ciudad y los perros* (1962), *La casa verde* (1966) y *Conversación en la catedral* (1969), reconstrucción del cúmulo de corrupciones provocadas en el Perú por la dictadura del general Odría.

Las dos novelas posteriores registran una vuelta a las formas tradicionales de narrar, evitan la crítica directa a la realidad sociopolítica y, sobre todo, en ambas, el humor y la ironía constituyen el punto de vista desde el que se contempla el mundo y la peripecia de los personajes; se trata de *Pantaleón y las visitadoras* (1973) y *La tía Julia y el escribidor* (1977); una línea que se mantiene luego en *Elogio de la madrastra* (1988) y *Los cuadernos de don Rigoberto* (1997).

La guerra del fin del mundo (1981) –considerada por la crítica una obra maestra absoluta y ejemplo de lo que se ha llamado «novela total», al reflejar la concepción del mundo de personajes pertenecientes a muy diversas clases sociales– se acerca a los dominios de la narrativa de aventuras, pero también histórica, al relatar la rebelión de los sertaneros (habitantes del norte de Brasil), liderados por un carismático santón religioso denominado El Consejero, contra el gobierno central de la República en quien ven una encarnación de la modernidad y el diablo. Las líneas que siguen nos presentan al original y estrafalario personaje.

Consentía en dormir bajo techo, en alguna de las viviendas que los sertaneros ponían a su disposición, pero rara vez se le vio reposar en la hamaca, el camastro o colchón de quien le ofrecía posada. Se tumbaba en el suelo, sin manta alguna, y apoyando en su brazo la cabeza de hirvientes cabellos color azabache, dormía unas horas. Siempre tan pocas que era el último en acostarse y cuando los vaqueros y los pastores mas madrugadores salían al campo ya lo veían, trabajando en restañar los muros y los tejados de la iglesia.

Daba sus consejos al atardecer, cuando los hombres habían vuelto del campo y las mujeres habían acabado los quehaceres domésticos y las criaturas estaban ya durmiendo. Los daba en esos descampados desarbolados y pedregosos que hay en todos los pueblos del sertón, en el crucero de sus calles principales y que se hubieran podido llamar plazas si hubieran tenido bancas, glorietas, jardines o conservaran los que alguna vez tuvieron y fueron destruyendo las sequías, las plagas, la desidia. Los daba a esa hora en que el cielo del Norte del Brasil, antes de oscurecerse y estrellarse, llamea entre coposas nubes blancas, grises o azuladas y hay como un vasto fuego de artificio allá en lo alto, sobre la inmensidad del mundo. Los daba a esa hora en que se prenden las fogatas para espantar a los insectos y preparar la comida, cuando disminuye el vaho sofocante y se levanta una brisa que pone a las gentes de mejor ánimo para soportar la enfermedad, el hambre y los padecimientos de la vida.

Hablaba de cosas sencillas e importantes, sin mirar a nadie en especial de la gente que lo rodeaba, o, más bien, mirando, con sus ojos incandescentes, a través del corro de viejos, mujeres, hombres y niños, algo o alguien que sólo él podía ver. Cosas que se entendían porque eran oscuramente sabidas desde tiempos inmemoriales y que uno aprendía con la leche que mamaba. Cosas actuales, tangibles, cotidianas, inevitables, como el fin del mundo y el Juicio Final, que podían ocurrir tal vez antes de lo que tardase el poblado en poner derecha la capilla alicaída. ¿Qué ocurriría cuando el Buen Jesús contemplara el desamparo en que habían dejado su casa? ¿Qué diría del proceder de esos pastores que, en vez de ayudar al pobre, le vaciaban los bolsillos cobrándole por los servicios de la religión? ¿Se podían vender las palabras de Dios, no debían darse de gracia? ¿Qué excusa darían al Padre aquellos padres que, pese al voto de castidad, fornicaban? ¿Podían inventarle mentiras, acaso, a quien leía los pensamientos como lee el rastreador en la tierra el paso del jaguar? Cosas prácticas, cotidianas, familiares, como la muerte, que conduce a la felicidad si se entra en ella con el alma limpia, como a una fiesta.

Plaza & Janés

Actividades

1. Resume en unas líneas el modo de vida del protagonista de la novela.

2. El narrador presenta el texto en estilo indirecto. Pasa tú ahora a estilo directo las interrogaciones que figuran en el último párrafo.

3. Abunda en el texto el uso de la trimembración y las comparaciones; localiza y comenta algunos ejemplos.

7. La isla perdida. *Vista del amanecer en el trópico*, de Cabrera Infante

La creación literaria de Guillermo Cabrera Infante (1929-2005) está marcada por la nostalgia de Cuba, de donde tuvo que partir para el exilio en 1965 por discrepar abiertamente con la revolución a la que había apoyado en sus inicios. Así, con un lenguaje pleno de originalidad, *Tres tristes tigres* (1970) trata de reconstruir el ambiente festivo de La Habana en 1959, cuando ya nada queda de aquello; *La Habana para un infante difunto* (1979) es una divertida autobiografía erótica del joven que acaba de llegar a la capital caribeña. Por su parte *Vista del amanecer en el trópico* (1974) recurre al tono elegiaco y a la pluralidad de voces para llevar a cabo un sorprendente recorrido por la historia de la isla –desde el descubrimiento hasta el régimen revolucionario– a base de un centenar de viñetas, de extensión variable. Vamos a leer una de las últimas.

PRIMERO ME QUITARON EL TALLER. Tú sabes, el taller que yo había pagado a plazos con mi sueldo de mecanógrafo de los ferrocarriles. Me lo quitaron. Yo llegué cuando le habían puesto el sello de requisado en la puerta y no me dejaron sacar ni mi ropa personal. Total, para nada. Porque no abrieron más el taller. Simplemente me lo quitaron cuando la nacionalización forzosa y lo cerraron y lo dejaron así, a que se pudriera. Fue entonces que decidí irme del país. Pedí mi salida y desde el primer papel, de la primera planilla que llené me quitaron el trabajo y me mandaron a un campo de trabajo forzado. Allí estuve año y medio y no estuve más tiempo porque me enfermé. Cogí una infección en una pierna que se me extendió desde el muslo hasta el tobillo. Eso, de dormir en el suelo. Nos levantaban al ser de día y nos llevaban a un campo cercano a cortar caña y luego un poco más lejos a sembrar malanga y a sembrar eucaliptus. Y en el campo estábamos hasta el anochecer que regresábamos a los barracones y nos tirábamos en el suelo y había veces que había que quitarle el lugar a los ratones. No sé qué hacían dentro de los barracones pues había más de comer fuera en la tierra que allí dentro. Pasábamos un hambre tan grande que los otros detenidos allí empezaron a cazar lagartijas y pájaros para poder subsistir. Pero yo no podía hacer eso. Llegaron hasta matar un arriero y comérselo crudo, casi con las plumas. Pero yo nunca pude matar ni un pájaro ni una lagartija para comer y me debilité mucho trabajando. Eso fue lo que me salvó. Pues por estar tan mal alimentado cogí esa infección y los jefes del campamento decidieron mandarme para mi casa por miedo a que infectara a los otros presos allá.

8. La nueva novela histórica: *Santa Evita*, de Tomás Eloy Martínez

Dos títulos destacan en la narrativa del argentino Tomás Eloy Martínez (1985): *La novela de Perón* (1985) y *Santa Evita* (1995). En ellas arranca de la trayectoria biográfica de los dos personajes más relevantes en política argentina contemporánea, para renovar el planteamiento tradicional de la novela histórica al mezclar en armoniosa urdimbre realidad y fantasía; historia y mito; lo acaecido y lo que hubiera podido ocurrir. El fragmento recrea el momento en que Eva Duarte de Perón –ya aquejada del cáncer que la llevaría a la tumba– compareció por última vez ante las masas. Pesaba sólo 37 kilos.

Aferrada al brazo de su marido, se dejó apretujar por la gente en las escalinatas del Congreso y, salvo un ligero desvanecimiento que la obligó a descansar en la enfermería de la Cámara de Diputados, toleró con donaire, como en los mejores tiempos, los protocolos del juramento presidencial y los besamanos de los ministros. Después, mientras desfilaba por las avenidas en el Cadillac de las grandes ceremonias, se puso en puntas de pie para que no se notara que su cuerpo estaba encogido como el de una viejita. Vio por última vez los balcones cariados de la pensión donde había dormido en la adolescencia, vio las ruinas del teatro donde representó un papel de sólo palabras: «La mesa está servida»; vio la confitería La Ópera, donde había mendigado de todo: un café con leche, una frazada, un lugarcito en la cama, una foto en las revistas, un parlamento mísero en el radioteatro de la tarde. Vio el caserón cerca del obelisco donde se había lavado con agua helada en una pileta mugrienta dos veces al mes; se vio en un patio de glicinas de la calle Sarmiento curándose los sabañones con alcohol alcanforado y la plaga de piojos con baños de querosén; vio secarse al sol la pollera de algodón y la blusa de lino descolorido que habían sido durante un año las piezas únicas de su ajuar; vio las bombachas deshilachadas, los ligueros sin elásticos, las medias de muselina, y se preguntó cómo su cara se había alzado de la humillación y el polvo para pasear ahora en el trono de aquel Cadillac con los brazos en alto, leyendo en los ojos de la gente una veneración que jamás había conocido actriz alguna, Evita, Evita querida, madrecita de mi corazón. Se iba a morir mañana pero qué importaba. Cien muertes no alcanzaban para pagar una vida como ésa.

Actividades

1. Resume el tema de cada uno de estos dos textos.
2. Señala los rasgos coloquiales presentes en el texto de *Vista del amanecer en el trópico*; luego cuenta lo mismo usando la tercera persona narrativa.
3. Reconstruye los aspectos biográficos de Eva a partir de lo evocado en estas líneas. A continuación consulta en una enciclopedia los principales acontecimientos de lo que puede considerarse su vida pública.

Dos novelistas brasileños

Dos autores destacan en el panorama de la narrativa brasileña del siglo XX:

João Guimaraes Rosa (1908-1967)

Introdujo en Brasil los procedimientos que revolucionaron la novela en el siglo pasado, ocupando en su ámbito lingüístico un lugar semejante al de James Joyce para las letras inglesas. Ello se aprecia especialmente en *Gran sertón. Veredas* (1956), ubicada en la misma región recreada por Vargas Llosa en *La guerra del fin del mundo*. En este caso oímos el resumen de su vida que lleva a cabo el antiguo bandido Riobaldo, dando lugar a una verdadera sinfonía del lenguaje donde desaparecen las fronteras entre lírica y narrativa, con abundancia de aliteraciones, creaciones verbales insólitas, dislocación de la sintaxis y un argumento en el que se fusionan realidad y ficción. Dominó también el relato breve en *Primeras Historias* (1962), de donde procede este monólogo:

La tercera margen del río

Mi hermana se cambió, con el marido, para lejos de aquí. Mi mano resolvió y se fue, para una ciudad. Los tiempos cambiaban, en lo despacio apresurado de los tiempos. Nuestra madre acabó yéndose, de una vez por todas, a residir con mi hermana, ya andaba avejentada. Yo me quedé aquí, en últimas. Yo nunca que podía querer casarme. Permanecí, con las valijas de la vida. Carecía de mí nuestro padre, yo lo sé –en la vagancia, en el río, en lo páramo– sin dar razón de sus hechos. Sea lo que sea, cuando quise averiguar de veras, y de derecho indagué me dizque dijeron: según constaba que nuestro padre, alguna ocasión, hubo revelado la explicación al hombre que preparó para él la canoa. Pero, ahora ese hombre ya había muerto, nadie supiera, ni que hiciera recordaciones, de nada, más. Sólo las pláticas falseadas, sin sensatez, como por motivo, al principio, en la avenida de los primeros desbordes, con lluvias que no estaban, todos se temían el fin-del-mundo, alegaban: que nuestro padre fuera el aleccionado como Noé, que, por lo tanto, la barca él había anticipado; pues ahora me entreacuerdo. Mi padre, nada de mal agüeros con él. Y ya empezaban a aparecer en mí unos primeros cabellos canos. Soy hombre de tristes palabras. ¿Qué era de lo que yo tenía tanta, pero tanta culpa? Si el padre mío, siempre haciendo ausencia: y el río-río-río, el río poniendo perpetuo. Yo sufría ya el comienzo de la vejez, la vida era sólo la morosidad. Yo mismo tenía achaques, bascas, aquí en los bajos, flojeras, pachorras de reumas. ¿Y él? ¿Por qué? Habría de padecer mucho muy seguido. De tan anciano, días más o días menos, que iba a flaquear del vigor, y dejar que la canoa se volteara, o que errara al garete, en la llevada del río, para despeñarse horas abajo, en el catarateo y en el tumbo del torrente, bravo, con el hervor y muerte. De apretar el corazón. Él estaba allá, sin la tranquilidad mía.

El poder de la palabra (www.epdlp.com)

Jorge Amado (1912-2001)

Comprometido ideológicamente con la izquierda, es el principal representante de la novela realista, además del narrador brasileño más conocido fuera de sus fronteras. Sus libros describen en clave a menudo costumbrista la vida en el territorio de Bahía, con especial atención a los pescadores, los trabajadores y los marginados. Sentido del humor, vitalismo y sensualidad presiden su título más famoso: *Gabriela, clavo y canela* (1958), donde la vida provinciana en el marco de la transición política, se combina con una divertida historia de amor entre la turbadora mulata que da título al libro y un joven sirio, dueño del restaurante al que ella entró a trabajar de cocinera, tras emigrar del campo a la ciudad.

Jorge Amado.

Gabriela, clavo y canela

Sentía la falta de su calor, habíase habituado a dormir con la pierna sobre sus nalgas. Pero necesitaba demostrarle que estaba fastidiado por ser tan cabeza dura. ¿Hasta cuándo Gabriela seguiría negándose a hacer vida social, a conducirse como una señora de rango en la sociedad de Ilhéus, como su esposa? Qué diablos, al final de cuentas él no era un pobre infeliz cualquiera, era alguien, el señor Nacib Saad, con crédito en la plaza, dueño del mejor bar de la ciudad, con dinero en el banco, amigo de toda la gente importante, y secretario de la Asociación Comercial. Hasta se mencionaba su nombre para la dirección del Club Progreso. Y ella metida en casa, saliendo solamente con doña Arminda para ir al cine, o con él los domingos, como si nada hubiese cambiado en su vida, como si todavía fuera aquella Gabriela sin apellido que él encontrara en el «mercado de los esclavos», y no la señora Gabriela Saad. Había sido una lucha convencerla de que no debía llevar más la marmita al bar, y hasta había llorado... Para que se pusiera zapatos era un infierno. Para que no hablara en voz alta en el cine, no diera confianza a las empleadas, ni riera concianzudamente, como antes, con cada parroquiano del bar encontrado por casualidad, otro tanto. ¿Y para que no usara más, cuando salía a pasear, la rosa detrás de la oreja? Mire que preferir dejar la conferencia por un circo, por ese circo miserable, vagabundo...

Seix Barral

Señala las preocupaciones que atenazan a los protagonistas de los dos textos.

Subraya los rasgos de lenguaje coloquial presentes en el fragmento de *La tercera margen del río*.

¿Por qué está enfadado Don Nacib. ¿Cómo definirías el carácter de Gabriela? El texto de Jorge Amado está redactado en estilo indirecto libre; conviértelo en una narración en primera persona.

Ya desde mucho antes, Amaranta había renunciado a toda tentativa de convertirla en una mujer útil. Desde las tardes olvidadas del costurero, cuando la sobrina apenas se interesaba por darle la vuelta a la manivela de la máquina de coser, llegó a la conclusión simple de que era boba. «Vamos a tener que rifarte», le decía, perpleja ante su impermeabilidad a la palabra de los hombres. Más tarde, cuando Úrsula se empeñó en que Remedios, la bella, asistiera a misa con cara cubierta con una mantilla, Amaranta pensó que aquel recurso misterioso resultaría tan provocador, que muy pronto habría un hombre lo bastante intrigado como para buscar con paciencia el punto débil de su corazón. Pero cuando vio la forma insensata en que despreció a un pretendiente que por muchos motivos era más apetecible que un príncipe, renunció a toda esperanza. Fernando no hizo ni siquiera la tentativa de comprenderla. Cuando vio a Remedios, la bella, vestida de reina en el carnaval sangriento, pensó que era una criatura extraordinaria. Pero cuando la vio comiendo con las manos, incapaz de dar una respuesta que no fuera un prodigio de simplicidad, lo único que lamentó fue que los bobos de la familia tuvieran una vida tan larga. A pesar de que el coronel Aureliano Buendía seguía creyendo y repitiendo que Remedios, la bella, era en realidad el ser más lúcido que había conocido jamás, y que lo demostraba a cada momento con su asombrosa habilidad para burlarse de todos, la abandonaron a la buena de Dios. Remedios, la bella, se quedó vagando por el desierto de la soledad, sin cruces a cuestas, madurándose en sus sueños sin pesadillas, en sus baños interminables, en sus comidas sin horarios, en sus hondos y prolongados silencios sin recuerdos, hasta una tarde de marzo en que Fernando quiso doblar en el jardín sus sábanas de bramante, y pidió ayuda a las mujeres de la casa. Apenas había empezado, cuando Amaranta advirtió que Remedios, la bella, estaba transparentada por una palidez intensa.

–¿Te sientes mal? –le preguntó?

Remedios, la bella, que tenía agarrada la sábana por el otro extremo, hizo una sonrisa de lástima.

–Al contrario –dijo–, nunca me he sentido mejor.

Acabó de decirlo, cuando Fernanda que sintió un delicado viento de luz le arrancó las sábanas de las manos y las desplegó en toda su amplitud. Amaranta sintió un temblor misterioso en los encajes de sus **pollerines** y trató de agarrarse de la sábana para no caer, en el instante en que Remedios, la bella, empezaba a elevarse. Úrsula, ya casi ciega, fue la única que tuvo serenidad para identificar la naturaleza de aquel viento irreparable, y dejó las sábanas a merced de la luz, viendo a Remedios, la bella, que le decía adiós con la mano, entre el deslumbrante aleteo de las sábanas que subían con ella, que abandonaban con ella el aire de los escarabajos y las dalias, y pasaban con ella a través de aire donde terminaban las cuatro de la tarde, y se perdieron con ella para siempre en los altos aires donde no podían alcanzarla ni los más altos pájaros de la memoria.

Gabriel García Márquez,
Cien años de soledad, Alfaguara

pollerines: ropa interior femenina

El autor y su obra

La concesión en 1982 del Premio Nobel al colombiano Gabriel García Márquez (1928), además de refrendar la dimensión internacional de la novela hispanoamericana, coronó una trayectoria narrativa que tuvo su hito fundamental en *Cien años de soledad* (1967). En esta novela, resucitó el olvidado arte de contar, dejando a un lado las complicaciones temáticas o formales; aplicó de modo magistral el realismo mágico, concebido por él como una mezcla de realidad y ficción, de exageración y sentido del humor, expresado todo ello con un lenguaje de asombrosa flexibilidad y claridad expresiva.

Cien años de soledad cuenta la peripecia de la familia Buendía a lo largo de un siglo (siete generaciones), desde que los patriarcas fundaron Macondo hasta que la ciudad es arrasada por un cataclismo. A lo largo de sus páginas, se suceden acontecimientos variados y simbólicos, pero sobre todo la novela se convierte en el relato de la soledad radical en la que viven y mueren los Buendía.

Localización

Nos encontramos en el capítulo duodécimo de los veinte que constituyen la novela; la protagonista es Remedios la bella, bisnieta de los fundadores de Macondo, de los cuales Úrsula Iguarán todavía vive. Hija de Santa Sofía de la Piedad y Arcadio Buendía, es una mujer bellísima, cuyo extraño comportamiento –absolutamente despegado de los hombres– no tarda en singularizarla.

- Localiza un ejemplar de la edición conmemorativa de *Cien años de soledad* publicada por la RAE con motivo de los 40 años de la novela. Consulta en la página 3 el complicado árbol genealógico de los Buendía y los personajes, incluidos en el apéndice.

En **www.sololiteratura.com/ggm/marquezprincipal.htm** encontrarás información sobre la vida y la obra de **Gabriel García Márquez**. Además de multitud de artículos digitalizados, resulta muy interesante el resumen y antología de alguna de sus principales novelas.

Temas e ideas

Se narra aquí el fin de Remedios, que –a diferencia de casi todos los personajes– no muere de forma violenta; tampoco se ofrece ese detallismo con respecto a sus procesos corporales, otro rasgo típico de la escritura de García Márquez. Sí que encontramos temas medulares de la mayor parte de la narrativa del autor: la soledad, la muerte o la presencia de la institución religiosa.

- Resume con tus palabras lo que sucede en este fragmento.
- Identifica los temas medulares citados en el texto.
- Comenta la breve y eventual presencia del humor.

Organización y composición

El episodio aparece contado en tercera persona por un narrador no omnisciente, ya que no llega a aclararnos si Remedios es en realidad «boba» o lúcida. Eso sí, comparte los sentimientos de los protagonistas y los escucha.

- Identifica en el texto la presencia del narrador.
- Expresa tu opinión acerca de la personalidad de la protagonista tras resumir su comportamiento.

Pueden destacarse dos partes principales: en la primera se presenta la vida ordinaria de Remedios la bella; en la segunda se detalla su salida de este mundo, de una forma que recuerda claramente la ascensión de Cristo a los cielos.

- Identifica estas dos partes en el texto.

He aquí un claro ejemplo de realismo mágico. Recordemos que, en la novela, la muerte de los miembros de la familia Buendía está asociada con algún hecho sobrenatural que afecta a Macondo.

- Identifica los elementos realistas y fantásticos en el fragmento.

Lenguaje y estilo

El texto se construye y avanza a través de frecuentes referencias temporales; destacan dos largos periodos sintácticos: uno para describir las actividades habituales de Remedios; el otro para contar su subida a los cielos.

- Localiza estas dos largas oraciones. Comenta ejemplos de asíndeton y polisíndeton en el texto y su valor expresivo.
- Subraya las expresiones temporales, como *ya desde mucho antes*.

Encontramos también dos bellísimas metáforas, que intensifican la relevancia de dos momentos muy significativos: una es cuando se afirma que Remedios se *quedó vagando por el desierto de su soledad*.

- Identifica y comenta la otra metáfora.

Valoración e interpretación

Este texto se distingue dentro de *Cien años de soledad* por la presencia de un lirismo contenido y una fuerza poética final no habituales en la obra; destaca, asimismo, el uso de una sintaxis compleja, aunque en ningún momento resulta problemática para el lector, dada la maestría de García Márquez para guiarle mediante pausas medidas, referencias anafóricas y periodos muy bien organizados.

La literatura en el cine

Aunque gran parte de sus narraciones han sido llevadas a la pantalla, no ha sido **García Márquez** muy afortunado en cuanto a la calidad de esas versiones. Destaca la que hizo el mexicano Arturo Ripstein en 1999 de *El coronel no tiene quien le escriba*. La más reciente es *El amor en los tiempos del cólera* (2007), dirigida por Mike Newell –con Javier Bardem en el papel principal–. Merece la pena ver el filme que rodó Francesco Rosi en 1987 sobre *Crónica de una muerte anunciada*; Anthony Delon interpretó a Santiago Nasar.

Lo importante es que se escriben buenos libros que nos hablan finalmente de la vida, que hay editoriales que apuestan por esos libros y lectores que los siguen con una fidelidad cómplice. Y creo, también, que hay motivos para escribir, para seguir buscando un mundo más humano a través de los poemas [...]. La individualidad solidaria es buena medicina contra todos los nuevos hechiceros fundamentalistas que predican, mediante lecciones de tiniebla, una vuelta al irracionalismo y esa sintaxis escueta de las esquivas conversaciones de ascensor.

LUIS GARCÍA MONTERO

La literatura hispánica entre dos siglos

1. La literatura de la democracia en España: marco histórico
2. El nuevo lugar de la poesía española
3. La edad de oro de la narrativa en España
4. El ensayo en los años de la democracia
5. El teatro español en libertad: evolución y tendencias principales
6. La narrativa latinoamericana de los últimos años

- Lecturas
- Comentario de texto

1. La literatura de la democracia en España: marco histórico

Incluso en un periodo histórico tan reducido y cercano como el que nos ocupa, es posible señalar una serie de momentos cuya especial relevancia les hizo trascender el ámbito de la política, para convertirse en símbolos de una época, con incidencia notable en el desarrollo de la cultura. Veamos algunos de ellos:

- **Aprobación de la Constitución** el 6 de diciembre de 1978, tras un referéndum popular. Desde ese momento, España se convirtió en una monarquía parlamentaria, cuyo territorio se dividió en diecisiete Comunidades Autónomas.
- El **Partido Socialista Obrero Español** ganó las elecciones, con mayoría absoluta, en octubre de 1982. La izquierda no gobernaba en España desde 1936; para muchos, su llegada pacífica al poder supone la verdadera consolidación de la democracia. A lo largo de la década, se produjo –sobre todo en la capital– una extraordinaria efervescencia cultural, que recibió el nombre de «movida madrileña».
- **Integración de España en la Unión Europea** el 1 de enero de 1986; se rompió así un aislamiento de siglos, al tiempo que dentro del país se produjo una bonanza económica que facilitó los negocios rápidos y el aumento del consumo.
- En 1992 se conmemoró el V Centenario del Descubrimiento de América con dos acontecimientos que difundieron la imagen de España por todo el mundo: la **Exposición Universal de Sevilla** y los **Juegos Olímpicos de Barcelona**, al tiempo que Madrid ostentó el título de capital europea de la cultura.

La literatura –y el resto de las manifestaciones culturales y deportivas– experimentó durante estas dos décadas un desarrollo muy vivo, no tanto por la calidad de las creaciones como por la frecuente presencia de la cultura en los medios de comunicación y en los presupuestos de las administraciones públicas. Entre los rasgos generales que definen la evolución de las letras españolas entre 1976 y el nuevo milenio destacamos los siguientes:

- Creciente difusión exterior de la obra de nuestros escritores; señalemos, a este respecto, la concesión de sendos **Premios Nobel** al poeta Vicente Aleixandre (1977) y al novelista Camilo José Cela (1989).
- Amplio **desarrollo de las literaturas en lengua no castellana** –gallego, vasco, catalán, valenciano–, así como temas y autores de las distintas regiones, en correspondencia con el peso emergente de los poderes autonómicos.

Ceremonia de clausura de los Juegos Olímpicos de Barcelona en 1992. La puesta en escena corrió a cargo de Els Comediants.

2. El nuevo lugar de la poesía española

Veamos algunas circunstancias que marcaron el desenvolvimiento de la creación poética a lo largo de estas décadas:

- Extraordinaria **abundancia de títulos**, ya que en estos años se publican más libros de versos que nunca. Según los datos oficiales, sólo en 1991 la cifra de poemarios editados pasó de mil trescientos originales.
- **Proliferan los premios y certámenes poéticos** por doquier; algunos –Reina Sofía, Fundación Loewe– dotados con una generosidad insólita en los dominios de la lírica. Se mantiene la tradición de las revistas de poesía, al tiempo que surgen editoriales especializadas, incluso en tendencias poéticas concretas: Renacimiento (Sevilla); Pre-Textos (Valencia); Comares (Granada); Hiperión y Visor (Madrid).
- Las circunstancias anteriores favorecen una **amplia variedad de tendencias**, dentro de un panorama lleno de vitalidad, en el que han surgido encendidas y fecundas polémicas, que más adelante tendremos ocasión de resumir.
- Sin embargo, la poesía –quizá más que antes– se ha convertido en un **género de lectura minoritaria**: los editores han calculado que de un libro de poemas se vende el uno por ciento en relación con una novela de difusión mediana.

A medida que se acercan los años noventa, y al margen de otras tendencias minoritarias o menos organizadas, del panorama anterior emergen dos corrientes principales: **poesía hermética** y **poesía de la experiencia**; está última con vocación de convertirse en la estética dominante.

Poesía hermética

Los **rasgos** que definen esta **poética minimalista o metafísica** son:

- Reivindicación de las vanguardias.
- Fragmentación o interrupción del discurso lírico, para que se oiga la voz del silencio.
- Brevedad, versos cortos, depuración o eliminación de la anécdota, abstracción y barroquismo concentrado con objeto de alcanzar la máxima desnudez expresiva.
- Abundancia de símbolos, que sugieran más que expresen.
- Huida del lenguaje normalizado o común.
- Intento de recuperar para la poesía la capacidad de ensimismamiento.

Hay dos grupos poéticos que han desarrollado con particular coherencia esta **poesía del silencio**:

- El **grupo canario** se confiesa heredero del gran escritor cubano José Lezama Lima, por lo que titularon la antología del grupo con el nombre de su obra emblemática: *Paradiso. Siete poetas* (1994). Su figura principal es Andrés Sánchez Robayna (Las Palmas, 1952), quien en *La roca* (1984) lleva al límite el desnudamiento de la escritura, reduce el soporte descriptivo y depura al máximo el sentimiento para que resplandezca la palabra (LECTURA 1).

- El **grupo castellano**, congregado en torno a la antología *La prueba del nueve* (1994), compilada por Antonio Ortega y cuyos integrantes principales son Olvido García Valdés, Ildefonso Rodríguez y Miguel Casado, animadores también de la revista vallisoletana *El signo del gorrión*.

Poesía de la experiencia

Los **rasgos** que definen la poesía de la experiencia pueden resumirse así:

- Recuperación de los poetas de los años cincuenta, en especial Gil de Biedma y Ángel González. Asimismo, se reivindica la **poesía inteligible** frente a construcciones verbales abstractas o excesivamente intelectuales.
- Vuelta a la **métrica tradicional** frente al verso libre de los novísimos o la ametría de la lírica hermética.
- **Temática urbana** –vida nocturna y bohemia, sexo–, expresada en lenguaje coloquial y directo. Aunque haya poetas, como Andrés Trapiello, que canten al campo o a las capitales provincianas.
- Abundancia de **poemas narrativos**, pues la poesía sirve también para contar cosas, a menudo relacionadas con la intimidad o las vivencias –reales o ficticias– del autor: recuerdos de infancia, amistades y amores, experiencias familiares.
- Utilización del **monólogo dramático** en boca de un personaje histórico o ajeno al poeta, para expresar sus sentimientos de forma objetiva.
- Presencia del **humor** y la **ironía**, al estilo de los poetas del medio siglo; los poemas clásicos sirven en ocasiones para la parodia, en textos de Luis Alberto de Cuenca o Jon Juaristi.

3. La edad de oro de la narrativa en España

Lo primero que llama la atención al abordar el panorama de la literatura española en las dos últimas décadas es el formidable **auge de la narrativa**, que se ha convertido en el género de moda, heredando el prestigio y la incidencia social que en épocas anteriores disfrutaron la poesía o el teatro.

Circunstancias favorables

Abolición de la censura. En la novela, como en el arte en general, la ausencia de censura produjo una evidente euforia entre autores y público, ante la posibilidad de volver los ojos sin restricciones a los años de la Guerra Civil y el franquismo o contar historias con fuerte contenido erótico.

El placer de contar. Tras los excesos experimentales surgidos en la segunda mitad de los años sesenta a la zaga de *Tiempo de silencio*, se produjo en los años de la transición una recuperación del argumento y la vuelta al **gusto de narrar**, acompañados por la reivindicación de la lectura placentera.

La posmodernidad. Este fenómeno se ha relacionado con una teoría de la posmodernidad, expuesta con brillantez por el semiólogo italiano **Umberto Eco**, según la cual hoy es ya imposible ir más allá de la vanguardia o de la modernidad sin repetir soluciones anteriores. Así, dado que no se puede eliminar la tradición literaria, se impone volver a ella sin ingenuidad. Lo posmoderno se identifica con la **ironía** y la **amenidad**, manifestada en algunos **rasgos** concretos:

- La recuperación de conocidos subgéneros narrativos como la novela negra, policíaca o criminal, la novela de aventuras, el folletín o la novela histórica.
- La reflexión humorística sobre la propia creación, la confusión y mezcla de géneros y el importante papel que desempeñan el juego y el azar.
- La renuncia a utilizar la novela como medio de interpretar el mundo o en defensa de una determinada ideología.

Umberto Eco, escritor y filósofo italiano, experto en semiótica, el estudio de los signos, cosechó un enorme éxito con su primera novela, *El nombre de la rosa* (1980), que influyó en el posterior auge de la novela histórica.

■ **Apoyos institucionales.** Editoriales e instituciones públicas y privadas apoyan la literatura narrativa; se crean **premios de novela** en autonomías y capitales de provincia. Los editores también convocan certámenes e intentan descubrir jóvenes talentos.

■ **El cine.** Se ha convertido en otro elemento favorable a la **difusión de la novela**, no sólo con la aportación de ciertos procedimientos narrativos, sino al popularizar la amplísima serie de títulos sobre los que se han llevado a cabo versiones cinematográficas. Hay que recordar que se filmaron casi todos los títulos relevantes de estos años: *La verdad sobre el caso Savolta, El misterio de la cripta embrujada* y *La ciudad de los prodigios*, de Eduardo Mendoza; las novelas policíacas de Manuel Vázquez Montalbán; los relatos de Miguel Delibes, Antonio Muñoz Molina, Almudena Grandes, Arturo Pérez Reverte y Julio Llamazares.

■ Temas y tendencias

Examinemos, a continuación, las **principales tendencias narrativas** de estos años. Conviene tener en cuenta que nos encontraremos con novelas ubicables en distintas corrientes, junto a escritores que se mueven por ellas con igual maestría.

■ **La Guerra Civil y el franquismo.** Casi siempre desde la óptica de los perdedores, es el **tema central** de bastantes novelas publicadas en la época de la transición: es el caso de *Mazurca para dos muertos*, de Cela; *377A, madera de héroe*, de Delibes, o la serie *Herrumbrosas lanzas*, de Juan Benet. El régimen de Franco aparece recreado de forma alegórico-fantástica por Francisco Umbral en *Los helechos arborescentes*; desde el punto de vista juvenil en *Un día volveré*, de Juan Marsé; y en tono suavemente irónico en la espléndida novela de Eduardo Mendoza, *Una comedia ligera*.

■ **Novela histórica.** El éxito obtenido en España por dos títulos extranjeros –*El nombre de la rosa*, de Umberto Eco, y *Memorias de Adriano*, de Marguerite Yourcenar– contribuyen al definitivo asentamiento entre nosotros de la novela histórica, que ya en 1975 dio lugar a una obra maestra: ***La verdad sobre el caso Savolta***, de Eduardo Mendoza, reconstrucción de la Barcelona agitada por los conflictos anarquistas entre 1917 y 1920. Mencionemos también el éxito de los relatos históricos de Arturo Pérez Reverte *(El húsar, El maestro de esgrima)*, los personalísimos «episodios nacionales» del siglo XX español, que publicó Francisco Umbral *(El fulgor de África, Leyenda del César visionario, Capital del dolor, Madrid 1940)*, y la obra maestra del último Delibes: *El hereje* (1998).

■ **Novela policíaca.** No había tenido apenas presencia en nuestras letras; sin embargo, en el periodo que nos ocupa surge un **relato de intriga a la española**, que prescinde de los modelos europeos del género para fijarse en otros de procedencia norteamericana relacionados con el cine negro. Destaca la serie narrativa de **Vázquez Montalbán**, protagonizada por el detective Pepe Carvalho, y la de Lorenzo Silva, cuyos protagonistas son dos guardias civiles.

También en este campo Arturo Pérez Reverte ha obtenido éxitos impresionantes con *La tabla de Flandes* o *El club Dumas*. Antonio Muñoz Molina se vale del esquema policíaco para indagar sobre aspectos profundos de la naturaleza humana en *El invierno en Lisboa* o en *Beltenebros*; por último, Eduardo Mendoza lleva al límite humorístico las reglas del género en *El misterio de la cripta embrujada, El laberinto de las aceitunas* (Lectura 2) y la continuación de ambas, *La aventura del tocador de señoras*.

El invierno en Lisboa, de Antonio Muñoz Molina, es un homenaje al cine negro americano y a los locales donde los grandes músicos inventaron el jazz. La inspiración musical envuelve la relación amor-odio entre el pianista Biralbo y Lucrecia. La historia transcurre entre Lisboa, Madrid y San Sebastián. Esta novela de intriga fue galardonada con el premio de la Crítica y el premio Nacional de Literatura en 1988.

Metanovela o relato metaficcional. Son narraciones que tienen como tema la literatura, la creación literaria e incluso el proceso de escritura de la misma novela que el lector tiene entre manos. Este recurso ha dado lugar a obras de compleja estructura, como *Fragmentos de Apocalipsis*, de Torrente Ballester, la tetralogía de Luis Goytisolo agrupada bajo el título de *Antagonía*, o *Beatus Ille*, de Muñoz Molina. Destaquemos dos títulos que logran el adecuado equilibrio entre argumento atractivo, reflexión metaliteraria y fino sentido del humor; ambas se centran en individuos antiheroicos que se refugian en la literatura para escapar de una existencia rutinaria: *Juegos de la edad tardía*, de Luis Landero y *El desorden de tu nombre*, de Juan José Millás.

Historias del Kronen cuenta la historia de un estudiante de familia acomodada cuya vida en Madrid se basa fundamentalmente en las drogas, el alcohol, el sexo y la violencia. En este intento de transmitir la existencia de los jóvenes en toda su crudeza, Mañas recoge su forma exacta de hablar sin ningún adorno literario. El caso es que esta novela de fácil lectura alcanzó el éxito y pronto fue llevada al cine.

Novela neocostumbrista. Define el amplio grupo de novelas cuyo objetivo consiste en describir la **existencia cotidiana** de individuos corrientes de manera realista. Abunda la exploración de la vida provinciana: Valladolid en *Diario de un jubilado*, de Miguel Delibes; Santander, en las novelas de Álvaro Pombo; la Mágina (Úbeda) de tantos relatos de Muñoz Molina; pero también Madrid en *Nada en el domingo*, de Francisco Umbral, o la ciudad inglesa de Oxford, en *Todas las almas*, de Javier Marías (Lectura 2).

Una modalidad especial dentro de este grupo es la **novela urbana** cultivada por los narradores más jóvenes: se trata de relatos protagonizados y en gran parte dirigidos a un público próximo a los veinte años, que abordan las cuestiones que marcan la vida de esa generación: búsqueda de trabajo, amores y decepciones, conflictos generacionales, problemas con las drogas y el alcohol. Citemos títulos como *Historias del Kronen* o *Mensaka*, de José Ángel Mañas.

Novela del desencanto. Caracterizada por la **revisión de la historia española** reciente, para dibujar la cara menos complaciente de la transición política española y la pérdida de las ilusiones por parte de los jóvenes izquierdistas de comienzos de los años setenta, cuya peripecia se entronca con el viejo mito literario del paraíso perdido y la nostalgia de la juventud. Citemos títulos como *La tierra prometida*, de José M.ª Guelbenzu; *Días contados*, de Juan Madrid; o *El dueño del secreto* y *Plenilunio*, de Antonio Muñoz Molina.

Novela lírica o intimista. Centrada en la **evocación** de ciertos acontecimientos situados en un pasado bastante remoto, como la infancia o la primera juventud. Citemos obras como *El hijo de Greta Garbo* o *Mortal y rosa*, de Francisco Umbral; y *La lluvia amarilla*, de Julio Llamazares (Lectura 2).

Novela autobiográfica. En ocasiones, algunos autores nos descubren acontecimientos relevantes de su peripecia vital, valiéndose a menudo de ciertos artificios propios de la ficción. Es el caso de *Coto vedado* y *En los reinos de taifas*, de Juan Goytisolo; *Mi vida al aire libre*, de Miguel Delibes; o la evocación que de su servicio militar llevó a cabo Muñoz Molina en *Ardor guerrero*.

Novela femenina. Finalmente, parece oportuno incluir en este apartado una brillante serie de relatos no sólo escritos por mujeres, sino en los que se ofrece una **visión del mundo** o de la sociedad española de esta época desde una perspectiva claramente marcada por la condición femenina de sus autoras. Entran aquí nombres de distintas generaciones: Carmen Martín Gaite, con *Nubosidad variable*; Soledad Puértolas, en *Burdeos* y *Queda la noche*; y Almudena Grandes, con *Las edades de Lulú* y *Malena es un nombre de tango*.

4. El ensayo en los años de la democracia

Las nuevas universidades

La creación de nuevas universidades con la democracia genera un notable incremento del profesorado universitario, cuyas investigaciones producen un ensayo muy especializado; en 1978 nace la Universidad de Islas Baleares, en 1979 las de Alicante, Cádiz y León. Asimismo empiezan a fundarse universidades privadas.

La Universidad Ramón Llull fue creada en 1990 en Barcelona.

El **régimen democrático** trajo de inmediato una serie de importantes consecuencias para el género ensayístico: desaparición de la censura, regreso de los pensadores exiliados y publicación en España de su obra.

Marco socio-literario

- En los primeros años se registra un **auge del ensayo** de carácter histórico y político, que se explica por el deseo de abordar el fenómeno de la Guerra Civil, sus antecedentes y consecuencias desde perspectivas ajenas a la interpretación franquista.
- Desde finales de los ochenta se produce una mayor influencia de determinados **periódicos** en los sectores sociales más atentos al desarrollo de la ciencia y la cultura. Como consecuencia, el género ensayístico se adapta al nuevo vehículo de difusión, dando lugar a textos breves que abordan cuestiones relevantes y actuales.

Temas

De forma esquemática podemos resumir algunas de las cuestiones de las que se han ocupado los ensayistas en estas dos décadas:

- Exaltación de la **libertad** frente a las nuevas y viejas formas de opresión.
- Recuperación de la **cultura liberal y democrática** anterior a la polarización ideológica de la Guerra Civil. Integración, también, del pensamiento de los escritores exiliados.
- **Superación del secular aislamiento intelectual** de nuestro país, subrayando la integración española en el amplio marco de la cultura europea.
- Reivindicación por parte de autonomías como Cataluña, el País Vasco, Galicia o Valencia de su **propia identidad**, en detrimento de la visión de una España uniforme, heredera de Castilla, puesta de moda por los escritores del 98.

5. El teatro español en libertad: evolución y tendencias principales

La supresión de la censura tuvo inmediata repercusión en la escena española. Desde entonces (1976) hasta el presente, se inicia un recorrido azaroso y desigual, marcado por la progresiva **pérdida de influencia social** por parte del teatro.

Hitos principales

Abolición de la censura. Los primeros años vinieron señalados por la **recuperación de obras y autores prohibidos hasta entonces**. Se ponen en escena textos emblemáticos de Valle-Inclán *(Divinas palabras, Los cuernos de don Friolera)*, García Lorca *(La casa de Bernarda Alba, Así que pasen cinco años)* o Rafael Alberti *(El adefesio)*. Abundan las obras que abordan el tema de la Guerra Civil desde la perspectiva de los vencidos o una visión crítica del régimen de Franco. Pero lo más característico de aquellos años fue la proliferación de títulos en los que se exhibían con generosidad desnudos femeninos, que atraían al teatro a un público no especialmente interesado por el género dramático.

Desencanto. Se había fomentado la ilusión de que tras el franquismo surgirían obras importantes, lo que en verdad no sucedió durante las primeras temporadas; ello produjo una cierta decepción, apreciable en el evidente **descenso de espectadores** que tuvo lugar hasta 1982.

- **Apoyo institucional.** A partir de 1982, tiene lugar un ambicioso plan de **apoyo al teatro** desde las distintas administraciones. Con ello se acometen variadas iniciativas, entre las que cabe destacar las siguientes:
  - La creación de la **Compañía Nacional de Teatro Clásico**, que bajo la dirección de Adolfo Marsillach realizó montajes excepcionales que pusieron de relieve la actualidad de la comedia del Siglo de Oro. Asimismo, el Centro Nacional de Nuevas Tendencias Escénicas se abre a la experimentación de los autores más innovadores.
  - El **Plan Nacional de Auditorios y Teatros** se ocupa de la recuperación de viejos teatros o la construcción de nuevos locales en casi todas las capitales de provincia, de modo que la actividad escénica deja de ser patrimonio exclusivo de las grandes ciudades.
  - Se crean o potencian **festivales dramáticos**: el de teatro clásico español, de Almagro; el de Mérida, dedicado a la dramaturgia grecolatina y mediterránea; el de Sitges, especializado en el teatro de vanguardia; el Festival de Otoño de Madrid, de carácter general, además de otros muchos de ámbito o temática más restringida.
- **Texto frente a montaje.** Por último, ha llegado a España en estos años el añejo **conflicto entre teatro de autor y teatro de director**, o teatro como palabra frente a teatro como espectáculo. Se trata de un proceso por el que el escritor ha perdido la privilegiada situación anterior, en la que sus diálogos constituían el principal elemento de la representación. Ahora la puesta en escena ha dejado de ser fiel interpretación de la palabra escrita; surge la figura del director omnipotente, que reescribe el texto a partir de su personal idea de la puesta en escena.

En el teatro romano de Mérida se celebra todos los veranos, desde hace más de cincuenta años, el Festival de Teatro Clásico, acontecimiento que reúne a importantes personalidades del mundo de la cultura, tanto a nivel nacional como internacional. Si te interesa, la web del festival es: **www.festivaldemerida.es**.

El teatro de autor

A lo largo de estas dos décadas, suben a las tablas dramaturgos pertenecientes a **tres grupos** bien definidos, representativos de este teatro:

- Los que ya escribían durante el franquismo, pero que a partir de 1975 amplían su temática y consolidan su prestigio. Es el caso de **Antonio Gala** –sin duda el autor más aplaudido en los dos primeros lustros de la democracia–, Fernando Arrabal y Francisco Nieva, cuyas obras aún no se habían estrenado en España.
- Nombres –en muchos casos procedentes de los grupos de teatro independiente o universitario– que se dan a conocer en estos años con los títulos más representativos del periodo: José Sanchís Sinisterra *(¡Ay, Carmela!* –Lectura 3–, *El cerco de Leningrado);* José Luis Alonso de Santos *(La estanquera de Vallecas, Bajarse al moro)*; Fermín Cabal *(Tú estás loco, Briones; Esta noche gran velada)*. Mención especial merece el actor **Fernando Fernán-Gómez**, autor de una de las más hermosas obras de estos años: ***Las bicicletas son para el verano*** (Lectura 3). Estos escritores, en general, revitalizan viejos esquemas –la farsa, el sainete, la comedia de costumbres– para dar testimonio de los problemas de la sociedad contemporánea: violencia, paro, droga y marginación social.
- Jóvenes autores que iniciaron su escritura cuando el proceso democrático se encontraba ya consolidado. Constituyen la última generación de dramaturgos, empeñados en algunos casos en reivindicar la **palabra dramática** en medio de un teatro dominado por la absorbente presencia del director escénico. La gran efervescencia teatral producida en las distintas autonomías, como consecuencia de la política de subvenciones y estrenos, ha favorecido la formación de núcleos de autores vinculados especialmente a ellas.

La literatura en el cine

Muy recomendable es la versión cinematográfica de ***Bajarse al moro***, rodada por Fernando Colomo en 1988 con un reparto de lujo: Verónica Forqué, Juan Echanove, Aitana Sánchez-Gijón y Antonio Banderas.

- **Cataluña.** Destaca Sergi Belbel (1963), discípulo de Sanchís Sinisterra, que escribe en catalán y castellano un teatro representado ya fuera de nuestras fronteras. Sus temas bucean en la vida cotidiana de la ciudad, acentuando una visión ácida y corrosiva de las relaciones sociales. Entre sus títulos destacan *En su memoria*, *Hombre* y *Después de la lluvia*. Hay que mencionar también los nombres de Luisa Cunillé y José María Benet y Jornet.
- **Madrid.** Sobresale por la originalidad de sus textos y montajes escénicos –en los que abundan elementos no teatrales, como la gastronomía, el boxeo o las artes plásticas– Rodrigo García (1964), director de la compañía **La Carnicería Teatro**, y autor de obras como *Acera derecha*, *Matando horas* o *Carnicero español*.
- **Andalucía.** Ofrece también una gran cantidad de nuevos e interesantes autores, como Antonio Álamo, Antonio Onetti, Sara Molina y Alfonso Zurro.

Experimentación y creación colectiva

La progresiva desaparición de los grupos de teatro independiente, que sostuvieron el peso de la protesta política durante los últimos años del franquismo, dio lugar al intento de crear **compañías estables**, formadas por profesionales del teatro unidos por planteamientos estéticos e ideológicos comunes, que trabajan juntos de modo permanente, asumiendo todos los aspectos del proceso de la creación dramática: texto, dirección escénica, interpretación y gestión económica.

Cataluña. Esta forma de concebir el hecho teatral tuvo especial relevancia en Cataluña, donde se mantienen o han surgido grupos que han creado espectáculos de calidad memorable. Entre ellos destaca **Els Joglars**, que bajo la dirección de Albert Boadella lleva veinte años aportando una visión corrosiva y desenfadada de la sociedad catalana y española, en títulos como *Olimpic man movement*, *El Nacional*, *Yo tengo un tío en América*, o la más reciente *La increíble historia del Dr. Floy y Mr. Pla*. Otros grupos catalanes populares en el resto de España son Dagoll-Dagom, Tricicle o La Cubana.

Andalucía. Desde Andalucía, el grupo teatral **La Cuadra** ha desarrollado, bajo la dirección de Salvador Távora, un tipo de teatro que se basa en las formas populares de la cultura española y mediterránea: la fiesta, el cante, las danzas y los rituales. Hay que recordar espectáculos como *Quejío*, *Andalucía amarga* –de fuerte contenido político– y originales versiones de *Las Bacantes*, de Eurípides, o *Crónica de una muerte anunciada*, de García Márquez.

Els Comediants representan el futuro con un globo que sobrevuela la Plaza de Oriente de Madrid el día de Año Nuevo.

Teatro de calle. Modalidad específica dentro de la experimentación, constituido por espectáculos itinerantes, desfiles o procesiones, que rompen por completo la tradicional barrera entre el público y la escena. De esta forma, al mermar –o desaparecer– los elementos verbales y el desarrollo lineal de la acción, se potencian al máximo los **elementos paraverbales** (gesto, movimiento, mímica facial, música, ruidos y simbología del vestuario). También en este caso destacan dos grupos catalanes:

- **Els Comediants** aprovecha la rica tradición folclórica mediterránea en espectáculos como *Moros y cristianos*, *Demonios* o *Sol, solet*.
- **La Fura dels Baus** busca la provocación al espectador y el duro alegato contra la sociedad industrial en montajes como *Tier Mon y Noun*. Adquirieron relevancia internacional al protagonizar la ceremonia inaugural de los Juegos Olímpicos de 1992 en Barcelona.

6. La narrativa latinoamericana de los últimos años

Falta aún perspectiva para abordar el panorama de la narrativa hispanoamericana en las dos últimas décadas; sin embargo, cabe apuntar algunos factores que han influido en el quehacer de los escritores más jóvenes:

- El aumento del nivel de vida en los distintos países, la mejora de las comunicaciones y el desarrollo de las nuevas tecnologías han facilitado el conocimiento entre los escritores, aportando a sus obras un mayor cosmopolitismo y la presencia de experiencias comunes. Podemos mencionar a este respecto el evento que tuvo lugar en agosto de 2007 en la capital colombiana, donde bajo el título de *Bogotá 39* y el patrocinio de la Unesco se reunieron 39 escritores menores de 40 años. Allí se definió una común identidad continental, expresada sin embargo a través de una pluralidad de métodos, perspectivas, que abarcan temas como el amor, la inmigración, la política, las dudas, la identidad, la soledad, el desconcierto, el deseo, la muerte, la multiculturalidad o la violencia. Ejemplo de este creciente cosmopolitismo se encuentra en la obra reciente del argentino Rodrigo Fresán o del colombiano Juan Gabriel Vásquez.

Cartel anunciador de *Bogotá 39*, reunión de escritores menores de 40 años.

- La salida al exterior se ha convertido en un hito insoslayable en la formación del escritor; si bien el destino soñado ya no es París –como en el caso de las figuras del *boom*– sino Estados Unidos (Miami, Nueva York, California) y sobre todo España. En este sentido las editoriales y los medios de comunicación españoles han desempeñado un importante papel en la promoción de los nuevos nombres. El interés en Estados Unidos por la literatura latinoamericana más actual se ha manifestado recientemente con la edición especial de la revista *Zoetrope: All-Story*, de Francis Ford Coppola, ilustrada por el cineasta Guillermo del Toro y dedicada a diez jóvenes autores, entre los que figuran, Jorge Volpi, Santiago Roncagliolo, Guadalupe Nettel, Mario Bellatin, Iván Thays, Edmundo Paz Soldán, Andrés Neuman, Juan Gabriel Vásquez, Wendy Guerra, Gonzalo Garcés o Karla Suárez.

- El paso gradual de casi todas las naciones hispanoamericanas desde regímenes autoritarios a sistemas democráticos más o menos consolidados determina que la protesta política o el testimonio de las injusticias sociales haya dejado de ser ya uno de los temas esenciales entre los narradores jóvenes. Como afirmó la escritora uruguaya Claudia Amengual en relación con el compromiso de los escritores precedentes:

> «Nuestra generación –me refiero a la de los escritores que estamos entre los treinta y cuarenta años– ha sufrido no sólo esas dictaduras sino también los efectos posteriores. Es una generación quizá algo desilusionada con el nuevo orden mundial, con menos utopías, pero no con menor compromiso. Nuestra literatura no siente que deba cumplir, necesariamente, con una función social, sino que tiene un valor intrínseco en tanto arte. Sin embargo, si bien la obra vale por sí, siento que sí existe un compromiso ético del autor con la coyuntura que le ha tocado vivir».

- La fusión de periodismo, la literatura y la historia ha dado lugar a una generación o grupo de «nuevos cronistas», que han buscado en hechos del reciente acontecer de aquellas tierras inspiración para sus textos, en gran medida deudores de lo que se conoce como «nuevo periodismo». Es el caso de *La tormentosa fuga del juez Atilio* (2004), donde el salvadoreño Carlos Martínez Dabuisson sigue los pasos del juez de su país que tuvo que huir para salvar su vida después de que le asignaran la investigación del célebre asesinato del padre Óscar Arnulfo Romero en 1980. Por su parte Sandra, Lafuente y Alfredo Meza reconstruyen en *El acertijo de abril*, la pérdida y posterior recuperación del poder por parte de Hugo Chávez en la Venezuela de 2002; y Leila Guerriero en *Los suicidas del fin del mundo* convierte en historia una sucesión de suicidios inexplicables en la Patagonia que de otra manera habrían quedado en el olvido.

Grupos y tendencias

Posboom. Frente al experimentalismo y el carácter pretendidamente burgués del *boom*, el denominado Posboom supone una vuelta de la novela al «aquí y ahora» hispanoamericano, acentuando los aspectos testimoniales del relato, así como el intento de reflejar e interpretar la realidad. Entran aquí nombres como el peruano Manuel Scorza, los chilenos Luis Sepúlveda e Isabel Allende, y la mexicana Laura Esquivel. Otras características de esta tendencia serían la espontaneidad, la presencia del sexo y la cotidianidad tanto en el lenguaje como en el mundo representado.

Posmodernismo. En el ámbito hispanoamericano, se ha definido el posmodernismo como una intensificación de las tendencias antirrealistas, vanguardistas o cosmopolitas presentes ya en algunos escritores asimilados al «boom», como Borges, Onetti o Julio Cortázar. Se han citado tradicionalmente como precursores de este grupo al argentino Néstor Sánchez, al mexicano Salvador Elizondo y al cubano Severo Sarduy. Posteriormente cabe citar los nombres de Diamela Eltit en Chile; Ricardo Piglia en Argentina, Álvaro Mutis en Colombia y Carmen Boullosa en México.

La buena relación que se vive en las letras hispánicas se extiende también al cine. Directores españoles y latinoamericanos filman indistintamente a ambos lados del Atlántico, intercambiando escenarios, actores e historias. Ejemplo de ello es la producción hispano-mexicana *El laberinto del fauno*, con guión y dirección del mexicano Guillermo del Toro, que se ha convertido en la película en lengua española más taquillera de los últimos años.

Fotograma de *El laberinto del fauno* (2006).

El crack. Un interesantísimo relevo generacional y estético ha sido protagonizado desde 1996 por un grupo de novelistas mexicanos autodenominados el «crack» –nombre autoparódico que remite de inmediato a sus antecesores del *boom* de los años sesenta, a los que respetan profundamente– cuya principal seña de identidad radica en el alejamiento de todo lo que suene a realismo mágico y exotismo, para reivindicar el cosmopolitismo, la ambientación europea y la reflexión filosófica o existencial. Dos de sus representantes ganaron el mismo año dos premios literarios de prestigio: Jorge Volpi el Biblioteca Breve con *En busca de Klingsor* (1999) –Lectura 4– e Ignacio Padilla el Premio Primavera con *Amphitryon*. En una línea parecida apareció también en 1996 la antología *McOndo*, de la que destaca el boliviano Edmundo Paz Soldán. En ámbitos cercanos se mueven los colombianos Mario Mendoza con *Satanás* (2002) –Lectura 4– y Santiago Gamboa en *El síndrome de Ulises* (2005).

Recuperación de la historia. «En Latinoamérica, nuestras heridas no han cicatrizado», afirmó el poeta argentino Juan Gelman durante su discurso para recoger el Premio Cervantes, en Madrid. A este propósito tratan de responder con sus obras una serie de autores que –a menudo desde el exilio o la distancia– vuelven a la historia reciente de sus países para revisarla desde una perspectiva individual e intimista. Citemos los nombres de Roberto Bolaño (Lectura 4) o Mauricio Electorat en Chile; Fernando Iwasaki y Jaime Bayly (Lectura 4)en Perú; Fernando Vallejo y Héctor Abad Fancioline en Colombia, Rodrigo Rey Rosa en Guatemala, Sergio Ramírez en Nicaragua o Pedro Juan Gutiérrez (Lectura 4)en Cuba. Otros autores reconstruyen episodios alejados en el tiempo, valiéndose de modernos procedimientos narrativos; es el caso del colombiano William Ospina en *Ursúa* y *El País de la Canela*, actualizando las crónicas de la conquista.

Auge del relato breve. La fecunda tradición del cuento literario en Latinoamérica –iniciada con el uruguayo Horacio Quiroga; con hitos fundamentales en Borges, Cortázar, Rulfo o Julio Ramón Ribeyro– pasa a través de los experimentos vanguardistas de Augusto Monterroso a las jóvenes generaciones de escritores, como Rodrigo Rey Rosa o los argentinos Andrés Neuman y Marcelo Birmajer, quien sitúa su relatos durante unos años que van desde la bonanza económica argentina en los años posteriores a la dictadura, hasta la precariedad de los últimos tiempos. Otros autores se acercan también con entusiasmo a lo que se denomina textos hiperbreves, relatos mínimos, microrrelatos, ficciones súbitas, ultracortos o textículos. Destacan en esta faceta la argentina Ana María Shua o Fernando Iwasaki, a cuyo libro *Ajuar funerario* (2004) pertenece este texto:

Juan Gelman pronunciando su discurso en la entrega del Premio Cervantes 2007.

El horóscopo

Antes de disparar restalló en mi memoria aquel mensaje definitivo que leí en el periódico: «Tenga cuidado con esa persona de su entorno que se propone arruinar todos sus planes». Pero de pronto ella se volteó y sin darme tiempo a reaccionar me clavó un cuchillo en el corazón. Nunca debí dejarle el periódico. Ella también era Tauro.

Con todo, el panorama resulta tan variado y fecundo que no resulta fácil adscribir a cada autor en cualquiera de estas tendencias, dado que muchos de ellos transitan por un itinerario absolutamente personal; por ello a continuación se incluyen lecturas que fijan la atención en algunos escritores aún jóvenes, pero poseedores ya de reconocido prestigio a ambos lados del Atlántico.

1. La poesía española

Pervivencia de la tradición: Jaime Siles

Siles (Valencia, 1951) ha sido, entre los poetas de su generación, el que ha llegado más lejos en la exploración de lenguaje y el ritmo poético. Su obra se inscribe al principio en la **poesía del silencio**, para evolucionar hacia una **vertiente neobarroca**, en la que el pensamiento pasa de lo abstracto a lo concreto, brotando de los elementos específicamente artísticos la imagen, el ritmo y la expresividad fónica. En 1983 obtuvo el Premio de la Crítica con *Música de agua*; posteriormente en *Columnae* (1987) y *Semáforos, semáforos* (1989) –Premio Fundación Loewe– su lírica se acerca más a la **realidad objetiva y cotidiana**, sin renunciar al privilegiado instrumento verbal.

Nadadora vestida

Una orilla, una malla, unos cabellos
de nácar y coral, vidriado viento,
gotas de luz y láminas de espuma,
va tu forma en el agua componiendo.

El fulgor de las olas dora y baña
de topacios y pórfidos tu cuerpo
y tus brazos levantan escarlatas
tonos y timbres, tintas, tactos, textos.

Como si fueras página te miro,
en mosaico de múltiples reflejos,
constelarte, ceñirte, coronarte
de estriadas estelas de destellos.

Y te veo volver hacia la orilla,
diosa de sol y sal, en flotes lentos.
Y tu cuerpo y el mar son una misma
sucesión de sonido y de deseo.

JAIME SILES, *Columnae*, Visor

Poesía hermética: Antonio Gamoneda

Aunque por la fecha de nacimiento podría adscribirse a la generación del medio siglo, Antonio Gamoneda (Oviedo, 1931) –leonés de adopción– ha alcanzado la consideración de máximo representante de la poesía hermética, vinculada a la **tradición irracionalista francesa** de Arthur Rimbaud o Saint John Perse. Su escritura –sometida a un incesante proceso de revisión– quedó reunida en el libro *Edad* (1987), al que pertenece el texto que vamos a leer. Más adelante en *Lápidas* (1992) se acerca a los dominios del poema en prosa. En 2006 obtuvo el Premio Cervantes de la Letras Hispánicas.

Está tejida con azul la noche
aún crepuscular. La lengua roja
enciende su perfil.

Salgo al silencio
y penetro la vida de las cosas
y no sé si el centeno es la hermosura
o es la sed la verdad.

En este ahora
de secreta extensión, cuando no ciega
mis sentidos la furia luminosa
del resol cereal, y están creciendo

el zureo nupcial de las palomas,
las pájaros ocultos, la paciencia
de los robles, aún, salgo a los huertos
y me busco en las aguas y las sombras.

ANTONIO GAMONEDA,
Edad, Cátedra

Poesía de la experiencia: Luis García Montero

Luis García Montero (Granada, 1958) ha sido el autor que más ha reflexionado sobre la **creación poética** entre las últimas promociones. A principios de los años ochenta, encabezó el movimiento ***La otra sentimentalidad***, que bajo el patrocinio de Rafael Alberti defendía una poesía comprometida y realista sin caer en la simplificación panfletaria. Intimismo, neorromanticismo y ambiente urbano caracterizan dos de sus libros más importantes: *El jardín extranjero* (1983) y *Diario cómplice* (1987). En *Habitaciones separadas* (1994) trata tres temas: el pasado personal, el amor y la reflexión sobre la historia, donde se sitúa este poema.

El insomnio de Jovellanos

Castillo de Bellver, 1 de abril de 1808

Porque sé que los sueños se corrompen,
he dejado los sueños.
El mar sigue moviéndose en la orilla.
Pasan las estaciones como huellas sin rumbo,
la luz inútil del invierno,
los veranos inútiles.
Pasa también mi sombra, se sucede
por el castillo solitario,
como la huella negra que los años y el viento
han dejado en los muros.
Estaciones, recuerdos de mi vida,
viene el mar y nos borra.
La mar sigue moviéndose en la noche,
cuando es sólo murmullo repetido,
una intuición lejana que se encierra en los ojos
y esconde en el silencio de mi celda
todas las cosas juntas,
la cobardía, el sueño, la nostalgia,
lo que vuelve a la orilla después de los naufragios.
Al filo de la luz, cuando amanece,
busco en el mar
y el mar es una espada
y de mis ojos salen
los barcos que han nacido de mis noches.
Unos van hacia España,
reino de las hogueras y las supersticiones,
pasado sin futuro
que duele todavía en manos del presente.
El invierno es el tiempo de la meditación.
Otros barcos navegan a las costas de Francia,
allí donde los sueños se corrompen
como una flor pisada,
donde la libertad
fue la rosa de todos los patíbulos
y la fruta más bella se hizo amarga en la boca.
El verano es el tiempo de la meditación.
Y el mar sigue moviéndose. Yo busco
un tiempo mío entre dos olas,
ese mundo flexible de la orilla,
que retiene los pasos un momento,
nada más que un momento,
entre la realidad y sus fronteras.

Lo sé,
meditaciones tristes de cautivo...
no sabría negarlo.
Prisionero y enfermo, derrotado,
lloro la ausencia de mi patria,
de mis pocos amigos,
de todo lo que amaba el corazón.
En el mismo horizonte
del que surgen los días y la luz
que acaricia los pinos y calienta mi celda,
surgen también la noche y los naufragios.
Mis días y mis noches son el tiempo
de la meditación.
Porque sé que los sueños se corrompen
he dejado los sueños,
pero cierro los ojos y el mar sigue moviéndose
y con él mi deseo
y puedo imaginarme
mi libertad, las costas del Cantábrico,
los pasos que se alargan en la playa
o la conversación de dos amigos.
Allí,
rozadas por el agua,
escribiré mis huellas en la arena.
Van a durar muy poco, ya lo sé,
nada más que un momento.
El mar nos cubrirá,
pero han de ser las huellas de un hombre más feliz
en un país más libre.

LUIS GARCÍA MONTERO, *Habitaciones separadas*, Visor

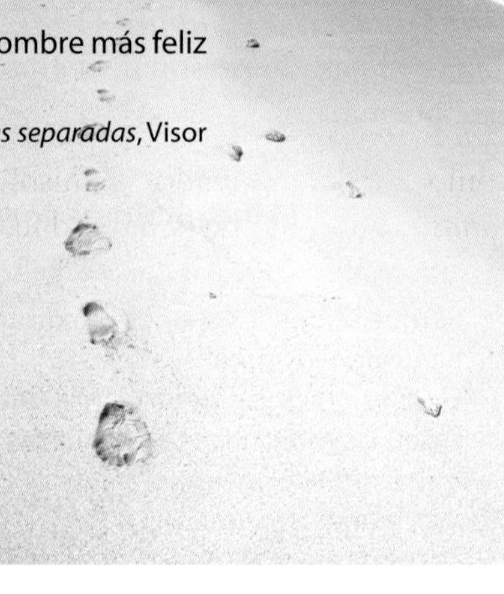

Poesía del silencio: Andrés Sánchez Robayna

En las últimas décadas se ha producido en las islas Canarias un interesante movimiento poético denominado ***Espacio al mar***, que une el mundo real exterior y el paisaje interior de los sentimientos y emociones más íntimos. En él se integra el crítico y profesor Andrés Sánchez Robayna, a quien pertenece este poema de su libro *La roca* (1982).

retama
tú que
yaces sobre
páramos
de viento y
matas
y sol
lento
dime tú
solo ápice
blanco
pico
de soledad
adamada
retama

ANDRÉS SÁNCHEZ ROBAYNA,
La roca, Galaxia Gutenberg

adamar: cortejar

Actividades

1. ¿Qué tema característico de la poesía del Siglo de Oro se recoge en el poema de Jaime Siles? Comenta ejemplos de los recursos verbales: aliteraciones, enumeraciones, bimembraciones, audaces metáforas e imágenes...

2. El poema de Gamoneda encierra mayores dificultades; pese a ello, explica el tema principal y señala las imágenes que te resulten más originales.

3. Señala el tema del texto de García Montero; a continuación, resume el estado de ánimo de Jovellanos. ¿Qué función cumple el mar en el poema? Selecciona tres imágenes y comenta su sentido.

4. Explica cómo se manifiesta la interrelación entre el mundo interior y exterior en el poema de Robayna. Explica luego el sentido del poema analizando el valor expresivo de las imágenes.

2. La novela española

Una singular escena de amor: Eduardo Mendoza

Eduardo Mendoza (Barcelona, 1943) dio muestras de su formidable talento narrativo ya en 1975 con su primera novela, ***La verdad sobre el caso Savolta***, donde destacaba su admirable capacidad fabuladora que luego ha presidido el resto de su producción narrativa, cuyos hitos culminantes son ***La ciudad de los prodigios*** y ***Una comedia ligera***, entrañable e irónica aproximación a la burguesía barcelonesa de la inmediata postguerra. En dos de sus obras Mendoza se entregó con entusiasmo a la ***parodia del género policiaco***. En *El misterio de la cripta embrujada* (1979), un narrador-protagonista antiheroico e irrisorio actúa como detective privado. El mismo personaje aparece en *El laberinto de las aceitunas* (1982), donde la habilidad humorística del autor alcanza cotas difícilmente superables.

Fui tras ella hasta el dormitorio, más pendiente de ahuecar el ala sin dilación que de lo que allí pudiera haber de pertinente al caso y, he aquí que, apenas hube traspuesto el umbral del íntimo aposento, la Emilia, con una rapidez y una coordinación de movimientos que ahora, al despiadado foco a que la memoria somete los más remotos, fugaces y, en su día, imperceptibles instantes del pasado, quiero atribuir a un talento natural y no a una larga práctica, cerró la puerta con el talón, me dio un empujón con la palma de la mano derecha que me hizo caer de bruces en la cama y tiró con la izquierda del elástico de los calzoncillos con tal fuerza que éstos, que ya distaban de ser flamantes el día que me fueron regalados por un paciente del sanatorio que, al serle dada el alta, tuvo el gesto magnánimo de obsequiar a quienes habíamos acudido a la reja a despedirle con sus escasas posesiones y salió desnudo a la calle, donde fue al punto detenido e internado nuevamente, perdiendo así, en virtud de un sólo acto, la libertad, el ajuar y, de paso, la magnanimidad, se rasgaron como velamen que amarrado al mástil deshace la galerna, dejándome desnudo, que no desarbolado. Mas no terminó con eso el episodio, cosa que, por lo demás, lo habría hecho inexplicable, sino que, no bien me hube revuelto en el colchón tratando, si no de averiguar la causa o el propósito de la agresión, sí al menos de rechazarla, la Emilia, que se había desprendido de parte de sus ropas con una celeridad que sigo negándome a imputar a la costumbre, se me vino encima, me estrechó entre sus brazos, no sé si en un arranque de pasión o para impedir que le siguiera dando los puñetazos que yo le propinaba convencido, en mi desconfianza y bajeza, de que una mujer que se arroja sobre mí habiéndome visto el físico y conociendo la situación real de mis finanzas necesariamente ha de hacerlo con dañinas intenciones, y me convirtió en sujeto pasivo al principio, activo luego y ruidoso siempre de actos que no describiré, porque opino que los libros han de ser escuela de virtudes, porque no creo que el lector necesite más datos para hacerse cargo de lo que allí advino y porque, si a estas alturas todavía no se da por enterado, será mejor que cierre el libro y acuda a una casa, cuya dirección le puedo proporcionar, donde por una suma razonable le satisfarán su curiosidad y otras apetencias de mucha más baja índole. Tras lo cual, y habiendo encontrado la Emilia en el cajón de la mesilla de noche un paquete de cigarrillos, fumamos.

EDUARDO MENDOZA,
El laberinto de las aceitunas, Seix Barral

Actividades

1. Observa el estilo ampuloso y retórico del antiheroico narrador. Ahora reescribe tú la escena con lenguaje directo, atento sólo a narrar lo que en el texto les pasa a los dos personajes.

2. Subraya los pasajes que ofrecen esa imagen desmitificada del protagonista. Explica el sentido de su insistencia en que la actitud de ella se debe «a un talento natural y no a una larga práctica».

3. La parodia de esas intensas escenas amatorias entre el detective y la chica –tan típicas de las novelas policiacas– aparece en este texto trazada con ingenio insuperable. Señala los elementos paródicos y humorísticos que más te hayan llamado la atención.

4. Encontramos aquí también una reflexión metaliteraria; identifícala y comenta su significado.

Oxford visto por Javier Marías

La aplaudida novela *Todas las almas* es un relato singular que combina con acierto **lo grave y lo ligero**, situaciones humorísticas y reflexiones sombrías, como la que reproducimos a continuación. El título tiene un doble sentido: por un lado se refiere a un prestigioso Colegio Universitario de Oxford; por otro, alude a la amplia serie de personajes cuyas almas se desnudan a lo largo de la obra.

En dos intensos años en aquella ciudad el protagonista conoció a profesores británicos de pasado incierto –espías, colaboradores del Servicio de Inteligencia, un homosexual, un famoso novelista–; mantuvo relaciones con su colega Clara Bayes, mujer atractiva y enigmática, marcada por un trágico acontecimiento; experimentó lo que significa la soledad lejos de casa; asistió a ceremonias protocolarias. Ahora, casado y ya en Madrid, recuerda aquellos años cuando dos de sus amigos ingleses ya han muerto.

Cuando uno está solo, cuando uno vive solo y además en el extranjero, se fija enormemente en el cubo de la basura, porque puede llegar a ser lo único con lo que se mantiene una relación constante, o, aún es más, una relación de continuidad. Cada bolsa negra de plástico, nueva, brillante, lisa, por estrenar, produce el efecto de la absoluta limpieza y la infinita posibilidad. Cuando se la coloca, a la noche, es ya la inauguración o promesa del nuevo día: está todo por suceder. Esa bolsa, ese cubo, son a veces los únicos testigos de lo que ocurre durante la jornada de un hombre solo, y es allí donde se van depositando los restos, los rastros de ese hombre a lo largo del día, su mitad descartada, lo que ha decidido no ser ni tomar para sí, el negativo de lo que ha comido, de lo que ha bebido, de lo que ha fumado, de lo que ha utilizado, de lo que ha comprado, de lo que ha producido y de lo que le ha llegado. [...] La bolsa y el cubo son la prueba de que ese día ha existido y se ha acumulado y ha sido levemente distinto del anterior y del que seguirá, aunque es asimismo uniforme y el nexo visible con ambos. Es el único registro, la única constancia o fe del transcurrir de ese hombre, la única *obra* que ese hombre ha llevado a cabo verdaderamente. Son el hilo de la vida, también su reloj. Cada vez que uno se acerca al cubo y echa en él algo, vuelve a ver y a tener contacto con las cosas que tiró en las horas previas, y eso es lo que le da un sentido de la continuidad: su día está jalonado por sus visitas al cubo de la basura, y allí ve el envase del yogurt de fruta que desayunó, y aquel paquete de tabaco del que al comenzar la mañana quedaban sólo dos cigarrillos, y los sobres ahora vacíos y rotos que le trajo el correo, los botes de cocacola y la viruta de un lápiz al que sacó punta antes de empezar el trabajo (aunque fuera a escribir con pluma), las hojas arrugadas que juzgó imperfectas o equivocadas, el envoltorio de celofán que contuvo tres sandwiches, las colillas vertidas numerosas veces desde los ceniceros, los algodones empapados en colonia con los que se refrescó la frente, la grasa de los fiambres que comió distraído para no interrumpirse, los informes inútiles recogidos en la facultad, una hoja de perejil, una de albahaca, papel de plata, las briznas, las uñas que se cortó, la oscurecida piel de una pera, el cartón de la leche, el frasco de la medicina acabada, las bolsas inglesas de papel crudo y áspero en que envuelven sus libros los libreros de viejo. Todo se va apretando y se va concentrando, se va tapando y se va fundiendo, y así se convierte en el trazo perceptible –material y sólido– del dibujo de los días de la vida de un hombre. Cerrar y anudar la bolsa y sacarla fuera significa comprimir y clausurar la jornada, que tal vez habrá estado punteada tan sólo por esos actos, por el acto de arrojar desechos y mondaduras, el acto de prescindir, el acto de seleccionar, el acto de discernir lo inútil. El resultado del discernimiento es esa *obra* que impone su propio término: cuando el cubo rebosa está concluida, y entonces, pero sólo entonces, su contenido son desperdicios.

JAVIER MARÍAS, *Todas las almas*, Anagrama

Actividades

1. Busca un título para el fragmento que dé una idea lo más completa posible de su contenido. A partir de ello, ¿en qué tendencia de la novela española actual situarías *Todas las almas*? Justifica tu respuesta.

2. El estilo caudaloso de Marías se muestra aquí especialmente apto para reflejar los detalles y matices de la mente del solitario, a través del uso de reiteraciones, paralelismos, gradaciones, sintagmas no progresivos. Señala y comenta algunos ejemplos.

3. El autor ha destacado específicamente dos veces con letra cursiva el término *obra*; trata de encontrar una interpretación que justifique esta licencia tipográfica.

Retrato de un superviviente: Julio Llamazares

Julio Llamazares (León, 1955) inició su carrera literaria en el campo de la **poesía**; posteriormente ha escrito **libros de viajes** *(El río del olvido)*, excelentes **reportajes periodísticos** *(En Babia)* y tres **novelas:** *Luna de lobos* (1985), *La lluvia amarilla* (1988) y *Escenas de cine mudo* (1994). En sus libros en prosa, Llamazares muestra enorme interés por acercarse a los oficios olvidados, tierras remotas o pueblos alejados de la civilización; quizá porque su lugar de origen, Vegamián, quedó sepultado por las aguas al construirse un pantano. En esta línea, ***La lluvia amarilla*** constituye el monólogo del último habitante de una aldea abandonada en el Pirineo aragonés: el presente narrativo se sitúa en la noche en que Andrés presiente que va a morir; a partir de esa situación evoca episodios de su adolescencia, la Guerra Civil y los acontecimientos que fueron consumando la destrucción del pueblo. El título se refiere a la caída de las hojas en el otoño, símbolo del tiempo que transcurre y de la memoria, que devuelve en desorden los recuerdos del pasado.

Mientras hubo vecinos en Ainielle, la muerte nunca estuvo vagando más de un día por el pueblo. Cuando alguien se moría, la noticia pasaba, de vecino en vecino, hasta el final del pueblo y el último en saberlo salía hasta el camino para contárselo a una piedra. Era el único modo de librarse de la muerte. La única esperanza, cuando menos, de que, un día, andando el tiempo, su flujo inagotable pasara a algún viajero que, al cruzar por el camino, cogiera, sin saberlo, aquella piedra. A mí me tocó hacerlo varias veces. Cuando murió Bescós el Viejo, por ejemplo. O cuando Casimiro, el de Isabal, apareció una noche muerto, en el camino de Cortillas, con varias puñaladas en el cuerpo. Casimiro había bajado a la feria de Fiscal a vender unos corderos, pero jamás volvió con el dinero de la venta. Un pastor de Cortillas, encontró su cadáver, al cabo de diez días, bajo un montón de piedras. Yo estaba con las ovejas en el puerto y fui el último en saberlo. Y, aquella noche, mientras todos dormían, volví al lugar donde le habían hallado y se lo conté a una de las piedras amontonadas por el asesino para ocultar el cuerpo.

Cuando murió Sabina, en lugar de una piedra, fui a contárselo a uno de los árboles del huerto. Era un manzano viejo, un árbol retorcido y casi seco que mi padre había plantado junto al pozo, al nacer yo, para ver cómo los dos crecíamos a un tiempo. Cuando murió Sabina, el árbol tenía, pues, sesenta años y apenas ya daba cosecha. Pero, aquel año, sus ramas le llenaron de flor en primavera y, al llegar el otoño, las manzanas las doblaban con su peso. Unas manzanas grandes, carnosas, amarillas, que dejé que se pudrieran en el árbol, sin probarlas, porque sabía que nutrían su esplendor con la savia putrefacta de la muerte.

Esa savia corre ahora dulce y lenta, por mis venas y en Ainielle ya no hay nadie que me pueda librar de ella cuando muera. Yo seré el único, el primero y el último en saberlo. El que tendría, por tanto, que salir hasta el camino para contarle a un árbol o a una piedra que me he muerto. Pero ya no podré hacerlo. Tampoco podré ir hasta Berbusa, como el día de la muerte de Sabina, para pedir a los vecinos que me entierren. No tendré ya otro remedio que esperar a que me encuentren. Aquí, en esta misma cama, mirando hacia la puerta, mientras los pájaros y el musgo me devoran y la savia de la muerte va pudriendo mi recuerdo lentamente.

Julio Llamazares, *La lluvia amarilla*, Seix Barral

Actividades

1. Señala el tema de este fragmento. A tu juicio, ¿predominan los elementos líricos o los narrativos? Contesta por extenso, valiéndote de muestras de cada uno de ellos. En consecuencia, ¿en qué tendencia de la novela española actual situarías *La lluvia amarilla*?

2. En el texto juegan un papel importante las creencias populares y fantásticas; comenta algunos ejemplos.

3. ¿Dirías que el narrador del fragmento mantiene una actitud ecologista tal y como lo entendemos ahora? Justifica la respuesta.

3. El teatro español

El recuerdo de la guerra: Fernando Fernán-Gómez

Fernando Fernán Gómez (1921-2007) ha sido quizá el más importante actor español de la segunda mitad del siglo XX. A partir de 1975 inició una carrera literaria, también jalonada por el éxito. Como **novelista** destaca *El viaje a ninguna parte* (1985), entrañable aproximación al mundo de los cómicos ambulantes en la posguerra.

Su **escritura teatral** ha tocado variados registros: drama histórico, sátira social, teatro en verso. Su obra maestra es ***Las bicicletas son para el verano*** (1977, aunque estrenada en 1982), comedia de costumbres que recrea con admirable sensibilidad la agridulce existencia cotidiana de una familia corriente en el Madrid de la Guerra Civil.

LUIS: Oye, papá.
DON LUIS: ¿Qué?
LUIS: Lo de la bicicleta.
DON LUIS: ¿Qué?
LUIS: Que a mí… lo de la bicicleta… me parece injusto.
DON LUIS: ¿Ah, sí?
DOÑA DOLORES: Pero, ¿qué dices, Luisito?
MANOLITA: ¡Anda, que al niño le ha hecho la boca un fraile!
LUIS: *(Se vuelve, enfadado, hacia su hermana).* ¡Déjame hablar!
(Sin replicar, Manolita sale del comedor).
DON LUIS: Habla.
LUIS: Yo la bicicleta la quiero para el verano.
DON LUIS: Pues el año que viene también tiene verano.
LUIS: Sí, ya… Tú siempre tienes una respuesta. Pero como todos los chicos de mi panda tienen bicicleta, yo no puedo ir con mi panda.
DON LUIS: Yo no sé cuál será tu panda. Pero los padres de las pandas que yo veo en esta calle no creo que tengan mucho dinero para bicicletas.
LUIS: No son tan caras. Y con los plazos que yo te he conseguido…
DOÑA DOLORES: ¿Qué hablas tú de plazos?
LUIS: Claro. Como papá tiene empleo fijo, se la dan a plazos. No es como Aguilar, que como su padre está eventual la tendría que pagar al contado. Además… *(Habla ahora a su padre).* Tú me dijiste que no era por el dinero. Es porque me han suspendido en Física.
DON LUIS: Desde luego. Eso ya estaba hablado. Cuando apruebes, tienes bicicleta. Es el acuerdo a que llegamos, ¿no?
LUIS: Sí, pero yo no me había dado cuenta de lo del verano. Las bicicletas son para el verano.
DON LUIS: Y los aprobados son para la primavera.
LUIS: Pero estos exámenes han sido políticos.
DON LUIS: ¿Ah, sí?
LUIS: Claro; todo el mundo lo sabe.
DON LUIS: *(Cogiendo el periódico, que sigue sobre la mesa).* Aquí no viene.
LUIS: *(Molesto; como reprendiendo a su padre).* Ya estás con tus cosas. Pero es verdad que han suspendido a muchos por cosas políticas.
DON LUIS: ¿En Bachillerato?
LUIS: Sí, en Bachillerato.
DON LUIS: ¿Y qué tiene que ver la Física con la política?
LUIS: Todo es política, papá.
DON LUIS: Sí, es verdad. Eso dicen.

LUIS:	Tú sabes que mi colegio es muy de derechas.
DON LUIS:	Bueno… Es un colegio normal… No es de curas…
LUIS:	Ya; pero es de derechas. Don Aurelio, el director, es de Gil Robles.
DON LUIS:	Pues ha hecho un pan como unas hostias.
LUIS:	Claro. Como en febrero, con las elecciones, ha cambiado todo, a nuestro colegio le han mandado a examinarse a un instituto nuevo en el que todos los catedráticos son de izquierdas, en vez de mandarle como siempre al Cardenal Cisneros, donde don Aurelio untaba a los catedráticos… y, claro, se han cebado.
DON LUIS:	¿Y por qué no me lo habías dicho?
LUIS:	No sé… Porque hablamos poco… Pero es verdad. Con los de curas y con los de derechas, se han cebado. A Bermúdez, el primero de sexto, se lo han cargado en Ética y Derecho por decir que el divorcio era inmoral… Y él no tenía la culpa: lo dice el libro.
DON LUIS:	¿Es un libro antiguo?
LUIS:	Sí, del año pasado. Las elecciones han sido cuando ya los libros estaban hechos.
DON LUIS:	¿Y la Física?
LUIS:	No, ésa no la han cambiado. Pero, ya te digo, se han cebado, se han cebado.
DOÑA DOLORES:	¿No son disculpas, Luisito? ¿Tú qué sabes de política?
DON LUIS:	No, no, yo le creo… Y si es así, me parece que ha habido una injusticia. *(Se vuelve de nuevo hacia su hijo).* ¿Qué has pensado tú que podemos hacer?
LUIS:	Pues digo yo que lo mismo es que si apruebo me compras la bicicleta, que si me compras la bicicleta, apruebo.
DON LUIS:	La Lógica sí la has aprobado, ¿verdad?
LUIS:	Sí, claro, ya lo sabes.

FERNANDO FERNÁN-GÓMEZ, *Las bicicletas son para el verano*, Espasa Calpe

La literatura en el cine

Las bicicletas son para el verano fue llevada al cine con acierto por Jaime Chávarri en 1983; Agustín González y Gabino Diego protagonizan los papeles principales.

Actividades

1. En el epílogo de la obra, se vuelve sobre esta escena: acabada la guerra, Luis se va a poner a trabajar de recadero y el padre le comenta que para ese trabajo le vendría bien una bicicleta. Teniendo esto en cuenta, ¿qué valor simbólico tiene la bicicleta? ¿Cómo puede interpretarse el título de la obra?

2. En el texto se percibe ya la inminencia de la Guerra Civil. Señala y comenta los diálogos en que se anuncia el futuro enfrentamiento.

3. Por la forma de hablar de los personajes, ¿a qué clase social pertenecen? ¿Por qué?

Teatro dentro del teatro: José Sanchis Sinisterra

Sanchis Sinisterra (Valencia, 1940) es un dramaturgo que destaca por la coherencia entre teoría teatral y práctica escénica. Su trayectoria se inició como **fundador y director de grupos teatrales universitarios e independientes**; en Barcelona funda el Teatro Fronterizo, marcado por dos rasgos: compromiso social y reflexión sobre el propio fenómeno teatral: ***metateatro***. Para ello se basa en textos literarios anteriores: *Algo así como Hamlet*, *Tendenciosa manipulación del texto de la Celestina de Fernando de Rojas* y *Ñaque o de piojos y actores*.

En ***¡Ay, Carmela!*** (1987) sólo intervienen dos actores: Carmela y Paulino, una pareja de pobres artistas despistados que han aparecido por Belchite justo cuando el pueblo acaba de ser conquistado por las tropas de Franco. Se ven obligados a actuar ante el ejército vencedor.

La literatura en el cine

Carlos Saura llevó a cabo una gran versión de la obra de Sanchis Sinisterra ***¡Ay, Carmela!*** en 1990. Andrés Pajares y Carmen Maura interpretaron magistralmente a la pareja protagonista.

PAULINO: «Invictos salvadores de la Patria eterna: hoy, vosotros, cerebro, corazón y brazo del Glorioso Alzamiento que ha devuelto a España el orgullo de su destino imperial, habéis cumplido una proeza más, de las muchas que ya jalonan esta Cruzada redentora. En vuestra marcha invencible hacia la reconquista del territorio nacional, durante años manchado y desgarrado por la anarquía, el comunismo, el separatismo, la masonería y la impiedad, hoy habéis liberado por las armas esta heroica villa de Belchite. La Quinta División de Navarra del Cuerpo del Ejército Marroquí, bajo el mando del invicto general Yagüe, ha escrito con su sangre inmortal otra gloriosa página en el libro de oro de la Historia semi... sempi... sempiterna de España..., ese libro que inspira, dicta y encuaderna con pulso seguro y mano firme nuestro eguer..., no, a nuestro egre..., sí, a nuestro egregio, eso, egregio Caudillo Franco, a quien esta noche queremos ofrendar...» *(Cambia de hoja.)* «... cuatro kilos de morcillas, dos pares de ligas negras, dos docenas de...» *(Se interrumpe. Mira aterrado al público)* No, perdón... *(Mira furioso a Carmela que, ausente, se está arreglando un zapato. Arruga la hoja y se la guarda en el bolsillo).* Perdón, ha sido un error... *(Busca entre las hojas.)* Queremos ofrendar... ofrendar... ¡Aquí está! *(Lee.)* «... queremos ofrendar esta sencilla velada Artística, Patriótica y Recreativa», eso es, «... con la que unos humildes artistas populares, la Carmela y el Paulino, Variedades a lo Fino... *(Ambos saludan.)* ...en representación de todo el pueblo español...» *(Sonríe, humilde)* Bueno: de casi todo... *(Lee.)* «... español, guiados fraternalmente por un artista y soldado italiano, de la División Littorio del Corpo Trupe Volontarie... *(Señala hacia la Acabina.)*... el Teniente Amelio Giovanni de Ripamonte, en representación del pueblo italiano, que es tanto como decir del alma joven, recia y cristiana de Occidente...» *(La extensión de la frase le hace perder el aliento y el hilo. Carmela lo advierte y le da aire con su abanico.)*... Esto... Bueno... pue... «... de Occidente queremos honrar, agasajar y entretener a las tropas victoriosas del Glorioso Ejército Nacional de Liberación...» *(Se da cuenta de que ha acabado el párrafo y repite, cerrando el periodo.)* «... Nacional de Liberación.» Punto. *(Se excusa con forzada sonrisa.)* Perdonen, yo... Estas bellas palabras no... Quiero decir que el teniente las ha...

CARMELA: *(Quitándole la palabra.)* Quiere decir, señores militares, que aquí el Paulino y la Carmela, para servirles, vamos a hacerles una gala, cosa fina, para que ustedes se lo pasen bien, y con la mejor voluntad, no faltaría más, aunque, ya ven: con una mano delante y otra detrás, como quien dice, porque nos han pillado de sopetón, y así, pues claro, poco lustre vamos a dar a esta jarana de la liberación, porque ya me dirán ustedes cómo va a lucirse una con este **guiñapo**, aunque voluntad no me falta, ni a éste tampoco, se lo digo yo, ni gracia, vaya, que donde hay, hay, y donde no hay, pues no hay, ...ahora que a mí, eso de la última gracia, se lo digo de verdad, y hace un momento se lo decía a éste, ¿verdad, tú? pues que no me parece bien, ea, las cosas como son, que por muy polaco que sea uno, una madre siempre es una madre...

JOSÉ SANCHIS SINISTERRA, *¡Ay, Carmela!*, Cátedra

guiñapo: trapo roto

Actividades

1. Resume la actitud que en esta escena mantienen cada uno de los dos protagonistas a partir de su forma de hablar.
2. No resulta difícil percibir en las palabras iniciales de Paulino una parodia de las expresiones triunfalistas y retóricas que tanto abundaban en los discursos de los vencedores de la Guerra Civil. Comenta los rasgos que evidencian la parodia. Señala también los vulgarismos que encuentres en la intervención de Carmela.
3. ¿Qué función cumplen las comillas y los puntos suspensivos en la primera intervención de Paulino?

4. Narrativa latinoamericana

Miedo de mujer: Jaime Bayly

En 1994 el peruano Jaime Bayly (1965) alcanzó un resonante éxito con *No se lo digas a nadie*, su primera novela, centrada en la personalidad de Joaquín, un muchacho inteligente, sensible que, engañado por un compañero del más elitista colegio de Lima, desembocó en una primera experiencia homosexual. Se detalla entonces la formación del protagonista, marcada siempre por la lucha para afirmar su identidad sexual, frente a un ambiente familiar caracterizado por un padre mujeriego, noble, violentamente machista, y una madre de sólidas convicciones religiosas. *Fue ayer y no me acuerdo* (1995) reproduce el mismo esquema: protagonista joven, sexualidad equívoca, rosario de experiencias amorosas con los novios de su amiga Micaela que le confirman su condición gay, aliñado con el progresivo hundimiento en el abismo de la droga. Se refleja, además, la implacable degradación del Perú, acosado tanto por la incesante actividad guerrillera de Sendero Luminoso, como por la irresponsabilidad de una clase dirigente insolidaria y admiradora servil de los modelos de vida norteamericanos. El fragmento –situado al final de la novela– recoge la traumática experiencia que acaba de sufrir la gran amiga del protagonista.

Un carro frenó y la recogió. Era un tipo solo. La vio llorando y le preguntó qué le había pasado. Micaela le dijo que nada, que por favor la llevase a su casa. El tipo se portó como un caballero. La acompañó hasta la puerta del edificio donde ella vivía. Micaela no quiso contarle nada. ¿Para qué? Aparte que se moría de miedo de hablar. Lo peor era que estaba sola en el departamento. Su mamá y su hermana estaban de viaje. Ni bien entró, cerró la puerta con la barra metálica, llamó a su papá y le rogó que fuese corriendo. Su papá llegó en diez minutos, en piyama y zapatillas. Micaela le contó todo, vomitó. El papá no la llevó a la clínica por vergüenza. Se quedó con ella y juró que se iba a vengar, tenía amigos poderosos, iba a ubicar a esos cholos de mierda, los iba a matar a todos esos perros hijos de puta. Micaela y su papá juraron no contarle esto a nadie, a nadie. Al día siguiente, su papa habló con un ginecólogo amigo y consiguió unas píldoras abortivas. Micaela las tomó y le vino la regla. Desde esa noche había quedado traumada. No salía de su casa. Se sentía cochina. Se bañaba a cada rato. No podía dormir. Tenía las caras de esos tipos grabadas en su mente. Sentía esas manos gordas y cochinas manoseándola. No podía seguir viviendo en Lima. Su papá había decidido mandarla a estudiar a Estados Unidos. Se iba mañana tempranito a Austin, Texas, donde vivía una tía suya, hermana de su papá, casada con un gringo millonario. No quería irse sin despedirse de mí. Me quería con toda su alma. Yo era como su hermano Por eso me había contado toda esa pesadilla que le había pasado. Que le jurase que no le iba a decir nada a nadie, nunca, jamás. Te juro, preciosa. Te juro, mi reina. Yo lloraba con ella, abrazados fuertes los dos. El Perú es una mierda, chino. Nunca más regreso a este país de mierda. Nunca más. Te lo juro. La abracé con toda mi alma, le dije que la adoraba, que siempre la iba a adorar, que se olvidase de esa maldita noche de mierda, que la vida era larga y ella un ángel y nadie le iba a impedir ser feliz. Nadie. Le prometí que yo la iba a querer siempre, que la iba a proteger y engreír y cuidar como si fuese mi hermana del alma. Le juré que esa noche maldita iba a ser borrada de su memoria por el tiempo, que ella iba a ser de nuevo la chica tierna, risueña y adorable que yo conocí en la universidad. Besé su pelo, su frente, sus mejillas llorosas, sus manos manchadas. Sentí por ella más amor del que jamás había sentido por nadie. [...] Nos abrazamos fuerte, lloramos en silencio. ¿Por qué yo?, dijo ella, desde el fondo de su tristeza. No tuve respuesta. Sólo la abracé más fuerte y le dije te quiero, Micaela, siempre te voy a querer. Regresé llorando al hostal. Me tumbé en la cama, deshecho. ¿Por qué había tanta mierda en esta ciudad de mierda? ¿Por qué Lima destruía a su mejor gente? Dormí mal. Soñé con ella: se ahogaba en un mar de mierda, en la Costa Verde. Me desperté de madrugada, llorando. Abrí la ventana, respiré aire fresco, pensé, Dieguito se fue, Matías se fue, Micaela se va, ya nada será igual.

Seix Barral

Actividades

1. ¿Qué experiencia traumática ha sufrido Micaela? ¿Encuentras rasgos de crítica social en este episodio?
2. Reescribe en estilo directo y primera persona el relato que lleva a cabo Micaela ante el narrador.
3. Resume con tus propias palabras el sentimiento final del protagonista.
4. Comenta el uso de la parataxis o yuxtaposición en el texto.

La visión de La Habana de Pedro Juan Gutiérrez

El cubano Pedro Juan Gutiérrez (1950) se dio a conocer en 1998 con *Trilogía sucia de La Habana*, donde reúne tres colecciones de relatos ambientados en la Cuba de 1994 a 1996; a través de ellos asistimos al ir y venir del narrador –un hombre blanco de cuarenta y cuatro años– en permanente busca de sustento y sexo; en perpetua lucha contra el hambre, la suciedad y el desaliento. Vive en un viejo rascacielos resquebrajado, donde se hacinan otros desocupados como él en cuartuchos improvisados, con un retrete para cada cincuenta personas. A partir de ahí se suceden sus andanzas entre un mosaico humano que sueña con el dólar y sólo se satisface copulando incansablemente, hasta el punto de que el autor deja atrás en el aspecto erótico a los norteamericanos Charles Bukovski y Henry Miller; con una ventaja además para el lector hispano: el uso de una prosa coloquial que constituye un prodigio de eficacia, frescura y expresividad. Las reflexiones políticas apenas aparecen, pero se desprenden de la situación de los personajes; aunque de entre las miserias de la existencia cotidiana brota por parte del narrador una persistente fe en Dios, cierto entusiasmo por vivir y un inevitable amor por La Habana.

La azotea está tranquila. Menos mal porque aquí siempre hay revoltura. Un calor horrible. Ni gota de brisa. El mar como un plato. Será una noche bellísima de luna llena. Desde el octavo piso se ve todo. Dentro de mi cuarto no puedo estar. Tiene el techo de fibrocemento y es un horno. Hace falta un aguacero para que refresque un poco. Me desnudo y salgo a la azotea. Queda agua todavía en los tanques. Me baño. Y me quedo por allí, secándome al aire. En la azotea hay siete cuartos. El único que vive solo soy yo. A la gente no le gusta vivir en solitario. A mí sí, para no responsabilizarme con nada. Ni conmigo mismo. Siempre fui demasiado responsable. Basta con eso. Ahora a veces viene una vecina y se queda conmigo alguna noche. Es una negra muy delgada y fibrosa, de treinta y dos años. Nos gustamos y tenemos buenas orgías. Es muy negra y tiene un olor fuerte en las axilas y en el sexo. Eso me excita tanto que parecemos dos locos revolcándonos. Pero hasta ahí. Nada más. Luisa se perdió de aquí desde una noche que le tumbó trescientos dólares a un tipo. La mulata creyó que tenía una gran fortuna y no estaba dispuesta a compartirla con nadie. Hace dos meses que no la veo. Cualquier día de estos regresa haciéndome algún cuento y sin un centavo en la cartera.

Hay toques de tambor por todas partes. Se escuchan. Es 7 de septiembre, vísperas de La Caridad del Cobre. Los tambores suenan desde muchos sitios y recuerdo aquellas películas de exploradores en el Congo: «Oh, los caníbales nos rodean.» Pero no. Los negros sólo celebran a la Virgen. Eso es todo. Negros de fiesta. Nada que temer.

Desde aquí arriba se ve toda la ciudad a oscuras. La termoeléctrica de Tallapiedra lanzando humo negro y espeso, que no se mueve. No hay viento y el humo se queda tranquilo. Un olor como amoníaco inunda la ciudad. La luna llena lo platea todo a través de esa niebla densa de gas y humo. Casi no hay carros. Algún auto por el Malecón. Todo en silencio y tranquilo, como si no pasara nada. Sólo los tambores que se escuchan apagados y lejanos. Me gusta este lugar. El mar se ve plateado hasta el horizonte. Cuando ya no soporto más el humo y el gas, entro al cuarto y cierro la puerta. Sigue el calor. Refrescará más tarde. Sólo dejo abierta la ventana pequeña que da al sur. Desde allí se ve toda la ciudad, plateada entre el humo, la ciudad oscura y silenciosa, asfixiándose. Semeja una ciudad bombardeada y deshabitada. Se cae a pedazos, pero es hermosa esta cabrona ciudad donde he amado y he odiado tanto. Me acuesto solo y tranquilo. Nada de sexo. Demasiado sexo en los últimos días. Hay que descansar un poco. Descansar y agradecer a Dios y pedirle fuerza y salud. Sólo eso. No necesito más. Tengo que evitar a los demonios, y ser fuerte. En definitiva, sin fe cualquier sitio es otro infierno.

Anagrama

Actividades

1. Señala el tema de este fragmento.
2. Subraya los momentos en los que el narrador expresa sus sentimientos acerca de la ciudad donde vive.
3. Analiza y comenta la estructura sintáctica predominante en el texto.
4. Sitúate en una ventana o terraza de tu casa; a continuación escribe una descripción de lo que ves, al estilo de la que lleva a cabo Pedro Juan Gutiérrez en este capítulo.

El triunfo del maligno: Mario Mendoza

En *Satanás* (2002) el joven narrador colombiano Mario Mendoza (1964) toca un tema de singular presencia en la literatura del siglo XX: la existencia del mal; más en concreto, la posibilidad de que el demonio hubiera usurpado en realidad el papel de Dios a la hora de crear el mundo, o bien fuera la otra cara de la divinidad. El texto –ambientado en Bogotá– presenta una estructura eficaz y transparente: en cada capítulo se suceden tres acciones protagonizadas por una joven bella y pobre que se asocia con dos compañeros para desvalijar a ejecutivos en busca de compañía femenina; un sacerdote entregado a los demás pero cuya vocación se tambalea al sufrir las tentaciones del amor humano y un pintor abandonado por su novia contagiada de sida y obsesionado porque en sus retratos anticipa las desgracias que sobrevienen a sus clientes. En el centro se reproducen fragmentos del diario de Campo Elías, héroe de la guerra de Vietnam, convertido ahora en una especie de lobo estepario y misántropo, responsable de provocar la tragedia final.

Los mata primero a ellos y luego a sus dos acompañantes. En su mente hay una extraña confusión: escucha ruidos de insectos en los cuatro rincones del recinto, pitidos, zumbidos, susurros que lo obligan a llevarse las manos a los oídos. Cierra los ojos y ve nubes de moscardones viajando por el aire a gran velocidad, abejas suspendidas entre aleteos fantasmagóricos, avispas, panales atiborrados de obreras trabajadoras y laboriosas, cardúmenes de peces multicolores nadando entre aguas cristalinas, ballenas, ratas desplazándose camufladas en la fétida oscuridad de las alcantarillas, manadas de elefantes caminando con pesadez en medio de terribles sequías y angustiosas hambrunas, rebaños de cabras saltando entre precipicios y afilados despeñaderos, piaras de cerdos revolcándose entre grandes charcos de lodo, hatos de reses pastando en potreros gigantescos, bandadas de pájaros surcando atardeceres magníficos, organismos microcelulares entre líquidos irreconocibles, bacterias, virus, infinitas cadenas de ácido desoxirribonucleico multiplicándose vertiginosamente.

Se acerca al cuerpo del padre Ernesto, cambia el revolver de mano, unta su dedo índice en la sangre que mana de la cabeza del religioso y escribe en el suelo: «Yo soy Legión».

Varios policías ingresan atropelladamente en el establecimiento y comienzan a disparar en desorden, sin un objetivo determinado. El soldado se pone de pie y abre los brazos en cruz, sin defenderse, sin oponer resistencia. Los agentes no dan en el blanco.

Entonces el verdugo Campo Elías, en un último movimiento ritual y ceremonioso, se lleva el revólver a la sien y se vuela la cabeza.

Seix Barral

Actividades

1. Señala el tema del texto. A continuación distingue los elementos narrativos de los descriptivos aquí presentes.
2. Identifica la presencia del mal dentro de este episodio. A continuación busca en enciclopedias o libros de historia referencias a la guerra del Vietnam.
3. Trata de poner por escrito alguna sucesión de imágenes o sueño irracional que hayas experimentado en alguna ocasión.
4. Sitúa esta novela en alguno de los grupos o tendencias que hemos señalado más arriba.

La Europa de entreguerras: Jorge Volpi

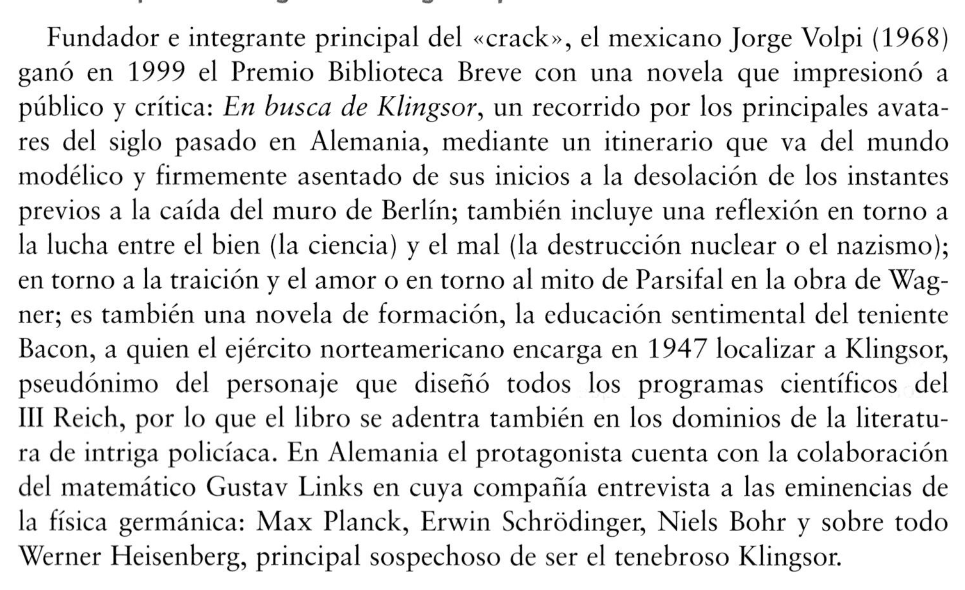

Fundador e integrante principal del «crack», el mexicano Jorge Volpi (1968) ganó en 1999 el Premio Biblioteca Breve con una novela que impresionó a público y crítica: *En busca de Klingsor*, un recorrido por los principales avatares del siglo pasado en Alemania, mediante un itinerario que va del mundo modélico y firmemente asentado de sus inicios a la desolación de los instantes previos a la caída del muro de Berlín; también incluye una reflexión en torno a la lucha entre el bien (la ciencia) y el mal (la destrucción nuclear o el nazismo); en torno a la traición y el amor o en torno al mito de Parsifal en la obra de Wagner; es también una novela de formación, la educación sentimental del teniente Bacon, a quien el ejército norteamericano encarga en 1947 localizar a Klingsor, pseudónimo del personaje que diseñó todos los programas científicos del III Reich, por lo que el libro se adentra también en los dominios de la literatura de intriga policíaca. En Alemania el protagonista cuenta con la colaboración del matemático Gustav Links en cuya compañía entrevista a las eminencias de la física germánica: Max Planck, Erwin Schrödinger, Niels Bohr y sobre todo Werner Heisenberg, principal sospechoso de ser el tenebroso Klingsor.

Las olas, tan altas como una torre, se estrellan contra las rocas como un ejército de agua que intenta derrumbar las fortalezas costeras. Millones de moléculas, cientos de millones de átomos combaten, sin cuartel, contra aquellos muros que, a pesar de la violencia del viento y de la tormenta, parecen resistir al asedio. El océano es una vasta tiniebla que se extiende hasta el fin del mundo; sobre él, un cielo grisáceo, levemente hinchado, palpitante, contempla las incontables batallas que se producen en los acantilados. No es extraño que uno asocie el estrépito marino con el canto de las sirenas: al deslizarse por cavernas y promontorios, al caer en picado por las filosas pendientes que parecen cortadas por las manos de un gigante, el viento se desgarra en gañidos casi humanos.

Las costas de la Baja Sajonia se extienden bastante más allá de donde se desplaza, a muchos nudos de velocidad, la furia del temporal. La isla se tambalea como un arca zozobrante, aun cuando posea la misma solidez de la tierra firme: su eterno enemigo, el mar, nunca ha consumado su asalto, deslizándose por este apartado y agreste confín de la tierra. Una mancha de luz plomiza y tenue –apenas un hilo, un delgado perfil modelado por los cuantos– ilumina la bruma y dibuja en ella los contornos de barcos perdidos, de fantasmas errabundos, de monstruos sanguinarios y de piratas a la deriva... Entonces Helgoland parece el vientre de un plácido y gigantesco cetáceo, un ser vivo que sortea los elementos y se nutre, en silencio, de plancton y algas.

La tormenta disminuye poco a poco, reabsorbida por las corrientes náuticas, y el universo comienza su penoso regreso a la calma. Los dos colosos –mar y tierra– recuperan sus posiciones de ataque, dispuestos a concederse una tregua para sanar a los heridos. Como si un dios benevolente quisiese festejar el acuerdo, los nubarrones se abren de pronto y permiten que un atardecer rojizo se cuele entre los pinos de la isla, convirtiéndola –a la vista de los navíos lejanos– en un insólito incendio de colores en el centro mismo de las aguas. Un sol blanquecino y agonizante se tiende, moribundo, en los brazos cristalinos del crepúsculo.

Si uno aguza un poco la vista, puede distinguir, sentado en lo alto de una roca, como un absurdo guardián de los cielos, una silueta con forma humana. Quizás sea un joven provisto de una gabardina que permanece ahí sólo para que haya un testigo capaz de dar testimonio del milagro realizado. Un observador que contempla, impávido, el feroz combate y la serena paz firmada durante el transcurso de unas pocas horas. El verano apenas ha comenzado, pero ello no impide que los meteoros se apoderen de la isla con singular violencia. El joven se frota las manos entumecidas: cualquiera que lo viese pensaría que se dispone a elevar una plegaria. Mucho más modesto, él se limita a impregnarlas con su aliento, produciendo una pequeña nube de rocío que pronto se disipa en el aire. A lo lejos, el sol ha desaparecido de nuevo –¿quién podría estar completamente seguro de que volverá?– y, como recompensa por su paciencia, el negro averno de la noche se llena de tímidas luciérnagas. Pronto, el joven puede contar miles de ellas, expectantes y morosas... ¿Cómo negar que estamos hechos con su misma materia, que en el centro de cada estrella los electrones danzan su propia música celeste, que la verdadera armonía del empíreo está en las transformaciones y las mutaciones que se operan en estos hornos volátiles?

En el rostro del joven, en cuyos rasgos infantiles es posible reconocer ahora a Werner Heisenberg, el Wunderkind de Munich, se dibuja una sonrisa misteriosa. Es su último día en la isla y, a pesar de la melancolía que lo invade, siente que ha cumplido su labor. Él también ha ganado una guerra después de enfrentarse a demonios tan poderosos como los ángeles submarinos que ahora lo rodean.

Seix Barral

Costa de la Baja Sajonia.

Actividades

1. Resume lo narrado en cada uno de los cinco párrafos.
2. Subraya la presencia del narrador dentro del fragmento.
3. Analiza el uso de la adjetivación, imágenes, comparaciones y metáforas en el texto.
4. Busca en una enciclopedia información sobre Heisenberg y los otros científicos citados en esta página.

El mal en el mundo: Roberto Bolaño

Fallecido prematuramente, el chileno Roberto Bolaño (1953-2003) se había convertido a comienzos de este siglo en la gran revelación de las letras hispanoamericanas, al combinar en sus textos originales planteamientos narrativos, al servicio de una observación irónica e inteligente acerca de las contradicciones del mundo contemporáneo, así como de la propia creación literaria. En 2004 se publicó su obra póstuma, titulada *2666*, novela de dimensiones y ambición

colosales. Su tema es una aproximación al mal en el mundo, ubicado en este caso en la capital mexicana de Santa Teresa, claramente identificable con Ciudad Juárez, lugar en la frontera con Estados Unidos donde se vienen cometiendo desde los años noventa cientos de asesinatos de mujeres en medio de una casi total impunidad. Hacia este punto convergen los protagonistas de cinco relatos aparentemente independientes pero que muestran entre sí sutiles motivos recurrentes; así «La parte de los críticos» con ironía soberbia cuenta las relaciones de amistad, celos y amor entre tres profesores y una profesora universitarios, especialistas en la obra de un narrador alemán –Achimboldi– a quien nadie ha visto nunca, pero cuya biografía vertebra la quinta y última parte de la novela; el texto pertenece a «La parte de los crímenes», la más extensa y sobrecogedora, compuesta por la sucesión casi objetiva de lo que se sabe acerca del asesinato de un centenar largo de mujeres, además de otras acciones delictivas.

En diciembre, y estas fueron las últimas muertas de 1996, se hallaron en el interior de una casa vacía de la calle de García Herrero, en la colonia El Cerezal, los cuerpos de Estefanía Rivas, de quince años, y de Herminia Noriega, de trece. Ambas eran hermanas de madre. El padre de Estefanía desapareció poco después de nacer ésta. El padre de Herminia vivía en el domicilio familiar y trabajaba de vigilante nocturno de la maquiladora MachenCorp, en donde también estaba en nómina, como operaria, la madre de las niñas, las cuales, por su parte, se limitaban a estudiar y a ayudar en los quehaceres de la casa, aunque Estefanía, para el año siguiente, tenía pensado dejar la escuela y ponerse a trabajar. La mañana en que las secuestraron ambas iban a clases, junto con dos hermanas más pequeñas, una de once y otra de ocho años. Las dos pequeñas, al igual que Herminia, iban a la Escuela Primaria José Vasconcelos. Después de dejarlas allí, Estefanía, como siempre, se dirigiría a su propia escuela, a unas quince calles de distancia, un trayecto que realizaba a pie cada día. El día del secuestro, sin embargo, un coche se detuvo junto a las cuatro hermanas, y un hombre salió y metió a empujones a Estefanía dentro del coche y luego volvió a salir y metió a Herminia y luego el coche desapareció. Las dos pequeñas se quedaron paralizadas en la acera y luego volvieron caminando a casa, en donde no había nadie, por lo que llamaron a la puerta de la casa vecina, en donde contaron su historia y se echaron, por fin, a llorar. La mujer que las acogió, una trabajadora de la maquiladora HorizonW&E, fue a llamar a otra vecina y luego telefoneó a la maquiladora MachenCorp intentando localizar a los padres de las niñas. En la MachenCorp le informaron de que estaban prohibidas las llamadas privadas y le colgaron. La mujer volvió a telefonear y dijo el nombre y el puesto del padre, pues pensó que la madre, al ser operaria como ella, era sin duda considerada de un rango inferior, es decir prescindible en cualquier momento o por cualquier razón o capricho de la razón, y esta vez la telefonista la tuvo esperando tanto rato que las monedas se le agotaron y la llamada se cortó. No tenía más dinero. Desconsolada, la vecina volvió a su casa, en donde la aguardaba la otra vecina y las niñas y durante un rato las cuatro experimentaron lo que era estar en el purgatorio, una larga espera inerme, una espera cuya columna vertebral era el desamparo, algo muy latinoamericano, por otra parte, una sensación familiar, algo que si uno lo pensaba bien experimentaba todos los días, pero sin angustia sin la sombra de la muerte sobrevolando el barrio como una bandada de zopilotes y espesándolo todo, trastocando la rutina de todo, poniendo todas las cosas al revés. Así, mientras esperaban a que llegara el padre de las niñas, la vecina pensó (para matar el tiempo y el miedo) que le gustaría tener un revólver y salir a la calle. ¿Y luego qué? Pues aventar unos cuantos tiros al aire para desencorajinarse y gritar viva México para armarse de valor o para sentir un postrero calor y después cavar con las manos, a una velocidad desconsiderada, un agujero en la calle de tierra apisonada y enterrarse ella misma, mojada hasta el huesito, para siempre jamás.

Anagrama

Actividades

1. Resume con tus propias palabras los principales acontecimientos aquí narrados. A continuación redacta con estilo plenamente objetivo y distanciado cualquier acontecimiento de actualidad.
2. Localiza y comenta el breve momento en que expresa el narrador sus opiniones.
3. Explica la crítica al capitalismo salvaje presente en el texto. ¿Cómo interpretas el gesto final de la vecina?
4. Localiza a través de internet toda la información que puedas acerca de los crímenes de Ciudad Juárez.

Una novela europea: *Sostiene Pereira* (1994) de Antonio Tabucchi

La narrativa europea de las últimas décadas ha dado muestras de gran vitalidad y variedad, pese a las insistentes voces sobre la muerte del libro ante las nuevas tecnologías. Autores ingleses como Ian McEwan o Martin Amis, franceses como Patrick Modiano o Amélie Nothomb, alemanes como Günter Grass o Thomas Bernhard, italianos como Claudio Magris o trotamundos como el checo Milan Kundera son una muestra de este rico panorama.

Como ejemplo de ello, vamos a leer el comienzo de una de las novelas de más éxito de estos años, *Sostiene Pereira* del italiano Antonio Tabucchi, refinado autor de cuentos y pequeñas novelas que contaban con un gran prestigio cuando cautivó en 1994 a muchos miles de lectores con esta novela. Ambientada en los años de la guerra civil española, narra la historia de un periodista portugués enamorado de la literatura francesa que casi al final de su vida se rebela contra la brutalidad de la dictadura salazarista, estimulado por su amistad con un joven filósofo medio italiano. Un auténtico ejemplo de la integración de ese mosaico cultural que es Europa.

Sostiene Pereira que le conoció un día de verano. Una magnífica jornada veraniega, soleada y aireada, y Lisboa resplandecía. Parece que Pereira se hallaba en la redacción, sin saber qué hacer, el director estaba de vacaciones, él se encontraba en el aprieto de organizar la página cultural, porque el Lisboa contaba ya con una página cultural, y se la habían encomendado a él. Y él, Pereira, reflexionaba sobre la muerte. En aquel hermoso día de verano, con aquella brisa atlántica que acariciaba las copas de los árboles y un sol resplandeciente, y con una ciudad que refulgía, que literalmente refulgía bajo su ventana, y un azul, un azul nunca visto, sostiene Pereira, de una nitidez que casi hería los ojos, él se puso a pensar en la muerte. ¿Por qué? Eso, a Pereira, le resulta imposible decirlo. Sería porque su padre, cuando él era pequeño, tenía una agencia de pompas fúnebres que se llamaba Pereira La Dolorosa, sería porque su mujer había muerto de tisis unos años antes, sería porque él estaba gordo, sufría del corazón y tenía la presión alta, y el médico le había dicho que de seguir así no duraría mucho, pero el hecho es que Pereira se puso a pensar en la muerte, sostiene. Y por casualidad, por pura casualidad, se puso a hojear una revista. Era una revista literaria pero que tenía una sección de filosofía. Una revista de vanguardia quizá, de eso Pereira no está seguro, pero que contaba con muchos colaboradores católicos. Y Pereira era católico, o al menos en aquel momento se sentía católico, un buen católico, pero en una cosa no conseguía creer, en la resurrección de la carne. En el alma, sí, claro, porque estaba seguro de poseer un alma, pero toda su carne, aquella chicha que circundaba su alma, pues bien, eso no, eso no volvería a renacer, y además ¿para qué?, se preguntaba Pereira. Todo aquel sebo que le acompañaba cotidianamente, el sudor, el jadeo al subir las escaleras, ¿para qué iban a renacer? No, no quería nada de aquello en la otra vida, para toda la eternidad, Pereira, y no quería creer en la resurrección de la carne. Así que se puso a hojear aquella revista, con indolencia, porque se estaba aburriendo, sostiene, y encontró un artículo que decía: «La siguiente reflexión acerca de la muerte procede de una tesina leída el mes pasado en la Universidad de Lisboa. Su autor es Francesco Monteiro Rossi, que se ha licenciado en filosofía con las más altas calificaciones; se trata únicamente de un fragmento de su ensayo, aunque quizá colabore nuevamente en el futuro con nosotros».

Anagrama

1. Localiza en el texto las referencias al tema de la muerte, uno de los principales del libro y analiza cómo se presentan y que impresión inicial se da de su protagonista.

2. Pereira conoce «por causalidad», como se dice en el texto, a Monteiro Rossi, hecho que cambiará su vida. ¿Ha habido ejemplos en tu vida de hechos casuales que hayan tenido mucha importancia para tu existencia? Descríbelos brevemente y añade tus reflexiones al respecto.

3. Uno de los rasgos más peculiares de la novela es que se presenta en forma de declaración o relato que hace el protagonista a una no identificada tercera persona, que la transcribe. Recoge las expresiones propias de esta curiosa forma de narrar.

Durante algunos meses, no hablaron sino del café. Gregorio, guiado por las respuestas de Gil y por unas hojas, en que intentaba prevenir las respuestas, amplió el café, y hasta le puso gradas y una especie de púlpito donde su subían los oradores. En las paredes pintó escenas que simbolizaban las letras y la ciencias: una pluma de ganso, una corona de laurel, una lira, Aquiles detrás de la tortuga (enigma que asombró tanto a Gil que se maravillaba de no haber oído hablar de él hasta entonces), la manzana de Newton, la caverna de Platón, la cometa de Franklin y otros signos alusivos a la magnificencia del progreso, y donde no faltaban la balanza de la justicia y la paloma de la paz. Eran los restos de su naufragio de estudiante nocturno. Pero la curiosidad de Gil era insaciable y no había lunes ni jueves en que, tras el dictado comercial, no formulase alguna pregunta. ¿Qué se hacía por ejemplo en las tertulias además de exposiciones y coloquios? Bueno, pues a veces cantaban, sobre todo cuando las controversias los iban fatigando. Y los contertulios, ¿se reunían también fuera del café? Pues sí, notificaba Gregorio, a veces hacían deporte. Iban a un parque, todos en chándal, hasta los maestros más viejos, y corrían en grupo. Y algunos domingos organizaban excursiones a la sierra, a las abadías, a los lagos. Comían en el campo y allí mismo hacían la tertulia, de un modo informal, más ingenioso que grave. Y en invierno, algún domingo salían a esquiar. Ya se imaginaba Gil a la tertulia en pleno, científicos, filósofos y artistas deslizándose gentilmente por la nieve, con sus anoraks de colores, sus grandes gafas oscuras y aquellas botas como de buzo aéreo. Y otra cosa, ¿acudía gente importante, además de la habitual, a la tertulia? Pues sí, nunca faltaba algún magnate, conde o actriz de fama. A Faroni lo invitaban a menudo a cenar, en palacetes y chalés. A veces iba, otras muchas no, porque el gran peligro, la gran tentación del artista era el brillo social, y él prefería la soledad anónima de su buhardilla de escritor. Y ¿qué maestros eran allí los más renombrados? Bueno, pues por citar a alguno, podía recordar a don Octavio Fino, a don Fausto Cifuentes, a don Feliciano Ballesteros Matamoros o a Mark Sperman, el gran biólogo neoyorquino. Y últimamente, ¿de qué se hablaba en el café? Del arte de la novela y de la teoría de la relatividad. Y ahora, por cierto, ¿qué estaba escribiendo Faroni? Gregorio respondió que andaba acabando una novela e iniciando un ensayo. Y ¿qué tipo de ensayo era aquél? Pues reflexiones sobre el arte, la política, el lenguaje y la soledad. Y a preguntas de Gil explicó que, fuera de esa tarea, iba al teatro y a los conciertos (y aquí confesó que tocaba el piano y la guitarra y cantaba composiciones propias) y, sobre todo, hablaba con los amigos. Se reunían en alguna casa o cervecería y a menudo prolongaban la charla hasta el amanecer. Y otra cosa, ¿seguía asistiendo a la tertulia aquel filósofo de los dientes de oro?

–Me acuerdo –dijo Gil– que un día le pedí un autógrafo a la salida, pero él no llevaba bolígrafo y al mío se le había acabado la tinta. Y recuerdo que me dijo: «Para la próxima, chaval». Fíjese, chaval, qué tiempos. Me dio un palmada en la espalda. ¿Sabe? A mí me han dado muchas palmadas en la espalda. Todos me dan en la espalda. Pero aquella, no sé, fue distinta. Fue como si dijese: «Ánimo, muchacho, que lo conseguirás»: ¿Comprende, señor Faroni?

Gregorio no sabía qué decir , pero se creyó en la obligación de hablar y comentó que ese filósofo tenía ahora una pierna postiza, un ojo de cristal y el cráneo de plata, de una trepanación reciente. Gil aprovechó para preguntar si existían los robots. Gregorio contestó que sí, que él mismo había visto uno en el café, respondiendo sin error a las preguntas que le hacían menos a una, que fue cómo se llamaba, pues resultó que el robot no tenía nombre, menudo cachondeo que se armó. Entre todos le buscaron uno, y fue él, Faroni, quien lo bautizó como Lonly, el robot Lonly, que en inglés es solitario.

LUIS LANDERO, *Juegos de la edad tardía*, Tusquets

El autor y su obra

Juegos de la edad tardía fue la primera novela publicada por Luis Landero (Badajoz, 1948), en 1989. Con ella obtuvo el Premio de la Crítica, el Nacional de Literatura y un éxito de público masivo e infrecuente en una narración de tal calidad.

La obra que nos ocupa se centra en dos personajes: Gregorio Olías –oscuro administrativo de una empresa de aceitunas–, empujado a la quimera de crear su propia personalidad literaria por las constantes preguntas de Gil, el viajante de la firma con el que mantiene las obligadas conversaciones telefónicas. Decide entonces –como el hidalgo manchego– lanzarse a los campos de la literatura: es una forma de evadirse de la monotonía y también de luchar por la libertad, porque la novela se desarrolla en pleno franquismo.

Se convierte así en el poeta y revolucionario Augusto Faroni, activo miembro del Partido Comunista con altas responsabilidades en la oposición interior a la Dictadura. Enseguida su existencia se transforma y evoluciona a la luz de las peripecias que le tiene que contar a Gil; pronto sobrevienen también apuros crecientes, cuando Gil pretende viajar a Madrid para conocer personalmente a su ídolo literario. El fragmento reproduce una de las primeras conversaciones cultas entre los protagonistas.

- Relaciona el título de la obra con la acción narrativa aquí resumida.

Temas e ideas

Vemos en el texto cómo va estrechándose la relación entre Olías y Gil; la charla exclusivamente profesional acaba por dejar paso a las cuestiones personales. Ahora aquél se ve obligado –siguiendo la corriente a Gil, que le preguntó por un café de escritores que recordaba de su juventud– a inventarse la asistencia a una tertulia literaria singular; es el primer hito de esa vida bohemia, ficticia e intelectual, de la que no logrará evadirse en toda la novela.

- Resume en dos líneas el tema del texto. A continuación, define los rasgos de la personalidad de cada uno de los dos protagonistas.

Organización y composición

El texto se presenta desde la perspectiva de un narrador omnisciente; sin embargo, aquí la acción deja paso al diálogo de Olías y Gil, primero evitando los *verba dicendi* de una forma intermedia entre el estilo indirecto y el directo; finalmente las palabras de Gil se reflejan ya de manera convencional.

- Identifica cada uno de estos modos de elocución en el texto.

En estas líneas se representa fielmente el contenido general de la novela: la voz de un narrador cercano a los lectores y comprensivo con los personajes –al estilo del Cervantes de la segunda parte del *Quijote*– cuenta cómo Gregorio Olías, convertido en Faroni a los ojos de Gil, va poco a poco inventándose una nueva personalidad: primero, decora el café; luego en la parte más extensa y al hilo del diálogo –dotado de la naturalidad de don Quijote y Sancho– describe la actividades de una tópica tertulia literaria.

- Señala cada una de estas dos partes en el texto.
- Comenta las analogías que encuentres entre el *Quijote* y *Juegos de la edad tardía.*

Lenguaje y estilo

Llaneza y naturalidad son los rasgos que distinguen la prosa de Landero, fiel también en este aspecto al magisterio de Cervantes. En este capítulo, la complicidad que se va creando entre Olías y Gil se refleja desde el punto de vista sintáctico en un ritmo dual, marcado por abundantes bimembraciones («exposiciones y coloquios») y, sobre todo, por la rápida alternancia preguntas / respuestas, acelerada por la ausencia de verbos de habla. El humor se consigue, desde el punto de vista léxico, mediante enumeraciones de elementos que aluden a las más tópicas representaciones de la cultura, series de nombres propios levemente ridículos y ocasionales deslizamientos hacia el absurdo.

- Identifica y comenta ejemplos de todos estos recursos.

Valoración e intepretación

En el texto descubrimos algunos de los importantes valores literarios de *Juegos de la edad tardía*, tan cercana al modelo del *Quijote*, que ha sido calificada por la crítica de **novela cervantina**: argumento ameno y divertido; afortunado uso del diálogo para ir desvelando la idiosincrasia de los personajes; humor y tolerancia del narrador con respecto a los protagonistas; importancia del tema metaliterario. Vemos aquí cómo Olías –espoleado por el ingenuo y persistente Gil– se empieza a inventar una personalidad que le salva de la monotonía diaria: la literatura aparece así como una realidad que hace soportable la aburrida existencia cotidiana.

Guía de lectura

Marianela

Cartel de la película *Marianela*, dirigida en 1942 por Benito Perojo, con Mary Carrillo y Julio Peña en los papeles estelares.

Marianela, de Benito Pérez Galdós, está considerada como una novela de tesis, paso previo a la madurez narrativa del escritor. Galdós terminó esta obra en enero de 1878, meses después de concluir la segunda parte de *Gloria* y uno de los *Episodios Nacionales* de la segunda serie: *El terror de 1824.*

LECTURA ATENTA DE LA OBRA

Realiza una lectura reflexiva y consulta en el diccionario las palabras que desconozcas.

REDACCIÓN DE TU FICHA DE LECTURA

■ Argumento

La figura de Marianela, uno de los más populares de Galdós, representa al ser humano desvalido, nacido sólo para sufrir. La fuerza de este personaje central –atormentado por un complejo de inferioridad a causa de un aspecto físico desgraciado– favorece la vigencia de la obra, en la que se trata también el romántico tema de los amores contrariados, todo ello con gran sencillez compositiva, lo que facilita la lectura. Para el propio Galdós fue una de sus criaturas más queridas.

La acción se centra en la figura de la chica abandonada y raquítica, enamorada de un joven ciego, bello e inteligente. El involuntario desdén amoroso que sufre al recuperar su amigo la vista y percibir la invencible distancia física y social que les separaba, precipitará el final de la protagonista. Con todo, el novelista canario, a partir de este conflicto básico, aprovecha para exponer su «tesis» acerca de la importancia de la educación para evitar la desoladora situación en la que ha vivido Marianela, en un estado semi salvaje, marcado por la pobreza y el sometimiento a todo tipo de creencias irracionales o supersticiosas.

1. Redacta unas líneas acerca de lo que ocurrió con Marianela después de su muerte.

■ Temas

En la obra se aprecia una triple dimensión temática:

- Documental: al describir ambientes y denunciando lacras sociales como el trabajo en las minas, la mezquindad de la vida de los campesinos modestos, la irresponsabilidad de los padres con respecto a la educación de los hijos, la caridad burguesa y convencional...

- Progresista o positivista: el narrador muestra a lo largo de la novela su convicción de que los males individuales y colectivos se pueden solucionar mediante la educación y el progreso.

- Escéptica y desmitificadora: también aquí en un doble nivel:
  - Se muestra, al final, lo que hay de negativo en el progreso indiscriminado; recordemos que la curación de Pablo rompe el estado de paz idílica en que transcurría su vida al lado de Nela. Ella se convierte entonces en la víctima del éxito médico, al igual que antes lo había sido de la falta de educación.

- De forma amable e irónica se recoge la transformación de la historia en mito, es decir, la falsificación de la historia real por obra de los reporteros ingleses, contra cuyos errores se ha visto obligado a escribir la novela.

2. Señala dónde aparece cada uno de estos temas en la novela.
3. En los capítulos 19 y 21 se expone la «tesis» de la novela; subraya los pasajes donde se formula.
4. Comenta estas palabras del médico al contemplar los efectos negativos de su actuación: «¡La mató! ¡Maldita vista suya!».
5. ¿Podría considerarse *Marianela* un precedente de la literatura ecologista? Justifica la respuesta.

■ Composición narrativa

- La novela presenta una organización tradicional, distribuida en 22 capítulos con sus respectivos títulos. La acción se articula en bloques sucesivos: empieza con la presentación de los personajes; continúa con un capítulo que puede calificarse de eje temático de la obra, porque sucede allí el acontecimiento que modifica la existencia de los protagonistas; sigue el desarrollo de las consecuencias; finalmente, llega el desenlace, precedido del clímax o momento de máxima tensión emocional, para acabar con una especie de epílogo irónico.

6. ¿Consideras que los títulos de los capítulos se relacionan con el contenido de la trama?
7. Señala los capítulos correspondientes a cada una de las partes señaladas.

- La novela es narrada en tercera persona por un narrador omnisciente que conoce el pasado y el presente, el pensamiento y el comportamiento de todos los personajes. Asimismo, organiza a su antojo los distintos elementos de la trama, llegando en ocasiones a tomarse aparentemente a broma la misma historia que nos está contando.

8. Selecciona algún pasaje donde el narrador se dirige directamente al lector de la novela.
9. Busca el momento en el que el narrador justifica las razones para escribir *Marianela*.
10. Localiza alguno de los pasajes escritos en estilo indirecto libre. A continuación, reescríbelos en estilo directo, como si fuera un monólogo interior en primera persona.
11. Analiza otros rasgos de la literatura realista que aparezcan en la novela.

■ Personajes

Galdós fue un gran creador de personajes, muchos de los cuales han pasado a la posteridad identificados con algún rasgo dominante de su personalidad; de hecho, algunas de sus mejores novelas llevan por título el nombre de la protagonista: *La de Bringas*, *Fortunata y Jacinta*, *Doña Perfecta* y *Marianela*. Esta muchacha es la figura más importante de la obra, que se singulariza entre las creaciones del autor porque, en vez de trazar la radiografía de un amplio sector social, se fija en las relaciones de unos pocos personajes, entre los que destacan tres: Marianela, el joven Pablo y el doctor Golfín.

12. Define en unas líneas el carácter de estos tres personajes.
13. Señala y comenta los rasgos de animalización con los que se describe a Nela en el capítulo 4.
14. Lee los capítulos 8 y 20. ¿Qué opinión te merece la evolución sentimental de Pablo? Contesta por extenso.

Lenguaje

En la novela aparecen diversos niveles de lenguaje: retórico y solemne en los discursos de Golfín o las apasionadas declaraciones de amor de Pablo; coloquial con algún regionalismo en la voz de Celipín; científico-técnico cuando se describe el aspecto de la mina o la ceguera del protagonista y su curación; por último, está la expresión sencilla, natural (lenguaje estándar), usada las más de las veces por el narrador. Destacan, no obstante, algunas construcciones verbales arcaizantes y cierta tendencia a humanizar las descripciones del paisaje mediante la personificación.

15. Localiza y pon ejemplos de cada uno de estos niveles de lenguaje.
16. Vuelve a leer los últimos párrafos del capítulo 4. ¿Qué figura literaria predomina? Comenta su función expresiva.
17. Relaciona la lengua y el estilo de *Marianela* con el ideal literario del Realismo.

Guía de lectura

Campos de Castilla

LECTURA ATENTA DE LA OBRA

Realiza una lectura reflexiva y consulta en el diccionario las palabras que desconozcas.

REDACCIÓN DE TU FICHA DE LECTURA

Al redactar el análisis de la obra, puedes seguir este guión:

■ Fecha y ediciones

La primera edición de *Campos de Castilla*, de Antonio Machado, data de junio de 1912; contenía 54 poemas. Más adelante, instalado ya el poeta en Baeza, siguió escribiendo textos para este libro hasta 1917. Se puede establecer así una triple dimensión temporal:

- Poemas escritos en Soria: 1906-1912.
- Tránsito a Baeza: poema «Recuerdos», fechado en el tren, en abril de 1913.
- Poemas escritos en Baeza, Córdoba o Jaén: hasta 1917, año en que aparece una versión más amplia del libro dentro de *Poesías completas*. Hoy se incluyen en el libro 56 poemas.

■ Temas

El título resulta esencial, así como la afirmación del propio autor en 1917: «Cinco años en la tierra de Soria, hoy para mí sagrada –allí me casé; allí perdí a mi esposa a quien adoraba–, orientaron mis ojos y mi corazón hacia lo esencial castellano». Más adelante declara su orientación hacia una poesía objetiva e incluso épica. Destacan tres temas principales:

■ **Dimensión intimista.** Destacan los poemas inspirados al morir Leonor, fallecida en 1912; siete días después de su muerte, el poeta deja Soria. Se trata de textos de gran intensidad, breves, en los que aparecen sentimientos como la resignación y la esperanza.

■ **El paisaje castellano.** Se inicia con un poema compuesto poco después de llegar a Soria: «A orillas del Duero». Dentro de este grupo merecen capítulo aparte los textos en los que el paisaje aparece poblado por personajes característicos, en una línea determinista / naturalista. Es el caso de los poemas dedicados al campesino envidioso y al loco.

■ **Preocupación regeneracionista y patriótica.** La influencia de Giner de los Ríos favorece la confianza en el porvenir de España y la denuncia de las supersticiones y males del presente: la religiosidad superficial, la afición a los toros, la rutina del casino, la hipocresía, la envidia, la avaricia...

1. Realiza un recuento de los poemas pertenecientes a cada grupo. A continuación, explica el título de la obra.
2. ¿A cuál de los tres grupos pertenecen tus poemas favoritos? Justifica la respuesta.

Aparecen también una serie de **elogios** (14) que cierran el libro, así como los **proverbios y cantares**, serie de 53 composiciones breves de temática variada: concepción de la vida, la religión y de Dios, relaciones humanas, la realidad española, conflictos íntimos. Desde el punto de vista formal, esta sección se inspira en una doble tradición: la de la copla o canción popular andaluza, y la de la literatura aforística y gnómica.

3. Elige dos poemas de la serie *Elogios*. A continuación, establece sus rasgos comunes.

4. Busca en una enciclopedia los rasgos biográficos de unos cuantos personajes elogiados.

■ Métrica

Machado mostró siempre su preferencia por formas métricas sencillas y sobrias, a diferencia de la sofisticación modernista. No obstante, en *Campos de Castilla* se vale de metros nada habituales en la poesía española. Destaquemos:

- El uso del alejandrino: «Retrato».
- El verso hexadecasílabo: «Orillas del Duero».

Otras estrofas significativas del libro son:

- La silva aconsonantada de 11 y 7 sílabas: *El dios ibero.*
- La silva arromanzada: 11 y 7 sílabas, con rima asonante en los pares.
- El romance: recordemos que su tío Agustín Durán había compilado un *Romancero* que él leyó de niño. En el prólogo de este libro afirma Machado: «Me pareció el romance la suprema expresión de la poesía y quise escribir un nuevo Romancero. A este propósito responde "La tierra de Alvar González"». En los *Proverbios y cantares* abundan los versos octosílabos formando pareados, redondillas y coplas.

5. Localiza ejemplos de cada una de las combinaciones métricas citadas.

■ Lenguaje

Los poemas de la primera etapa (1907-1908) constituyen meras «pinturas impresionistas» del paisaje, como «Amanecer en otoño», donde predomina el tono objetivo, la descripción mediante sintagmas nominales y la ausencia de acción o dinamismo verbal. Es el mismo tipo de «composición pictórica» que veremos en las primeras «viñetas» de «Campos de Soria». El autor aún no emite juicios ni proyecta sus experiencias amorosas, se limita a contemplar el paisaje.

6. Comenta las referencias visuales y pictóricas en «Amanecer en otoño».

Posteriormente, en los poemas más impregnados de la mentalidad noventayochista, se incorporan una serie de rasgos que la crítica ha sintetizado de la forma siguiente:

■ **Nivel léxico.** Términos de valoración negativa o degradada:

- Descripción de un paisaje áspero, duro, inhóspito. Cuando el sustantivo no tiene una connotación negativa, el autor la orienta con el adjetivo: ***decrépitas** ciudades, **parda** tierra.*
- Descripción de la tierra: *Castilla **miserable**, ayer **dominadora**; envuelta en sus **andrajos**.*
- Valoración subjetiva y negativa del campesino: *ojos de hombre **astuto**, abunda el hombre **malo**.*

■ **Nivel morfosintáctico.** Las descripciones continúan siendo predominantemente nominales, pero encontramos abundantes periodos de claro tono retórico: *¡Álamos del amo!... ¡álamos...!*

■ **Nivel semántico.** El paisaje y el hombre se contemplan en su dimensión histórica, mediante el contraste del ayer con el hoy: *la madre en otro tiempo fecunda en capitanes, / madrastra es hoy apenas de humildes ganapanes.* Este planteamiento favorece dos tipos de metáforas:

- Vivificaciones del paisaje: *los cárdenos alcores se convierten en* ***harapos esparcidos de un viejo arnés de guerra.***
- Cosificaciones: *los ojos astutos del hombre soriano se sitúan bajo las cejas* ***trazadas / cual arco de ballesta.***

Por lo demás, Machado utiliza un amplio arsenal retórico, en el que destacan recursos como anáforas y frecuentes aliteraciones efectistas, y contrastes y antítesis, juegos de palabras y apóstrofes.

7. Señala unos cuantos ejemplos de estos y otros recursos expresivos.

■ Valoración

El libro resulta importante al menos por tres razones:

- Supone un compendio de toda la poética de Machado.
- Incorpora poemas que son verdaderas narraciones en verso, como «La tierra de Alvar González».
- Se trata de un libro desigual, con poemas inolvidables y otros claramente prescindibles y reiterativos en los que el poeta aplica una cierta plantilla verbal o temática.

Guía de lectura

La casa de Bernarda Alba

LECTURA ATENTA DE LA OBRA

Realiza una lectura reflexiva de esta obra de García Lorca y consulta en el diccionario las palabras que desconozcas.

REDACCIÓN DE TU FICHA DE LECTURA

■ Argumento

Al morir Antonio M.ª Benavides, su viuda Bernarda Alba anuncia a sus hijas de forma áspera luto y encierro para ocho años. En el acto II conocemos los amores clandestinos que la hija menor (Adela) mantiene con Pepe el Romano, prometido de su hermana mayor (Angustias), la única que puede casarse por ser hija de un marido anterior de Bernarda. Otra de las hijas, Martirio, se ha enterado del asunto y persigue con indirectas a Adela. La tensión entre las seis mujeres va subiendo, hasta alcanzar un desenlace sorprendentemente trágico.

1. Resume con tus propias palabras el final de la obra.
2. Fíjate cómo Bernarda empieza y cierra su intervención en el drama con la misma palabra: «¡Silencio!». Ponlo en relación con el rasgo principal de su carácter.

■ Temas

La obra ofrece una riqueza temática prodigiosa. Destaquemos lo que representa una constante en la creación literaria del autor granadino: la imposibilidad de vivir plenamente el amor o la insatisfacción amorosa. Además, se producen otros conflictos: el individuo frente a las convenciones sociales; autoridad frente a libertad; amor frente a represión; la realidad frente al deseo; la sumisión de la mujer en la sociedad española de la época; el fracaso de un modo de vida: el orden impuesto por Bernarda.

3. Localiza pasajes que sirvan de ejemplo a cada uno de estos conflictos.
4. Elige el que te parezca más convincente y defiéndelo por escrito en cuarenta líneas.

■ Organización

La obra –escrita en la primavera de 1936– aparece subtitulada «Drama de mujeres en los pueblos de España», lo que sirve para orientar al lector / espectador hacia un subgénero teatral concreto, equidistante de la tragedia (marcada por el destino inexorable y el lenguaje solemne) y de la comedia.

5. Repasa en un diccionario de literatura los rasgos específicos del drama. A continuación identifica los que aparecen en *La casa de Bernarda Alba*.

Se aprecia una organización clásica en tres actos, que se corresponden con la tradicional secuencia de exposición-nudo-desenlace. Destaquemos, además, tres aspectos significativos:

- Cada acto se inicia con una situación de carácter realista: las mujeres cosiendo en II.

- Bernarda aparece en los dos primeros actos cuando ya ha avanzado la acción.
- Existe un ritmo de enfrentamientos muy bien encadenado entre los personajes, sobre todo de dos en dos.

6. Describe las situaciones realistas que abren los actos primero y tercero.

7. Comenta la escena de enfrentamiento dual que te parezca más relevante para el desarrollo de la acción dramática.

Espacio

No existe una ubicación geográfica concreta para la trama; el subtítulo habla de «pueblos de España», aprovechando la tradición noventayochista. La acción se desarrolla siempre en el espacio cerrado del hogar; de manera que puede establecerse una serie de círculos concéntricos: España-pueblo-casa. Los conflictos binarios y las oposiciones temáticas corresponden con una serie de contrastes: dentro / fuera; negro del luto / el verde que viste Adela en una ocasión; calor / agua y frescura exterior; lo estático, las hijas, / lo dinámico, los segadores; el silencio / cantos y algarabía. Al tiempo, los personajes se refieren a la casa como «presidio» o «infierno».

8. Documenta en el texto las oposiciones que acabamos de señalar.

9. Subraya otras expresiones despectivas utilizadas para referirse a la casa.

Personajes

Dentro de esa estructura dual que preside la obra, cabe distinguir entre los personajes que están fuera y los que se mueven dentro de la casa. Entre estos hay también dos bandos enfrentados: Bernarda // hijas y criadas.

Desde el punto de vista social, Bernarda y las hijas pertenecen a los hidalgos de aldea, con aspiraciones máximas dentro de su pueblo, pero de limitadas posibilidades cuando salen de allí.

10. Localiza y comenta en el acto I las referencias a la situación social de las hijas.

Bernarda representa las cualidades tradicionalmente masculinas de autoridad, fuerza, dominio y orden social; su lenguaje está marcado por imperativos, órdenes y exclamaciones.

11. Comenta otras afirmaciones de Bernarda acerca de la condición femenina.

12. Explica cómo se manifiesta el dominio de Bernarda sobre Angustias al final del acto I.

Las hijas son feas, como reconoce Poncia. Entre ellas se aprecia también cierta simbología en los nombres, así como rasgos que las individualizan. Adela es la más joven (20 años) y la más fecunda desde el punto de vista dramático, al encarnar la rebelión total contra la madre. Su nombre significa «de carácter noble».

13. Define la simbología de los nombres de Bernarda e hijas y los rasgos que definen sus caracteres.

El personaje de la criada Poncia ofrece una riqueza especial: tutea y se permite aconsejar a Bernarda; comparte confidencias y advierte a las hijas; tiene vida fuera de la casa.

14. Analiza y comenta las complejas relaciones de Poncia con Bernarda y con Adela.

15. Subraya los momentos de máxima tensión. ¿Cuáles son las razones de que una y otra la insulten sin recato?

Lenguaje

En *La casa de Bernarda Alba* la maestría de Lorca se manifiesta en la fluidez y naturalidad de los diálogos. Entre los rasgos propiamente estilísticos cabe destacar:

Tono conminatorio y prescriptivo de Bernarda («Las mujeres en la iglesia no deben mirar más hombre que al oficiante» y «olor de la pana» para referirse a los hombres); metáforas (la pasión amorosa es «este fuego que tengo levantado por piernas y boca»); símbolos (el agua); refranes y expresiones de la lengua oral («Más vale onza en el arca que ojos negros en la cara»).

16. Localiza otros ejemplos de estos recursos expresivos en la obra.

17. Analiza cómo aparece el símbolo del agua y la sed.

Valoración

La casa de Bernarda Alba es una obra que plantea con enorme fuerza y belleza un conflicto de eterna vigencia: la lucha por la libertad. Además, evidencia el grado de maestría alcanzada por Lorca en el arte teatral apenas unos meses antes de su prematura y trágica desaparición.

Escena de *La casa de Bernarda Alba*.

Guía de lectura

Ética para Amador

■ El autor y su obra

Fernando Savater (San Sebastián, 1947) es uno de los intelectuales más influyentes y populares en la España de hoy. Catedrático de Ética en la Universidad Complutense de Madrid, cultivó, además del ensayo, la novela. En el terreno del ensayismo, donde ha obtenido variados premios, su mayor popularidad procede de su constante labor periodística, tanto mediante artículos de opinión como con ensayos breves en los que defiende la libertad y la tolerancia.

El ensayo *Ética para Amador* (1991) tuvo una repercusión formidable, superando las cuarenta ediciones y convirtiéndose en la base para explicar la asignatura de Ética en muchos centros de enseñanza secundaria. Su continuación es *Política para Amador*, dedicado también a su hijo, convertido así en representante de cualquier adolescente al que el padre y maestro se propone explicar lo necesario para desenvolverse pacífica y provechosamente en la sociedad actual.

El filósofo y ensayista Fernando Savater.

1. Busca en una enciclopedia, en internet o en la prensa escrita más referencias sobre el autor.

■ Tema e ideas

El tema de *Ética para Amador* es la explicación del sentido de la vida, en una línea de obras que procuraban enseñar a vivir. Recordemos los «consejos» para guiarse por el mundo que figuran en el *Quijote*, *Hamlet* o *El alcalde de Zalamea*. Pero Savater, con el estilo reiterativo que aquí le caracteriza, trata además otros temas: *«¿De qué me propongo hablarte? De mi vida y de la tuya, nada más y nada menos»*.

2. Señala otros temas enunciados por el autor a lo largo del texto.

Cada capítulo va avanzando y enriqueciendo la idea principal, al tiempo que la justifica. A través de sus títulos, sintetiza o subraya la idea principal:

I. *De qué va la ética:* llama la atención la formulación coloquial del título; el contenido parte de que los seres humanos estamos facultados para elegir buena parte de lo que somos o hacemos.

II. *Órdenes, costumbres y caprichos:* al actuar hay motivos que vienen de fuera (órdenes) y otros salen de nosotros mismos (caprichos).

III. *Haz lo que quieras:* no hay un reglamento claro acerca de lo bueno y lo malo; el humanista francés Rabelais describe una abadía con el lema «Haz lo que quieras».

IV. *Date la buena vida:* la recomendación anterior conduce al problema de la libertad, pero teniendo en cuenta la responsabilidad por las consecuencias de los actos.

3. Resume tú ahora el contenido del resto de los capítulos.

4. Elige uno de ellos y muestra tu acuerdo o desacuerdo con las ideas de Fernando Savater.

■ Organización y composición

Este ensayo evidencia una estructura deductiva, dado que la idea principal se expone al comienzo, para ir luego justificándola con ejemplos y razonamientos diversos, fuertemente trabados. Se inicia con un original *Aviso antipedagógico*, en un intento de sorprender al lector, en el que se rechaza el uso pedagógico del libro a la vez que se subraya su índole anticonvencional. A continuación se mantiene ya una organización convencional, a base de los elementos siguientes:

- Prólogo: muy importante, porque en él se establece el particular esquema comunicativo que construye el texto:

emisor	→	mensaje	→	receptor
Savater	→	el sentido de la vida	→	Amador

- Nueve capítulos, titulados con frases desenfadadas y muy sugestivas con las que se resume su objeto principal.
- Epílogo: la cohesión del libro constituye uno de sus elementos más destacables, porque este epílogo –titulado «Tendrás que pensártelo»– reitera las preguntas y respuestas formuladas a lo largo del texto, para terminar con la última idea esencial de carácter metodológico para definir la Ética.

5. ¿Qué intención atribuyes al *Aviso antipedagógico*?
6. Comenta la estructura que se repite a lo largo de cada capítulo. ¿En qué consiste el apartado *Vete leyendo*?
7. ¿Cómo se define la Ética en el epílogo?

■ Lenguaje y estilo

Los rasgos propios del género ensayístico presentes en *Ética para Amador* están presididos por el deseo de amenidad, al dirigirse el autor a un lector adolescente. Encontramos:

- Subjetividad: el enfoque personal y la apelación a la propia experiencia aparecen con cierta regularidad, incluso recordando experiencias con el propio Amador de pequeño.
- Claridad y precisión a través de una abundante ejemplificación actual *(Velázquez y las tortugas ninja)* y figuras de la cultura universal *(Ricardo III)*.
- Lenguaje coloquial: desde los títulos de los capítulos, hasta expresiones desenfadadas como «jeta», «estirar la pata».
- Etimologías curiosas como medio para introducirse en algún asunto concreto: las palabras *imbécil*, *virtud*, *interés*.
- Chistes y detalles de humor: el chiste del aprendiz de aviador; la reiteración del «Cuánto son dos y dos».
- Ruptura de lo esperado y sorpresa, para mantener la atención del lector: «...llevarse bien con un adulto incluye, a veces, tener ganas de ahogarle»; «lo ideal es ir cogiendo el vicio... de vivir bien».
- En relación con lo anterior, en ocasiones el autor lleva a cabo afirmaciones provocativas con claro afán de polémica o de ruptura de las convenciones establecidas: es el caso de las consideraciones en torno al egoísmo.

8. Localiza y comenta ejemplos de cada uno de estos recursos.
9. Sustituye al menos cinco expresiones coloquiales por otras tantas de la lengua estándar.

■ Valoración personal

Savater no aporta una doctrina por completo original, pero sí resulta novedosa la forma de presentar su exposición ajustada a la mentalidad y los intereses de un adolescente, y su admirable esfuerzo por mantener el «decoro» expresivo y la coherencia comunicativa con tan singular receptor. Por otro lado, la abundancia de ejemplificaciones históricas, literarias, bíblicas, mitológicas y cinematográficas convierten la lectura de *Ética para Amador* en un apasionante recorrido por algunos de los hitos memorables de la civilización occidental.

Guía de lectura

Crónica de una muerte anunciada

El escritor colombiano Gabriel García Márquez.

Crónica de una muerte anunciada, de Gabriel García Márquez, se publicó en 1981; para entonces el colombiano Gabriel García Márquez era ya el escritor en lengua española más conocido internacionalmente, merced al éxito universal de *Cien años de soledad.* En su trayectoria narrativa se establecen dos líneas principales:

- Novelas en las que predomina la imaginación desbordada y el realismo mágico: es el caso de *Cien años de soledad* o *El otoño del patriarca.*
- Novelas en las que se impone la vocación periodística del autor, que trabajó como corresponsal en Europa y América. Entran aquí títulos cercanos al reportaje, como *Relato de un naufrago, El general en su laberinto* o *Crónica de una muerte anunciada.*

Argumento

La novela se inspira de forma fiel y directa en acontecimientos reales, conocidos por el propio García Márquez como amigo de los protagonistas reales y como recopilador de la historia muchos años después: en la madrugada del 22 de enero de 1951, en la ciudad de Sucre, resultó acuchillado hasta morir Cayetano Gentile –gran amigo del autor– por parte de los hermanos Chica Salas, a causa de que su hermana Margarita –fallecida a los 72 años en 2003– había sido repudiada tras la noche de bodas por Miguel Palencia. Los hechos reales apenas han sido modificados en la novela.

1. Resume ahora tú el final de la novela.

2. Existe un «dato escondido» que nunca llega a aclararse en el relato. Identifícalo.

Temas

Pese a su brevedad, la riqueza temática de la novela es uno de sus valores capitales. El tema del honor –con su secuencia de violencia y muerte– parece el más importante, lo que acerca la obra a tantos dramas españoles del Siglo de Oro. No obstante, hay otros motivos relevantes:

- La dialéctica libertad / destino, tan habitual en la tragedia griega.
- El individuo (Santiago Nasar) sometido a oscuras fuerzas cuya amenaza ignora.
- Cómo la fatalidad, presagios y casualidades intervienen en la vida del ser humano.
- La pervivencia del amor a través del tiempo.
- La imposibilidad de conocer toda la verdad de las acciones humanas.
- El choque entre la libertad individual y las presiones sociales.

3. Localiza episodios o pasajes que abonen cada una de estas interpretaciones; por ejemplo, los hermanos Vicario no deseaban realmente matar a su amigo Santiago Nasar, pero tienen que hacerlo para preservar el honor de la familia.

Organización

Ya desde el título, la novela se adscribe al ámbito de la «crónica», subgénero periodístico que combina información objetiva acerca de unos hechos con la presencia de la subjetividad del autor, al incluir sus pesquisas, comentarios e interpretaciones. Desde el punto de vista genérico, *Crónica* pertenece a lo que se denomina novela corta, un tipo de relato definido con estas palabras por el escritor Antonio Muñoz Molina: *La novela corta tiene todas las ventajas del relato y todas las de la novela. Del primero tiene toda su intensidad y construcción, y de la segunda su despliegue oceánico, su amplitud interior.*

4. ¿Recuerdas otras memorables novelas cortas? Una de ellas sería el *Lazarillo de Tormes.*

La trama aparece estructurada en cinco capítulos, cada uno de los cuales ofrece una perspectiva concreta del conjunto de la historia, al tiempo que nos acerca a los protagonistas principales:

I. Planteamiento: se reconstruye el recorrido de Santiago Nasar en los momentos previos al asesinato.

II. Antecedentes: la figura de Bayardo San Román llegando al pueblo. Boda, fiesta nupcial y repudio.

III. Antes y después del asesinato: se narra la actividad de los hermanos Vicario en los instantes previos al crimen, así como su actuación posterior en la cárcel y el juicio.

5. Señala el eje argumental en torno al que se vertebran los otros dos capítulos.

Espacio y tiempo

La acción se desarrolla en un lugar concreto reflejado de forma realista, aunque no se nombre directamente en la novela: la ciudad de Sucre.

6. Localiza al menos tres pasajes donde se describan paisajes de la ciudad.

El manejo del tiempo representa uno de los grandes atractivos del libro. El autor prescinde de la sucesión cronológica normal, valiéndose de frecuentes anticipaciones o retrospecciones temporales. Cabe distinguir tres núcleos temporales:

- El asesinato de Santiago Nasar y los instantes que lo preceden.
- La recopilación de los hechos llevada a cabo por el autor 27 años después.
- Su entrevista con Ángela Vicario y con Bayardo, 23 años después del asesinato.

7. Localiza y comenta éstas y otras referencias temporales presentes en el libro.

Personajes

Los personajes son presentados por el narrador, que es también personaje de la novela. Cabe distinguir tres niveles de protagonismo:

- Personajes principales: Santiago Nasar y otros.
- Personajes secundarios: Plácida Linero, Lázaro Aponte.
- Protagonismo colectivo del pueblo, que aparece como espectador pasivo y mudo testigo de la tragedia que está a punto de ocurrir.

8. Resume brevemente los rasgos que definen la personalidad de Ángela Vicario, Bayardo San Román y Santiago Nasar.

La visita de obispo es una presencia constante a lo largo de la obra. Abundan, además, las referencias bíblicas en los nombres de diversos personajes (Cristo Bedoya).

9. Señala la función de la figura del obispo a lo largo del relato.

10. Localiza otros nombres de resonancias evangélicas.

■ Lenguaje

La prosa de García Márquez se caracteriza por su exuberancia verbal. Así, en las novelas del realismo mágico abundan los periodos amplios, sintagmas no progresivos, plurimembraciones, y riqueza léxica, características de un estilo neobarroco. Por el contrario, en sus novelas-reportaje predomina un estilo escueto, rápido y natural, subordinado a la acción narrativa; la voz del narrador se mezcla a menudo con la de los distintos personajes, a los que oímos en estilo directo. El autor pone en boca de los personajes frases breves y lapidarias, casi sentencias, que contribuyen a situar la acción en un plano mítico.

11. Comenta otras frases de esta índole presentes en la novela. Señala algún pasaje de prosa neobarroca.

12. Identifica y comenta los campos semánticos predominantes en el capítulo IV.